高等院校人文素质教育系列教材

大学语文
(第2版)(微课版)

鞠永才　潘　慧　主　编

王淑娟　刘晓燕　张　焱　丁兆利　副主编

清华大学出版社
北京

内 容 简 介

本书是"基础课模块弹性配课体系研究"基金课题的成果，本书的定位是：为满足并提高学生的文化素质和学习文化专业知识的需要，培养学生终身自我教育的能力，使学生的专业技术和社会综合能力得以充分发挥、潜能得到充分显现，在进行专业教育的同时实现通才教育，并提高学生的职业关键能力。因此，本书具有很强的目标针对性。

本书内容按文学体裁分为五个单元，分别讲述诗歌、词、散文、小说、戏剧等内容。每个单元的开篇为文体常识与欣赏，每篇文章都有注释、提示和思考与练习。

本书既可以作为高等院校学生学习的教材，也可以作为其他读者提高语文水平和文学修养的参考书。

本书封面贴有清华大学出版社防伪标签，无标签者不得销售。
版权所有，侵权必究。举报：010-62782989，beiqinquan@tup.tsinghua.edu.cn。

图书在版编目(CIP)数据

大学语文：微课版/鞠永才，潘慧主编. —2版. —北京：清华大学出版社，2023.7
高等院校人文素质教育系列教材
ISBN 978-7-302-63822-3

Ⅰ. ①大… Ⅱ. ①鞠… ②潘… Ⅲ. ①大学语文课—高等学校—教材 Ⅳ. ①H193.9

中国国家版本馆 CIP 数据核字(2023)第 106017 号

责任编辑：石　伟
封面设计：刘孝琼
责任校对：么丽娟
责任印制：沈　露

出版发行：清华大学出版社
　　　　网　　址：http://www.tup.com.cn, http://www.wqbook.com
　　　　地　　址：北京清华大学学研大厦 A 座　　邮　　编：100084
　　　　社 总 机：010-83470000　　邮　　购：010-62786544
　　　　投稿与读者服务：010-62776969, c-service@tup.tsinghua.edu.cn
　　　　质量反馈：010-62772015, zhiliang@tup.tsinghua.edu.cn
　　　　课件下载：http://www.tup.com.cn, 010-62791865
印 装 者：北京嘉实印刷有限公司
经　　销：全国新华书店
开　　本：185mm×260mm　　印　张：17.25　　字　数：420 千字
版　　次：2010 年 9 月第 1 版　2023 年 8 月第 2 版　　印　次：2023 年 8 月第 1 次印刷
定　　价：49.00 元

产品编号：095649-01

前　言

　　大学语文在高等教育中是一门基础课程，所谓基础，简而言之，就是为后来的专业课提供有效的支撑。大学语文作为横向联系各学科能力最强的一门基础性学科，具有丰富的文化内涵，对文化素质教育有着极为重要的学科价值。首先，大学语文在培养学生的语言文字能力方面，是其他任何学科无法取代的，这种能力也是所有学生都必须掌握的。通过对大学语文的学习，既可以促进学生掌握专业知识和专业技能，提高学生获取知识的能力；又有助于培养学生的逻辑思维和形象思维能力，有助于提高学生的分析能力、感悟能力、鉴赏能力和表现能力。其次，大学语文的内容包罗万象，涵盖古今中外的典范作品，从历史、哲学、艺术、伦理、心理、美学等多方面对学生进行潜移默化的教育和熏陶。文学作品可以通过丰富的想象性、情感性、思辨性和思维发散性培养学生认识生活、理解生活、品味生活和创造生活的能力。其丰富的文化内涵对启迪心智、陶冶情操、充实知识、认识社会、感悟人生、提高综合素质具有特别重要的意义。同时，大学语文教学还是培养学生爱国主义情操和高尚人格的有效手段。

　　大学语文在文科类专业中，既是一门职业核心能力的训练课程，又是一门综合职业素质课程。大学语文将说、学、写融为一体，教学中着重加强对学生综合素质的培养，渗透职业核心能力的培养，如自我学习的能力、与人交流的能力、与人合作的能力、解决问题的能力、处理政务的能力、语言思辨的能力、信息处理的能力、创新创造的能力等，为培养高素质、可持续发展的职业人才发挥支撑和促进作用。因此，我们把大学语文定位为：为满足并提高学生的文化素质和学习文化专业知识的需要，培养学生终身自我教育的能力，使学生的专业技术和社会综合能力得以充分发挥、潜能得以充分显现，在进行专业教育的同时实现通才教育，并提高学生的职业关键能力。

　　本书共分五个单元，分别讲述诗歌、词、散文、小说、戏剧等内容。书中所选篇目注重思想性与艺术性的统一，注重历史性与时代性的统一，注重文化传承与文化创新的统一，注重伦理素质与审美情趣的统一，注重知识传授和能力培养的统一。

　　本书参考了很多专家学者的著作，因此所列参考文献难免不周，在此对各位专家学者一并表示诚挚的感谢。

　　由于编者水平有限，书中难免存在疏漏和不足，敬请专家学者不吝赐教，也恳请读者提出宝贵意见，我们在此表示感谢。

编　者

大学语文(第 2 版)(微课版)

诗歌部分课件.zip

词课件.zip

散文课件.zip

小说课件.zip

戏剧课件.zip

第一单元　诗歌习题及答案.pdf

第二单元　词习题及答案.pdf

第三单元　散文习题及答案.pdf

第四单元　小说习题及答案.pdf

第五单元　戏剧习题及答案.pdf

目　录

如需下载教学资源扫码获取.pdf

第一单元　诗歌常识与欣赏 1

诗歌的写作常识 1
　　一、诗歌的写作方法 1
　　二、诗歌的语言 3
　　三、诗歌的分行 4
　　四、诗歌的模式 5

诗歌的欣赏 7
　　一、诗歌的起源 7
　　二、诗歌的特点和表现手法 8
　　三、诗体的分类 10
　　四、诗歌的欣赏 13

诗经二首 17
　　王风·黍离 18
　　小雅·谷风 19

楚辞二首 20
　　九歌·山鬼 21
　　九章·思美人 22

汉乐府诗二首 25
　　饮马长城窟行 26
　　十五从军征 27

《古诗十九首》二首 28
　　行行重行行 29
　　生年不满百 30

燕歌行 31

春江花月夜 33

王维诗三首 36
　　终南山 37
　　辛夷坞 37
　　竹里馆 39

李白诗二首 40
　　远别离 40
　　登金陵凤凰台 41

杜甫诗三首 43
　　丽人行 43
　　春日忆李白 45
　　绝句漫兴九首 46

长恨歌 49

李凭箜篌引 54

隋宫 56

沈园 58

等你，在雨中 60

偶然 62

无怨的青春 64

祖国(或以梦为马) 66

致大海 69

第二单元　词的常识与欣赏 73

词的写作常识 73
　　一、填词形式 73
　　二、词的用韵 74
　　三、词的平仄 74
　　四、词的对仗 74

词的欣赏 75
　　一、词的分类 75
　　二、词牌和词谱 76
　　三、词体的格律与自由 76
　　四、婉约与豪放——宋词中的两种
　　　　主要艺术风格 76
　　五、词的欣赏 76

李煜词二首 80
　　相见欢 81
　　乌夜啼 82
柳永词二首 83
　　八声甘州 83
　　望海潮 85
苏轼词二首 86
　　江城子·乙卯正月二十日夜记梦 86
　　定风波 87
鹊桥仙 88
李清照词二首 90
　　凤凰台上忆吹箫 90
　　渔家傲 91
扬州慢 93
辛弃疾词二首 95
　　水龙吟·登建康赏心亭 96
　　破阵子·为陈同甫赋壮词以寄之 96
纳兰性德词二首 97
　　长相思 98
　　如梦令 98
毛泽东词二首 99
　　水调歌头·重上井冈山 100
　　忆秦娥·娄山关 101

第三单元　散文常识与欣赏 104

散文的写作常识 104
　　一、散文的内容和形式 104
　　二、散文的写作特点 105
　　三、散文的立意与构思 107
　　四、散文的布局与结构方法 108
　　五、散文创作如何出新 110
散文的欣赏 111
　　为政 113
　　山木 117

大学之道 126
管晏列传 132
与陈伯之书 137
进学解 141
朋党论 145
留侯论 148
廉耻 152
爱尔克的灯光 154
论解嘲 158
殊途同归 160
柳侯祠 163
论嫉妒 168
寂寞 171

第四单元　小说常识与欣赏 178

小说的写作常识 178
　　一、刻画人物，塑造典型 178
　　二、构思故事，安排情节 179
　　三、精于首尾，善于叙述 180
　　四、小说中的场景描写 182
短篇小说的写作 183
　　一、充分准备，打好基础 183
　　二、认识生活，熟悉人物 183
　　三、严格选材，深入开掘 184
微型小说的写作 185
　　一、微型小说的特点 186
　　二、微型小说的写作模式 186
小说的欣赏 188
　　一、丰富而细致的人物刻画 188
　　二、完整而多变的情节铺叙 189
　　三、具体而独特的环境描绘 190
韩凭夫妇 192
小翠 194
痴情女情重愈斟情 199

在酒楼上 203
箅竹山房 209
丈夫 216
绳子的故事 228
最后一片藤叶 233

第五单元 戏剧常识与欣赏 239

戏剧的常识 239
 一、戏剧的特征 239
 二、戏剧的种类 239
 三、戏剧的发展 240
戏剧的欣赏 243
惊梦(节选) 244
蔡文姬(节选) 248
哈姆雷特(节选) 256
魂断蓝桥(节选) 261

参考文献 268

第一单元　诗歌常识与欣赏

诗歌的写作常识

诗歌具有认识作用、教育作用和审美价值。《汉书·艺文志》中讲道："古有采诗之官，王者所以观风俗，知得失，自考正也。"孔子提倡"温柔敦厚"的儒家诗教。劳动者也重视诗的作用，"饥者歌其食，劳者歌其事"。诗是人类向未来寄发的信息，诗给人类以奔向理想的勇气，所以我们有必要学习诗歌的写作常识。

一、诗歌的写作方法

(一)捕捉和创造诗歌的形象

1. 诗歌需用形象思维写作

别林斯基曾经指出："哲学家用三段论法，诗人则用形象和图画说话，然而他们说的都是同一件事。"(《一八四七年俄国文学一瞥》)这就告诉我们，写诗要用形象思维。所谓用形象思维，首先是指深入生活时，要对生活进行形象的感受，即体验生活、观察生活、分析生活。进行形象思维，要在形象感受的基础上，善于捕捉形象。艾青指出："形象思维的活动，在于使一切难以捕捉的东西，一切飘忽的东西固定起来，鲜明地呈现在读者的面前，像印子打在纸上一样地清楚。"他还说："写诗的人常常为表达一个观念而寻找形象。"捕捉到新颖的形象，也就有了写诗的素材。那么，怎样才能捕捉到形象呢？这就要靠灵感。马雅可夫斯基举过一个捕捉形象的例子，1913年左右，他从萨拉托夫回到莫斯科，为了对一个在火车上同路的女人表示他对她完全没有邪念，诗人就说道："我不是男人，而是穿着裤子的云。"说了这句话之后，他立即考虑到这句话可以入诗，但他又担心这句话口头上传出去被白白地滥用了。那怎么办呢？他十分焦急，差不多有半小时，诗人用许多问题问那个女人，直到他相信自己的话已从女人的另一只耳朵飞了出去，他才放心。两年之后，他用"穿裤子的云"作为一首长诗的标题。

2. 诗歌是"想象的表现"

亚里士多德说："诗需要一种特殊的赋予，或其人有疯狂的成分，或者使他容易想象所要求的神态。"安徒生在他的童话《创造》中写道，"一个爱写诗的青年人，因为写不出好诗来而苦恼，于是去找巫婆。巫婆给他戴上眼镜，安上听筒，他就听到了马铃薯在唱自己家庭的历史，野李树在讲故事，而人群中，一个故事接着一个故事在不停地旋转"。这里说的其实是，要做一个诗人光凭常人的听觉还不够，还得有诗人变形的眼镜和听筒。所以，我们写诗，既要对生活观察得很精确，又不能缺乏对这些生活进行变化的勇气。由

于变形，诗的形象就具有象征的意义。例如，臧克家的《老马》："总得叫大车装个够，/它横竖不说一句话，/背上的压力往肉里扣，/它把头沉重地垂下！/这刻不知道下刻的命，/它有泪只往心里咽，/眼里飘来一道鞭影，/它抬起头来望望前面。"这里写的并不仅仅是一匹可怜的老马，而主要是写20世纪30年代北方农民忍辱负重、坚韧不拔的精神特质，诗中的"老马"是个有象征意义的形象。

3. 诗歌形象的创造

马雅可夫斯基说："应该使诗达到最大限度的传神。传神的巨大手段之一是形象。"创造形象就是"寻找思想的客观对应物"。具体方法有很多，例如虚与实转化、人与物转化、物与物转化、内与外转化、大与小转化、远与近转化、少与多转化、部分与整体转化、历史与现实转化、现实与未来转化等。需要强调的是，诗中的诗人形象和景物形象都是为表现情感、情绪服务的。诗的情感性重于形象性，离开抒情需要去胡乱堆砌形象，只能损害诗歌。

(二)巧妙地进行诗歌的构思

1. 诗歌的灵感

构思，是诗歌创作过程中一个最重要的阶段。构思是什么引起的？简单的回答是，创作的冲动，灵感的爆发。所谓灵感，是诗人对事物产生的激动情绪，突然感到的兴奋，转瞬即逝的心灵的闪耀；是诗人的主观世界与客观世界最愉快的邂逅。对于一首诗来说，灵感是因；对于客观世界而言，灵感是果。由客观世界获得灵感，由灵感开始创作，这是诗人写诗的过程。"灵感"爆发之后，就进入了具体的构思阶段。

2. 诗歌的构思

列宁说："非本质的东西、假象的东西、表面的东西常常消失，不像'本质'那样'扎实'，那样'稳固'。例如，河水的流动就是泡沫在上面，深流在下面。然而连泡沫也是本质的表现！"(《列宁全集》第38卷，第134页)列宁的这段话辩证地指出了"深流"与"泡沫"的关系，泡沫不像深流那样"扎实""稳固"，但也是本质的表现。从这一角度看，诗歌的意象构思可分为两种：一是将大量的生活表象进行选择、集中、改造、加工，提炼出"深流"的本质性意象；一是剔除阻碍想象的"扎实"的"深流"，表现全部丰满的精神内在意蕴。诗人必须从内心和外表两个方面去认识人类生活，把广袤的世界及纷纭万象吸收到他的自我里去，对它们产生情感共鸣，深入体验，使它们深刻化和明朗化。所以诗歌可以采用以一个事物主题为中心，让思维朝可能发展的方向发展；也可以采用从事物的多方面矛盾向一个中心集中；还可以采用将多种事物合成一种新事物等构思方法。

诗歌构思的过程包括以下内容。第一，提炼诗情。提炼诗情就是从一般感受中寻觅显示一般感受的独特感受，从共同感受中寻觅表现共同感受的具体感受，如艾青的《自由》。第二，选取角度。抒发诗情应选择合适的角度。一般来讲，有两大角度，一是直抒胸臆，诗人直接抒情，如闻一多的《口供》，用这个角度写诗，应忌空泛，要创造出鲜明的个性化的诗人形象，否则容易直露；二是象征寄托，借物寄情，借人表意，借景写感，如臧克家的《老马》。第三，布局谋篇。诗的开头、结尾怎么写，各部分之间如何组成有机的整体，需要认真考虑。第四，锤炼语言。语言是诗表现的最重要因素，在构思过程中极为重要。

写诗应该重视诗歌构思的技巧。没有新的构思，没有新的创造，就不要动笔。构思必须做到：新、奇、巧。总结前人的经验，有一些技法是可以借鉴的。如象征构思、辐射构思、"道具"构思、借代构思、命题构思、矛盾构思、虚拟构思、反意构思、侧面构思、对比构思、对话构思等。

二、诗歌的语言

诗，实际是一种语言。作为诗的观念的传达手段，文字这个因素也和用在散文里的表现有所不同，它在诗里本身就是目的，应该是精练的。诗也不能停留在内心的诗的观念上，而要用语言把意象表达出来。在这里，诗又有两件事要做：第一，诗必须使内在的(心里的)形象适应语言的表达能力，使二者完全契合；第二，诗用语言不能像日常语言那样，必须对语言进行处理，无论在词的选择上和安排上，还是在语言的音调上，都要有区别于散文的表达方式。诗的根本语言是意象语言。意象是具象化了的感觉与情思。意象语言具有直觉性、表现性、超越性等特点，它更应该符合诗人主观的感觉活动与感情活动的规律，而不是客观的语法规律，这是诗性语言与实用语言的本质差别。所以，诗歌无法以日常实用语言为媒介。

诗人只有对实用语言加以"破坏""改造"，才能使之成为诗的语言。为此，作诗必须研究诗的语言修辞，也就是要掌握诗的语言的表现手法。诗的语言的表现手法主要有比喻、起兴、借代、反衬、象征、通感、矛盾修饰、虚实组合等。此外，还有其他的一些修饰方法，它们都有助于诗情诗意的表达。我们唯有通过阅读、研究和练习，才能掌握诗的语言修辞技巧。写诗，不仅要重视修辞，还要重视词句锤炼。古今的著名诗人都注重诗句的推敲和锤炼。诗句的推敲，绝不是单纯的形式技巧问题，它与诗意、诗味和诗的主题密切相关。像"黑夜过去了就是光明"这样一个意思，如果平白地直说出来，会令人觉得淡然无味，臧克家反复寻思，最后才把它写成："黑夜的长翼底下，/伏着一个光亮的晨曦。"

诗歌的语言是最本色的文学语言，它具有以下特征。第一，抒情性，诗歌可以借助抒情语言超越心理意义上的时间与空间，如现代人无法经历杜甫所处的战乱社会给人们带来的疾苦，但可以通过《登岳阳楼》中抒发的情感去感受。第二，诗歌的语言是一个有机信息系统，一个字便能产生神奇效用，如"红杏枝头春意闹"的"闹"字、"云破月来花弄影"的"弄"字，极平常的字却能化一篇之神气，尽洒一篇之风流。第三，诗歌语言具有独立审美价值，可以把玩诗歌语言的言尽而意不尽，诗歌语言包容的信息不是直接宣泄于语汇表象，而是蕴含在语汇的深层结构中。小说可以抛开语言，复述故事；而诗歌不能离开语言。第四，诗歌语言可以表现个性的心理感受，具体要求有四点。其一，多义性。诗歌语言既有表层义，又有深层义。其主要用象征手法，如松、梅、雪、竹象征隐逸淡泊、坚贞自守，长城象征中华民族、国家的安全，百合花象征吉祥如意，等等。另外，传统象征过于理性，套路僵化，还有暗示、双关、婉转等。其二，跳跃性。因为表现心理快速活动，所以不要任何介词、连词等，如"鸡声茅店月，人迹板桥霜"。还可以逻辑混乱，任意交错，如时间和空间交错，如《背时的爱情》中诗人与古代的美人谈恋爱。其三，可感性。要有色彩感、立体感和具体感(化抽象为具象)。诗中有画。其四，音乐性。诗歌语言要既有内在音乐性即情绪的律动，又有外在音乐性即声音的回环(押韵、节奏和声调)，对原始感情起一种节制作用。节奏是起决定作用的因素，是事物的节奏和人的生理节奏——呼吸的调节及运动感觉的反映，是音组和停顿的有规律的安排。一字一音节，有独立意义的单音节、双音节或多音节构成一个音组，每个音组后面有或长或短的停顿。新诗自由开放，独特创造，变化中有规律。诗歌音乐性的作用是对原始、强烈的感情起一种节制作用，使之转化为一种有规律的运动，加深诗味，唤起读者的审美注意。内在音乐性是内心情绪的律动，即高低起伏、长短快慢等。外在音乐性主要表现在声音的回环上，是一种数的比例关系。

三、诗歌的分行

新诗没有古诗词的固定音乐规定，引进西方分行规则，加强节奏感和旋律感有利于收到音乐性的效果。

1. 诗歌分行的原因

第一，分行是为了适应诗情，表现长短、疏密、参差的变化。诗行遵从诗歌内在规律——情绪节奏，其外形是将内心情绪视觉化展示出来的结构形式。惠特曼表现了开国时开拓豪放、自由浪漫的情感，诗行很长，犹如新大陆疆界的广阔苍茫。马雅可夫斯基表现了十月革命的剧变，诗行呈现楼梯形，起伏大，参差不齐。

第二，诗行运用省略、跳跃写作手法，随意性较大，产生新的结构意义。例如，上、下诗行并置产生新意："朱门酒肉臭，路有冻死骨。"

第三，分行是为了把视觉间隔化为听觉间隔，显示节奏。这是阅读中产生的效果，连在一起读就无法显示节奏。

第四，分行是为了引起审美注意，让人用诗的心理来欣赏。

2. 诗歌分行的要求

第一，注意行与行的有机组合。关键是跨行，一句话占两行以上，这是为了让人停顿，集中注意力去读下一行，从而强调最有价值、最光彩的语言。

第二，分行是发展变化的，应有独创性。例如，将传统的情绪图案变为象形图案和会意图案。

第三，分行更重视诗的视觉效果，即从"听觉艺术"变为"视觉艺术"。这是因为新诗内在的复杂性和多层性，难以直接通过朗诵来表达，只能用文字排列来保持诗意。一段文字是否是诗，不是取决于语言本身，而是取决于文字排列即视觉形式。

四、诗歌的模式

1．象征模式

象征模式可以说是诗歌的传家宝，又称多层式，在文字符号的视觉层面上给人以形象，同时在联想的深层给人以意义(某一实体事物或精神内容)，尽可能无限地概括和包含。象征体是表层的、明晰的，甚至可能是被传统理性规定的，如梅、兰、松、竹、长城等。而被象征的本体却是隐蔽的、模糊的。两者关系要有任意性，便于发挥创造性。诗人常把表面上风马牛不相及的内外意象通过类似联想起来，形成令人称奇的构思，关键是抓住两者之间的共同点，而其他属性相距越远越好。中心方法是选择形象，形成象征意象。意象，又称艺术形象，可以说是构成文学艺术大系统的细胞。意——人的意识(包括情感，从根本上来说是人的审美需要和认识需要)，最终在文学艺术上表现为作者个体生命的投射和表现。象——客观事物，外在于作者，但最终为作者生命本质对象化。两者结合为意象，而两者成分的多少及关系的隐显疏密等形成了两种基本的文艺创作方法，即重意的浪漫主义和重象的现实主义，也成为表现论和反映论的渊源。象征意象相对一般意象来说，有特定的要求，即成为全诗的中心形象。最佳象征意象，其含义是无限的，尽可能表现作者内心世界，成为一个极具艺术个性的宇宙。一般来说，这类诗歌标题就写出了象征体(甚至是人物)。但是，内层的本体即作者个体生命的感受才是诗歌真正要抒写的。

2．横断模式

横断模式诗歌截取一个生活片段或者意识片段，描写一系列形象，或者使用一系列比喻，以抒发作者感情，表现作者的意识。许多写景诗正是这样，要尽可能创造意境，如杜甫的《春望》前四句截取眼前春景，抒发作者身陷安禄山占领下的长安的沉痛心情。

3．纵贯模式

纵贯模式诗歌以作者观察点的推进为线索，随着时间的推移或者空间的展开，把所见所闻所感融成一体，如贺敬之的《回延安》，作者回到阔别已久的延安时，先是兴奋、激动，再回忆当年的战斗生活情景，接着抒写与延安亲人欢聚的场面，再写延安的巨大变化，最后赞颂并展望延安的美好前程。这类诗歌一般较长，多是叙事诗。

4．升华模式

升华模式诗歌一般分为两部分，前边是较平缓的铺垫，后边翻出新意，给人引人注目的突进，使情思与意境升华到一个新的高度。"言志"的旧体诗词大都采用这种模式，前边写景，情景交融，后边写"志"，志中有情，如毛泽东的《沁园春·雪》先描写眼前雪景，赞美之情溢于言表，接着评论历代英雄、抒发诗人抱负，转而写出当今时代的风流人物才能创造空前伟大的业绩，由景、情升华到志。

5. 串珠模式

串珠模式诗歌由几个并列的相同结构并有部分相同诗句的部分组成，反复咏叹。《诗经》中有较多这类诗歌。

6. 自白模式

自白模式诗歌直接抒发感情，使用论断式的议论，又称议论模式。这种模式源远流长，浪漫主义诗歌大都采用抒情化议论，即自白。政治诗、哲理诗多属于这种"传统自白"。这种自白不容易写好，首先作者必须达到一个时代最高层次的认识及体验的水平。在西方现代派中，惠特曼的《草叶集》承前启后，大量使用自白，以至于美国诗歌自 20 世纪 50 年代后以艾伦·金斯堡的《嚎叫》为代表，形成了自白派，占据主流地位。我国 20 世纪 80 年代"第三代"诗歌大部分都属于"自白"诗。与前期浪漫主义自白不一样，当代诗歌中的自白可以称为"反传统的自白"，有意摆出反传统——反对文化、审美、个性、理性乃至诗歌自身的架势，其实不过是将题材限定在个人生活体验主要是本我感受的圈子里。多用第一人称，不拘格律，以日常口语坦陈自己对生活的感受甚至隐私，有时触及社会，进行某种程度的批判。"自白"诗歌对语言、形式和意味更加强调，甚至写娱乐性的和记录性的诗歌，自称为"玩"诗歌。作为诗歌整体的一种探索，"自白诗"可以说有从社会批判意义转为个体生命肯定意义的历史作用。

7. 象形模式

象形模式诗歌诗行排列成中心形象的形状，成为象形图案。如法国诗人阿波利奈尔的《被刺杀的和平鸽》将诗句排列成一只上飞的和平鸽。又如台湾诗人白荻的诗歌，犹如一幅山水画(诗行从右到左，字词从上到下)，比喻流浪者如远离山林湖水的一株丝杉。

8. 现代模式

现代模式诗歌是从西方现代派诗歌移植而来的。在内容和形式上与传统诗歌明显不同，而且认为内容即形式，形式即内容，因此更加重视形式创新。其写的是个人与社会、自然、他人甚至自我的分裂和荒诞，反映了资本主义社会高度发展所带来的精神危机、变态心理、悲观绝望和虚无主义，强调表现内心——实际上只是变幻多端、高深莫测的本能(欲望，尤其是性欲)和下意识。采用的方法主要有三种，第一种是思想知觉化，即抽象的肉感，把抽象观念和具体形象直接结合，如"像你闻到玫瑰香味那样地感知思想"(艾略特)，"力之舞""意志昏眩""潮湿的灵魂在发芽"。第二种是自由联想。这种联想不是事物本身固有的，为大家所公认的，而是凭个人的直觉和幻觉写出来的联想，如"阳光是从太阳里踢出的足球"。第三种是语言形式随心所欲的变化，用于暗示某一瞬间的感觉、想象和精神状态。

9. 会意模式

会意模式诗歌的一些诗行排列成抽象的图形，显示某种意义趋向。例如，《太阳下山》后半首的诗行排列，暗示钟声在大风中高低起伏。

第一单元 诗歌常识与欣赏

诗歌的欣赏

诗歌是一种抒情言志的文学体裁，它高度凝练，用丰富的想象和富有节奏感、韵律美的语言及分行排列的形式来抒发作者的思想感情。诗歌是有节奏、有韵律并富有感情色彩的一种语言形式，也是世界上最古老、最基本的文学形式。

一、诗歌的起源

古代把不合乐的称为诗，合乐的称为歌，现代一般统称为诗歌。诗歌按照一定的音节、韵律的要求，表现社会生活和人的精神世界。其实，关于诗歌的起源，一直以来，众说纷纭，没有统一的界定。

说法一：诗歌起源于上古的社会生活，是因劳动生产、两性相恋、原始宗教等而产生的一种有韵律、富有感情色彩的语言形式。《尚书·虞书》提出："诗言志，歌永言，声依永，律和声。"《礼记·乐记》中有："诗，言其志也；歌，咏其声也；舞，动其容也；三者本于心，然后乐器从之。"诗歌发展早期，诗、歌与乐、舞是合为一体的。诗即歌词，在实际表演中总是配合音乐、舞蹈而歌唱，后来诗、歌、乐、舞各自发展，独立成体。

说法二：诗这种最古老、最具有文学特质的文学样式来源于古代人们的劳动号子和民歌，原是诗与歌的总称。最初诗和歌不分，诗和音乐、舞蹈结合在一起，统称为诗歌。中国诗歌有着悠久的历史和丰富的遗产，如《诗经》《楚辞》《汉乐府》以及无数诗人的作品。

说法三：我们的祖先为把生产中的经验传授给他人或下一代，为方便记忆、传播，就将其编成了顺口溜式的韵文，通过相互传唱使韵文保留下来，成为诗歌的一种形式。据闻一多先生考证，"诗"与"志"原是同一个字，"志"上从"士"，下从"心"，表示停止在心上，实际上就是指记忆。文字产生以后，人们不必再死记了，这时把一切文字的记载叫"志"。志就是诗。在心为志，发言为诗。

说法四：诗和歌原本不是一回事，歌是与人类的劳动同时产生的，它的产生远在文学形成之前，比诗早得多。通过考察歌的产生，发现歌最初只是用感叹字来表示情绪，如"啊""兮""哦""唉"等，这些字当时都读同一个音："阿"。歌是形声字，由"可"得声。在古代"歌"与"啊"是一个字，人们就把劳动中发出的"啊"叫作"歌"，因此歌的名字就这样沿用下来。

既然诗与歌不是一回事，后来为什么又把二者连在一起以"诗歌"并称呢？只要弄清楚它们的关系就明白了。歌，最初只用简单的感叹字来表示情绪，在语言产生之初，人类对客观事物的认识逐步深化，情绪更加丰富，几个感叹字已经远远不能表达。于是在歌里加进实词，以满足表达需要。文字产生之后，诗与歌的结合又前进了一步，用文字书写的歌词出现。这时，一首歌包括两部分：一是音乐，二是歌词。音乐是抒情的，歌词即诗，是记事的。也就是说，诗配上音乐就是歌。最初的诗都能配上音乐唱，歌就是诗，诗就是歌。

《毛诗序》云："在心为志，发言为诗，情动于中而形于言，言之不足故嗟叹之，嗟叹不足故永歌之，永歌之不足，不知手之舞之、足之蹈之也。"这形象地指出了诗与歌的内在联系。后来，人们就把诗与歌并列，称为"诗歌"。目前，诗歌已经成为诗的代名词。

中国诗歌的发展经历了《诗经》→楚辞→汉赋→汉乐府→建安诗歌→魏晋南北朝民歌→唐诗→宋词→元曲→明清诗歌→现代诗的发展历程。

二、诗歌的特点和表现手法

我国现代诗人、文学评论家何其芳曾说："诗是一种最集中反映社会生活的文学样式，它饱含着丰富的想象和感情，常以直接抒情的方式来表现，而且在精练与和谐的程度上，特别是在节奏的鲜明上，它的语言有别于散文的语言。"这个定义式的说明，概括了诗歌的以下几个基本特点：第一，高度集中、概括地反映生活；第二，抒情言志，饱含丰富的思想感情；第三，丰富的想象、联想和幻想；第四，语言具有音乐美。

诗歌以其特有的艺术魅力感染着千千万万的读者，影响着一代代人，它借助不同的表现手法高度集中概括地反映社会生活的方方面面。

诗歌的表现手法很多，我国最早流行且至今仍在使用的传统表现手法有"赋""比""兴"。《毛诗序》说："诗有六义焉：一曰风，二曰赋，三曰比，四曰兴，五曰雅，六曰颂。"这"六义"中，"风""雅""颂"是《诗经》的诗篇种类，"赋""比""兴"就是诗的表现手法。赋是直接陈述事物的表现手法。宋代学者朱熹在《诗集传》的注释中说："赋者，敷也，敷陈其事而直言之者也。"如《诗经》中的《葛覃》《芣苢》等篇就是用的这种表现手法。比是用比喻的手法描绘事物，表达思想感情。刘勰在《文心雕龙·比兴》中说："且何谓为比也？盖写物以附意，扬言以切事者也。"朱熹说："比者，以彼物比此物也。"如《诗经》中的《螽斯》《硕鼠》等篇即用此法写成。兴是托物起兴，即借某一事物开头来引起正题要描述的事物和表达的思想感情的写法。唐代孔颖达在《毛诗正义》中说："兴者，起也。取譬引类，起发己心，诗文诸举草木鸟兽以见意者，皆兴辞也。"朱熹更明确地指出："兴者，先言他物以引起所咏之辞也。"如《诗经》中的《关雎》《桃夭》等篇就是用了"兴"的表现手法。这三种表现手法，一直流传下来，它们常常综合运用，互相补充，对历代诗歌创作都有很大的影响。

除此之外，诗歌还有很多表现手法，而且历代不断地发展创造，运用也灵活多变，有夸张、复沓、重叠、跳跃等，难以尽述。但是各种方法都离不开想象，丰富的想象既是诗歌的一大特点，也是诗歌最重要的一种表现手法。诗歌中，还有一种重要的表现手法——象征。象征，简单地说，就是"以象征义"，以象征物凭联想来暗示象征义，如被人们称为"四君子"的梅、兰、竹、菊就有固定的象征义。

诗歌塑造形象的常用表现手法主要有三种。第一，比拟。刘勰在《文心雕龙》一书中

说，比拟就是"或喻于声，或方于貌，或拟于心，或譬于事"。比拟中还有一种常用的手法，就是"拟人"，指将物拟人，或将人拟物。将物拟人的，如徐志摩的《再别康桥》："轻轻的我走了，/正如我轻轻的来；/我轻轻的招手，/作别西天的云彩。/那河畔的金柳，/是夕阳中的新娘；/波光里的艳影，/在我的心里荡漾。"作者把"云彩""金柳"都当作人来看。而将人拟物的，如洛夫的《因为风的缘故》："……我的心意/则明亮亦如你窗前的烛光/稍有暧昧之处/势所难免/因为风的缘故/……以整生的爱/点燃一盏灯/我是火/随时可能熄灭/因为风的缘故。"作者把"我的心"比拟为烛光，把我比作灯火。当然，归根结底，其实质还是"拟人"。第二，夸张。夸张就是把所要描绘的事物放大，好像电影里的"大写""特写"镜头，以引起读者的重视和联想。例如，李白的"桃花潭水深千尺，不及汪伦送我情"(《赠汪伦》)，"飞流直下三千尺，疑是银河落九天"(《望庐山瀑布》)，其中说到的"深千尺""三千尺"，虽然并非事实真相，却生动地显示了事物的特征，表达了诗人的激情，读者不但能够接受，而且能够信服。然而这种夸张，必须是艺术的、美的，不能过于荒诞或太实、太俗。如有一首描写棉花丰收的诗："一朵棉花打个包/压得卡车头儿翘/头儿翘，三尺高/好像一门高射炮。"读后使人觉得不真实，没有美感。第三，借代。借代就是借此事物代替彼事物。它与比拟有相似之处，但又有所不同，不同之处在于：比拟一般是比的事物和被比的事物都是具体的、可见的；而借代却是一方具体，一方抽象，在具体与抽象之间架起桥梁，使诗歌的形象更为鲜明、突出，以引发读者的联想。这也就是艾青所说的"给思想以翅膀，给感情以衣裳，给声音以彩色，使流逝变幻者凝形"。塑造诗歌形象，不仅可以运用眼睛所摄取的素材去描绘画面，还可以运用耳朵、手等所获得的素材，从多方面表现形象，做到有声有色、生动新颖。唐代诗人贾岛骑在毛驴上吟出"鸟宿池边树，僧推月下门"，但又觉得用"僧敲月下门"亦可。究竟是"推"还是"敲"，他拿不定主意，便用手作推敲状，不料毛驴挡住京兆尹韩愈的去路，当侍卫将贾岛带到他的马前，贾岛据实相告，韩愈沉吟良久，说还是用"敲"字较好。因为"敲"有声音，在深山月夜，有一两声敲门声，便使情景"活"起来，也更显出环境的寂静。白居易《琵琶行》中的音乐描写"大珠小珠落玉盘"一段，更是精彩！现代诗歌如黄河浪的《晨曲》："还有那尊礁石/在固执地倾听/风声雨声涛声之外/隐隐约约的/黎明/灵泉寺的晨钟/恰似鼓山涌泉的/悠远回应/淡淡淡淡的敲落/几颗疏星/而涨红花冠的/雄劲的鸡鸣/仿佛越海而来/啼亮一天朝霞/如潮涌。"这首诗运用听觉描绘了一幅雄壮、逼真的画面，形象而生动。广泛使用声音塑造形象的手法，为诗歌创作开拓了一个更加广阔的领域。

无论是比拟、夸张还是借代，都需要诗人对客观事物进行敏锐的观察，融入自己的情感，进行大胆的想象，甚至幻想。可以这样说，浪漫派也好，写实派也好，没有想象(幻想)，便不称其为诗人。比如，以豪放著称的李白，固然想象丰富，诗风雄奇；而以写实著称的杜甫，也写出了诸如"安得广厦千万间……何时眼前突兀见此屋……"(《茅屋为秋风所破歌》)和"香雾云鬟湿，清辉玉臂寒。何时倚虚幌，双照泪痕干"(《月夜》)这样令人浮想联翩的佳作。

三、诗体的分类

诗体的分类是一个复杂的问题，这里只就一般的看法简单地谈谈古代诗歌，如汉魏六朝诗和唐宋以后的诗体及现代诗歌的分类特点。

汉魏六朝诗，一般称为古诗，其中包括汉魏乐府古辞、南北朝乐府民歌以及汉魏六朝时期的文人诗。"乐府"本是官署的名称。乐府歌辞是由乐府机关采集，并为它配上乐谱以便歌唱的。《文心雕龙·乐府》篇说："凡乐辞曰诗，诗声曰歌。"由此可以看出，诗、歌、乐府这三个概念之间的关系：诗指的是诗人所作的歌辞，歌指的是和诗相配合的乐曲，乐府则兼指二者。后来袭用乐府旧题或模仿乐府体裁写的作品，虽然没有配乐，但也称为乐府。中唐时的白居易等人发起了新乐府运动，创新题，写时事，因而叫作新乐府。

唐宋以后的诗体，从格律上看，大致可分为近体诗和古体诗两类。近体诗又叫今体诗，它有一定的格律。古体诗一般又叫古风，这是依照古诗的作法写的，形式比较自由，不受格律的束缚。

从诗句的字数来看，有四言诗、五言诗和七言诗。四言诗是四个字一句，五言诗是五个字一句，七言诗是七个字一句。唐代以后，四言诗很少见了，所以通常只分五言、七言两类。五言古体诗简称五古；七言古体诗简称七古；三言、五言、七言兼用者，一般也算七古。五言律诗简称五律，限定八句四十字；七言律诗简称七律，限定八句五十六字。超过八句的叫长律，又叫排律，长律一般都是五言诗。只有四句的叫绝句，五绝共二十个字，七绝共二十八个字。绝句可分为律绝和古绝两种，律绝要受平仄格律的限制，古绝不受平仄格律的限制，古绝一般只限于五绝。

现代诗歌是相对古典诗歌而言的，它一般不拘泥于格式和韵律。"现代诗"的名称，于1953年纪弦创立"现代诗社"时确立。现代诗歌的特点有三个：第一，形式是自由的；第二，内涵是开放的；第三，意象经营重于修辞。现代诗歌代表流派有尝试派、七月派、朦胧派等。下面，我们从不同角度介绍诗歌的分类情况。

(一)古代诗歌的分类

古代诗歌通常有以下两种分类方法。

1. 按音律分类

古代诗歌按音律可分为古体诗和近体诗两类。古体诗和近体诗是唐代形成的概念。

(1) 古体诗包括古诗(唐以前的诗歌)、楚辞、乐府诗。"歌""行""引""曲""吟"等体裁的诗歌也属古体诗。古体诗不讲对仗，押韵较自由。古体诗的发展轨迹如下：《诗经》→楚辞→汉赋→汉乐府→建安诗歌→魏晋南北朝民歌→陶诗等文人五言诗→唐代的古风、新乐府。

① 楚辞体是战国时期楚国屈原所创的一种诗歌形式，其特点是运用楚地方言、声韵，具有浓厚的楚地色彩。东汉刘向编辑的《楚辞》，全书共17篇，以屈原作品为主，

而屈原作品又以《离骚》为代表作，后人因此又称"楚辞体"为"骚体"。

② "乐府"，本是汉武帝时掌管音乐的官署名称，后变成诗体的名称。汉、魏、南北朝乐府官署采集和创作的乐歌，简称乐府。魏晋和唐代及其以后诗人模拟乐府写的诗歌虽不入乐，也称为乐府和拟乐府，如《敕勒歌》《木兰诗》《短歌行》等。一般来说，乐府诗的标题上常加"歌""行""引""曲""吟"等字。

③ 歌行体是乐府诗的一种变体。汉魏以后的乐府诗，题名为"歌""行"的颇多，二者虽名称不同，其实并无严格区别，都是"歌曲"的意思，其音节、格律一般都比较自由，形式采用五言、七言、杂言的古体，富于变化，以后遂有"歌行体"之称。到了唐代，初唐诗人写乐府诗，除沿用汉魏六朝乐府旧题外，已有少数诗人另辟蹊径，虽辞为乐府，但已不限声律，故称新乐府。此类诗歌，在杜甫、白居易诗中常见，如杜甫的《悲陈陶》《哀江头》《兵车行》《丽人行》，白居易的许多作品在形式上采用乐府歌行体，大多三言、七言错杂运用。

(2) 近体诗是与古体诗相对的诗体，又称今体诗，是唐代形成的一种格律体诗，分为两种，其字数、句数、平仄、用韵等都有严格规定。

① 一种称"绝句"，每首四句，五言的简称五绝，七言的简称七绝。

② 一种称"律诗"，每首八句，五言的简称五律，七言的简称七律，超过八句的称为排律(或长律)。

律诗格律极严，篇有定句(除排律外)，句有定字，韵有定位(押韵位置固定)，字有定声(诗中各字的平仄声调固定)，联有定对(律诗中间两联必须对仗)。例如，起源于南北朝、成熟于唐初的律诗，每首四联八句，每句字数必须相同，或四韵或五韵，中间两联必须对仗，二句、四句、六句、八句押韵，首句可押可不押。从上到下，分为首联、颔联、颈联、尾联。如果在律诗定格基础上加以铺排延续到十句以上，则称排律，除首、末两联外，上、下句都需对仗，也有隔句相对的，称为"扇对"。再如，绝句仅为四句两联，又称绝诗、截句、断句，对平仄、押韵、对偶都有一定要求。

另外，近体诗还包括词和曲，它们的分类特点会在后面介绍。

2．按内容分类

古代诗歌按内容可分为叙事诗、抒情诗、讽谕诗、送别诗、行旅诗、闺怨诗、边塞诗、山水田园诗、怀古诗(咏史诗)、咏物诗、悼亡诗。下面主要讲述以下六种类型。

(1) 送别诗。古代由于交通不便，通信极不发达，亲人朋友之间有时一别数载难以相见，故古人特别看重离别。离别之际，人们往往设酒钱别，折柳相送，有时还要吟诗话别，因此离情别绪就成了古代文人的一个永恒主题。因各人的情况不同，故送别诗所写的具体内容及思想倾向往往有别。有的直接抒写离别之情，有的借以一吐胸中积愤或表明心志，有的重在写离愁别恨，有的重在劝勉、鼓励、安慰，有的兼而有之。

(2) 行旅诗和闺怨诗。古人或久宦在外，或长期流离漂泊，或久戍边关，不论哪种，都会产生浓浓的思乡怀人之情，所以这类诗文就特别多，它们或写羁旅之愁，或写征人思乡，或写闺中怀人。写作上或触景伤情，或感时生情，或托物传情，或因梦寄情，或妙喻传情。

(3) 边塞诗。从先秦开始就有了以边塞、战争为题材的诗，到了唐代，战争频仍，统治者重武轻文，士人邀功边疆以博取功名比由科举进身容易得多，加之盛唐时积极用世、昂扬奋进的时代气氛，于是奇情壮丽的边塞诗便大大发展了起来，形成一个新的诗歌流派，其代表人物是高适、岑参、王昌龄等。

(4) 山水田园诗。曹操开山水诗先河，陶渊明开田园诗先河，发展到唐代，出现山水田园诗派，代表人物是王维、孟浩然等。山水田园诗以描写自然风光、农村景物及安逸恬淡的隐居生活见长，诗境隽永优美，风格恬静淡雅，语言清新洗练。

(5) 怀古诗。一般是怀念古代的人物和事迹。咏史怀古诗往往将史实与现实联结到一起，或感慨个人遭遇，或抨击社会现实，如苏轼的《念奴娇·赤壁怀古》，感慨个人遭遇，揭示理想和现实的矛盾：年过半百，功业无成；辛弃疾的《永遇乐·京口北固亭怀古》，表达对朝廷苟且偷生的不满，抨击社会现实。也有的咏史怀古诗只是对历史作理性思考与评价，或仅是客观的叙述，诗人自身的遭遇不在其中，诗人的感慨只是画外之音，如刘禹锡的《乌衣巷》，通过今昔对比，表达了诗人的历史沧桑之感。

(6) 咏物诗。咏物诗一般以某一物为描写对象，抓住某些特征着意描摹。思想上往往托物言志，由物到人，由实到虚，写出精神品格。常用比喻、象征、拟人、对比等表现手法。

(二)现代诗歌的分类

现代诗歌的分类有多种方法，根据不同的原则和标准可以将其划分为不同的种类，但其主要有以下两类。

1. 按表达方式分类

现代诗歌按作品内容的表达方式分类，可划分为叙事诗和抒情诗。

(1) 叙事诗有比较完整的故事情节和人物形象，通常以诗人满怀激情的歌唱方式来表现。史诗、故事诗、诗体小说等都属于这一类。故事诗如诗人李季的《王贵与李香香》。

(2) 抒情诗主要通过直接抒发诗人的思想感情来反映社会生活，不要求描述完整的故事情节和人物形象，如情歌、颂歌、哀歌、挽歌、牧歌和讽刺诗。

当然，叙事和抒情也不是绝对分开的。叙事诗也有一定的抒情性，不过它的抒情要与叙事紧密结合。抒情诗也常有对某些生活片段的叙述，但不能铺展，应满足抒情的需要。

2. 按音韵格律和结构形式分类

现代诗歌按作品语言的音韵格律和结构形式分类，可划分为格律诗、自由诗和散文诗。

(1) 格律诗是按照一定格式和规则写成的诗歌。它对诗的行数、诗句的字数(或音节)、声调音韵、词语对仗、句式排列等都有严格规定，如我国古代诗歌中的"律诗""绝句""词""曲"，欧洲的"十四行诗"。

(2) 自由诗是近代欧美新发展起来的一种诗体。它不受格律限制，无固定格式，注重自然的、内在的节奏，大致押韵或不押韵，字数、行数、句式、音调都比较自由，语言比较通俗。我国五四运动以来也流行这种诗体，如冰心的《繁星》《春水》。

(3) 散文诗是兼有散文和诗的特点的一种文学体裁。作品中有诗的意境和激情，常常富有哲理，注重自然的节奏感和音乐美，篇幅短小，像散文一样不分行，不押韵，如鲁迅的《野草》。

四、诗歌的欣赏

文学艺术的各种形式互相渗透、互相影响，是文艺史上带有规律性的现象。而在各种文艺形式中，诗歌是最活泼、最有亲和力的一种。它和散文结合，成为散文诗；和戏剧结合，成为歌剧。它和绘画所使用的工具虽然不同，但是互相渗透和影响的关系却显而易见。古希腊抒情诗人西蒙尼德说："诗为有声之画，画为无声之诗。"我国的张浮休也说："诗是无形画，画是有形诗。"苏东坡则说："少陵翰墨无形画，韩干丹青不语诗。"他们都指出了诗与画的密切关系。而诗歌和音乐的关系就更密切了，西方文艺理论认为，诗歌和音乐都属于时间艺术。音乐是由声音构成的，诗歌也要借助声音来吟诵或歌唱，而声音的延续即是时间的流动。中国古代第一部诗歌总集——《诗经》中的每一篇都可以合乐歌唱。《墨子·公孟篇》里"弦诗三百，歌诗三百"的话可以为证。《诗经》风、雅、颂的区分也是由于音乐的不同。诗和乐像一对孪生姊妹，从诞生之日就紧密地结合在一起。诗，不仅作为书面文字呈诸人的视觉，还作为吟诵或歌唱的材料诉诸人的听觉。

既然诗歌和音乐的关系如此密切，那么，诗人在写诗的时候自然会注意声音的组织，既要用语言所包含的意义去影响读者的感情，又要调动语言的声音去打动读者的心灵，使诗歌产生音乐的效果。然而，中国古典诗歌的音乐美是怎样构成的呢？我们可以从节奏、音调两个方面来探讨。

(一)节奏

合乎规律的重复形成节奏。四季的更替，昼夜的交替，月的圆缺，花的开谢，水的波荡，山的起伏，心的跳动，都可以形成节奏。

节奏能给人以快感和美感，能满足人们生理和心理的需求，每当一次新的回环重复的时候，便给人以似曾相识的感觉，好像见到老朋友一样，使人感到亲切、愉快。颐和园的长廊，每隔一段就有一座亭子，既可供人休息，又可使人驻足其中细细观赏周围的湖光山色。而在走走停停的交替重复中，也会感到节奏所带来的快感与美感。一种新的节奏被人熟悉之后，又会使人产生预期的心理，而期望的达到也会令人满足。节奏还可以使个体得到统一，差别达到协调，散漫趋向集中。劳动人民一起劳动时喊的号子，队伍行进时喊的口令，都有这种作用。可见，节奏本身就具有一种魅力。

语言也可以形成节奏，如每个人说话声音的高低、强弱、长短，各有固定的模式，可以形成节奏感。这是语言的自然节奏，未经加工，不很鲜明。此外，语言还有另一种节奏即音乐的节奏，这是在语言自然节奏的基础上经过加工形成的。它强调了自然节奏的某些因素，并使之定型，节奏感更加鲜明。诗歌的格律就建立在这种节奏的基础之上。然而，诗歌过于迁就语言的自然节奏就显得散漫，不上口；过于追求音乐节奏，又会流于造作，不自然。只有那种既不损害自然节奏又优于自然节奏的、富于音乐感的诗歌节奏才能被广泛接受。这种节奏一旦被找到，就会逐渐固定下来并成为通行的格律。

诗歌的节奏必须符合语言的民族特点。古希腊语和拉丁语中元音长短的区别比较明显，所以古希腊诗和拉丁诗都以元音长短的有规律的交替形成节奏，如短长格、短短长格、长短格、长短短格等。荷马史诗《伊利亚特》和《奥德赛》都是由五个长短短格和一个长短格构成，叫六音步诗体。古梵文诗也主要是靠长短格构成节奏，德语、英语、俄语的语音轻重的区别明显，诗歌遂以轻重音的有规律的交替形成节奏，如轻重格、重轻格。总之，节奏是诗歌语言获取音乐美的一个重要手段。

中国古典诗歌的节奏是依据汉语的特点由以下两种因素决定的。

首先是音节和音节的组合。汉语一个字为一个音节，四言诗四个音节一句，五言诗五个音节一句，七言诗七个音节一句，每句的音节是固定的。一句诗中的几个音节并不是孤立的，一般是两个两个地组合在一起形成顿。顿，也叫音组或音步。四言二顿，每顿两个音节；五言三顿，其音节数分别是二二一或二一二；七言四顿，其音节数分别是二二二一或二二一二。必须指出的是，顿不一定是声音停顿的地方，通常吟诵时需要拖长。顿的划分既要考虑音节的整齐，又要兼顾意义的完整。

音节的组合不仅形成顿，还形成逗。逗，也就是一句之中最显著的那个顿。中国古体诗、近体诗建立诗句的基本规则就是一句诗必须有一个逗，这个逗把诗句分成前、后两半，其音节分配是：四言二二，五言二三，七言四三。林庚先生指出，这是中国诗歌在形式上的一条规律，并称之为"半逗律"。他说："'半逗律'乃是中国诗行基于自己的语言特征所遵循的基本规律，这也是中国诗歌民族形式上的普遍特征。"所谓半逗律，就是将诗行划分为相对均衡的上、下两个半段，从而在半行上形成一个类似"逗"的节奏点，这个节奏点保持在稳定的位置上。

只有揭示了"半逗律"，我们才能解释为什么有的句子凑成了四言、五言、七言却仍然不像诗，原因就在于音节的组合不符合这条规律。揭示了"半逗律"，还可以解释为什么六言诗始终未能成为主要形式，是因为二二二的这种音节组合无法形成半逗，不合乎中国诗歌节奏的习惯。

还有一个有趣的现象，读四言诗觉得节奏比较呆板，五言、七言则显得活泼，其奥妙也在于音节的组合上。四言诗，逗的前后各有两个音节，均等地切分，没有变化；而五言、七言诗，逗的前后相差一个音节，融变化于整齐之中，读起来就显得活泼。

四言二二，五言二三，七言四三，这是诗句的基本格律。符合了这条格律，就好像为一座建筑物立好了柱子。至于其他格律，如平仄、对仗，不过是在这些柱子上增加的装饰而已。中国诗歌的格律似乎很复杂，其实很简单。

其次是押韵。押韵是字音中韵母部分的重复。按照规律在一定的位置上重复出现同一韵母，就形成韵脚，产生了节奏。这种节奏可以把涣散的声音连成一个整体，使人读前一句时预想到后一句，读后一句时回想起前一句。

有些民族的诗歌，押韵并不重要。如古希腊诗、古英文诗、古梵文诗。据 16 世纪英

国学者阿斯查姆所著的《教师论》介绍,欧洲人诗中用韵开始于意大利,在中世纪曾风行一时。德国史诗《尼伯龙根之歌》以及法国中世纪的许多叙事诗都是押韵的。文艺复兴以后,欧洲诗人向古希腊学习,押韵就不那么流行了。17世纪以后,押韵的风气再度盛行。到近代自由诗兴起,押韵的诗又减少了。但中国古典诗歌是必须押韵的,因为汉语语音长短、轻重的区别不明显,不能借助它们形成节奏,于是押韵便成为形成节奏的一个辅助手段。

中国古典诗歌的押韵,唐以前完全依照口语,唐以后则依照韵书。根据先秦诗歌实际用韵的情况加以归纳可以看出,那时的韵部比较宽,作诗押韵比较容易;汉代的诗歌用韵也比较宽;魏晋以后就逐渐严格起来,并出现了一些韵书,唐代孙愐根据《切韵》刊定《唐韵》,此书遂成为官定的韵书。《切韵》的语音系统是综合了古今的读音和隋朝的读音加以整理形成的,和当时任何一个地区的实际读音都不完全吻合。作诗押韵既然要以它为依据,自然就离开了口语的实际情形,这是古典诗歌用韵的一大变化。到了宋代,陈彭年等奉诏修了一部《广韵》,它的语音系统基本依据《唐韵》,分四声,共206韵,比较烦琐,但作诗允许"同用",相近的韵可以通押,所以实际上只有112韵。宋淳祐年间平水(今山西临汾)刘渊增修《壬子新刊礼部韵略》,索性把《广韵》中可以同用的韵部合并起来,成为107韵,这就是"平水韵"。元末阴时夫考订"平水韵",著《韵府群玉》,又并为106韵。明清以来诗人作诗基本上是按这106韵。但"平水韵"保存着隋唐时期的语音,和当时的口语有差别,所以在元代另有一种"曲册",是完全按照当时北方的语音系统编定的,以供写作北曲的需要。最著名的就是周德清的《中原音韵》,此书四声通押,共19个韵部。现代北方曲艺按"十三辙"押韵,就是承袭《中原音韵》的押韵方法。"十三辙"符合现代普通话的语音系统,可以作为新诗韵的基础。

总之,押韵是同一韵母的有规律的重复,犹如乐曲中反复出现的一个主音,整首乐曲由它贯穿起来。中国诗歌的押韵是在句尾,句尾总是意义和声音较大的停顿之处,再配上韵,形成的节奏感就更强烈。

(二)音调

色有色调,音有音调。一幅图画往往由各种色彩组成,色与色之间的整体关系构成色彩的调子,称为色调。一首乐曲由各种声音组成,声音之间的整体关系构成不同风格的音调。一首诗由许多字词的声音组成,字词声音之间的整体关系也就构成了诗的音调。

声音的组合受审美规律限制,符合规律的谐,违背规律的拗。音乐中有谐和音程与不谐和音程;中国古典诗歌有律句与拗句。音程谐和与否,取决于两音间的距离长短;诗句谐拗的区别,在于平仄的搭配。

中国古典诗歌的音调主要是通过平仄组织起来的。平仄是字音声调的区别,平仄有规律地交替和重复,也可以形成节奏,但并不鲜明。它的主要作用是形成音调的和谐。那么,平仄的区别究竟是什么呢?音韵学家众说纷纭,有的说是长短之分,有的说是高低之别。赵元任先生经过实验认为:"一字声调之构成,可以此字之音高与时间之函数关系为完全适度之准确定义。"(《中国言语字调底实验研究法》,载于《科学》1922年第7卷)

这就是说，平仄与声音的长短、高低都有关系。但这种测定并没有考虑上下文的影响。以诗歌为例，一句诗里每个字读音的长短都要受诗句停顿规律的制约，同一个字在不同的位置读音的长短并非固定不变的。例如，平声字应当是较长的音，但若在诗句的第一个音节的位置上就不能拖长，"君问归期未有期，巴山夜雨涨秋池"这两句诗中的"君"字、"巴"字如果读成长音岂不可笑；反之，一个仄声字本来应该读得比较短，但如果出现在一句五言诗第二个音节的位置，或七言诗第四个音节的位置，却需适当拖长。例如，"君家何处住，妾住在横塘"中的第二个"住"字，"劝君更尽一杯酒，西出阳关无故人"中的"尽"字，都是仄声，却要读成长音。这样看来，在诗句之中平仄的区别主要不在声音的长短上，而在声音的高低上。可以说，平仄律是借助有规律的抑扬变化，形成音调的和谐优美。

齐梁以前并不知道声调的区别，齐梁时才发现平、上、去、入四种声调。《南史·陆厥传》云："永明九年……时盛为文章。……汝南周颙善识声韵。约等文皆用宫商，将平上去入四声，以此制韵，有平头、上尾、蜂腰、鹤膝。……世呼为'永明体'。"《梁书·沈约传》云："约撰《四声谱》，以为在昔词人，累千载而不寤，而独得胸衿，穷其妙旨，自谓入神之作。"《梁书·庾肩吾传》云："齐永明中，文士王融、谢朓、沈约文章始用四声，以为新变。"从以上材料可以看出，周颙偏重于四声本身的研究，沈约致力于四声在诗中的应用。沈约在《宋书·谢灵运传》中的一段话，可以说是运用四声的总纲领："欲使宫羽相变，低昂互节，若前有浮声，则后须切响。一简之内，音韵尽殊；两句之中，轻重悉异。妙达此旨，始可言文。"所谓宫羽、低昂、浮切、轻重，都是指平仄而言。简单地说，就是要求一句之内或两句之间各字的声调要有符合规律的变化。沈约还创立了"八病"说，规定了八种应当避忌的声律方面的毛病。前四病"平头""上尾""蜂腰""鹤膝"，都是属于声调方面的。"八病"只是消极的避忌，同时还有平仄格律的建立。从永明年间的沈约到初唐的沈佺期、宋之问，这个过程大概有两百年。平仄的格律配上神韵和对偶的格律，再固定每首诗的句数、字数，就形成了律诗、绝句等近体诗。

声调说的提出和永明体的出现，是中国诗歌史上的大事，它标志着诗人们寻求诗歌的音乐美已经取得重大进展。从永明体到近体诗又是一大进步。若论诗歌音调的和谐，近体诗达到了完美的地步，它充分利用了汉语的特点，把诗歌可能具有的音乐美充分体现了出来。

初学者往往觉得近体诗的平仄格律很难掌握，这是因为没有抓住它的基本规律，只是死记平仄的格式，它的基本规律只有四条，只要掌握了这四条基本规律，就可以把平仄的格律排对。这四条基本规律是：一句之中平平仄仄相间，一联之内上、下两句平仄相对，下联的上句与上联的下句平仄相粘，句末不可出现三平或三仄。其实，概括起来只有一条原则，就是寓变化于整齐之中。《文心雕龙·声律》中有"同声相应""异音相从"的话，"同声相应"是求整齐，"异音相从"是求变化。整齐中有变化，变化中有整齐，抑与扬有规律地交替和重复，形成和谐的音调。和谐的音调对思想内容的表达，无疑会增添艺术的力量。值得注意的是，音调和谐只是诗歌艺术性的一个方面。从表现思想内容的需要出发，有时反而需要拗。是谐是拗，全凭诗人的恰当运用。

第一单元 诗歌常识与欣赏

除了平仄之外，古典诗歌还常常借助双声词、叠韵词、叠音词和象声词来使得声调和谐。

双声词和叠韵词是由部分声音相同的字组成的词。声母相同的叫双声词，韵母相同的叫叠韵词，叠音词是声音完全相同的词。李重华《贞一斋诗说》云："叠韵如两玉相叩，取其铿锵；双声如贯珠相联，取其宛转。"王国维《人间词话》云："余谓苟于词之荡漾处多用叠韵，促节处用双声，则其铿锵可诵，必有过于前人者。""铿锵""宛转""荡漾""促节"的细微区别，虽未尽然，但双声、叠韵的音乐效果是确实存在的，而且叠音词的效果也是一样，它们的音乐效果可以这样概括，即在一连串声音不同的字中，出现了声韵部分相同或完全相同的两个邻近的字，从而强调了某一个声音以及由此声音所表达的情绪，铿锵的越发铿锵，宛转的愈见宛转，荡漾的更加荡漾，促节的尤为促节。至于象声词则是模仿客观世界的声音而构成的词，它只有象声的作用而不表示什么意义，象声词的效果在于直接传达客观世界的声音节奏，把人和客观世界的距离缩短，使人有身临其境之感。

双声词、叠韵词、叠音词、象声词在中国古典诗歌里运用得相当广泛，如"参差荇菜""青青子衿，悠悠我心""聊逍遥以相羊""迢迢牵牛星，皎皎河汉女""田园寥落干戈后，骨肉流离道路中""无边落木萧萧下，不尽长江滚滚来""寻寻觅觅，冷冷清清，凄凄惨惨戚戚"。这些词运用恰当，不仅可以产生音乐美，而且可以增强抒情的效果。

以上所说的节奏和音调，是就声音论声音，是一首诗中各个字的字音内配合组织。然而，古典诗歌的音乐美并不完全是声音组合的效果，还取决于声和情的和谐，就像作曲时要根据表达感情的需要选择和变换节奏，写诗也要根据表达感情的需要安排和组织字词的声音，只有达到声情和谐、声情并茂，才是真正的音乐美。

诗经二首

【作品简介】

《诗经》是中国第一部诗歌总集。它汇集了从西周初期到春秋中叶，也就是约公元前1100年到公元前600年，500多年的诗歌305篇。

《诗经》在先秦叫作《诗》，或者取诗的数目整数叫《诗三百》，本来只是一本诗集。但是，从汉代起，儒家学者把《诗》当作经典，它与《书》《礼》《易》《春秋》并称"五经"。《诗》被尊称为《诗经》，列入"五经"之首。

《诗经》中的诗当初都是配乐的歌辞，按当初所配乐曲的性质，可以分为风、雅、颂三类。

"风"是土风、风谣，也就是各地方的民歌民谣。"风"包括了15个诸侯国的民歌，即"十五国风"，共160篇。与《雅》《颂》相比，《风》显得活泼，生活气息更浓。如开篇的《关雎》写初涉爱河的青年，《氓》写被丈夫抛弃的女子的哀怨，《静女》写恋爱时的微妙心理。

"雅"是正声雅乐，是正统的官廷乐歌。"雅"分为"大雅"和"小雅"，一共有

105篇。"大雅"是用于隆重盛大宴会的典礼，"小雅"则是用于一般宴会的典礼。

"颂"是祭祀乐歌，用于宫廷宗庙祭祀祖先，祈祷赞颂神明，现存共40篇。

《诗经》是中国韵文的源头，是中国诗史的光辉起点。它形式多样，有史诗、讽刺诗、叙事诗、恋歌、战歌、颂歌、节令歌以及劳动歌谣等。它内容丰富，对周代社会生活的各个方面，如劳动与爱情、战争与徭役、压迫与反抗、风俗与婚姻等各个方面都有所反映，被誉为"古代社会的人生百科全书"。

《诗经》主要采用了两大表现手法：一是大量运用了赋、比、兴的表现手法；二是以四言诗为主，章节复沓，反复咏叹。

王风·黍离

彼黍[1]离离[2]，彼稷[3]之苗。行迈[4]靡靡[5]，中心[6]摇摇[7]。知我者谓[8]我心忧，不知我者谓我何求。悠悠[9]苍天，此何人哉[10]！

彼黍离离，彼稷之穗。行迈靡靡，中心如醉。知我者谓我心忧，不知我者谓我何求。悠悠苍天，此何人哉！

彼黍离离，彼稷之实[11]。行迈靡靡，中心如噎[12]。知我者谓我心忧，不知我者谓我何求。悠悠苍天，此何人哉！

【注释】

[1] 黍：一种农作物，即糜子，子实去皮后叫黄米，有黏性，可以酿酒、做糕等。

[2] 离离：庄稼一行行排列的样子。

[3] 稷：谷子，一说高粱。

[4] 行迈：远行。迈：行、走。

[5] 靡靡：步履迟迟、缓慢的样子。

[6] 中心：内心。

[7] 摇摇：心神不定的样子。

[8] 谓：说。

[9] 悠悠：遥远的样子。

[10] 此何人哉：这(指故国沦亡的凄凉景象)是谁造成的呢？

[11] 实：籽粒。

[12] 噎：食物塞住咽喉，这里指哽咽。

【提示】

《黍离》选自《诗经·王风》，采于民间，是周代社会生活的民间歌谣，基本产生于西周初期至春秋中叶，距今三千年左右。关于它的缘起，毛诗序称："黍离，闵宗周也。周大夫行役，至于宗周，过故宗庙宫室，尽为禾黍，闵周室之颠覆，彷徨不忍去，而作是诗也。"这种解说在后代得到普遍接受，"黍离之悲"成为重要典故，用以指亡国之痛。

这首诗在抒发对西周灭亡的沉痛心情时，首先描绘的是生长茂盛的农作物，而庄稼生

长的地方曾是宗周的宗庙公室。这种沧海桑田的巨大变化,自然使诗人陷入悲哀,行进的脚步变得迟缓。三章反复出现"行迈靡靡"的诗句,用脚步的迟缓表现心情的沉痛。

这首诗采用的是递进式的写景抒情笔法。出现的景物依次是"彼稷之苗""彼稷之穗""彼稷之实",农作物的部位暗合农作物的生长过程:先有苗,再有穗,最后有了颗粒。作者抒发沉痛之情时,依次是"中心摇摇""中心如醉""中心如噎",程度变得越来越强烈。

作者忧国忧民,伤时悯乱,最后向天发问:这种历史悲剧是谁造成的?该由谁来承担西周灭亡的历史责任?诗的作者非常清楚,但他不把问题的答案明确说出,而是采用质问的方式,所产生的艺术效果更加强烈,并给读者留下一定的思考空间。

【思考与练习】

1. 分析让诗人"心忧"的到底是什么?诗中是如何表现主人公不胜忧郁之状的?
2. 该诗"三章只换六字,而一往情深,低回无限"(方玉润《诗经原始》)的表现情感递进式发展的形式有什么作用?
3. 背诵这首诗。

小雅·谷风

习习[1]谷风,维[2]风及雨。将[3]恐将惧,维予与女[4]。将安将乐,女转[5]弃予。
习习谷风,维风及颓[6]。将恐将惧,置予于怀。将安将乐,弃予如遗[7]。
习习谷风,维山崔嵬[8]。无草不死,无木不萎[9]。忘我大德,思我小怨。

【注释】

[1] 习习:连续不断的风声。

[2] 维:是。

[3] 将:方、正当。

[4] 与女:与,助。女:同"汝",你。

[5] 转:反而。

[6] 颓:自上而下的旋风。

[7] 遗:遗忘、丢弃。

[8] 崔嵬:山巅。一说为山高峻的样子。

[9] 无木不萎:《毛传》中有"草木无有不死叶萎枝者"的说法。

【提示】

这首诗的主题,旧说大体相同。《毛诗序》说:"《谷风》,刺幽王也。天下俗薄,朋友道绝焉。"朱熹《诗集传》也说:"此朋友相怨之诗,故言'习习谷风',则'维风及雨'矣,'将恐将惧'之时,则'维予与女'矣,奈何'将安将乐'而'女转弃予'哉","'习习谷风,维山崔嵬',则风之所被者广矣,然犹无不死之草,无不萎之木,况于朋友,岂可以忘大德而思小怨乎?"但他没有将伤友道之绝与刺周幽王硬拉到一起。

方玉润《诗经原始》认同朱熹的观点，并力驳《毛诗序》"刺幽王"之说穿凿空泛。

从本诗的内容考察，我们认为这应该是一首被遗弃的妇女所作的诗歌。诗中的女主人公被丈夫遗弃，她满腔幽怨地回忆旧日家境贫困时，她辛勤操劳，帮助丈夫克服困难，丈夫对她也体贴疼爱；但后来生活安定富裕了，丈夫就变心了，忘恩负义地将她一脚踢开。因此，她唱出这首诗谴责那只可共患难、不能同安乐的负心丈夫。

诗歌用风雨起兴，这手法同《邶风》中的那篇《谷风》如出一辙，两诗的主题也完全相同，这大概是因为风雨交加的时候最容易触发人们的凄苦之情。被丈夫遗弃的妇女，面对凄风苦雨，更会增添无穷的伤怀愁绪，发出"秋风秋雨愁煞人"的哀叹。

本诗语言凄恻而又委婉，只是娓娓地叙述女主人公被遗弃前后的事实，不加谴责骂詈的词句，而责备的意思已充分表露，所谓"怨而不怒"，说明主人公是一位性格善良且懦弱的劳动妇女。这也反映了几千年以前，妇女就处在被压迫的屈辱境地，没有独立的人格和地位。

前人评此诗说："道情事实切，以浅境妙。末两句道出受病根由，正是诗骨。"(陈子展《诗经直解》)

(汪贤度)

【思考与练习】

1. 从内容和形式上分析《小雅·谷风》与《邶风·谷风》的区别。
2. 背诵这首诗。

楚辞二首

屈 原

【作者简介】

屈原(约公元前340—前278年)，战国时期的楚国诗人、政治家，"楚辞"的创立者和代表作者。20世纪中期，曾被推举为世界文化名人而受到广泛纪念。屈原的作品，根据刘向、刘歆父子的校订和王逸的注本，有25篇，即《离骚》1篇，《天问》1篇，《九歌》11篇，《九章》9篇，《远游》《卜居》《渔父》各1篇。据《史记·屈原列传》司马迁语，还有《招魂》1篇。有些学者认为《大招》也是屈原的作品，但也有人怀疑《远游》以下诸篇及《九章》中若干篇章并非出自屈原之笔。在语言形式上，屈原作品突破了《诗经》以四字句为主的格局，每句五字、六字、七字、八字、九字不等，也有三字句、十字句的，句法参差错落，灵活多变。句中句尾多用"兮"字，以及"之""于""乎""夫""而"等虚词，用来协调音节，形成起伏回荡、一唱三叹的韵致。总之，他的作品从内容到形式都有巨大的创造性。

《楚辞》在中国诗史上占有重要的地位。它的出现，打破了《诗经》以后两三个世纪诗坛的沉寂。后人也因此将《诗经》与《楚辞》并称为"风骚"。"风"指十五国风,代表《诗经》,充满着现实主义精神;骚指《离骚》,代表《楚辞》,充满着浪漫主义气息。"风""骚"成为中国古典诗歌现实主义和浪漫主义创作的两大流派。

九歌·山鬼[1]

若有人兮山之阿[2],被薜荔兮带女萝[3]。
既含睇兮又宜笑[4],子慕予兮善窈窕[5]。
乘赤豹兮从文狸[6],辛夷车兮结桂旗[7]。
被石兰兮带杜衡,折芳馨兮遗[8]所思。

余处幽篁[9]兮终不见天,路险难兮独后来[10]。
表[11]独立兮山之上,云容容[12]兮而在下。
杳冥冥兮羌昼晦[13],东风飘兮神灵雨[14]。
留灵修兮憺[15]忘归,岁既晏兮孰华予[16]?

采三秀[17]兮于山间,石磊磊兮葛蔓蔓[18]。
怨公子兮怅忘归,君思我兮不得闲。
山中人兮芳杜若[19],饮石泉兮荫松柏。
君思我兮然疑作[20]。雷填填[21]兮雨冥冥,
猿啾啾兮狖夜鸣。风飒飒兮木萧萧[22],
思公子兮徒离[23]忧。

【注释】

[1] 山鬼:曾有人以此诗"采三秀兮于(於)山间","于"不该与"兮"相重,而断定"于山"为"巫山",山鬼为"巫山神女"。其实,这种句式在本诗即有,如"云容容兮而在下","兮"与"而"亦不妨相重,则"于"不必读作"於(巫)",此山鬼自是民间传说的女山神,而无证据必以为"巫山神女"。《史记·封禅书》记齐人少翁语曰:"上(指武帝)即欲与神通,宫室被服(即环境、装扮)非象神,神物不至。"荆楚民间迎"紫姑"神,亦须"作其形(紫姑形貌)迎之"(《荆楚岁时记》)。这都证明了巫风迎神、降神的这一特点。

[2] 若:仿佛。山鬼为女神,自谓其若隐若现。山之阿:山深处。

[3] 被:同"披"。薜荔、女萝:皆指蔓生植物。带女萝:以女萝为带。

[4] 睇:微视。宜笑:笑得很美。

[5] 慕:爱慕。善:美好。窈窕:深远,指一种意态上的美。

[6] 赤豹:皮毛有红色花纹的豹。从:跟从。文狸:带花纹的狸猫,是狐一类的动物。

[7] 辛夷:香花、香草。辛夷车:以辛夷木为车。结:编结。桂旗:以桂为旗。

[8] 遗(wèi):赠予。

[9] 余:我。篁:本义是竹林。幽篁:幽深的竹林。

[10] 来:古音(lí),即迟到。

[11] 表：特，独立突出的意思。

[12] 容容：即"溶溶"，水或烟气流动之貌，用来形容云气在空中的浮动。

[13] 杳：深沉。杳冥冥：又幽深又昏暗。羌：语气助词。昼晦：白天而光线昏暗。

[14] 神灵雨：神灵降下雨水。

[15] 留灵修：为灵修而留。憺(dàn)：安乐。

[16] 晏：迟，晚。孰华予：谁让我像花一样美丽。

[17] 三秀：灵芝草，因一年开花三次而得名，传说服食能延年益寿。

[18] 磊磊：许多石头。蔓蔓：四处盘绕。

[19] 芳杜若：像杜若般芳香。

[20] 然疑作：这是设想对方思念自己而又信疑交加。然：相信。作：起。

[21] 填填：雷声。

[22] 飒飒(sà)：风声。萧萧：风吹树木，动摇作声。

[23] 徒：徒然。离：遭受。

【提示】

《九歌》本为古代乐歌，相传是夏启从天上偷来的。屈原在民间祀神乐歌基础上创作的《九歌》，沿用了古代乐歌的名称，共 11 篇。其中保存了关于云神、山神、湘水神、河神、太阳神等神话故事，是研究上古民俗和楚文化的珍贵资料。《山鬼》出自《九歌》的第 9 首。《九歌》中有不少篇章描述了鬼神的爱情生活，如《湘君》《湘夫人》《大司命》《少司命》等，本诗也是如此。山鬼即一般所说的山神，因为未获天帝正式册封在正神之列，故仍称山鬼。

《山鬼》采用山鬼内心独白的方式，塑造了一位美丽、率真、痴情的少女形象。全诗情节简单：女主人公跟她的情人约定某天在一个地方相会，尽管道路艰难，她还是满怀喜悦地赶到了，可是她的情人却没有如约前来。风雨来了，她痴心地等待着情人，忘记了回家，但情人还是没有来。天色晚了，她回到住所，在风雨交加、猿狖齐鸣中，倍感伤心、哀怨。

九章·思美人

【作品简介】

关于《九章》名称的意思，王逸训"章"字为"著也，明也，言己所陈忠信之道甚著明也"，显系出于汉代经生陋说，不足为训；朱熹认为《九章》乃"后人辑之，得其九章，合为一卷"(《楚辞集注》)，较为合理。至于辑录、题名者，或认为是刘向，或认为是淮南王幕府中的文学之士，尚无定论。

关于《九章》各篇的写作时间、地点问题，王逸认为它们都是屈原流放江南时所作，朱熹则认为"非必出于一时之言也"(《楚辞集注》)。细观《九章》各篇内容，朱说比较符合作品实际。至于《九章》中各篇的具体写作时间及其排列次序，明代黄文焕、清代林云铭、蒋骥及现代楚辞学者各有考订，说法不一。

《思美人》表现了诗人思念其君而不能自达，但又不愿变心从俗的心情。

思美人兮，揽涕而伫眙[1]。
媒绝路阻兮，言不可结而诒[2]。
蹇蹇[3]之烦冤兮，陷滞而不发。
申旦[4]以舒中情兮，志沉菀[5]而莫达。
原寄言於浮云兮，遇丰隆[6]而不将。
因归鸟而致辞兮，羌迅高[7]而难当。
高辛之灵盛[8]兮，遭玄鸟而致诒[9]。
欲变节以从俗兮，愧易初而屈志。
独历年而离愍[10]兮，羌冯心[11]犹未化。
宁隐闵而寿考[12]兮，何变易之可为。
知前辙之不遂[13]兮，未改此度。
车既覆而马颠兮，蹇[14]独怀此异路。
勒骐骥而更驾兮，造父[15]为我操之。
迁逡次[16]而勿驱兮，聊假日[17]以须时。
指嶓冢之西隈[18]兮，与纁黄[19]以为期。
开春发岁兮，白日出之悠悠。
吾将荡志而愉乐兮，遵江、夏以娱忧。
揽大薄之芳茝兮[20]，搴[21]长洲之宿莽。
惜吾不及古人兮，吾谁与玩此芳草。
解扁薄[22]与杂菜兮，备以为交佩。
佩缤纷以缭转兮，遂萎绝而离异。
吾且儃佪[23]以娱忧兮，观南人之变态。
窃[24]快在中心兮，扬厥凭[25]而不俟。
芳与泽其杂糅兮，羌芳华自中出。
纷郁郁其远蒸兮，满内而外扬。
情与质信可保兮，羌居蔽而闻章[26]。
令薜荔以为理[27]兮，惮举趾[28]而缘木。
因芙蓉而为媒兮，惮褰裳而濡足[29]。
登高吾不说[30]兮，入下吾不能。
固朕形之不服兮，然容与[31]而狐疑。
广遂[32]前画兮，未改此度也。
命则处幽吾将罢兮，原及白日之未暮也。
独茕茕而南行兮，思彭咸之故也。

【注释】

[1] 揽：收，在这里即"揩干"之意。伫眙(zhù chì)：立视。

[2] 诒(yí)：赠予。

[3] 謇謇(jiǎn)：同"謇謇"，忠信正直之貌。

[4] 申旦：犹申明。

[5] 沉菀(yù)：沉闷而郁结。

[6] 丰隆：云师。

[7] 羌：句首语气词。迅高：宿高枝。

[8] 灵盛：言神灵。

[9] 诒：指聘礼。

[10] 离愍：遭遇祸患。

[11] 冯(píng)心：愤懑的心情。冯，同"凭"。

[12] 隐闵：隐忍忧悯。寿考：犹言老死。

[13] 遂：顺利。

[14] 蹇：犹羌、乃，句首发语词。

[15] 造父：周穆王时人，以善于驾车闻名。

[16] 迁：前进。逶次：缓行。

[17] 假日：费日。

[18] 西限：西面的山边。

[19] 纁(xūn)黄：黄昏之时。纁：一作"曛"。

[20] 揽：采摘。茞(chǎi)：一种香草。

[21] 搴(qiān)：拔取。

[22] 扁(biān)薄：指成丛的扁蓄一类野草。

[23] 儃佪(chán huái)：徘徊。

[24] 窃：私，隐藏不公开的。

[25] 扬：捐弃。厥凭：愤懑之心。

[26] 闻：声名。章：同"彰"，明也。

[27] 理：提婚人，媒人。

[28] 惮：害怕。举趾：提起脚步。

[29] 褰(qiān)：撩起，揭起。濡(rú)：沾湿。

[30] 说：同"悦"。

[31] 容与：迟疑不前的样子。

[32] 广遂：多方求实。

【提示】

本篇题为"思美人"，美人系指楚国君主(楚怀王或楚顷襄王)。诗为屈原于江南放逐途中所作，表达的心愿仍为思国、思乡和美政理想一定要实现，希望君主不重蹈历史覆

辙，努力振兴楚国。

本诗最大的特点即是"依诗取兴，引类譬喻"(王逸《楚辞章句·序》)，如同《离骚》一样，诗中处处都体现"善鸟香草以配忠贞，恶禽臭物以比谗佞。灵修美人以媲于君，宓妃佚女以譬贤臣"(出处同上)的鲜明特色。

诗题"思美人"即是"灵修美人以媲于君"的体现。"美人"在诗中毫无疑问是指楚国君主，而非一般意义的美女。屈原作此诗的目的，就是试图以思女寄托自己对君主的希冀，以求得到君主的信赖而实现理想目标。

本诗超越时间与空间的局限，大胆地将地上与天上、人间与仙境、历史与现实等有机地融合为一体，让现实人物、历史人物、神话人物交织在一起，从而形成浓烈的浪漫奇特风格，是本诗又一突出的艺术手法。

诗人在求美人未成后，思绪难以自抑，情感受到挫伤，此时，处于现实困境的人物突然想到了神话人物、历史人物——"愿寄言於浮云兮，遇丰隆而不将""高辛之灵盛兮，遭玄鸟而致诒""勒骐骥而更驾兮，造父为我操之"。这些神话人物与历史人物的闯入，大大丰富了诗章的艺术内涵，拓展了读者的想象思维空间，显示了诗人超常的艺术想象力。正由于此，本诗才更具想象奇特、神思飞扬的特点，表现出与《九章》其他篇不同的风格与色彩。

【思考与练习】

1. 谈谈《山鬼》的浪漫主义艺术风格体现在哪些方面。
2. 简析屈原诗歌的特点。
3. 背诵《山鬼》。

汉乐府诗二首

【作品简介】

《诗经》《楚辞》之后，诗歌在汉代又出现了一种新的形式，即汉乐府民歌。"乐府"原是西汉王朝设立的一个掌管音乐的机构，后来人们把这个机构所收集和配乐演唱的歌辞也叫乐府。乐，指音乐。府，指官署。汉武帝时，乐府大规模地收集民间歌辞，目的是"观风俗，知厚薄"。汉代的乐府诗，既有贵族和文人的创作，也包括相当一部分民歌，其中很多是用五言诗写成，后来经文人的有意模仿，制谱配乐，在魏晋时期成为主要的诗歌形式。《乐府诗集》是一部总括历代乐府歌辞的名著，是我们研究乐府的最重要的典籍，是上古至唐五代乐章和歌谣的总集。所收作品以汉魏至隋唐的乐府诗为主。《乐府诗集》一书在编辑上有显著的特点：各类歌曲都有总序，每曲都有题解，对各种曲调和歌辞的起源、发展均有考订。在编次上，古辞列在前面，历代模拟作品依次列在后面；尤其是还集中收录了先秦至唐末的一些民间歌谣，由于汉代一度撤销乐府，中断采风，因此民间歌谣流传不多，《乐府诗集》中的这些资料，对于研究古代诗歌的发展及民歌对诗歌的影响便更显得弥足珍贵。集中所收，诸如《陌上桑》《孔雀东南飞》《木兰诗》《从军行》《燕歌行》等作品，皆成了脍炙人口的传世之作。

《乐府诗集》把乐府诗按音乐的不同分为郊庙歌辞、燕射歌辞、鼓吹曲辞、横吹曲辞、相和歌辞等十二大类，总的来说，它所收录的诗歌，多数是优秀的民歌和文人用乐府旧题所作的诗歌。这些乐府诗大都是"感于哀乐，缘事而发"的现实主义作品，继承并发展了《诗经》的优良传统，具有广阔的社会内容。汉乐府民歌具有浓厚的生活气息，不仅反映了社会下层民众日常生活的艰难与痛苦，也反映了他们对现实的不满，以及对幸福的憧憬和对理想的追求。

"饮马长城窟行"是汉代乐府古题。在《乐府诗集》中属《相和歌辞·瑟调曲》。又名《饮马行》，相传古长城边有水窟，可供饮马，曲名由此而来。这首诗在《文选》载为"古辞"，不署作者。在《玉台新咏》中署作蔡邕，然而是否为蔡邕所作，历来有争议。

饮马长城窟行

青青[1]河畔草，绵绵[2]思远道。
远道不可思[3]，宿昔[4]梦见之。
梦见在我傍，忽觉在他乡[5]。
他乡各异县，展转[6]不相见。
枯桑知天风，海水知天寒[7]。
入门各自媚，谁肯相为言[8]！
客从远方来，遗我双鲤鱼[9]，
呼儿烹鲤鱼[10]，中有尺素书[11]。
长跪[12]读素书，书中意何如？
上言[13]加餐饭，下言[14]长相忆。

【注释】

[1] 青青：野草茂盛时的颜色。

[2] 绵绵：细密绵延的野草引起了诗人缠绵不断的思念。

[3] 远道不可思：这是无可奈何的反语，是说人在远方，相思徒然无益，所以"不可思"。

[4] 宿昔：昨夜。

[5] 忽觉在他乡：忽然醒来，梦中人仍在他乡。觉：醒。

[6] 展转：亦作"辗转"，不定。这里是说他乡作客的人行踪不定。另一种说法是指自己反复思量。

[7] 枯桑知天风，海水知天寒：无叶的枯桑也能感到风吹，不冻的海水也能感到天寒，难道我不知道自己的孤凄、相思之苦吗？这是民歌中常用的表现手法。

[8] 入门各自媚，谁肯相为言：从远方回家的邻人，各爱自家的人，有谁肯为我捎个信儿呢？媚：爱。言：问讯。

[9] 遗(wèi)：赠予。双鲤鱼：放书信的函，用两块木板做成，一底一盖，刻作鱼形。

[10] 烹鲤鱼：指打开书函。"烹"本作"煮"讲，用在这里是为了词语生动。

[11] 尺素书：书信。素：生绢，古人在绢上写字。

[12] 长跪：伸直了腰跪着。古人席地而坐，坐时两膝着地，坐在脚后跟上。跪时将腰挺直，上身就显得长了。

[13] 上言：前边说。

[14] 下言：后边说。

【提示】

这首诗以思妇第一人称自叙的口吻写出，多处采用比兴的表现手法，语言清新通俗，简短质朴，具有强烈的艺术感染力。诗中的女主人公运用第一人称，直接表达自己丰富多彩的内心世界，使人读后心灵受到震撼。

这是一首汉乐府民歌，抒发怀人情愫。诗歌的笔法委曲多致，完全随着抒情主人公飘忽不定的思绪而曲折回旋。例如，诗的开头由青草而"思远道"之人；紧接着却说"远道不可思"，要在梦中相见更为真切；"梦见在我傍"，却又忽然感到梦境是虚的，于是又回到相思难见上。八句之中，几个转折，情思恍惚，意象迷离，亦喜亦悲，变幻莫测，充分写出了她怀人的缠绵殷切。诗中所写思妇的种种意象，似梦非梦，似真非真。像诗中所写她家有人归来和自己接到"双鲤鱼""中有尺素书"的情节，可能是真的，也可能是极度思念时产生的一种臆想。剖鱼见书，有着浓厚的传奇色彩，而游子投书，又是极合情理的事。作者把二者糅合在一起，以虚写实，虚实难辨，更富神韵。最令人感动的是结尾，好不容易收到来信，"上言加餐饭，下言长相忆"，却偏偏没有一个字提到归期。归家无期，信中的语气又近于永诀，这意味着什么呢？这大概是寄信人不忍明言，读信人也不敢揣想的。如此作结，余味无尽。

十五从军征

十五从军征，八十始得归。
道逢乡里人："家中有阿[1]谁？"
"遥看是君家，松柏冢累累[2]。"
兔从狗窦[3]入，雉[4]从梁上飞。
中庭生旅谷，井上生旅葵[5]。
舂谷持作饭，采葵持作羹。
羹饭一时熟，不知贻[6]阿谁！
出门东向看，泪落沾我衣。

【注释】

[1] 阿：发语词，无实义。

[2] 冢：高坟。累累：同"垒垒"，形容丘坟一个连一个的样子。当归客打听家中有什么人的时候，被问的人不愿明告，但指着那松柏成林、荒冢垒垒的地方说："那就是你的家。"言外之意就是你自己去看一看就明白了。以下便是到家后的事。

[3] 狗窦：给狗出入的墙洞。

[4] 雉：野鸡。

[5] 旅葵：植物未经播种而生叫"旅生"。旅生的谷与葵叫"旅谷""旅葵"。

[6] 贻：送给。

【提示】

这首诗描绘了一个家破人亡的老兵形象，控诉了汉代兵役制给人民带来的深重苦难。少小离家，垂老归来，看到的却是"松柏冢累累"，院舍荒芜，连一个共话凄凉的人都没有了，他只好"出门东向看"，老泪纵横。多少血泪的控诉、多少人生的辛酸，都凝结在那默然眺望的身影中。诗歌正是选取了老兵重返故里这一片段，给他悲惨的一生画上了一个句号。

这是一首叙事诗。诗歌依照人物回家的程序，由远而近，逐次描写，很有层次感。人物的情感也随着场景的移动而变化，由起初的热望化为痛苦，陷入绝望。尽管诗中没有对老兵的心情作过多的正面描述，然而从场景的描绘中依然能感受到一种越来越深沉的哀痛。

这首诗通过对景物和动作的描写来刻画人物的悲剧命运。例如，作者选取了象征死亡的松柏、坟墓来暗示老兵亲友去世，通过对兔雉栖身于家屋、谷葵丛生于庭院的景物描写了说明老兵家园的残破。而采葵作羹"不知贻阿谁"的描写，则表现出老兵的孤苦伶仃，尤其是"出门东向看"这一描写，更写出了老兵悲哀至甚，以致精神恍惚、表情呆滞的情态，催人泪下。

【思考与练习】

1. 分析《饮马长城窟行》的思想艺术特色。
2. 《十五从军征》的写作手法有什么特点？
3. 分析"青青河畔草，绵绵思远道。远道不可思，宿昔梦见之。梦见在我傍，忽觉在他乡。他乡各异县，展转不相见"这几句诗。
4. 背诵《饮马长城窟行》《十五从军征》这两首诗。

《古诗十九首》二首

【作品简介】

"古诗十九首"，是一组中国五言古诗的统称。汉无名氏作(其中有八首《玉台新咏》题为汉枚乘作，后人多疑其不确)。非一时一人所为，一般认为大都出于东汉末年。南朝梁昭明太子萧统合为一组，收入《文选》，题为《古诗十九首》。内容多写夫妇朋友间的离愁别绪和士人的彷徨失意，有些作品表达了追求富贵和及时行乐的思想。语言朴素自然，描写生动真切，在五言诗的发展史上有重要地位。

五言诗是中国古典诗歌的主要形式，它从民间歌谣到文人有意识写作经过了很长的时间，直到东汉末年，文人五言诗才日趋成熟，《古诗十九首》的出现标志着五言诗达到了成熟阶段。五言诗长于抒情，善用比兴手法，描写生动真切，风格平易淡远，语言质朴，浅近自然，含蓄蕴藉，意境深远，没有刻意雕饰的痕迹，却往往表达出十分复杂曲折的思想感情，对后世诗歌创作有巨大影响。

行行重行行

行行重行行[1]，与君生别离[2]。
相去万余里，各在天一涯[3]。
道路阻[4]且长，会面安可知。
胡马依北风[5]，越鸟巢南枝[6]。
相去日已远[7]，衣带日已缓[8]。
浮云蔽白日[9]，游子不顾[10]返。
思君令人老，岁月忽已晚。
弃捐勿复道，努力加餐饭[11]。

【注释】

[1] 重行行：行而不止。

[2] 生别离：活生生地分开，此句化用《楚辞·少司命》"悲莫悲兮生别离"的诗句。

[3] 天一涯：天各一方。

[4] 阻：艰险。

[5] 胡马依北风：胡马南来后仍依恋北风。胡马：北方的马。

[6] 越鸟巢南枝：越鸟北飞后仍筑巢于南向的树枝。越鸟：南方的鸟。

[7] 日已远：距分别的日子一天比一天远，已：同"以"。

[8] 缓：宽松。

[9] 浮云蔽白日：比喻游子在外为人所惑，不思回乡。

[10] 顾：思念。

[11] 弃捐勿复道，努力加餐饭：放下不提思念的事了，还是尽量多吃饭保重身体吧。弃捐：丢开、放下。道：谈说。

【提示】

《古诗十九首》作为汉末文人五言诗的绝唱，历来为人称道，评价很高。另外，汉末文人五言诗属于由民歌体向文人有意识创作的阶段，继承了《诗经》和"乐府诗"的特色，叙事性很强，但在质朴的话语中却传达出了感人的情愫，更因为语言、叙事的朴素愈显感情的真挚动人。

《行行重行行》是一首在东汉末年动荡岁月中的相思乱离之歌。尽管在流传过程中失去了作者的名字，但"情真、景真、事真、意真"(陈绎《诗谱》)，读之使人悲感无端，反复低回，为女主人公真挚痛苦的爱情呼唤感动。诗中淳朴清新的民歌风格，节奏上重叠

反复的形式,同一相思别离用或显,或寓,或直,或曲,或托物比兴的方法层层深入,"若秀才对朋友说家常话"式单纯优美的语言,正是这首诗具有永恒艺术魅力的所在。这首诗首叙初别之情,次叙路远会难,再叙相思之苦,末以宽慰期待作结,离合奇正,现转换变化之妙。不迫不露、句意平远的艺术风格,表现出东方女性热恋相思的心理特点。

"行行重行行"句,用叠词来表现内容。叠词可以使节奏舒缓、绵长,"行行",走个不停,而又"重行行",愈走愈远,在空间距离的延展中,又穿越了时间长河,随着空间的延伸,时间也是弥久。在无情的时空中,思念随着延伸的路向着无垠延伸,思念随着弥久的时间向未来弥漫。比兴手法的运用开拓了情感空间。

生年不满百

生年不满百,常怀千岁忧。
昼短苦[1]夜长,何不秉[2]烛游!
为乐当及时,何能待来兹[3]?
愚者爱惜费[4],但为后世嗤[5]。
仙人王子乔[6],难可与等期[7]。

【注释】

[1] 苦:苦恼。

[2] 秉:持,拿。

[3] 来兹:来年。兹:本义指新生之草,草一年一生,故又引申为"年"。

[4] 费:费用,指钱财。

[5] 嗤:轻蔑地笑。

[6] 王子乔:古代传说中著名的仙人之一。据刘向《列仙传》载:"王子乔,周灵王太子晋也。好吹笙,作凤鸣。浮丘公接上嵩山,三十余年,仙去。"

[7] 等:同也。期:待也。

【提示】

这是一首抒写东汉末年失意的文人感慨人生苦短,主张及时行乐的诗。对这首诗的评价,一直为人诟病,认为它是消极颓废之作。近年来,又有研究者认为,它体现了汉代知识分子对人性的觉醒,对人生命价值的肯定,因而也具有一定的现实意义。

在乱象横生、社会昏暗的东汉末年,广大知识分子企图通过走仕途改变人生命运之路无望,在无奈失望之余,难免反思人生,认识到人生命价值之可贵,因而生发出人生短暂,应当及时行乐的主张和感慨,这应该是无可厚非的,而且诗人的这种态度,在某种意义上也是对东汉末年社会动荡不安、人命危浅、朝不虑夕这一绝望、苦闷生活的一种无力抗议,是诗人以一种貌似旷达狂放之思绪,来表现内心对人生毫无出路的痛苦。

这样一首以狂放之语抒写"及时行乐"的奇思奇情之作,似乎确可将许多人的人生迷梦"唤醒",有些研究者因此将这类诗作视为汉代"人性觉醒"的标志。可仔细想来,"常怀千岁忧"的"惜费"者固然愚蠢,但要说人生的价值就在于及时满足一时的纵情享乐,恐怕也未必是一种清醒的人生态度。实际上,对毫无出路的下层人来说,不过是从许多迷梦(诸如"功业""名利"之类)中醒来后,所做的又一个迷梦而已——他们何尝真能过上"被服纨与素""何不秉烛游"的享乐生活?所以,与其说这类诗表现了"人性之觉醒",不如说是以旷达狂放之思,表现了人生毫无出路的痛苦。只要看一看文人稍有出路的建安时代,这种及时行乐的吟叹,很快又为悯伤民生疾苦、及时建功立业的慷慨之音取代,就可以明白这一点。(《汉魏六朝诗鉴赏辞典》,上海辞书出版社1992年版,第157~159页,有删节)

【思考与练习】

1. 《行行重行行》比兴手法的运用有什么特色?
2. 《行行重行行》中抒情主体的情感是如何变化的?
3. 如何正确理解《生年不满百》中的思想感情?
4. 《生年不满百》中对哪两种人进行了嘲讽?
5. 背诵《行行重行行》《生年不满百》这两首诗。

燕 歌 行

曹 丕

【作者简介】

曹丕(187—226年),字子桓,曹操次子,建安十六年(211年)为五官中郎将,操死袭位为魏王,公元220年,废汉献帝自立,国号魏,在位七年,死后谥为文皇帝。曹丕在政治上无多建树,在文学方面造诣很深,曾自言"余是以少诵诗、论,及长而备历五经、四部、史、汉、诸子百家之言,靡不毕览"(《典论·自叙》),史称其"好文学,以著述为务,自所勒成垂百篇",他的《燕歌行》二首堪称我国"七言诗体之祖"。曹丕作品留存不多,辞赋约30篇,诗歌近40首,散文主要是一些诏、令、书、论,他的文章通脱自然,文笔清绮,既有建安新风,又有鲜明个性。他的诗歌清丽柔媚,委婉动人。沈德潜称其诗"有文士气,一变乃父悲壮之习"(《古诗源》),诚为肯綮之言。

这是曹丕《燕歌行》二首中的第一首,也是现今存世的文人七言诗的第一首。"燕歌行"是一个乐府题目,属于《相和歌辞》中的《平调曲》,它和《齐讴行》《吴趋行》相似,乐府诗题目上冠以地名,是表示乐曲的地方特点,都是反映各地区的生活,后世曲调失传,于是只用来歌咏各地风土人情。燕是当时北方边地(今河北北部一带),征戍不绝,所以《燕歌行》大多用来叙写离别之情,《燕歌行》不见古辞,这个曲调可能就创始于曹丕。这篇作品反映的是秦汉以来四百年间的历史现象,同时也是他所亲处的建安时期的社会现实,表现了作者对下层人民疾苦的关心与同情。

秋风萧瑟天气凉，草木摇落露为霜[1]。
群燕辞归雁南翔，念君客游思断肠[2]。
慊慊思归恋故乡，君何淹留寄他方[3]？
贱妾茕茕[4]守空房，忧来思君不敢忘，
不觉泪下沾衣裳。
援琴鸣弦发清商，短歌微吟不能长[5]。
明月皎皎照我床，星汉西流夜未央[6]。
牵牛织女遥相望，尔独何辜限河梁[7]？

【注释】

[1] 萧瑟：树木被秋风吹拂所发出的声音。摇落：凋残，零落。

[2] 燕、雁：天气转凉后自北迁南，雁于秋季，燕于冬季。雁：一作"鹄"。思断肠：一作"多思肠"。

[3] 慊慊(qiàn)：憾，恨；不满。君何：一作何为。淹留：久留。

[4] 茕茕(qióng)：孤单的样子。

[5] 援：取。清商：曲调名，音节短促纤细，故下句便说"短歌微吟不能长"。

[6] 皎皎：洁白。星汉西流：天上的银河已流至西天，表示夜已很深了，古人用星象来测定时间，初秋傍晚，银河在中天，然后逐渐西移。央：尽。

[7] 牵牛：俗称牵牛星，在银河之南。织女：俗称织女星，在银河之北。尔：这里指牵牛、织女。何辜：什么原因。辜：同"故"。限河梁：意谓银河上无桥梁相通，牛郎、织女为此隔阻，只好隔河遥望。河梁：河上的桥。

【提示】

这是一首反映女子思念丈夫的诗。汉末社会动乱，许多人或为生计，或因行役，背井离乡，流荡远方，致使夫妻分离，难以团聚。诗人对这种较为普遍的现象给予关注，表现了对下层人民的同情。艺术上有两点值得注意，一是他把抒情女主人公的感情、心理描绘得淋漓尽致，她雍容矜重，炽烈而又含蓄，急切而又端庄。作品把写景抒情、写人叙事，以及女主人公的那种自言自语，巧妙地融为一体，形成一种千回百转、凄凉哀怨的风格。它的辞藻华美，也袭用了许多前人的东西，但这一切又像是完全出之于无心，且不带任何雕琢的痕迹。二是这是一首完整的七言诗，句句有韵，一韵到底，前人称为"柏梁体"。建安以前还没有出现过完整的七言诗，因而曹丕的《燕歌行》二首堪称"七言之祖"，对七言诗的发展有深远影响。

曹丕是个政治家，但从他的作品中看不到其父曹操那种慷慨激昂以天下为己任的气概，也找不到其弟曹植那种积极上进志欲报国的思想。在他的作品里总像是有一种诉不完的凄苦哀怨之情，而且他的言事抒情又常常爱用妇女的口吻。《燕歌行》可以说是最能代表曹丕这种思想和艺术风格的作品。前人对这两首诗的评价是很高的，清代吴淇说："风调极其苍凉，百十二字，首尾一笔不断，中间却具千曲百折，真杰构也。"（《六朝选诗定论》）王夫之说："倾情、倾度、倾色、倾声，古今无两。"（《姜斋诗话》）

我们可以看到,曹丕学习汉代乐府、前人诗歌,在形式上勇于探索,勇于创新。《燕歌行》句句押韵,而且都是平声,格调清丽婉转。晋宋作家摹写七言,还照此继续走了相当长的一段路,后来又经过南朝鲍照、萧绎、庾信等人的努力,到唐代卢照邻、骆宾王那种隔句用韵、平仄相押的鸿篇巨制出现的时候,七言古诗就又进入了一个更新的发展阶段。可见,曹丕的开创之功是不能淹没的。

【思考与练习】

1. 曹丕诗歌在文学史上有何独特成就?
2. 分析思妇的心理感受。
3. 对比下面高适的《燕歌行》,分析两首诗在抒情手法上的不同。

燕 歌 行

高 适

汉家烟尘在东北,汉将辞家破残贼。
男儿本自重横行,天子非常赐颜色。
摐金伐鼓下榆关,旌旆逶迤碣石间。
校尉羽书飞瀚海,单于猎火照狼山。
山川萧条极边土,胡骑凭陵杂风雨。
战士军前半死生,美人帐下犹歌舞!
大漠穷秋塞草腓,孤城落日斗兵稀。
身当恩遇恒轻敌,力尽关山未解围。
铁衣远戍辛勤久,玉箸应啼别离后。
少妇城南欲断肠,征人蓟北空回首。
边庭飘飖那可度,绝域苍茫更何有!
杀气三时作阵云,寒声一夜传刁斗。
相看白刃血纷纷,死节从来岂顾勋。
君不见沙场征战苦,至今犹忆李将军。

春江花月夜

张若虚

【作者简介】

张若虚(约660—约720年),唐代诗人。曾任兖州兵曹。中宗神龙年间,与贺知章、贺朝、万齐融、邢巨、包融等俱以文词清秀驰名于京都,其与贺知章、张旭、包融并称"吴中四士"。玄宗开元时尚在世。全唐诗仅存其两首诗,一首是风格接近齐梁体的《代答闺梦还》,另一首即《春江花月夜》,尤其以该诗为后人传诵。"以孤篇压全唐",奠定了张若虚在唐代文学史上的地位。被闻一多先生誉为"诗中的诗,顶峰上的顶峰"。

"春江花月夜"是乐府《清商曲辞·吴声歌曲》旧题。创制者是谁,说法不一。或说"未详所起",或说陈后主所作,或说隋炀帝所作。今据郭茂倩《乐府诗集》所录,除张若虚这一首外,尚有隋炀帝二首、诸葛颖一首、张子容二首、温庭筠一首。它们或显得格局狭小,或显得脂粉气过浓,远不及张若虚此篇。这一旧题,到了张若虚手里突发异彩,获得了不朽的艺术生命。时至今日,人们甚至不再去思考旧题的原始创制者究竟是谁,而把《春江花月夜》这一诗题的真正创制权归于张若虚了。

春江潮水连海平[1],海上明月共潮生。
滟滟[2]随波千万里,何处春江无月明?
江流宛转绕芳甸[3],月照花林皆似霰[4]。
空里流霜[5]不觉飞,汀[6]上白沙看不见。
江天一色无纤尘,皎皎空中孤月轮。
江畔何人初见月?江月何年初照人?
人生代代无穷已,江月年年望相似。
不知江月待何人,但见长江送流水。
白云一片去悠悠[7],青枫浦[8]上不胜愁。
谁家今夜扁舟子[9]?何处相思明月楼?
可怜楼上月徘徊[10],应照离人妆镜台。
玉户[11]帘中卷不去,捣衣砧上拂还来[12]。
此时相望不相闻[13],愿逐月华[14]流照君。
鸿雁长飞光不度,鱼龙潜跃水成文[15]。
昨夜闲潭梦落花[16],可怜春半不还家。
江水流春[17]去欲尽,江潭落月复西斜。
斜月沉沉藏海雾[18],碣石潇湘[19]无限路。
不知乘月几人归,落月摇情满江树[20]。

【注释】

[1] 连海平:江水澎湃,江海连成一片。这两句写长江下游春潮高涨,江海连平,明月从东方升起,恰遇涨潮,似从浪中涌现。

[2] 滟滟:水光闪烁的样子。这句写月亮渐渐升高,清光似潮水从东海涌进江来,照射四方。

[3] 宛转:温和而曲折。芳甸:指开满鲜花的江边原野。甸:郊野。

[4] 霰(xiàn):细密的雪珠,指花月辉映、朦朦胧胧的样子。

[5] 流霜:古人谓霜像雪一样从空中落下,此处指月光,所以说"流霜不觉飞"。

[6] 汀(tīng):水中沙洲。

[7] 悠悠:深远渺茫的样子。

[8] 青枫浦:地名,在今湖南浏阳市内,此处指分别之地。浦:水口。

[9] 扁(piān)舟：小船。扁舟子：指代在外的游子。

[10] 徘徊：指光影移动。

[11] 玉户：对闺楼的美称，形容闺楼华丽。

[12] 砧(zhēn)：用来捶洗衣服的石头。"卷不去"与"拂还来"均为双关复指，既指月光，又指思妇之愁情。

[13] 相望：指游子、离人相望明月。相闻：互通音信。

[14] 月华：月光。

[15] 鸿雁长飞光不度，鱼龙潜跃水成文：古代传说大雁、鱼龙能捎书信。这里写鸿雁虽然飞得远，也不能将月光渡到夫君处；鱼龙潜越只能留下波纹，不能传递月光和书信。长飞：远飞。度：通"渡"，指月光下不能随大雁飞去。文：通"纹"。

[16] 昨夜：指望月之夜的后一日回顾前夜。闲潭：幽静的水潭，指闺妇居住之地。梦落花：梦见花落江潭，隐指春将逝去。

[17] 江水流春：春光随江水流逝。

[18] 斜月沉沉藏海雾：指斜月藏于海中，与篇首"海上明月共潮生"句呼应。

[19] 碣石：山名，在今河北省昌黎县西北。一说古代碣石山已于六朝时没入渤海，在今河北乐亭县，这里代表北方。潇湘：河流名，即潇水和湘水，在今湖南。碣石潇湘，象征游子、离人天各一方，距离遥远。

[20] 摇情：游荡情思，犹言牵情。满江树：布满江边树上。

【提示】

　　这首诗把江流、月色、白云、青枫等景物和相思离别之情及人生新故之感交织成文，诗情画意，缠绵婉转。前 16 句咏春江花月夜的自然景色及诗人的联想和感慨，从江月联想到人生，将人生哲理与奥妙寓于情景交融之中。后 20 句则着力描写闺中思妇的相思之苦和抒发江湖游子辗转反侧的思归之情。全诗由情入景，最后以景结情。紧扣"春""江""花""月""夜"，运用了"发生法"使其出现，又用"消归法"使其消失。月光是一条贯穿性的线索，由它将哲理性思索，将思妇、游子紧紧联系起来，以新月初上、皓月当空、斜月西沉、月落摇情为顺序，抒写了真挚动人的离愁别绪及富有哲理的人生感慨。诗中情景次第展开，哲理节节相生，语言清新优美，韵律婉转悠扬，洗去了宫体诗的浓脂艳粉，给人以澄澈空明、清丽自然的感觉。其中"江畔何人初见月？江月何年初照人？人生代代无穷已，江月年年望相似"与刘希夷《白头吟》中的"年年岁岁花相似，岁岁年年人不同"都表达了生命有限而自然永恒的哲理，成为千古绝唱。

　　全诗以月、水为经纬，以春为质地，以花为图案，以夜为底色，绘就了一幅光彩斑斓的春江月照图。在开篇诗人用神来之笔描绘了一幅奇丽的图画后，转入了对永恒宇宙和有限人生的探索。第一，诗人在空灵而神秘的景象中，想到了永恒的明月和代代的人生。在"江畔何人初见月？江月何年初照人"的追问中，展示了深沉的宇宙意识，表现了对有限、无限与顷刻、永恒这些奥秘的兴趣。同时在"人生代代无穷已，江月年年望相似"的述说中，又表现了对人生的执着和赞美。诗人在有限、无限与顷刻、永恒的相遇中得到了满意的回答。第二，诗人把对人生意义的满足引向了男女相思相恋的情爱上。诗中"白云""青枫浦"分别象征行踪不定的男子和男女分别的所在。诗文以深情的笔触赞颂了纯洁的经过升华的男女情爱，创造了神秘、美妙、动人的情、景、理有机融合的境界。

这是一首优美的长篇抒情诗，被闻一多先生誉为"诗中的诗，顶峰上的顶峰"。全诗36句，四句一换韵，结构精妙严谨而又自然天成，韵律圆美流转而又富于变化，显示出作者高超的诗歌艺术技巧。尽管作者存诗仅二首，但仅凭这首就"孤篇横绝，竟为大家"。

【思考与练习】

1. 简要谈谈这首诗是如何围绕"情"字写景状物的；景物描写对表现主题有什么作用？
2. 试分析本诗在诗情、画意、哲理等方面达到水乳交融境界的创作手法。
3. 明月是诗人极力渲染的意象，在诗中是按照什么顺序来写的？起什么作用？
4. 这首诗的感情基调是什么？
5. 这首诗在艺术构思方面有什么特点？
6. 背诵、默写这首诗。

王维诗三首

【作者简介】

王维(约 701—761 年)，字摩诘，盛唐时期的著名诗人，官至尚书右丞，世称"王右丞"。原籍太原祁县(今山西祁县)，迁至蒲州(今山西省永济市)，晚年居于蓝田辋川别墅，汉族。其诗、画成就都很高，苏轼赞他"味摩诘之诗，诗中有画；观摩诘之画，画中有诗"。尤以山水诗成就为最，与孟浩然合称"王孟"，晚年无心仕途，专诚奉佛，故后世人称其为"诗佛"。他著有《王右丞集》，存诗 400 首。不仅如此，王维善画人物、丛竹、山水。王维在唐诗的范畴显然有更高的成就，他是唐代山水田园派的代表。

王维青少年时期就富有文学才华。开元九年(721 年)中进士第，为大乐丞。因故谪济州司仓参军，后归至长安。开元二十二年(734 年)张九龄为中书令，王维被擢为右拾遗。其时作有《献始兴公》诗，称颂张九龄反对结党营私和滥施爵赏的政治主张，体现了他当时要求有所作为的心情。开元二十四年(736 年)张九龄罢相，次年贬荆州长史。李林甫任中书令，这是玄宗时期政治由较为清明日趋黑暗的转折点。王维对张九龄被贬感到非常沮丧，但他并未就此退出官场。开元二十五年(737 年)，曾奉命出使塞外，赴河西节度副大使崔希逸幕下任节度判官，后又以殿中侍御史，知南选。天宝中期，王维的官职逐渐升迁。安史之乱前，官至给事中。他一方面对当时的官场感到厌倦和担心，但另一方面却又恋栈怀禄，不能决然离去。于是随俗浮沉，长期过着半官半隐的生活。

王维在诗歌上的成就是多方面的，无论边塞诗、山水诗、律诗还是绝句等，都有流传人口的佳篇。他在描写自然景物方面，有其独特造诣。无论是名山大川的壮丽宏伟、边疆关塞的壮阔荒寒，还是小桥流水的恬静安逸，都能准确、精练地塑造出完美无比的鲜活形象，着墨不多，意境高远，诗情与画意完全融为一个整体。

山水田园诗派是盛唐时期的两大诗派之一，这一诗派是陶渊明、谢灵运、谢朓的后继者，这一诗派的诗人以擅长描绘山水田园风光而著称，在艺术风格上也比较接近，通过描绘幽静的景色，借以反映其宁静的心境或隐逸的思想，因而被称为"山水田园诗派"。其主要代表诗人是孟浩然、王维、常健、祖咏、裴迪等人，其中成就最高、影响最大的是王维和孟浩然，也称"王孟"。

终 南 山

太乙近天都[1]，连山接海隅[2]。
白云回望合，青霭入看无[3]。
分野中峰变[4]，阴晴众壑殊。
欲投人处[5]宿，隔水问樵夫。

【注释】

[1] 太乙：终南山的主峰，也是终南山的别称，在唐京长安城南约四十里处。西起甘肃天水，东至河南陕县(今陕州区)，绵延八百余里。天都：因太乙为洞天之最，故曰天都，或说指唐都长安。

[2] 连山接海隅：山山相连，直到海角。

[3] 白云回望合，青霭入看无：两句诗互文。即"白云入看无，回望合；青霭入看无，回望合"。白云：白茫茫的雾气。青霭：也是雾气，比白云淡。入：接近。

[4] 分野中峰变：中峰南北，属于不同的分野。中峰之北为秦，为雍州、井鬼之分；其南为蜀，为梁州、荆州、翼轸之分。古代天文学家将天空十二星辰的位置与地上州郡区域相对应，称某地为某星之分野。

[5] 人处：人家、村子。

【提示】

作者以游踪为线索，以时空变化为顺序，对终南山进行了描绘。首联是远观，用夸张手法写出了终南山的高峻、广大，它高近天都，山山相连，直到海角。颔联写进入山中所见到的云雾缭绕、变幻莫测的奇妙景象。颈联写来到中峰时所见到的景象，突出了山之高大、景象之变幻无穷。尾联写登山流连忘返，以至于天晚欲寻觅宿处。线索清楚，层次分明，用仅仅 40 个字就把终南山的高大雄伟展现在我们面前。这首诗的主要特点是善于"以不全求全"，从而收到了"以少总多""意余于象"的艺术效果。

辛 夷 坞

木末芙蓉花[1]，山中发红萼[2]。
涧户[3]寂无人，纷纷开且落。

【注释】

[1] 木末芙蓉花：指辛夷。辛夷：落叶乔木。其花初出时尖如笔椎，故又称木笔，因其初春开花，又名迎春花。花有紫、白二色，大如莲花。白色者名玉兰；紫色者六瓣，瓣短阔，其色与形似莲花，莲花亦称芙蓉。辛夷花开在枝头，故以"木末芙蓉花"借指。

[2] 萼：花萼，花的组成部分之一，由若干片状物组成，包在花瓣外面，花开时托着花瓣。

[3] 涧户：涧口，山溪口。

【提示】

这首《辛夷坞》是王维《辋川集》诗20首之第18首。这组诗全是五绝，犹如一幅幅精美的绘画小品，从多方面描绘了辋川一带的风物。作者很善于从平凡的事物中发现美，不仅以细致的笔墨描绘出景物的鲜明形象，而且从景物中写出一种环境气氛和精神气质。

"木末芙蓉花，山中发红萼。"木末，指树杪。辛夷花不同于梅花、桃花之类。它的花苞长在每一根枝条的最末端上，形如毛笔，所以用"木末"二字是很准确的。"芙蓉花"，即指辛夷，辛夷含苞待放时，很像荷花箭，花瓣和颜色也近似荷花。裴迪《辋川集》和诗有"况有辛夷花，色与芙蓉乱"的句子，可用来作注脚。诗的前两句着重写花的"发"。当春天来到人间，辛夷在生命力的催动下，欣欣然地绽开神秘的蓓蕾，是那样灿烂，好似云蒸霞蔚，显现出一派春光。诗的后两句写花的"落"。这山中的红萼，点缀着寂寞的涧户，随着时间的推移，最后纷纷扬扬地向人间洒下片片落英，了结了它一年的花期。短短四句诗，在描绘辛夷花的美好形象的同时，又写出一种落寞的景况和环境。

王维写辋川诗时是在晚年，即"安史之乱"以前。自唐玄宗开元二十四年(736年)张九龄罢相，李林甫一派反动势力上台，朝政黑暗，社会矛盾日趋尖锐。王维虽然在朝，但是他倾向于张九龄的开明政治，对现实十分不满而又无能为力，内心矛盾，产生退隐归田的想法而又恋于禄位。于是他先后在长安附近的终南山和辋川建立别墅，过着亦仕亦隐的生活。

辋川诗以田园山水为题材，描绘自然优美的景色，表现幽静的境界，但其中也有一些寄慨，透露了作者内心的苦闷。如"来者复为谁，空悲昔人有"(《孟城坳》)，"上下华子冈，惆怅情何极"(《华子冈》)，特别是紧接《辛夷坞》之后的《漆园》的"偶寄一微官，婆娑数株树"就更为感伤了。《世说新语》第二十八："桓玄败后，殷仲文还为大司马咨议，意似二三，非复往日。大司马府听(厅)前，有一老槐，甚扶疏。殷因月朔，与众在听(厅)，视槐良久，叹曰：'槐树婆娑，复无生意'。"王维暗用此事，表达其政治上的苦闷和内心的矛盾。这首《辛夷坞》与《漆园》诗意互有联系，它是以花在无人的山涧自开自落的可悲命运，寄托自己才能被压抑埋没的感伤情绪，有一定的现实意义。全诗用比的手法，有优美、生动的形象和乐府民歌的韵味，诗意极其含蓄。宋人方回认为此诗是辋川诗中的佳篇，"有一唱三叹不可穷之妙"(《瀛奎律髓》)。实际上其妙不在"幽极"，而在它的精巧寓意。

竹 里 馆

独坐幽篁里[1],弹琴复长啸[2]。
深林人不知,明月来相照。

【注释】

[1] 幽篁:篁指竹林。幽篁出自屈原《山鬼》:"余处幽篁兮终不见天。"意为幽深的竹林。
[2] 长啸:撮口出声叫啸。啸声清越而舒长,所以叫长啸。

【提示】

这是一首写隐者闲适生活情趣的诗。诗的用字造语:写景(幽篁、深林、明月),写人(独坐、弹琴、长啸)都极平淡无奇。然而,它的妙处也就在于以自然平淡的笔调,描绘出清新诱人的月夜幽林的意境,融情景于一体,蕴含着一种特殊的美的艺术魅力,使其成为千古佳品。

它的妙处在于,营造了一种令人自然而然心驰神往的意境。诗中的月夜深林之景,如此清幽;弹琴长啸之人,如此超然。可以想见,诗人是在忘却世情、心灵澄净的状态下,与本就清幽澄净的竹林和明月悠然相会,而后命笔成篇的。诗人写这首诗,全是景之所至,情之所至,物与心会,意与景和。从全诗的组合来看,诗人以弹琴长啸反衬竹林的静寂,以明月的光影反衬深林的幽暗。似乎信手拈来,随意写去,却是静中有动,寂中有声,明暗映衬,独得其妙。

自然平淡的语言风格,与此诗清幽绝俗的意境相辅相成,可谓从自然中见至味,从平淡中见高韵。

相传北宋词人秦观在汝南做官时久病不愈,朋友携王维的《辋川图》前来探望。秦观细细观看,"恍然若与摩诘入辋川",心悦神愉,病竟不治而愈。一幅《辋川图》能有如此神效,这既有赖于画家的丹青妙笔,更主要的原因还是王维《辋川集》诸诗所启示的动人遐想。正如宋人方回评价的,王维《辋川集》"虽各不过五言四句,穷幽入玄"。

(参考蔚蓝天的博客 有删节)

【思考与练习】

1. 王维是山水田园诗派的代表诗人,在他描绘的自然山水的诗文里,创造出了"诗中有画,画中有诗"的静谧明秀的诗境,试结合他的诗分析这一特点。
2. 分析《终南山》的艺术特色。
3. 背诵《终南山》《辛夷坞》《竹里馆》这三首诗。

李白诗二首

【作者简介】

李白(701—762 年),字太白,号青莲居士,汉族,我国唐代伟大的浪漫主义诗人,被后人尊称为"诗仙",与杜甫并称"李杜"。祖籍陇西成纪(现甘肃省秦安县北),李白之父从中原迁居中亚西域的碎叶城(今吉尔吉斯斯坦境内的托克马克市),李白 4 岁随父迁回四川绵州昌隆县(今四川省江油市),另一野史的说法是李白生于四川省江油市青莲乡。

李白出生于盛唐时期,25 岁离开四川,开始追求功业。天宝初年,应召入京,供奉翰林,因受权贵谗毁,仅一年余即离去,从此长期漫游各地。他的一生绝大部分在漫游中度过,游踪遍及大半个中国。南到洞庭湘江,东至吴、越。"安史之乱"发生的第二年,他感愤时艰,参加了永王李璘的幕府。永王被杀后,李白受牵累,流放夜郎(今贵州境内),途中遇赦。晚年漂泊东南一带,遇当涂县令李阳冰(李白族叔),不久即病卒,一说喝醉了酒,在水中捞月亮而溺水身亡。

李白的诗风格飘逸洒脱,想象丰富奇特,语言流转自然,音律和谐多变,色调瑰丽。他善于从民歌、神话中汲取营养素材,构成其特有的瑰丽绚烂的色彩。屈原之后,他是第一个真正能够广泛地从当时民间文艺和秦、汉、魏以来的乐府民歌中吸取丰富营养而形成其独特风貌的诗人,也是屈原以后我国最为杰出的浪漫主义诗人,代表了我国古典积极浪漫主义诗歌的新高峰,有《李太白集》传世。

远 别 离

远别离,古有皇英之二女[1];
乃在洞庭之南,潇湘之浦[2]。
海水直下万里深,谁人不言此离苦?
日惨惨兮云冥冥[3],猩猩啼烟兮鬼啸雨[4]。
我纵言之将何补?
皇穹窃恐不照余之忠诚,雷凭凭[5]兮欲吼怒。
尧舜当之亦禅禹,君失臣兮龙为鱼,权归臣兮鼠变虎。
或言尧幽囚,舜野死。
九疑联绵皆相似[6],重瞳[7]孤坟竟何是?
帝子泣兮绿云间,随风波兮去无还。
恸哭兮远望,见苍梧之深山。
苍梧山崩湘水绝,竹上之泪乃可灭。

【注释】

[1] 皇英之二女:帝尧曾经将两个女儿(长曰娥皇、次曰女英)嫁给舜。

[2] 洞庭之南，潇湘之浦：二妃溺于湘江，神游洞庭之渊，出入潇湘之浦。

[3] 云冥冥：云天晦暗。冥冥：昏暗的样子。

[4] 鬼啸雨：鬼魅在呼唤着风雨。

[5] 雷凭凭：雷声殷殷，又响又密。

[6] 九疑联绵皆相似：传说舜死在湘南的九嶷山，九座山峰连绵相似。

[7] 重瞳：舜的眼珠有两个瞳孔，故人称"重华"。

【提示】

这首诗是诗人针对现实政治有感而发的。所谓"君失臣""权归臣"是天宝后期政治危机突出的标志，并且是李白当时心中最为忧念的一端。元代萧士赟认为玄宗晚年贪图享乐，荒废朝政，把政事交给李林甫、杨国忠，边防交给安禄山、哥舒翰，"太白熟观时事，欲言则惧祸及己，不得已而形之诗，聊以致其爱君忧国之志。所谓皇英之事，特借指耳"。这种说法是可信的。李白之所以要危言尧舜之事，大概是要强调人君如果失权，即使是圣哲也难保社稷妻子。后来在马嵬兵变中，玄宗和杨贵妃上演了一场远别离的惨剧，可以说是正好被李白言中了。

该诗写得迷离惝恍，但又不乏要把迷阵挑开一点缝隙的笔墨。"我纵言之将何补？皇穹窃恐不照余之忠诚，雷凭凭兮欲吼怒。"这些话很像他在《梁甫吟》中所说的"我欲攀龙见明主，雷公砰訇震天鼓……白日不照吾精诚，杞国无事忧天倾。"不过，《梁甫吟》是直说，而《远别离》中的这几句隐隐呈现在重重迷雾之中，一方面起着点醒读者的作用，另一方面又是在述及造成远别离的原因时，自然地带出。诗仍以叙述二妃别离之苦开始，以二妃恸哭远望终结，让悲剧故事统揽全篇，保持了艺术上的完整性。

诗人明明有许多话急于要讲，但他知道即使是把喉咙喊破了，也绝不会使唐玄宗醒悟，真是"言之何补"！况且诗人自己也心绪如麻，不想说，但又不忍不说。因此，写诗的时候不免若断若续，似吞似吐。范梈说："此篇最有楚人风。所贵乎楚者，断如复断，乱如复乱，而辞意反复行于其间者，实未尝断而乱也；使人一唱三叹，而有遗音。"（据瞿蜕园、朱金城《李白集校注》转引）这是很精到的见解。诗人把他的情绪，采用楚歌和骚体的手法表现出来，使得断和续、吞和吐、隐和显，销魂般的凄迷和预言式的清醒，紧紧结合在一起，构成了深邃的意境，具有强大的艺术魅力。

登金陵凤凰台[1]

凤凰台上凤凰游，凤去台空江自流。
吴宫花草[2]埋幽径，晋代衣冠成古丘[3]。
三山[4]半落青天外，一水中分白鹭洲[5]。
总为浮云能蔽日[6]，长安不见使人愁。

【注释】

[1] 凤凰台：在金陵凤凰山上，相传南朝刘宋永嘉年间有凤凰集于此山，乃筑台，山称凤台山，台称凤凰台。在封建社会，凤凰是一种祥瑞。金陵：今江苏南京市，战国时楚威王曾置金陵邑，故名。

[2] 吴宫：三国时的吴曾建都筑宫于金陵，盛极一时。花草：指宫苑中的奇花异草，也可喻指妃嫔宫娥。

[3] 晋代：指东晋，东晋也建都于金陵。衣冠：指世家大族。丘：坟墓。

[4] 三山：在金陵西南长江边上，三峰并列，南北相连。陆游《入蜀记》云："三山，自石头及凤凰山望之，杳杳有无中耳。及过其下，距金陵才五十余里。"

[5] 一水：长江。白鹭洲：在金陵西长江中，把长江分割成两道，所以说"一水中分白鹭洲"。

[6] 浮云能蔽日：指阴云遮住太阳，比喻奸邪贬抑忠良。

【提示】

诗人于唐玄宗天宝三年(744年)遭谗毁而离开长安漫游各地，天宝六年(747年)到达金陵，登临凤凰台，写下这首杰作。全诗以登临凤凰台时的所见所感起兴唱叹，把天荒地老的历史变迁与悠远飘忽的传说故事结合起来抒情言志，用以表达深沉的历史感喟与清醒的现实思索。

开头两句李白以凤凰台的传说起笔落墨，用以表达对时空变幻的感慨。"凤凰台上凤凰游，凤去台空江自流"，自然而然，明快畅顺；虽然十四个字中连用了三个"凤"字，但丝毫没有啰唆的感觉，更没有常见咏史诗的那种刻板、生硬的毛病。李白登"凤凰台"不是一般意义上的登临抒怀，而是别有机杼。从远古时代开始，凤凰便一直被认为有祥瑞的意义，并且与社会的发展有关——美好的时代，凤凰鸟则从天而降，一片天籁之声。因此，凤凰鸟的出现，多半显示着称颂的意义。然而李白在这里首先点出凤凰，他所抒发的却是繁华易逝，盛世难再，唯有山水长存的无限感慨。引来凤凰的元嘉时代已经永远地过去了，繁华的六朝也已经永远地过去了，只剩下浩瀚的长江之水与巍峨的凤凰山依旧生生不息。

三、四句的"吴宫花草埋幽径，晋代衣冠成古丘"，从"凤去台空"的时空变化入手，继续深入开掘其中的启示意义。"生子当如孙仲谋"的吴大帝，风流倜傥的六朝人物，以及众多的统治者，他们都已经入土，成为历史的陈迹，就连那巍峨的宫殿如今也已经荒芜破败，一片断壁残垣。煊赫与繁华究竟留给历史什么可以值得纪念的东西呢？这里蕴含着李白独特的历史感喟。那些"投汨笑古人，临濠得天和"与"功高不受赏，长揖归故园"的高士、哲人，获得了李白特殊的尊敬。同时，李白敢于蔑视封建权贵，打破传统偶像的精神束缚，以至于轻尧舜，笑孔丘，平交诸侯，长揖万乘。所以，李白对这些帝王的消逝，除去引起一些感慨之外，没有丝毫惋惜。那么，当他把历史眼光聚焦在那些帝王身上的时候，蔑视的态度是显而易见的。花草蓬勃，天地依旧，一切都按照规律变化、发展着。这就是历史，这就是千古的兴亡！

"三山半落青天外，一水中分白鹭洲"，接下来的两句表现出李白没有让自己的思想完全沉浸在对历史的凭吊当中，而把深邃的目光投向大自然的情怀。三山亦为地点，旧说

在金陵西南的江边。据《景定建康志》载:"其山积石森郁,滨于大江,三峰并列,南北相连,故号三山。"又据陆游的《入蜀记》载:"三山,自石头及凤凰台望之,杳杳有无中耳。及过其下,距金陵才五十余里。"陆游所说的"杳杳有无中",恰好笺注说明了"三山半落"那若隐若现的景象描写。尤其是那江中的"白鹭洲",横亘于金陵西长江里,竟把长江分割为两半。于是,自然力的巨大、恢宏,赋予人以强健的气势,宽广的胸怀,也把人从历史的遐想中拉回现实,重新感受大自然的永恒无限。

李白虽然具有超脱尘俗的理想愿望,但他的心却始终关切着现实政治与社会生活,于是当他对历史与自然进行亲切的光顾之后,又把自己的眼睛转向现实政治。李白从六朝的帝都金陵看到唐的都城长安。"总为浮云能蔽日,长安不见使人愁",长安是朝廷的所在,日是帝王的象征。李白这两句诗暗示了皇帝被奸邪包围,而自己报国无门,他的心情是十分沉痛的。特别是其中的"长安不见"又内含远望之"登"字义,既与题目遥相呼应,更把无限的情思涂抹到水天一色的大江、巍峨峥嵘的青山与澄澈无际的天空当中。这样心中情与眼中景也就茫茫然交织在一起,于是对水光山色,发思古之幽情,思接千载;就江水滔滔,吟伤今之离恨,流韵无穷。

杜甫诗三首

【作者简介】

杜甫(712—770年),字子美,自号少陵野老,汉族,河南巩县(今河南巩义市)人。世称"杜工部""杜拾遗",盛唐时期伟大的现实主义诗人。与李白并称"李杜"(有时候也称为"大李杜",以区别于"小李杜")。杜甫生在"奉儒守官"并有文学传统的家庭中,是著名诗人杜审言之孙。他7岁学诗,15岁扬名,一生不得志。官至左拾遗、检校工部员外郎等,有《杜工部集》传世,现有杜甫草堂、杜甫墓、杜公祠、杜甫公园、杜陵桥、杜陵书院等纪念地。

杜甫以古体、律诗见长,风格多样,可以"沉郁顿挫"四字概括其作品风格,尤以沉郁为主。其艺术手法也多种多样,是唐诗思想艺术的集大成者。杜甫生活在唐朝由盛转衰的历史时期,他忧国忧民,人格高尚,诗艺精湛,被后世尊称为"诗圣"。其诗多涉及社会动荡、政治黑暗、人民疾苦,反映当时社会矛盾和人民疾苦,因而其还被誉为"诗史"。杜甫一生写诗1400多首,其中很多是传诵千古的名篇,如"三吏""三别",其中"三吏"为《石壕吏》《新安吏》和《潼关吏》,"三别"为《新婚别》《无家别》和《垂老别》。杜甫的诗篇流传数量是唐诗里最多、最广泛的。他也是唐代杰出的诗人之一,对后世影响深远。

丽 人 行

三月三日[1]天气新,长安水边多丽人。
态浓意远淑且真,肌理细腻骨肉匀[2]。

绣罗衣裳照暮春，蹙金孔雀银麒麟[3]。
头上何所有？翠为匌叶垂鬓唇[4]。
背后何所见？珠压腰衱稳称身[5]。
就中云幕椒房亲，赐名大国虢与秦[6]。
紫驼之峰出翠釜，水精之盘行素鳞[7]。
犀箸厌饫久未下，鸾刀缕切空纷纶[8]。
黄门飞鞚不动尘，御厨络绎送八珍[9]。
箫鼓哀吟感鬼神，宾从杂遝实要津[10]。
后来鞍马何逡巡，当轩下马入锦茵[11]。
杨花雪落覆白苹，青鸟飞去衔红巾[12]。
炙手可热势绝伦，慎莫近前丞相嗔[13]！

【注释】

[1] 三月三日：为上巳日，唐代长安士女多于此日到城南曲江游玩踏青。

[2] 态浓：姿态浓艳。意远：神气高远。淑且真：淑美而不做作。肌理细腻：皮肤细嫩光滑。骨肉匀：身材匀称适中。

[3] 这两句说，用金银线镶绣着孔雀和麒麟的华丽衣裳与暮春的美丽景色相映生辉。

[4] 翠：一种翡翠鸟的羽毛。匌(è)叶：古代妇女的发饰。鬓唇：鬓边。

[5] 腰衱：裙带。稳称身：十分贴切合身。

[6] 就中：其中。云幕：指宫殿中的云状帷幕。椒房：汉代皇后居室，以椒和泥涂壁。后世因此称皇后为椒房，皇后家属为椒房亲。这句是指天宝七年(748年)唐玄宗赐封杨贵妃的大姐为韩国夫人，三姐为虢国夫人，八姐为秦国夫人。

[7] 紫驼之峰：驼峰，是一种珍贵的食品。唐贵族食品中有"驼峰炙"。釜：古代的一种锅。翠釜：形容锅的色泽。水精：水晶。行：传送。素鳞：指白鳞鱼。

[8] 犀箸：犀牛角做的筷子。厌饫：吃得腻了。鸾刀：带鸾铃的刀。缕切：细切。空纷纶：厨师们白白忙乱一番，贵人们吃不下。

[9] 黄门：宦官。飞鞚：飞马。八珍：形容珍美食品之多。

[10] 宾从：宾客随从。杂遝：众多杂乱。要津：本指重要渡口，这里喻指杨国忠兄妹的家门，所谓"虢国门前闹如市"。

[11] 后来鞍马：指丞相杨国忠。逡巡：缓慢徐行，旁若无人之态。锦茵：锦织的地毯。

[12] 这两句是隐语，以曲江暮春的自然景色来影射杨国忠与其从妹虢国夫人(嫁裴氏)的暧昧关系。杨花覆苹：古有杨花入水化为苹的说法，苹之大者为蘋。杨花、苹和蘋虽为三物，实出一体。故以杨花覆苹影射兄妹苟且乱伦。据史载："虢国素与国忠乱，颇为人知，不耻也。每入谒，并驱道中，从监、侍姆百余骑，炬密如昼，靓妆盈里，不施帏障，时人谓为'雄狐'。"青鸟：古代神话传说中能为西王母传递信息的使者，后世即以青鸟代指情人的信使。红巾：妇人所用的手帕。"飞去衔红巾"，指为杨氏兄妹传递消息。

[13] 这两句说，杨氏权倾朝野，气焰灼人，无人能比。丞相：指杨国忠，天宝十一年(752年)十一月为右丞相。嗔：发怒。

第一单元　诗歌常识与欣赏

【提示】

"丽人行"是杜甫创制的一个乐府新题。唐玄宗晚期宠爱杨贵妃，杨氏兄弟姐妹因此显贵。贵妃从兄杨国忠于天宝十一年(752 年)任右丞相。本篇作于天宝十二年(753 年)春。诗中描写的是一个春暖花开的时节，杨国忠兄妹在长安城南曲江游宴时的情景，讽刺了他们骄奢淫逸的丑行，也从侧面曲折地反映了唐玄宗的昏庸和时政的腐败，让读者从另一个角度看到了"安史之乱"前夕的社会现实。

全诗分三部分，前 10 句为第一部分，描写上巳日曲江水边踏青的丽人如云，体态娴雅，姿色优美，衣着华丽，引出主角杨氏姐妹的娇艳姿色。第 11 句至第 20 句为第二部分，具体写丽人虢夫人、秦夫人诸夫人所得的宠幸，她们器皿雅致，肴馔精美，箫管悠扬。最后 6 句为第三部分，写杨国忠之骄横，趾高气扬，权大气盛。首二句提纲，"态浓"八句写丽人的姿态服饰之美；"就中"二句点出主角，"紫驼"八句写宴乐之奢侈；"后来"六句写杨国忠的气焰和无耻。

全诗语极铺排，富丽堂皇之中蕴含着清刚之气。虽对杨氏兄妹的骄奢淫逸进行了强烈的讽刺，然而语言含蓄蕴藉，意在言外。整首诗不空发议论，只是尽情揭露事实，讽意自见，是一首绝妙的讽刺诗。《杜诗详注》云："此诗刺诸杨游宴曲江之事。……本写秦、虢冶容，乃概言丽人以隐括之，此诗家含蓄得体处。"《读杜心解》曰："无一刺讥语，描摹处语语刺讥；无一慨叹声，点逗处声声慨叹。"

春日忆李白

白也诗无敌，飘然思不群。
清新庾开府[1]，俊逸鲍参军[2]。
渭北[3]春天树，江东[4]日暮云。
何时一樽酒，重与细论文[5]？

【注释】

[1] 庾开府：指庾信。因其在北周官至骠骑大将军、开府仪同"三司"(司马、司徒、司空)，故世称"庾开府"。

[2] 鲍参军：刘宋时鲍照任荆州前军参军，世称"鲍参军"。

[3] 渭北：渭水北岸，指长安一带，当时杜甫在此地。

[4] 江东：指今江苏省南部和浙江省北部一带，当时李白在此地。

[5] 论文：论诗。六朝以来，通称诗为文。

【提示】

杜甫同李白的友谊，首先是从诗歌上结成的。这首怀念李白的五律，是天宝五年(746 年)或六年(747 年)春杜甫居长安时所作，杜甫和李白于天宝四年(745 年)秋在鲁郡分别，就再未见面。诗中表达了杜甫对李白的深挚情谊和对他的文学才能的极高评价。

开头四句,一气贯注,都是对李白诗的热烈赞美。首句称赞他的诗冠绝当代。第二句是对上句的说明,是说他之所以"诗无敌",就在于他思想情趣卓异不凡,因而写出的诗出尘拔俗,无人可比。接着赞美李白的诗像庾信那样清新,像鲍照那样俊逸。这四句,笔力峻拔,热情洋溢,首联的"也""然"两个语气助词,既加强了赞美的语气,又加重了"诗无敌""思不群"的分量。

对李白奇伟瑰丽的诗篇,杜甫在题赠或怀念李白的诗中,总是赞扬备至。从此诗坦荡直率的赞语中,也可以看出杜甫对李白诗是何等钦仰。这不仅表达了他对李白诗的无比喜爱,也体现了他们的诚挚友谊。前四句是因忆其人而忆及其诗,赞诗亦即忆人。但作者并不明说此意,而是通过第三联写离情,自然补明。这样处理,不但简洁,还可避免平铺直叙,从而使诗意前后衔接,曲折变化。

绝句漫兴[1]九首

一

眼见客愁愁不醒[2],无赖[3]春色到江亭。
即遣花开深造次[4],便[5]教莺语太丁宁。

二

手种桃李非无主,野老墙低还似家。
恰似春风相欺得,夜来吹折数枝花。

三

熟知茅斋绝低小,江上燕子故来频。
衔泥点污琴书[6]内,更接飞虫打着人。

四

二月已破三月来,渐老逢春能几回。
莫思身外无穷事,且尽生前有限杯。

五

肠断春江欲尽头[7],杖藜徐步立芳洲[8]。
颠狂[9]柳絮随风舞,轻薄桃花逐水流。

六

懒慢无堪[10]不出村,呼儿日在掩柴门。
苍苔浊酒林中静,碧水春风野外昏。

七[11]

糁[12]径杨花铺白毡,点[13]溪荷叶叠青钱。
笋根稚子[14]无人见,沙上凫雏[15]傍母眠。

八

舍西柔桑叶可拈,江畔细麦复纤纤。

人生几何春已夏,不放香醪[16]如蜜甜。

九

隔户杨柳弱袅袅,恰似十五女儿腰。

谁谓朝来不作意,狂风挽断最长条。

【注释】

[1] 漫兴:随性而至,信笔写来。

[2] 不醒:沉醉迷惘。

[3] 无赖:不懂人情。

[4] 即:即刻,马上。造次:鲁莽。

[5] 便:又。

[6] 点污琴书:筑巢衔泥点污了琴书。

[7] 欲尽头:指"三春"欲尽,古人多有春愁。

[8] 芳洲:长满花草的水中陆地。

[9] 颠狂:放荡不羁。

[10] 无堪:犹言无可人意处,无可取处。常用为谦辞。

[11] 这首诗是写在暮春时节,杨花飘落如铺毡,荷叶初生缀如钱,竹笋初芽细难见,小鸭沙间傍母眠,皆佳境也。

[12] 糁:谷类磨成的碎粒。

[13] 点:点缀。

[14] 稚子:嫩芽。

[15] 凫雏:水鸭幼雏。

[16] 醪(láo):汁渣混合的酒,或指江米酒。

【提示】

这组绝句写于杜甫寓居成都草堂的第二年,即代宗上元二年(761年)。题作"漫兴",有兴之所到随手写出之意,不求写尽,不求写全,也不是同一时成之。从九首诗的内容看,当为由春至夏相率写出,亦有次第可寻。

杜甫草堂坐落在成都市西门外的浣花溪畔,景色秀美,诗人本应在这安定的环境里修身养性,然而饱尝离乱之苦的诗人并没有忘记国难未除,故园难归,尽管眼前繁花簇簇,家国的愁思却时时萦绕在心头。

《杜臆》中云:"'客愁'二字乃九首之纲。"这第一首正是围绕"客愁"来写诗人恼春的心绪。"眼见客愁愁不醒",概括地说明眼下诗人正沉浸在客居愁思之中而不能自拔。"不醒"二字,刻画出这种沉醉迷惘的心理状态。然而春色却不晓人情,莽莽撞撞地闯入了诗人的视线。春光本来是令人惬意的,"桃花一簇开无主,可爱深红爱浅红?"但是在被客愁缠绕的诗人心中，这突然来到江亭的春色却多么扰人心绪！你看它就在诗人的眼前匆匆地催遣花开，又令莺啼频频，似乎故意来作弄家国愁思绵绵中的他乡游子。此时此地，如此的心绪，这般的花开莺啼，司春的女神真是"深造次"，她的殷勤未免过于轻率了。

杜甫善于用反衬的手法，在情与景的对立之中，升华他所要表达的思想感情，加强诗的艺术效果。这首诗里恼春、烦春的情景，就与《春望》中"感时花溅泪，恨别鸟惊心"的意境相仿。只不过一在乱中，愁思激切；一在暂安，客居惆怅。虽然抒发的感情有程度上的不同，但都是用"乐景写哀"则哀感倍生的写法。所以诗中望江亭春色则顿觉其"无赖"，见花开春风则深感其"造次"，闻莺啼嫩柳则嫌其过于"丁宁"，这就加倍写出了诗人的烦恼忧愁。这种艺术表现手法，很符合生活实际。仇兆鳌评此诗说："人当适意时，春光亦若有情；人当失意时，春色亦成无赖。"(《杜诗详注》卷九)正是因为诗人充分描绘出当时的真情实感，因而能深深打动读者的心，引起共鸣。

第五首寄托了诗人对当时社会现实的深刻不满及自己政治抱负不能实现的苦闷。

"肠断春江欲尽头，杖藜徐步立芳洲。"都说春江景物美不胜收，而暮春将尽，怎么会不使人伤感呢？挂着拐杖在江边漫步，站在芳洲上望四周。"颠狂柳絮随风舞，轻薄桃花逐水流。"只看见柳絮在春风的吹拂下，如痴如狂，肆无忌惮地飘舞着，还有那轻薄不知自重的桃花，追逐着春江的流水欢快地向远方飘去。

柳絮随风飞舞，落花逐水漂流，这是暮春的特有景色，却勾起了诗人的无限感伤。在诗人笔下，柳絮和桃花人格化了，像一群势利的小人，它们对春天的流逝，丝毫无动于衷，只知道乘风乱舞，随波逐流。这正是诗人痛苦的原因。这里寄托了诗人对黑暗现实的深刻不满和政治理想不能实现的苦闷。后来"桃花柳絮"也就成了一般势利小人的代名词。

【思考与练习】

1. 杜甫的诗被誉为"诗史"，结合杜诗，说明杜甫的生平随着社会和个人环境的变动，可以划分为哪几个时期；各个时期有哪些代表作。
2. 强烈的忧国忧民思想是杜甫诗歌的基调，结合作品，具体说明杜甫的忧国忧民主要体现在哪些方面。
3. 为什么历来以"沉郁顿挫"概括杜诗的艺术风格？
4. 《丽人行》中描绘了哪几个生活场景？作者这样写的主观意图是什么？
5. 《丽人行》通篇运用了映衬和铺垫的手法，具体表现在哪里？
6. 以庾信、鲍照类比李白的作用是什么？体现了李白诗作的什么风格特点？
7. 杜甫《绝句漫兴九首》中体现恼春心情的是哪两句诗？
8. 背诵《丽人行》。

长 恨 歌

白居易

【作者简介】

白居易(772—846 年)，字乐天，晚年号香山居士，我国唐代伟大的现实主义诗人。汉族，祖籍山西太原，后迁下邽(今陕西省渭南市临渭区)。白居易是中国文学史上负有盛名且影响深远的唐代诗人和文学家，他的诗歌题材广泛，形式多样，语言平易通俗，有"诗魔"和"诗王"之称。白居易的思想综合儒、释、道三家。立身行事，以儒家"穷则独善其身，达则兼济天下"为准则。其"兼济"之志，以儒家仁政为主，也包括黄老之说、管萧之术和申韩之法；其"独善"之心，则吸取了老庄的知足、齐物、逍遥观念和佛家的"解脱"思想。他的一生，以元和十年(815 年)贬为江州司马为分界线，前期任翰林学士、左拾遗等职，政治态度积极，直言敢谏；后期因得罪权贵遭贬，明哲保身倾向渐居主位。

白居易主张"文章合为时而著，歌诗合为事而作"，曾和元稹一起倡导新乐府运动，写过不少讽谕诗，如《秦中吟》10 首、《新乐府》50 首等，指斥时弊，揭露权贵，同情百姓，影响深远。《长恨歌》《琵琶行》是他创作的长篇叙事诗，一向脍炙人口。白诗大都深入浅出，平易通俗，他曾将自己的诗分成讽谕、闲适、感伤和杂律四大类，有《白氏长庆集》传世。

汉皇重色思倾国，御宇多年求不得[1]。
杨家有女初长成，养在深闺人未识[2]。
天生丽质难自弃，一朝选在君王侧。
回眸一笑百媚生，六宫粉黛[3]无颜色。
春寒赐浴华清池[4]，温泉水滑洗凝脂。
侍儿扶起娇无力，始是新承恩泽时。
云鬓花颜金步摇，芙蓉帐暖度春宵[5]。
春宵苦短[6]日高起，从此君王不早朝。
承欢侍宴无闲暇，春从春游夜专夜[7]。
后宫佳丽三千人[8]，三千宠爱在一身。
金屋妆成娇侍夜，玉楼宴罢醉和春[9]。
姊妹弟兄皆列土，可怜光彩生门户[10]。

遂令天下父母心，不重生男重生女[11]。
骊宫[12]高处入青云，仙乐风飘处处闻。
缓歌慢舞凝丝竹[13]，尽日君王看不足。
渔阳鼙鼓动地来，惊破《霓裳羽衣曲》[14]。
九重城阙烟尘生，千乘万骑西南行[15]。

翠华摇摇行复止，西出都门百余里[16]。
六军不发无奈何，宛转蛾眉马前死[17]。
花钿委地无人收，翠翘金雀玉搔头[18]。
君王掩面救不得，回看血泪相和流。
黄埃散漫风萧索，云栈萦纡登剑阁[19]。
峨嵋山下少人行，旌旗无光日色薄。
蜀江水碧蜀山青，圣主朝朝暮暮情。
行宫[20]见月伤心色，夜雨闻铃肠断声。

天旋日转回龙驭[21]，到此踌躇不能去。
马嵬坡下泥土中，不见玉颜空死处。
君臣相顾尽沾衣，东望都门信马归。
归来池苑皆依旧，太液芙蓉未央柳[22]。
芙蓉如面柳如眉，对此如何不泪垂。
春风桃李花开夜，秋雨梧桐叶落时。
西宫南内[23]多秋草，落叶满阶红不扫。
梨园弟子白发新，椒房阿监青娥老[24]。
夕殿萤飞思悄然，孤灯挑尽未成眠。
迟迟钟鼓初长夜，耿耿[25]星河欲曙天。
鸳鸯瓦冷霜华重，翡翠衾寒谁与共[26]。
悠悠生死别经年[27]，魂魄不曾来入梦。

临邛道士鸿都客，能以精诚致魂魄[28]。
为感君王辗转思，遂教方士殷勤觅。
排空驭气[29]奔如电，升天入地求之遍。
上穷碧落下黄泉[30]，两处茫茫皆不见。
忽闻海上有仙山，山在虚无缥渺间。
楼阁玲珑五云起，其中绰约[31]多仙子。
中有一人字太真，雪肤花貌参差是[32]。
金阙西厢叩玉扃，转教小玉报双成[33]。

闻道汉家天子使，九华帐[34]里梦魂惊。
揽衣推枕起徘徊，珠箔银屏迤逦开[35]。
云鬓半偏新睡觉，花冠不整下堂来。
风吹仙袂[36]飘飘举，犹似霓裳羽衣舞。
玉容寂寞泪阑干[37]，梨花一枝春带雨。

含情凝睇[38]谢君王，一别音容两渺茫。
昭阳殿里恩爱绝，蓬莱宫中日月长[39]。
回头下望人寰[40]处，不见长安见尘雾。
唯将旧物表深情，钿合金钗寄将去[41]。
钗留一股合一扇，钗擘黄金合分钿[42]。
但教心似金钿坚，天上人间会相见。
临别殷勤重寄词，词中有誓两心知。
七月七日长生殿，夜半无人私语时[43]。
在天愿作比翼鸟，在地愿为连理枝[44]。
天长地久有时尽，此恨绵绵无绝期。

【注释】

[1] 汉皇：汉家天子，此指唐玄宗李隆基。唐人文学创作常以汉称唐。御宇：驾驭天下。

[2] 杨家：蜀州司户杨玄琰，有女杨玉环，自幼由叔父杨玄珪抚养，17岁被册封为玄宗之子寿王李瑁之妃。22岁时，玄宗命其出宫为道士，道号"太真"。27岁被玄宗册封为贵妃。所谓"养在深闺人未识"，是作者有意为帝王避讳的说法。

[3] 六宫：古代皇帝设六宫，正寝(日常处理政务之地)一，燕寝(休息之地)五，合称六宫。六宫粉黛：粉黛本为女性化妆用品，此代指六宫中的女性。

[4] 华清池：指华清池温泉，在今陕西省临潼县南的骊山下。唐贞观十八年(644年)建汤泉宫，咸亨二年(671年)改名温泉宫，天宝六年(747年)扩建后改名华清宫。唐玄宗每年冬、春季都到此居住。

[5] 云鬓：形容美发如云。金步摇：一种金首饰，上面缀着垂珠之类，走路时摇曳生姿。芙蓉帐：绣着莲花的帐子。

[6] 春宵苦短：嫌春宵太短。

[7] 专夜：皇帝只和她同宿。

[8] 后宫佳丽三千人：汉武帝、汉元帝时后宫嫔妃有"三千人"。唐太宗时多余的宫女有"数万"，"精减"一次就放出三千名。唐玄宗时宫女有四万。

[9] 金屋：指杨贵妃的住所。据《汉武故事》载：汉武帝年幼时曾说，如果能娶表妹阿娇做妻子，就给她造一座金房子住。妆成：打扮好。醉和春：醉态中含着春情。

[10] 列土：分封土地。此指杨家人都受了特殊的封赏。杨玉环受封贵妃后，其父追封太尉、齐国公，叔擢升光禄卿，母封凉国夫人，大姐、三姐、八姐分别封为韩国夫人、虢国夫人、秦国夫人。宗兄铦、锜、钊(国忠)分封鸿胪卿、御史、右丞相。可怜：可爱，值得羡慕。

[11] 重生女：陈鸿《长恨歌传》云，当时民谣有"生女勿悲酸，生男勿喜欢""男不封侯女作妃，看女却为门上楣"等。

[12] 骊宫：指华清宫，因在骊山下，故称。

[13] 丝竹：弦乐器和管乐器。

[14] 渔阳：郡名，辖今北京市平谷区和天津市的蓟州区等地，当时属于平卢、范阳、河东三镇节度使安禄山的辖区。天宝十四年(755年)冬，安禄山在范阳起兵叛乱。鼙鼓：古代骑兵用的小鼓，此借指战

争。霓裳羽衣曲：舞曲名，据说为唐开元年间西凉节度使杨敬述所献，经唐玄宗润色并制作歌辞，改用此名。乐曲着意表现虚无缥缈的仙境和仙女形象。天宝后期曲调失传。

[15] 九重城阙：九重门的京城，此指长安。烟尘生：指发生战事。天宝十五年(756年)六月，安禄山破潼关，逼近长安。玄宗带领杨贵妃等出延秋门向西南方向逃走。当时随行护卫并不多，"千乘万骑"是夸大之词。

[16] 翠华：用翠鸟羽毛装饰的旗帜，皇帝仪仗队用。百余里：指到了距长安一百多里的马嵬坡。

[17] 六军：泛指禁卫军。当护送唐玄宗的禁卫军行至马嵬坡时，不肯再走，先以谋反为由杀杨国忠，继而请求处死杨贵妃。宛转：形容美人临死前哀怨缠绵的样子。蛾眉：古代美女的代称，此处指杨贵妃。

[18] 花钿：用金翠珠宝等制成的花朵形首饰。委地：丢弃在地上。翠翘：像翠鸟长尾一样的头饰。金雀：雀形金钗。玉搔头：玉簪。

[19] 黄埃：黄尘。云栈：高入云霄的栈道。萦纡：萦回盘绕。剑阁：又称剑门关，在今四川剑阁县北，是由秦入蜀的要道。此地群山如剑，峭壁中断处，两山对峙如门。诸葛亮相蜀时，凿石架凌空栈道以通行。

[20] 行宫：皇帝外出时的临时住所。

[21] 天旋日转：指时局好转。肃宗至德二年(757年)，郭子仪军收复长安。龙驭：皇帝的车驾。

[22] 太液：汉宫中有太液池。未央：汉有未央宫。此皆借指唐长安皇宫。

[23] 西宫南内：皇宫之内称为大内。西宫即西内太极宫，南内为兴庆宫。玄宗返京后，初居南内。上元元年(760年)，权宦李辅国假借肃宗名义，胁迫玄宗迁往西内，并流贬玄宗亲信高力士、陈玄礼等人。

[24] 梨园：唐玄宗时宫中教习音乐的机构，曾选"坐部伎"三百人教练歌舞，随时应诏表演，号称"皇帝梨园弟子"。梨园弟子：指玄宗当年训练的乐工舞女。椒房：后妃居住之所，因以花椒和泥抹墙，故称。阿监：宫中的侍从女官。青娥：年青的宫女。

[25] 耿耿：明亮。

[26] 鸳鸯瓦：屋顶上俯仰相对合在一起的瓦。翡翠衾：布面绣有翡翠鸟的被子。

[27] 经年：年复一年。

[28] 临邛：今四川邛崃市。鸿都：东汉都城洛阳的宫门名，这里借指长安。精诚：至诚。致：招来。

[29] 排空驭气：腾云驾雾。

[30] 穷：穷尽。碧落：天空。黄泉：地下。

[31] 绰约：体态轻盈柔美。

[32] 太真：杨玉环为道士时的道号。参差：仿佛，差不多。

[33] 金阙：黄金装饰的宫殿门楼。玉扃：玉石做的门环。小玉：吴王夫差女。双成：传说西王母的侍女。这里皆借指杨贵妃在仙山的侍女。

[34] 九华帐：绣饰华美的帐子。

[35] 珠箔：珠帘。银屏：饰银的屏风。迤逦：本义是曲折连绵，这里引申为接连不断。

[36] 袂：衣袖。

[37] 寂寞：此指神色黯淡凄楚。阑干：纵横。

[38] 凝睇：凝视。

[39] 昭阳殿：汉成帝宠妃赵飞燕的寝宫，此借指杨贵妃住过的宫殿。蓬莱：传说中的海上仙山，这里指贵妃在仙山的居所。

[40] 人寰：人间。

[41] 寄将去：托道士带回。

[42] "钗留"二句：把金钗、钿盒分成两半，自留一半。

[43] 长生殿：在骊山华清宫内，天宝元年造。"七月"以下六句为作者虚拟之词。陈寅恪在《元白诗笺证稿·长恨歌》中云："长生殿七夕私誓之为后来增饰之物语，并非当时真确之事实。""玄宗临幸温汤必在冬季、春初寒冷之时节。今详检两唐书玄宗本纪无一次于夏日炎暑时幸骊山。"而所谓长生殿者，亦非华清宫之长生殿，而是长安皇宫寝殿之习称。

[44] 比翼鸟：传说中的鸟，据说只有一目一翼，雌、雄并在一起才能飞。连理枝：两棵树的枝干连在一起，叫连理。古人常用此二物比喻情侣相爱、永不分离。

【提示】

这是一首被誉为"千古绝唱"的长篇叙事诗。唐宪宗元和元年(806年)十二月，白居易任盩厔(今陕西周至县)县尉时，与友人陈鸿、王质夫同游仙游寺，谈起五十多年前的"天宝遗事"。唐玄宗与杨贵妃的爱情悲剧及相关逸闻传说，让三人不胜感慨。他们唯恐这一希代之事，与时消灭，不闻于世，王质夫遂提议，由擅长抒情的白居易为之作歌，由陈鸿为之写传奇小说《长恨歌传》。于是，诗传一体，相得益彰，白居易由此被呼为"《长恨歌》主"。

这首诗，以"长恨"为中心，生动地描绘了唐玄宗、杨贵妃缠绵悱恻的爱情故事及悲剧结局。其中相当复杂的情节，只用精练的几句话就交代过去，而着力在情的渲染。诗人从反思的角度写出了酿成悲剧的原因，但对悲剧中的主人公又寄予了同情和惋惜。全诗写得婉转细腻，却不失雍容华贵，没有半点纤巧之病。在写实的基础上运用了幻想手法，使故事更加回环曲折，波澜起伏，引人入胜。诗人将叙事、写景、抒情结合在一起，刻画人物的风姿仪态，栩栩如生，借景物烘托人物的心态和感情，层层渲染，极为动人。诗的语言优美形象、婉转流畅，充分发挥了乐府歌行的特点，读后荡气回肠，不愧为千古绝唱。

关于《长恨歌》的主题，历来有争论，或曰批判"汉皇重色"误国，或云歌咏李、杨爱情，或云二者兼有之。然而文学作品的价值并不止于"主题"。从作者创作意图来看，《长恨歌》即"歌长恨"，歌咏爱的长恨。白居易自言"一篇长恨有风情"(《编集拙诗成一十五卷因题末戏赠元九李二十》)，说明作者是为歌"风情"而作此诗。诗分四段，首先，写热恋情景，突出杨氏之美和玄宗对她的迷恋，对玄宗因贪恋女色而误国事有所讥讽。其次，写兵变妃死，悲剧铸成，玄宗肠断。这是悲欢荣辱极端对比的写法。再次，写物是人非及刻骨铭心的无望思念。最后，写天人永隔之长恨。如此由乐而悲而思而恨，构成全诗的感情脉络，其间因果关系密切而分明。

【思考与练习】

1. 试以作品本身为主，适当参考其他有关史料，谈谈你对《长恨歌》主题的认识。
2. 第四段对刻画杨玉环的形象及表现"长恨"的主旨有何作用？

3. 联系诗中的句子说明其上下贯通、前后勾连的章法特点。
4. 谈谈你对《长恨歌》中李、杨爱情的看法。

李凭箜篌引[1]

李 贺

【作者简介】

李贺(790—816 年),字长吉,祖籍陇西成纪(今甘肃秦安),生于福昌县昌谷(今河南洛阳宜阳县)。世称"李长吉""鬼才""诗鬼""李昌谷""李奉礼",与李白、李商隐三人并称唐代"三李",是唐朝宗室的后裔,但早已没落破败,家境贫困。他才华出众,少年时就获诗名,但一生只做了一个职掌祭祀的九品小官,郁郁不得志,穷困潦倒,死时年仅 27 岁。李贺是中唐的浪漫主义诗人,又是中唐到晚唐诗风转变期的一个代表者。他所写的诗大多是慨叹生不逢时和内心苦闷,抒发对理想、抱负的追求,对当时藩镇割据、宦官专权和人民所受的残酷剥削都有所反映。他喜欢在神话故事、鬼魅世界里驰骋,以其大胆、诡异的想象力,构造出波谲云诡、迷离惝恍的艺术境界,抒发好景不长、时光易逝的感伤情绪,他因此被后人称为"诗鬼"。

吴丝蜀桐张高秋[2],空山凝云颓不流[3]。
江娥啼竹素女愁[4],李凭中国[5]弹箜篌。
昆山玉碎凤凰叫[6],芙蓉泣露香兰笑[7]。
十二门前融冷光[8],二十三丝动紫皇[9]。
女娲[10]炼石补天处,石破天惊逗秋雨[11]。
梦入神山教神妪[12],老鱼跳波[13]瘦蛟舞。
吴质[14]不眠倚桂树,露脚斜飞湿寒兔[15]。

【注释】

[1] 李凭:当时的梨园艺人,善弹奏箜篌。杨巨源《听李凭弹箜篌二首》诗曰:"听奏繁弦玉殿清,风传曲度禁林明。君王听乐梨园暖,翻到云门第几声?""花咽娇莺玉漱泉,名高半在御筵前。汉王欲助人间乐,从遣新声坠九天。"箜篌引:乐府旧题,属《相和歌·瑟调曲》。箜篌:古代弦乐器,又名空侯、坎侯,有卧箜篌、竖箜篌、凤首箜篌三种形制。根据诗中"二十三丝",可知李凭弹的是竖箜篌。

[2] 吴丝蜀桐:吴地之丝,蜀地之桐。此处指制作箜篌的材料。张:调好弦,准备调奏。这句是说在深秋日弹奏起箜篌。

[3] "空山"句:《列子·汤问》有"秦青抚节悲歌,响遏行云"。凝云:云气凝聚。颓不流:低坠而不流动。这句意思是,山中的行云因听到李凭弹奏的箜篌声而凝定不动了。

[4] 江娥:一作"湘娥"。李衎《竹谱详录》卷六:"泪竹生全湘九疑山中……《述异记》云:

'舜南巡，葬于苍梧，尧二女娥皇、女英泪下沾竹，文悉为之斑。'一名湘妃竹。"素女：传说中的神女。《汉书·郊祀志上》："秦帝使素女鼓五十弦瑟，悲，帝禁不止，故破其瑟为二十五弦。"这句是说乐声使江娥、素女都感动了。

[5] 中国：国之中央，意谓在京城。

[6] 昆山：是产玉之地。"玉碎""凤凰叫"：形容乐声清亮。

[7] 芙蓉泣、香兰笑：形容乐声时而低回，时而轻快。低咽时如荷花在露水下暗泣，轻快时似香兰在含笑舒放。

[8] 十二门：长安城东、西、南、北每一面各三门。这句是说乐声使全城气候变得温暖。

[9] 二十三丝：《通典》卷一百四十四："竖箜篌，胡乐也，汉灵帝好之，体曲而长，二十二弦。竖抱于怀中，用两手齐奏，俗谓之擘箜篌。"紫皇：道教称天上最尊的神为"紫皇"，这里用来指皇帝。

[10] 女娲：《淮南子·览冥训》和《列子·天问》载有女娲炼五色石补天故事。

[11] "石破"句：形容乐声忽然高昂激越，如石破天惊般引得天上下起了秋雨。逗：逗引。

[12] 神妪：《搜神记》卷四："永嘉中，有神现兖州，自称樊道基。有妪号成夫人。夫人好音乐，能弹箜篌，闻人弦歌，辄便起舞。"所谓"神妪"，疑用此典。从这句往下写李凭在梦中将他的绝艺教给神仙，惊动了仙界。

[13] 老鱼跳波：出自《列子·汤问》"瓠巴鼓琴而鸟舞鱼跃"。

[14] 吴质：指吴刚。《酉阳杂俎》卷一："旧言月中有桂，有蟾蜍。故异书言月桂高五百丈，下有一人常斫之，树创随合。人姓吴名刚，西河人，学仙有过，谪令伐树。"

[15] 露脚：露水落地。寒兔：月兔的传说产生很早，《楚辞·天问》中已提到月中"顾兔"，此指秋月。

【提示】

诗人李贺用华丽的辞藻、巧妙的比喻，引经据典，使演奏的场景跃然纸上。这首诗与《琵琶行》和《听颖师弹琴》齐名，均为唐诗中描写音乐的杰作。

此诗作于元和六年(811年)至元和八年(813年)，当时李贺在长安任奉礼郎。诗人描写音乐时运用了大量丰富奇特的想象和比喻，充满了浪漫主义色彩，令人惊叹。清人方扶南《李长吉诗集批注》卷一云："白香山'江上琵琶'，韩退之'颖师琴'，李长吉'李凭箜篌'，皆摹写声音至文。韩足以惊天，李足以泣鬼，白足以移人。"白氏《琵琶行》主要是用叙述的笔法以弹奏的顺序进行描写，采用的是现实主义创作方法；李贺此诗则不表现时空顺序，而着重强调音乐惊天地、泣鬼神的效果，但又不是抽象地写，而是借助具体的艺术形象，采用的是浪漫主义的艺术方法。全诗14句中有7句描述音乐效果，用了四个神话传说，令其意境扑朔迷离。韩愈《听颖师弹琴》主要写诗人自己听琴的感觉，也用了比喻和夸张的手法，但未用神话传说，因而显得比较实在。这首诗的最大特点是构思新颖而独具匠心，想象丰富而出人意料，辞采绚丽而不涉妖冶，几乎句句未经人道，字字凝练精简。诗人致力于把自己对于箜篌声的抽象感觉、感情与思想借助联想转化成具体的物象，使之可见可感。诗歌没有对李凭的技艺作直接的评判，也没有直接描述诗人的自我感受，有的只是对乐声及其效果的摹绘。然而综观全篇，又无处不寄托着诗人的情思，曲折而又明朗地表达了他对乐曲的感受和评价。这就使外在的物象和内在的情思融为一体,达到令人赏心悦目的艺术境界。

【思考与练习】

1. 具体分析此诗在哪几个方面体现了李贺诗歌的风格特点?
2. 《李凭箜篌引》的前四句先写琴,再写声,然后才写到人,这样安排好在哪里?从第七句到诗末作者摄取了哪些物象来突出琴声的巨大魅力。
3. 试分析诗中富有浪漫主义色彩的想象。
4. 背诵这首诗。

隋　　宫[1]

李商隐

【作者简介】

李商隐(约813—858年),字义山,号玉谿生,又号樊南生。汉族,晚唐著名诗人。原籍怀州河内(今河南沁阳),自祖父起,迁居郑州荥阳。自称与皇室同宗,但高、曾祖以下几代都只做到县令县尉、州郡僚佐一类下级官员。所谓"宗绪衰微,簪缨殆歇""四海无可归之地,九族无可倚之亲",这类自述真实地反映了他比较寒微的处境。

李商隐早年受之于令狐楚,后娶泾原节度使王茂元之女为妻,令狐楚与王茂元是政敌,令狐楚的儿子令狐绹后来做了宰相,李商隐陷入朋党之争而遭到排挤,生活清贫,心情抑郁。他先后依托在几个幕僚下,到过广西、四川,后客死荥阳。其诗作多为忧心国运、借古讽今的咏史诗和缠绵深挚的爱情诗,构思缜密,好用隐喻手法,博采典故辞藻,韵调和谐,形成了缜密婉丽、旨趣深微、意境朦胧的艺术风格。他的近体诗,尤以七言律诗、绝句见长。李商隐的无题诗,采用《离骚》托比兴于美人香草的手法,批判朝政,表达理想,深厚沉浑得杜甫诗精髓,绮丽的想象、用语则直接得益于李贺。如果说李贺的诗偏于想象,则李商隐的诗重于象征。李商隐的诗于宋初十分流行,"西昆体"仿效义山诗的用典,后成为西昆诗派,但只是机械地学到了堆砌辞藻,而不能得义山诗的精髓,有《樊南文集》《李义山诗集》传世。

紫泉[2]宫殿锁烟霞,欲取芜城[3]作帝家。
玉玺不缘归日角[4],锦帆应是到天涯。
于今腐草无萤火,终古垂杨有暮鸦。
地下若逢陈后主[5],岂宜重问《后庭花》[6]!

【注释】

[1] 隋宫:指隋炀帝杨广在江都(今江苏扬州市)所建的行宫。

[2] 紫泉:紫渊。这里代指长安中的隋宫,为避唐太祖李渊的讳而改名。

[3] 芜城:指江都。因南朝刘宋诗人鲍照写过一篇《芜城赋》而得名。

[4] 玉玺：皇帝的玉印，皇权的象征。日角：指额骨中央隆起像太阳，旧时附会为帝王之相。《旧唐书·唐俭传》载：隋末，唐俭劝李渊起兵时说："明公日角龙庭。"这里指李渊。

[5] 陈后主：陈叔宝，南朝陈朝荒淫亡国的君主，隋炀帝和他是一丘之貉。据《隋遗录》载：隋炀帝游江都时，一次梦中恍惚与陈后主相遇，让陈后主的宠妃张丽华教舞《玉树后庭花》。

[6] 岂宜：岂该。重问：再问。

【提示】

李商隐晚年曾担任盐铁推官，大中十一年(857年)左右，他抵达扬州赴任。江东一带是南朝故地，金陵(今南京)为六朝古都，李商隐往来于江淮之间，目睹前朝遗迹，抚今追昔，写下了大量咏史怀古诗。《隋宫》是李商隐政治讽刺诗中的名篇之一，此诗揭露了隋炀帝穷奢极欲，荒淫亡国。通过他多次乘龙舟南游江都的描写，并且以陈后主这个荒淫失国的昏君作陪衬，讽刺性更强，具有警诫作用。

"隋宫"指的是隋炀帝杨广在江都(今江苏省扬州市)营建的行宫。杨广曾于大业元年(605年)到大业十二年(616年)的十余年三次巡游江都，大兴土木，大肆挥霍，穷奢极欲。这首诗以强烈的语气讽刺隋炀帝贪图享乐、荒淫误国，名为怀古，实为警世。李商隐诗集中以"隋宫"为题的诗歌有好几首，这只是其中的一首。

这首诗妙在虚处着笔，不说隋炀帝奢靡贪欢至死不悟，而假设若非国亡身死，必将玩乐无极，不到天涯不罢休。不说隋炀帝的荒淫远甚于陈后主，而以如若两人地下相遇，隋炀帝也是无颜相见的，当不便再提《玉树后庭花》之事。这样的描绘不仅给诗歌留下了极大的想象空间，而且扩充了诗歌的容量，以少胜多，意蕴丰厚。虽无一字正面指责隋炀帝，却字字讥刺，入木三分。

善于对比也是这首诗的高妙之处，紫泉宫殿自古帝王之家，却弃之不用，跑到扬州去重建宫舍，其贪欲可见一斑。今日有腐草而无萤火的对比，昔年有垂柳而无暮鸦的对比，把历史的感伤与失落渲染得格外厚重。即便是在景物的描写中，诗人也不动声色地进行历史的叙述与批判，大大地增加了诗歌的叙事容量和情感强度。

【思考与练习】

1. "于今腐草无萤火，终古垂杨有暮鸦。"此句是何意？有何思想情感？
2. 对比下面这首《隋宫》，二者描写的角度有什么不同？哪一首讽刺性更强？

隋　宫[1]

乘兴南游不戒严，九重[2]谁省谏书函。
春风举国裁宫锦，半作障泥[3]半作帆。

【注释】

[1] 这首七绝讽刺了隋炀帝的奢侈昏淫，诗写隋炀帝的昏庸游乐，并没有直抒历史的感慨，而讽喻之意含在其中。本诗选取典型题材，揭露隋炀帝纵欲拒谏，不顾国家安危和人民死活的丑恶本质，暗示隋朝灭亡的必然。开头两句点出南游的一意孤行，描绘出独夫民贼的嘴脸。三句、四句借制锦帆点明耗

尽民力之罪。言简意赅，贬刺颇深。

[2] 九重：指皇帝所居。

[3] 障泥：马鞯。

沈　园[1]

陆　游

【作者简介】

陆游(1125—1210年)，字务观，号放翁，汉族，越州山阴(今浙江绍兴)人。南宋爱国诗人，有《剑南诗稿》《渭南文集》等数十个文集存世，自言"六十年间万首诗"，今尚存9300余首，是我国现有存诗最多的诗人。

陆游一生仕途坎坷，绍兴二十四年(1154年)应试礼部，名列前茅，但因名列秦桧的孙子之前，加上"喜论恢复"遭忌恨而被黜免，宋孝宗时赐进士出身，后屡遭贬逐，在地方任职，后入朝，官至朝议大夫礼部郎中，次年因针对弊政提出建议而被罢斥，退居山阴。陆游的诗歌内容十分丰富，主要反映了南宋时期尖锐的矛盾冲突，作品里洋溢着收复中原、统一祖国的愿望和报国无门、壮志难酬的悲愤，抨击了当权者投降议和的罪行，倾诉了对劳动人民的深切关怀和对祖国山河的无比热爱，表现了强烈的爱国主义情怀。诗风激昂悲壮、雄浑豪健，语言精练自然、明朗流畅。陆游与尤袤、杨万里、范成大并称"南宋四大诗人"。死前曾作《示儿》："死去元知万事空，但悲不见九州同。王师北定中原日，家祭无忘告乃翁。"此诗堪称最能表现陆游创作精神的代表作。陆游的爱国主义诗歌对后世产生了深远的影响，他的词作兼有豪放和婉约之长，散文用笔灵活委婉，也有很高成就。

其一
城上斜阳画角[2]哀，沈园非复[3]旧池台。
伤心桥下春波绿，曾是惊鸿照影来[4]。

其二
梦断香消四十年[5]，沈园柳老不吹绵[6]。
此身行作稽山土[7]，犹吊遗踪一泫然[8]。

【注释】

[1] 陆游原配唐琬，因婆媳不和，被迫离婚。改嫁后，有一次和陆游在沈园偶然相遇，陆游赋词一首《钗头凤·红酥手》(唐琬同时也和了一首《钗头凤·世情薄》)。《沈园》这首诗是宋宁宗庆元五年(1199年)春，作者在山阴时重经旧地，感伤往事之作(沈园故址在今绍兴禹迹寺南)。

[2] 画角：古军乐器，长五尺，形似竹筒，本细末大，以竹木或皮为之，亦有用铜者，外加彩绘，故名画角。始仅直吹，后渐以横吹，发声呜呜然，哀婉动人。

[3] 非复：不再。

第一单元 诗歌常识与欣赏

[4] "曾是"句：指沈园会见事，唐琬曾到这水边。惊鸿：比喻美人体态轻盈，这里指代唐琬。《文选》曹植《洛神赋》："翩若惊鸿。"李善注："翩翩然若鸿雁之惊。"

[5] 梦断香消：指代唐琬逝世。四十年：南宋高宗绍兴二十五年(1155年)春，陆游30岁那年，邂逅唐琬。作此诗与上次在沈园遇见唐琬，相距四十四年。"四十"是举其成数。赵士程让唐琬送酒馔与陆游。陆游题《钗头凤·红酥手》于沈园壁。唐琬见了悲痛欲绝，后和一首《钗头凤·世情薄》，其中有"病魂常似秋千索""怕人寻问，咽泪装欢。瞒，瞒，瞒！"之语，字字泣血，声声下泪。她于不久后的秋天抑郁而亡。香消：指唐琬亡故。

[6] 不吹绵：不飞絮。绵：柳絮。

[7] 行(xíng)：将。稽山：会稽山，在今浙江绍兴东南。"此身"句意谓自己即将老死，埋骨稽山之下。"病骨未为山下土，尚寻遗墨话存亡"是北宋李邦直《题江干初雪图》的名句。陆游多次用这个意思。

[8] 吊：凭吊。泫(xuàn)：流泪的样子。

【提示】

这是陆游74岁时重游沈园(在今浙江绍兴)写下的悼亡诗。他30岁时曾在沈园与被专制家长拆散的原配唐琬偶然相遇，作《钗头凤》题壁以记其苦思深恨，岂料这一面竟成永诀。晚年陆游多次到沈园悼亡，这两首是他的悼亡诗中最为深婉动人者。

诗的开头以斜阳和彩绘的管乐器画角，把人带进了一种悲哀世界的情调中。他到沈园去寻找曾经留有芳踪的旧池台，但是连池台都不可辨认，要唤起对芳踪的回忆或幻觉，也成了不可再得的奢望。桥是伤心的桥，只有看到桥下绿水，才多少感到这次来的时节也是春天。因为这桥下水，曾经照见像曹植《洛神赋》中"翩若惊鸿"的凌波仙子的倩影。这首七绝由写景切入，景中含情，转而写人，幻想画面和现实画面的两相映衬，老人由现实而回忆，由伤感而痴迷，其伤心和凄凉尽在无声之中了。

承接着第一首"惊鸿照影"的幻觉，第二首追问鸿影今何在？"香消玉殒"是古代比喻美女死亡的雅词，唐琬离开人世已经四十余年了，寻梦或寻找幻觉之举已成了生者与死者的精神对话。在生死对话中，诗人产生天荒地老、人也苍老的感觉，就连那些曾经点缀满城春色的沈园杨柳，也苍老得不再逢春开花飞絮了。美人早已"玉骨久成泉下土"，未亡者这把老骨头，年过古稀，也即将化作会稽山(在今绍兴)的泥土，但是割不断的一线情思，使他鬼使神差地来到沈园寻找遗踪，潸然泪下。

我国古代的悼亡诗寄托了作者无尽的思念和深沉的悲哀。从《诗经》的《邶风·绿衣》《唐风·葛生》开始，到"建安七子"中徐干的《室思》，再到西晋潘岳的《悼亡诗》，都奠定了文人悼亡写情的先河。唐代元稹悼亡诗独步一代，他的《元氏长庆集》中伤悼诗有一卷之多，《遣悲怀》写夫妻情深，为千古悼亡诗之冠。苏轼《江城子·乙卯正月二十日夜记梦》婉转而清劲，贺铸的《鹧鸪天·重过阊门万事非》真挚婉曲。陆游的《沈园》和《钗头凤·红酥手》是难得的著名爱情词作。

【思考与练习】

1. 从这组诗里你能够感知到陆游怎样的人格特点？这对于我们理解陆游的爱国诗篇

有哪些启发?
2. 《沈园》是如何借景言情,以表达对往事的感伤的?
3. 《沈园》是如何运用反衬笔法,来表达诗人对爱情的忠贞不渝的?
4. 背诵这两首诗。

等你,在雨中[1]

余光中

【作者简介】

余光中(1928—2017 年),男,当代著名诗人和评论家。祖籍福建省永春县桃城镇洋上村,1928 年生于江苏南京,抗战时期在四川读中学,后在厦门大学、金陵大学就学,1949 年随父母迁香港,次年赴台湾,就读于台湾大学外文系。1952 年毕业于台湾大学外文系。1959 年获美国爱荷华大学(IOWA)艺术硕士学位。先后任教东吴大学、台湾师范大学、台湾大学、台湾政治大学,其间曾赴美国多家大学任客座教授。主要诗作有《乡愁》《白玉苦瓜》《等你,在雨中》等,诗集有《灵河》《石室之死》《余光中诗选》等,诗论集有《诗人之境》《诗的创作与鉴赏》等。

余光中作品多产,风格多变。他将诗歌、散文、评论、翻译称为自己写作的"四度空间",他驰骋文坛半个多世纪,涉猎广泛,被誉为"艺术上的多栖主义者"。人称"当代诗坛健将""散文重镇""著名批评家""优秀翻译家"等。现已出版诗集、散文集、评论集、翻译集共 40 余种。

等你,在雨中,在造虹的雨中
蝉声沉落,蛙声升起
一池的红莲如火焰,在雨中

你来不来都一样,竟感觉
每朵莲都像你
尤其隔着黄昏,隔着这样的细雨

永恒,刹那,刹那,永恒
等你,在时间之外
在时间之内,等你,在刹那,在永恒

如果你的手在我的手里,此刻
如果你的清芬
在我的鼻孔,我会说,小情人

诺,这只手应该采莲,在吴宫
这只手应该
摇一柄桂桨,在木兰舟中

一颗星悬在科学馆的飞檐
耳坠子一般的悬着
瑞士表说都七点了　忽然你走来

步雨后的红莲,翩翩,你走来
像一首小令
从一则爱情的典故里你走来
从姜白石[2]的词里,有韵地,你走来

【注释】

[1]《等你,在雨中》可称余光中爱情诗歌的代表作。余光中对于诗歌创作的追求,从自由体到现代诗,从敲打乐到民歌,无不显示他那丰富多样的才情,他尤其善于借现实的题材抒小我而苦吟大我的文化乡愁。

[2] 姜白石:姜夔(约 1155—1221 年),南宋词人,字尧章,别号白石道人,饶州鄱阳(今江西鄱阳县)人。其工诗词,精音乐,善书法,对词的造诣尤深。其词情意真挚,格律严密,语言华美,风格清幽冷峻,有以瘦硬清刚之笔调矫婉约词媚无力之意,多写爱情或自伤身世。著有《白石道人诗集》《白石词》等。

【提示】

余光中的诗作情通古今,意贯中西。源远流长的中国诗歌传统,时时滋润着他年轻的诗心。在传统与现代的交汇中,余光中的诗歌具有更博杂的兼容性。《等你,在雨中》具有东方古典美的空灵境界,同时,从诗句的排列上,也充分体现出诗人对现代格律诗建筑美的刻意追求。在回归传统时他并不抛弃现代,他寻求的是一种有深厚传统背景的"现代",或者说是一种受过"现代"洗礼的"古典"。诗歌运用独白和通感等现代手法,把现代人的感情与古典美糅合到一起,把现代诗和古代词熔为一炉,使得诗歌达到了一种清纯精致的境界。

诗作名曰"等你",但全诗只字未提"等你"的焦急和无奈,而是别出心裁地描写"等你"的幻觉和美感。莲象征美丽与圣洁,诗中的莲既是具象的实物,又是美与理想的综合。因此诗人把约会的地点安排在黄昏的莲池边,像电影中的特效镜头一样,等待中的美人从红莲中幻化而出。飘着细雨的黄昏,如火焰般的红莲,等待中的情人,诸多意象交融在一起,编织得这般如诗如画,宛如一幅唯美、饱满的油墨画在读者眼前流动,拨动着读者的每根心弦,可谓"诗中有画,画中有诗"。诗的语言清丽,声韵柔婉,色彩鲜艳,画面唯美,给人留下无限的遐想。

【思考与练习】

1. 余光中的诗作《等你,在雨中》,名曰"等你",为什么全诗只字未提"等你"的焦急和无奈,而是别出心裁地描写"等你"的幻觉和美感?

2. 怎样理解"你来不来都一样,竟感觉/每朵莲都像你"?在余光中的诗作中,莲与美人有什么关系?

3. 怎样理解诗中写"我"望着姗姗而来的"你",像一首小令?"从姜白石的词里,有韵地,你走来"这一句写出了什么意境?

4. 收集古今以思乡为主题的诗歌,扩大自己的文化视野。

偶　　然[1]

徐志摩

【作者简介】

徐志摩(1897—1931年),现代诗人、散文家。汉族,浙江海宁市硖石镇人。徐志摩是金庸的表兄,原名章垿,字槱森,留学美国时改名志摩。曾经用过的笔名有南湖、诗哲、海谷等。徐志摩是新月派代表诗人,新月诗社成员。1915年毕业于杭州一中,先后就读于上海沪江大学、天津北洋大学和北京大学。1918年赴美国学习银行学。1921年赴英国留学,入剑桥大学当特别生,研究政治经济学。在剑桥两年深受西方教育的熏陶及欧美浪漫主义和唯美派诗人的影响。1921年开始创作新诗。1923年,参与发起成立新月社。1931年11月19日,由南京乘飞机到北平,因遇雾在济南附近触山,坠机身亡。

徐志摩的诗字句清新,韵律谐和,比喻新奇,想象丰富,意境优美,神思飘逸,富于变化,追求艺术形式的整饬、华美,具有鲜明的艺术个性。诗集著有《再别康桥》《志摩的诗》《翡冷翠的一夜》等。他的散文也自成一格,成就不亚于诗歌,其中《自剖》《想飞》《我所知道的康桥》《翡冷翠山居闲话》等都是传世的名篇。

我是天空里的一片云,
偶尔投影在你的波心——
你不必讶异,
更无须欢喜——
在转瞬间消灭了踪影。

你我相逢在黑夜的海上,
你有你的,我有我的,方向;
你记得也好,
最好你忘掉,
在这交会时互放的光亮!

【注释】

[1] 本诗写于1926年5月，初载同年5月27日的《晨报副刊·诗镌》第9期，署名志摩。这是徐志摩和陆小曼合写剧本《卞昆冈》第五幕里老瞎子的唱词。

【提示】

此诗乃志摩初遇徽因于伦敦时所写，昔时志摩偶识林徽因，燃起爱情之火、诗作之灵感，一挥而就有此佳作。诗史上，一部洋洋洒洒上千行长诗可以随似水流年埋没于无情的历史沉积中，而某些玲珑短诗，却能够超越历史，独放异彩。

这首十行的小诗，在现代诗歌长廊中，堪称别具一格。作为给读者以强烈的"浪漫主义诗人"印象的徐志摩，这首诗歌的象征性(既有总体象征，又有局部性意象象征)也许格外值得注意。"偶然"是一个完全抽象化的时间副词，在这个标题下写什么内容，应当说是自由随意的，而作者在这抽象的标题下，写的是两件比较实在的事情，一是天空里的云偶尔投影在水里的波心，二是"你""我"(都是象征性的意象)相逢在海上。若用"我和你""相遇"之类谁都能从诗歌中概括出来的相当实际的词做标题，这抽象和具象之间的张力，自然就荡然无存了。徐志摩能把"偶然"这样一个极为抽象的时间副词形象化，置入象征性的结构中，充满情趣哲理，不但珠圆玉润、朗朗上口，而且余味无穷，意溢于言外。

全诗两节，上、下节格律对称。每一节的第一句、第二句、第五句都是用三个音步组成。如"偶尔投影在你的波心""在这交会时互放的光亮"。每节的第三句、第四句都是两音步构成，如"你不必讶异""你记得也好，/最好你忘掉"。在音步的安排处理上显然严谨中不乏洒脱，较长的音步与较短的音步相间，读起来纡徐从容、委婉顿挫且朗朗上口。在"偶然"这样一个可以化生众多具象的标题下，"云"与"水"，"你"与"我"，"黑夜的海""互放的光亮"等意象及意象与意象之间的关系构成，都可以因为读者个人情感阅历的差异及体验强度的深浅而进行不同的理解或组构。这正是"其称名也小，其取类也大"(《易·系辞下》)的"象征"之以少喻多、以小喻大、以个别喻一般的妙用。或人世遭际挫折，或情感阴差阳错，或追悔莫及……人生，必然会有这样一些"偶然"的"相逢"和"交会"。而这"交会时互放的光亮"，必将成为永难忘怀的记忆而长伴人生。(陈旭光)

梁实秋说雪莱、卢梭等人都是一生追逐理想的生活，而终于不可得。他们爱的不是某一个女人，他们爱的是他们自己内心中的理想。这也是对徐志摩一生很好的总结。他还说过"徐志摩值得我们怀念的应该是他的一堆作品，而不是他的婚姻变故或风流韵事……"徐志摩在新文学史上无疑占有一席之地，我们应该从他的作品中去认识他的一生，来充分理解"他的一生是爱的象征，爱是他的宗教、他的上帝"。

【思考与练习】

1. 怎样理解诗中的"偶然"？这首诗抒发了怎样的人生感悟？
2. 从艺术风格上比较《偶然》与闻一多的《发现》之间的异同。

发 现

闻一多

我来了，我喊一声，迸着血泪，
"这不是我的中华，不对，不对！"
我来了，因为我听见你叫我；
鞭着时间的罡风[1]，擎一把火，
我来了，不知道是一场空喜。
我会见的是噩梦[2]，哪里是你？
那是恐怖，是噩梦挂着悬崖，
那不是你，那不是我的心爱！
我追问青天，逼迫八面的风，
我问，拳头擂着大地的赤胸，
总问不出消息，我哭着叫你，
呕出一颗心来，——在我心里！

[1] 罡(gāng)风：道家称天空极高处的风，现有时用来指强烈的风。

[2] 噩梦：惊梦。

无怨的青春

席慕蓉

【作者简介】

席慕蓉(1943—)，女，蒙古族，著名诗人、散文家、画家。席慕蓉全名是穆伦·席连勃，意即大江河，"慕蓉"是"穆伦"的谐译。她是蒙古王族之后，外婆是王族公主，后移居台湾。先后毕业于中国台湾师范大学艺术系及比利时布鲁塞尔皇家艺术学院，曾获得布鲁塞尔市政府颁发的金牌奖及比利时王国金牌奖等。举办过数十次个人画展，出过画集，曾获多种绘画奖。1981年，大地出版社出版席慕蓉的第一本诗集——《七里香》，一年之内再版七次。其他诗集《无怨的青春》《时光九篇》等也是一版再版。散文集有《成长的痕迹》《有一首歌》《江山有诗》，美术论著有《心灵的探索》《雷色艺术异论》等。她的作品浸润东方古老哲学，带有宗教色彩，透露出一种人生无常的苍凉韵味。

席慕蓉多写爱情、人生、乡愁，写得极美，淡雅剔透，抒情灵动，饱含着对生命的挚爱真情。诗歌中她灵活地运用了不少隐喻、象征、暗示等现代派常用的手法，同时又自然地采用了传统的技巧，注意创造意境，认真锤炼词句，追求意象的单纯，有时还将古典诗词的"境"拿来为"我"所用，两者结合无痕，形成了鲜明的艺术个性，表现了如幻似梦，似有若无，又远又近的境界。她影响了整整一代人的成长历程。

第一单元　诗歌常识与欣赏

在年轻的时候，如果你爱上了一个人，
请你，请你一定要温柔地对待他。

不管你们相爱的时间有多长或多短，
若你们能始终温柔地相待，那么，
所有的时刻都将是一种无瑕的美丽。

若不得不分离，也要好好地说声再见，
也要在心里存着感谢，
感谢他给了你一份记忆。

长大了以后，你才会知道，
在蓦然回首的刹那，
没有怨恨的青春才会了无遗憾，
如山冈上那轮静静的满月。

【提示】

席慕蓉的诗和她的名字一样，像一条适意而流的江河，你看到它满满地洋溢到岸上来的波光，听到它滂沱的旋律，你可以把它看成一条一目了然的河，你可以没于其中，泅于其中，至于那河有多深沉或多惆怅，那是那条河自己的事情。她说："我一直相信，世间应该有这样的一种爱情，绝对的宽容、绝对的真挚、绝对的无怨和绝对的美丽。假如我能享有这样的爱，那么，就让我的诗来作它的证明。假如在世间实在无法找到这样的爱，那么，就让它永远地存在我的诗里，我的心中。"

情和爱散落在席慕蓉诗歌殿堂里的各个角落，感伤、忧郁、怅惘充斥其中，诗人不断地通过设置遗憾性情节，来渲染夸饰心中一个个破碎了的梦。浪漫感伤格调构成了席慕蓉爱情诗歌最大的特色。年青时，有很多不得已的原因造成两个相爱的人最终痛苦分手。无论世事如何变幻，当爱已成往事，彼此都要从容面对，平静接受，即使对方做过伤害你的事，也要尽量忘记。再多的怨恨和泪水都挽留不住已经消逝的爱，受伤的心是不能撒仇恨的盐的，因为恨是一把双刃剑，伤对方的同时，也伤害了你。心中应多存些感谢，感谢对方让你经历了一场幸福与痛苦的挣扎，感谢对方与你曾经共同拥有过一段美好的回忆。只有这样，你才能对爱有更深刻、更真切的体验，才能用一颗平常心面对生活的变换，才能重新开始新的生活。这首诗没有过多的夸饰，只讲出了一种平常而不平凡的哲理——学会释怀，善待自己和他人，这就是一种绝对宽容的爱，绝对的真挚、绝对的无怨和绝对的美丽。

【思考与练习】

1. 如何理解"没有怨恨的青春才会了无遗憾"？
2. 谈谈这首诗在艺术方面有什么特点。

祖国(或以梦为马)

海 子

【作者简介】

海子(1964—1989年),原名查海生,生于安徽省怀宁县高河查湾村,1979年15岁时考入北京大学法律系,大学期间开始诗歌创作。1983年北大毕业后分配至中国政法大学哲学教研室工作。海子1982年开始诗歌创作,当时即被称为"北大三诗人"之一。1989年3月26日(他生日这一天)在山海关卧轨自杀,年仅25岁。在诗人短暂的生命里,他保持了一颗圣洁的心。他认为,诗就是把自由和沉默还给人类的东西。他曾长期不被世人理解,但他是中国20世纪80年代新文学史中一位全力冲击文学与生命极限的诗人。

在中国当代诗坛,海子常常被评价为"一个诗歌时代的象征"和"我们祖国给世界文学奉献的一位具有世界眼光的诗人"。作为20世纪80年代后期新诗潮的代表人物,海子在中国诗坛占有十分独特的地位,他的诗不但影响了一代人的写作,而且彻底改变了一个时代的诗歌概念,成为中国诗歌文化的一个重要组成部分。其创作的优秀抒情短诗是继"朦胧诗"之后独特而又诗艺出众的作品,兼具抒情性、可诵性和先锋性,在当时极为罕见。海子去世后,其作品很快得到诗坛承认并给予极高评价,有关海子诗歌的深度研究已经成为学术界的关注热点之一。出版的诗集有《土地》《海子、骆一禾作品集》《海子的诗》《海子诗全编》等。其部分作品被收入近20种诗歌选集,以及各类大学中文系《中国当代文学作品选》教材。海子的《面朝大海,春暖花开》入选中国书籍出版社出版的《人一生要读的60首诗》,使他跻身于中外名家之中。

我要做远方的忠诚的儿子
和物质的短暂情人
和所有以梦为马的诗人一样
我不得不和烈士和小丑走在同一道路上

万人都要将火熄灭　我一人独将此火高高举起
此火为大　开花落英于神圣的祖国
和所有以梦为马的诗人一样
我借此火得度一生的茫茫黑夜

此火为大　祖国的语言和乱石投筑的梁山城寨
以梦为上的敦煌——那七月也会寒冷的骨骼
如雪白的柴和坚硬的条条白雪　横放在众神之山
和所有以梦为马的诗人一样
我投入此火　这三者是囚禁我的灯盏吐出光辉

第一单元　诗歌常识与欣赏

万人都要从我刀口走过　去建筑祖国的语言
我甘愿一切从头开始
和所有以梦为马的诗人一样
我也愿将牢底坐穿

众神创造物中只有我最易朽
带着不可抗拒的死亡的速度
只有粮食是我的珍爱　我将她紧紧抱住
抱住她在故乡生儿育女
和所有以梦为马的诗人一样
我也愿将自己埋葬在四周高高的山上
守望平静的家园

面对大河我无限惭愧
我年华虚度　空有一身疲倦
和所有以梦为马的诗人一样
岁月易逝　一滴不剩　水滴中有一匹马儿一命归天

千年后如若我再生于祖国的河岸
千年后我再次拥有中国的稻田
和周天子的雪山　天马踢踏
和所有以梦为马的诗人一样
我选择永恒的事业

我的事业　就是要成为太阳的一生
他从古到今——"日"——他无比辉煌无比光明
和所有以梦为马的诗人一样
最后我被黄昏的众神抬入不朽的太阳

太阳是我的名字
太阳是我的一生
太阳的山顶埋葬　诗歌的尸体——千年王国和我
骑着五千年凤凰和名字叫"马"的龙——我必将失败
但诗歌本身以太阳必将胜利

【提示】

诗人海子生活在童话的国度,天堂的意象扎根于海子的心灵。但是城市流浪者的形象、脆弱而敏感的心灵、理想的不可能实现构建了诗人极为忧郁的品格。在诗人的诗歌当中,处处充满了诸如死亡、黑色、黑夜、悲伤、银红的落日、无限漫长的黄昏等意象。也正是在这些字眼当中我们发现了海子诗中自我理想的极度张扬及对于平庸生存现实的深刻摒弃与蔑视。他从不甘于寂寞,在他压抑的心灵中奔腾着运行不息的地火。从海子的诗中,我们可以感觉到生命的气息和人的存在。

这首抒情诗《祖国(或以梦为马)》,写于1987年。这时正是海子"冲击极限"写作大诗《太阳·七部书》的中期。因此,这首诗与海子的写作状态、抱负构成彼此印证的关系,同时也预言了自己的命运。今天,斯人已逝,我们回过头来读这首诗,竟仿佛在读诗人的宣示和谶语,有种墓志铭般的悲慨与圣洁。此诗包含三个层面。第一层面(前二节)写诗人的基本立场。诗人是追求远大宏伟目标的,"我要做远方的忠诚的儿子""和所有以梦为马的诗人一样",海子不怕生活在压抑、误解的世界。海子认为,诗是一次伟大的提升和救赎,它背负地狱而又高高在上,它要保持理想气质和自由尊严,要抵制精神的下滑。在实现灵魂救赎的同时,诗人亦完成了个体生命的升华:"我借此火得度一生的茫茫黑夜。"第二层面(三节至四节)是写诗人对语言的认识。诗人是对"存在之家的语言"(海德格尔语)深度沉思的人。海子写出了他对祖国文化深深的眷恋和自觉的归属感,但在一个被"文化失败感"笼罩的中国知识界,要重新激活昔日的传统是格外艰难的,它不仅对诗人的理解力、创造力构成考验,而且对其信心和意志亦构成考验。它是一种主动寻求的困境,并企图在困境中生还。第三层面(五节至九节)是写诗人的伟大抱负及对苦难命运的预感。诗人强调了自己是大地之子,面对梦萦魂牵的祖国泥土,他深深地弯下了腰。诗人不再慨叹生命的消逝,他欣慰地想,死后会归于温暖的地母,不再以自我为中心、僭越地凌驾于一切之上,而是懂得永恒与短暂、使命与宿命的临界线。接下来,诗歌就在这种"不安"中继续展开。诗人假想了自己的"再生"。这"再生",不是缘于留恋尘世的生命,而仅是为了续写生前未完成的宏大诗篇——《太阳·七部书》,从某种意义上说,这部大诗还是"完成"了,诗人是以生命作为最后的启示录完成的。《祖国(或以梦为马)》有如一首谶语诗或墓志铭,海子悲剧性地预言了自己的命运。1989年海子过世了,诗人的精神氛围弥散开去,召唤和激发了活着的中国诗人们。生命易逝,"我必将失败","但诗歌本身以太阳必将胜利"!

这首诗体制不大,但境界却格外开阔。在强劲的感情冲击中,诗人稳健地控制着思路,三个层面,彼此应和、对话、递进,结构严饬、硬朗。在高蹈的理想与谦卑的情怀、生命的圣洁与脆弱、诗人的舛途与诗歌的大道……这些彼此纠葛的张力中,抒发了一个中国诗人的赤子之情。正如骆一禾在《海子生涯》中引用的一位东欧诗人的话:"他是第一个人向我们表明,人不仅要写,还要像自己写的那样去生活。"

(陈超《〈祖国(或以梦为马)〉之赏析》 有删节)

第一单元 诗歌常识与欣赏

【思考与练习】

1. 本诗中,"诗歌的形象学"是怎样构建的?"诗歌"以什么样的形象参与了历史的进程?

2. 本诗中,个人和诗歌的关系是怎样的?从"我最易朽"和"永恒的事业"的冲突中,如何构建一种诗歌文化?

3. 如何看待"以梦为马"和人类的想象力之间的关系?

致 大 海

普希金

【作者简介】

亚历山大·谢尔盖耶维奇·普希金(1799—1837年),是俄国著名的文学家、伟大的诗人、小说家,现代俄国文学的创始人,19世纪俄国浪漫主义文学的主要代表,同时也是现实主义文学的奠基人,现代标准俄语的创始人,被誉为"俄国文学之父""俄国诗歌的太阳"。普希金沉被高尔基誉为"一切开端的开端",他更是19世纪世界诗坛的一座高峰。

普希金出生于莫斯科一个家道中落的贵族地主家庭,一生向往革命,与黑暗专制进行不屈不挠的斗争,他的思想与诗作,引起沙皇俄国统治者的不满和仇恨,他曾两度被流放,但始终不肯屈服,最终在沙皇政府的阴谋策划下与人决斗而死,年仅38岁。普希金是时代的"宠儿",也是时代的旗帜。他作为民族意识的体现者,反映了俄罗斯人民要求民族尊严、国家独立、社会进步的愿望和心声。普希金对俄罗斯本国作家影响巨大,这一点没有任何其他国家的诗人能与之相比。代表作品有政治抒情诗《致大海》《自由颂》《致恰达耶夫》,诗体小说《叶甫盖尼·奥涅金》(塑造了俄罗斯文学中第一个"多余人"的形象),散文体小说集《别尔金小说集》(开启了塑造"小人物"的传统)。他诸体皆擅,创立了俄国民族文学和文学语言,在诗歌、小说、戏剧乃至童话等文学领域都给俄罗斯文学提供了典范。

再见了,奔放不羁的元素!
你碧蓝的波浪在我面前
最后一次地翻腾起伏,
你高傲的美色闪闪耀眼。

像是友人的喁喁怨诉,
像是他分手时的声声呼唤;
你忧郁的喧响,你的低呼,
最后一次在我耳边回旋。

我的心灵所向往的地方!
多少次在你的岸边漫步,
我独自静静地沉思,彷徨,
为夙愿难偿而满怀愁苦[1]。

我多么爱你的余音缭绕,
那低沉的音调,空谷之声,
还有你黄昏时分的寂寥,
和你那变幻莫测的激情。

打鱼人的温顺的风帆,
全凭你的意旨所保护,
大胆地掠过你波涛的峰峦,
而当你怒气冲冲,难以制服,
多少渔船就会葬身鱼腹。

呵,我怎能抛开不顾
你孤寂的岿然不动的海岸
我满怀欣喜地祝福:
愿我诗情的滚滚巨澜
穿越你的波峰浪谷!

你期待,你召唤——我却被束缚;
我心灵的挣扎是枉然;
为那狂热的激情所迷惑,
我只得停留在你的岸边……

惋惜什么呢?如今哪儿是我
热烈向往、无牵无挂的道路?
在你的浩瀚中有一个处所
能使我沉睡的心灵复苏。

一面峭岩,——一座光荣的坟茔……
在那儿,多少珍贵的思念
沉浸在无限凄凉的梦境;
拿破仑就是在那儿长眠[2]。

他在那儿的苦难中安息,
紧跟他身后,另一个天才,
像滚滚雷霆,离我们飞驰而去,
我们思想的另一位主宰[3]。

他长逝了,自由失声痛泣,
他给世界留下了自己的桂冠;
汹涌奔腾吧,掀起狂风暴雨:
大海呵,他生前曾把你颂赞!

你的形象在他身上体现,
他由你的精神所凝成,
像你一样,磅礴、深沉、威严,
像你一样,顽强而又坚韧。

大海呵,世界一片虚空……
现在你要把我引往何地?
人间到处都是相同的命运;
哪里有幸福,哪里就有人占据,
或是有识之士,或是无道暴君。

再见吧,大海!你的雄伟壮丽,
我将深深地铭记在心;
你那薄暮时分的絮语,
我将久久地久久地聆听。

我将走向丛林和静谧的荒原,
心中充满你的形象,
你的港湾,你的峭岩,
你浪涛的喧哗,你的水影波光。

1824 年

(杜承南译)

【注释】

[1] 普希金一度想自敖德萨偷渡出海,未果。

[2] 拿破仑于 1821 年死于圣赫勒拿岛,"一面峭岩"即指此岛。

[3] 英国诗人拜伦因参加希腊革命于 1824 年患寒热病去世。

【提示】

《致大海》1824年写于高加索,诗人第二次流放之前,是一首反抗暴政,反对独裁,追求光明,讴歌自由的政治抒情诗。诗人以大海为知音,以自由为旨归,以倾诉为形式,多角度、多侧面描绘自己追求自由的心路历程。感情凝重深沉而富于变化,格调雄浑奔放而激动人心。

全诗共15节,大致可分为三部分。第一部分为第1、2节,写诗人向大海告别。在诗人看来,大海以它的自由奔放展示它的美,以它的自由奔放向世人召唤。大海与诗人共有的自由奔放的精神,使诗人与大海在感情上紧紧相连。第二部分为第3节到第13节,写大海引发的诗人的联想,表达诗人对自由的渴望。第3节到第7节写诗人向大海吐露自己要逃往海外、追求自由的隐秘的愿望,也表达诗人对失去自由的懊丧,为逃往海外的夙愿难以实现而愁苦满怀。第8节到第13节写诗人对拿破仑和拜伦的追念,他们与作者精神相通,也与大海的精神相通。在这里,诗人深感前途渺茫,壮志难酬,哀叹了人们的不幸命运。第三部分为第14、15节,写诗人绝不忘记大海的誓言,诗人决心将大海的精神作为激励自己的动力,为自由奋斗不息。这首诗赞美了自由奔放的大海,抒发了诗人对自由的渴望和苦闷,表现了诗人在残酷专制下的崇高的自由精神。这首诗气势豪放,意境雄浑,思想深沉,是诗人作品中广为传诵的名篇。

【思考与练习】

1. 普希金是在什么情况下写这首诗的?它寄托了诗人怎样的情怀?
2. 分析《致大海》的艺术特色。

第二单元　词的常识与欣赏

词的写作常识

词脱胎于诗，较诗更为活泼，因此情况也更为复杂。下面，就如何填词的有关问题作简要介绍。

一、填词形式

1. 依声填词

词人精通音律，会自己作曲，可以直接按曲谱填词，又称"按谱填词"。柳永、周邦彦、姜夔、吴文英等人属此。

词人不会作曲，但是能听懂曲调，按曲调填词，又称"按箫填词"。苏轼、秦观、贺铸、辛弃疾等人属此。

2. 依句填词

词人不懂音律，只能按前人作品的句式、每句的平仄格式填词。陆游、刘过等人便如此，南宋多数词人都如此。这种填词法填出来的作品和依声填词的作品在平仄上是看不出来的，现在按词谱填词亦属此。

3. 依数填词

明清时有些词人，仅满足于字数、句数与古人作品相同，有时连押韵都不顾，根本谈不上"填词"，只可称之为"依数(字数、句数)填词"，现在多数人都属此。

4. 自度曲

通晓音律的词人，既能自作歌词，又能自己谱写新的曲调，叫作自度曲，有时也叫作自度腔。宋代有不少词人，都深通音乐，他们作了词，便能够自己作曲，故词集中常见有"自度曲"。

5. 自由作词、创调

词早期是用来歌唱的——必须有一定的格律，现在虽不能歌唱，却要人诵读——也要有一定的格律，读起来才有音乐感，否则总觉得不流畅。例如，现代的民歌、流行歌曲，虽然唱起来没有什么不和谐(实际上，歌唱时已经把一些平声转成仄声，一些仄声转成平声)，但是诵读时总拗口！就是因为没有了格律。

二、词的用韵

　　词的用韵是后人根据宋词的用韵归纳出来的。现在比较通行的词韵是清代戈载所编的《词林正韵》。他把词韵分为19部，其中舒声14部(包括平、上、去声)，入声5部。词的用韵大致有三种情况。

　　第一种是一韵到底，或者都是用平声韵，如《浪淘沙》《水调歌头》等；或者用上声、去声韵，如《渔家傲》《鱼家儿》等；或者都用入声韵，如《兰陵王》《念奴娇》等。

　　第二种是同部平仄互押。这里指舒声14部中，同一部的平声和上声互押。

　　第三种是平仄换韵。"通押"和"互押"都是在同一韵部之内，换韵则是改变韵部。何处换韵是固定的，如《菩萨蛮》前、后阕都是两仄韵，然后换两平韵。

三、词的平仄

　　词和诗不同，不仅仅是五言句和七言句，而且从一字句到十一字句都有，所以词的平仄要比近体诗复杂一些。词常见的平仄规律如下。

　　一字句，用平声、入声韵。

　　二字句，或用于律句的下两字。常用的是"平仄"和"平平"。

　　三字句，相当于律句的下三字。常用的是"仄平平""平仄仄"和"平平仄"。

　　四字句，一般相当于七言律句的上四字。常用"平平仄仄"(第一、三字可平可仄)、"仄仄平平"(第一字可平可仄)，还有一种"仄平平仄"也常见。

　　五字句，词的五字句平仄，大体和近体诗的五字句相同。

　　六字句，相当于七言律诗上六字。常用"平平仄仄平平"(第一、三字可平可仄)、"仄仄平平仄仄"(第一字可平可仄、第三字必仄)，还有一种常见的六字句，即"仄仄仄平平仄"(第五字必仄)。

　　七字句，平仄比近体诗更严格，如"平平仄仄平平仄"和"仄仄平平平仄仄"这两种，在近体诗中，都是"一三五不论"的，而在词中，它们的第五字必平。在有的词中，"平平仄仄平平仄"七个字的平仄都必须固定。

　　八字句，八字及以上的句式，都可以看作由上述句式复合而成。例如，八字句一般是上三下五、九字句可分拆为上三下六或上五下四等。其三字、四字、五字、六字的平仄大致超不出上面的范围。

四、词的对仗

　　词也讲对仗，但词的对仗和近体诗的对仗有所不同。

　　近体诗的对仗是诗律的要求，如颔联和颈联，必须是对仗的，对仗是平仄相间对；然而词的对仗是自由的，词的平仄由词谱确定，其对仗可以平仄相对，也可以不相对。

　　近体诗的对仗有一定的位置；词的对仗，位置多不固定。

第二单元　词的常识与欣赏

诗的对仗不能同字相对，词的对仗却可以不拘。

词的某些词牌在一定位置上虽常用对仗，但也可不用，不作格律要求。

词的对仗不限于五言、七言句，凡相对两句字数相等皆可对仗。

词 的 欣 赏

　　词是诗歌大家族中的一朵奇葩，是中国诗歌独有的形式。广义的诗与词是属种关系，但词除具有诗歌的一般属性外，还具有区别于诗歌的特质，这种特质使"词，别是一家"。在狭义的概念中，词与诗成为同宗兄弟。因此，在本书诗歌单元论诗及词，但基于词的特质，我们把词独立出来成为一个单元，通过对其特质的理解欣赏词的独到之美。词这种文学形式，是在唐代产生的，它最早产生于民间。词最初是配乐的诗。隋唐时期，由西域传来的音乐同中原地区原有的音乐融合，产生一种新的音乐，叫"隋唐燕乐"，词就是配合这种音乐的歌词。所以，最早的时候，词叫"曲子词"。可见，词和音乐有密切的关系。一首诗全是五言或七言，唱起来就会单调、呆板，因此，必须"杂以虚声"(在五言和七言之中另加上一些音节)。词再进一步发展，句子就变得长短不一，平仄和韵脚也发生了变化。到后来，词和音乐逐渐脱离，于是词就变成一种特殊形式的诗歌。这种特殊形式，说明词和诗的区别，不仅表现在句子的长短不齐上，也表现在平仄、用韵等方面。因此说，词是从音乐和诗两个母体结合发展而来的，它具有音乐和诗两个方面的属性。在民间文学的影响下，中唐时期的一些文人也写词，如白居易、刘禹锡都写过一些词，晚唐的温庭筠是第一个大量写词的作家。经过五代到宋，词发展到了极盛时期。宋词和唐诗一样，是我国古典文学中光辉灿烂的一部分。

一、词的分类

　　每首词都有一个调名，称词调或词牌。如《南江子》《念奴娇》《水调歌头》等。

　　词按字数多少一般分为小令、中调、长调三类。58 字以下为小令，59～90 字为中调，91 字以上为长调。词的字数多少不一，差异颇大。最短的《十六字令》只有 16 个字，最长的《莺啼序》有 240 个字。

　　按节奏兼顾长短的分类方法，词可分为令、引、近、慢、序等。"令"即一般字数较少的小令，如《十六字令》《调笑令》等。 "引"来源于大型乐曲的前奏，就是引子的意思，一般每片六拍。"近"一般属中调，如《好事近》《祝英台近》等。"慢"即慢曲、慢调，一般多为长调，每片八拍，节奏舒缓。"序"是从唐宋大曲散序或中序中摘取制成的，一般均为长调。

　　按词的分片分类，有单调、上下片、三片、四片等不同的结构，分片也叫分段。一首词也可称作一阕，一阕词的上下段称上阕、下阕，不分上下阕的即为单调，重叠的称双调，三片、四片的也称三叠、四叠。

二、词牌和词谱

词牌，是各种词调的名称，如《念奴娇》《西江月》等。词牌既与词的声情无关，又与词的内容无关，所表示的仅仅是词的句式、平仄和用韵。

词牌的名称和对某一词牌的词的字句、平仄、押韵的规定，并不是一开始就有的，而是逐渐形成的。各种词牌的字句、平仄、韵律等大致定型后，就有人把它们汇集在一起，编成词谱，让人照谱填写，所以创作词也叫作"填词"。

三、词体的格律与自由

词有大量不同音律句式的调和体，作者可以在极为广泛的范围内选择符合创作需要的词调。各种词调的长短、句式、声情变化繁多，适应于表达和描绘各种各样的情感意象，或喜或悲，或刚或柔，或哀乐交迸、刚柔相济，均有相应的词调可作为宣泄的窗口。

另外，词调与体的变化和创造原是没有限制的。懂得音律的作者可以自己创调与变体。词的格律宽严有一个发展过程，唐到北宋前期还比较宽松，而北宋后期至南宋则越来越严密。各时期不同作家对审音协律也有不同的要求。

四、婉约与豪放——宋词中的两种主要艺术风格

"婉约"一词，早先见于先秦古籍《国语·吴语》的"故婉约其辞"，晋陆机《文赋》用以论文学修辞："或清虚以婉约，每除烦而去滥。"按诸训诂，"婉""约"两字都有"美""曲"之意。"婉"指柔美、婉曲。"约"的本义为缠束，引申为精练、隐约、微妙。故"婉约"与"烦滥"相对立。宋末沈义父《乐府指迷》标举的作词四个标准——"音律欲其协，不协则成长短之诗；下字欲其雅，不雅则近乎缠令之体。用字不可太露，露则直突而无深长之味，发意不可太高，高则狂怪而失柔婉之意"，可说是对婉约艺术创作手法的一个总结。婉约派的代表作家是李清照、柳永等。

婉约词自有其思想艺术价值，然而有些词人把它作为凝固程式，不许逾越，以致所作千篇一律，或者过于追求曲折隐微以致令人费解，这就走到创作的穷途了。

"豪放"一词其义自明。南唐李煜的"金剑已沉埋，壮气蒿莱"（《浪淘沙》），已见豪气。范仲淹的《渔家傲》(塞下秋来风景异)也是"沉雄似张巡五言"。正式高举豪放旗帜的是苏轼。

五、词的欣赏

关于如何赏词，现将周汝昌先生《词的欣赏》节录如下，以飨教学。

唐诗宋词，并列对举，各极其美，各臻其盛，是中外闻名的；而喜爱词的人，似乎比喜欢诗的人更为多夥，这包括写作和诵读来说，都是如此。原因何在，必非无故。广义的

第二单元　词的常识与欣赏

"诗"(今习称"诗歌"者是),包括了词;词之于诗,以体裁言,实为后起,并且被视为诗之旁支别流,因而有"诗馀"的别号。从这一角度来说,欣赏词的要点,应该在诗之鉴赏专著中早就有所总结和提示了,因为二者有其共同属性。但词作为唐末宋初时代新兴的正式文学新体制,又有它自己的很多特点特色。如今若要说如何欣赏词的纲要与关键时,我想理应针对上述的后一方面多加注意讨论才是,换言之,对如何欣赏诗(无论是广义的,还是狭义的)的事情,应当作为已有的基础知识(例如比兴、言志、以意逆志、诗无达诂……),而不必在此过多地重复赘述。

我想叙及的,约有以下几点。

第一,永远不要忘记,我国诗词是中华民族的汉字文学的高级形式,它们的一切特点特色,都必须溯源于汉语文的极大的特点特色,忘记了这一要点,诗词的很多的艺术欣赏问题都将无法理解,也无从谈起。

汉语文有很多特点,首先就是它具有四声(姑不论及如再加深求,汉字语音还有更细的分声法,如四声又各有阴阳清浊之分)。四声(平、上、去、入)归纳成为平声(阴平、阳平)和仄声(上、去、入)两大声类,而这就是构成诗文学的最基本的音调声律的重要因子。

汉语本身从来具有的这一"内在特质"四声平仄,经过了文学大师们的长期的运用实践,加上六朝时代佛经翻译工作的盛行,由梵文的声韵之学的启示,使得汉文的声韵学有了长足的发展,于是诗人们开始自觉地、有意识地将诗的格律安排,逐步达到了一个高度的进展阶段——格律诗(五、七言绝句、律句)。格律诗的真正臻于完美,是齐梁至隋唐之间的事情。这完全是一种学术和艺术的历史发展的结果,极为重要,把它看成是人为的"形式主义",是一种反科学的错觉。

至唐末期,诗的音律美的发展已达到最高点,再要发展,若仍在五、七言句法以内去寻索新境地,已不可能,于是借助于音乐曲调艺术的繁荣,便生发开扩而产生出词这一新的诗文学体裁。我们历史上的无数语言音律艺术大师们,从此得到了一个崭新的天地,在其中可以展现他们的才华智慧。这就可以理解,词乃是汉语诗文学发展的最高形式。(元曲与宋词,其实都是"曲子词",不过宋以"词"为名,元以"曲"为名,本质原是一个;所不同者,元曲发展了衬字法,将原来宋词调中个别的平仄韵合押法普遍化,采用了联套法和代言体,因而趋向"散文化"、铺叙成分加重,将宋之雅词体变为俗曲体,俗语俚谚,大量运用;谐笑调谑,亦所包容;是其特色。但从汉语诗文学格律美的发展上讲,元曲并没有超越宋词的高度、精度,或者说,曲对词并未有像词对诗那样的格律发展)

明了上述脉络,就会懂得要讲词的欣赏,首先要从格律美的角度去领略赏会。离开这一点而侈谈词的艺术,很容易流为肤辞泛语。

众多词调的格律,千变万化,一字不能随意增减,不能错用四声平仄,因为它是歌唱文学,按谱制词,所以叫作"填词"。填好了立付乐手歌喉,寻声按拍。假使一字错填,音律有乖,那么立见"荒腔倒字",——倒字就是唱出来那字音听来是另外的字了。比如,"春红"唱出来却像是"蠢哄","兰音"唱出来却成了"滥饮"……这个问题今天唱京戏、鼓书、弹词……也仍然是一个重要问题。名艺人有学识的,就不让自己发生这种错误,因为那是闹笑话呢。

即此可见，格律的规定十分严格，词人作家第一就要精于审音辨字。这就决定了他每一句每一字的遣词选字的运筹，正是在这种精严的规定下体现了他驾驭语文音律的真实功夫。

正因此故，"青山""碧峰""翠峦""黛岫"这些变换的词语才被词人们创组和选用。不懂这一道理，见了"落日""夕曛""晚照""斜阳""余晖"，也会觉得奇怪，以为这不过是墨客骚人的"习气"，天生好"玩弄"文字。王国维曾批评词人喜用"代字"，对周美成写元宵节景，不直说月照房宇，却说"桂华流瓦"，颇有不取之辞，大约就是忘了词人铸词选字之际要考虑许多艺术要求，而所谓"代字"原本是由字音、乐律的精微配合关系所产生的汉字文学艺术中的一大特色。

最后，还要懂得，由音定字，变化组联，又生无穷奇致妙趣。"青霄""碧落"，意味不同；"征雁""飞鸿"，神情自异。"落英"缤纷，并非等同于"断红"狼藉；"霜娥"幽独，绝不相似乎"桂魄"高寒。如此类推，专编可勒。汉字的含义渊繁，联想丰富，使得我们的诗词极尽变化多姿之能事。我们要讲欣赏，应该细心玩味其间的极为精微的分合同异。"含英咀华"与"咬文嚼字"，虽然造语雅俗有分，却是道出了赏析汉字文学的最为关键的精神命脉。

第二，要讲诗词欣赏，并且已然懂得了汉字文学的声律的关系之重要了，还须深明它的"组联法则"的很多独特之点。辛稼轩的词有一句说是"用之可以尊中国"。末三字怎么讲？相当多的人一定会认为，就是"尊敬中国"嘛，这又何待设问。他们不知道稼轩词人是说：像某某的这样的大材，你让他得到了真正的任用，他能使中国的国威大为提高，使别国对中国倍增尊重！曹雪芹写警幻仙子时，说她"深惭西子，实愧王嫱"。那么这是说这位仙姑生得远远不及西施、昭君美丽了？正相反，他说的是警幻之美，使得西施、昭君都要自惭弗及！苏东坡的诗说"十日春寒不出门，不知江柳已摇村"，是否那"江柳"竟然"动摇"了一座村庄？范石湖的诗说"药炉汤鼎煮孤灯"，难道是把灯放在药锅里煎煮？秦少游的词说"碧水惊秋，黄云不暮"。怎么是"惊秋"？是"惊动"了秋天？是"震惊"于秋季？都不是的。这样把"惊"字与"秋"字紧接的"组联法"，你用一般"语法"(特别是从西方语文的语法概念移植来的办法)来解释这种汉字的"诗的语言"，一定会大为吃惊，大感困惑。然而这对诗词欣赏，却是十分重要的事情。我们的诗家词客，讲究"炼字"。字怎么能炼？又如何去炼？炼的结果是什么？这些问题似乎是艺术范畴；殊不知，不从汉语文的特点去理解体会，也就无从说个明白，甚至还会误当作文人之"故习"、笔墨之"游戏"的小道而加以轻蔑，"批判"之辞也会随之而来了。如此，欣赏云云，也岂不全成了空话和妄言了？因此，务宜认真玩索其中的很多的语文艺术的高深道理。

至于现代语法上讲的词性分类法，诸如名词、动词等，名目甚多，而我们旧日诗家只讲"实字""虚字"之一大分别而已。这听起来自然很不科学，没有精密度，但也要思索，其故安在？为什么又认为连虚实也是可以转化的？比如，石湖诗云："目青浮珠佩，声尘籁玉箫。""浮"是动词，一目了然，但"籁"应是"名词"吧？何以又与"浮"对？可知它在此实为动词性质。汉字运用的奇妙之趣，表现在诗词文学上，更是登峰造极，因而自然也是留心欣赏者的必应措意之一端。其实这无须多举奇句警字，只消拿李后主的"自是人生长恨水长东"来作例即可看得甚清：譬如若问"东"是什么词性词类？答案恐怕是状词或形容词等。然而你看"水长东"的东，正如"吾欲东""吾道东"，到底该是什么词？深明汉字妙处，读欧阳词"飞絮蒙蒙，垂柳阑干尽日风"之句，方不致为"词性分析"所诒，以为"风"自然是名词。假使如此，便是"将活龙打作死蛇弄"了。又如语法家主张必须有个动词，方能成一句话。但是温飞卿的"鸡声茅店月，人迹板桥霜"一联名句，那动词又在何处？它成不成"句"？如果你细玩索这十个字的"组联法"，于诗词之道，思过半矣。

第三，要讲欣赏，须看诗词人的"说话"艺术。唐人诗句："圣主恩深汉文帝，怜君不遣到长沙。"不说皇帝之贬谪正人是该批评的，却说"圣""恩"超过了汉文帝，没有像他贬谪贾谊，远斥于长沙卑湿之地。你看这是何等的"会讲话"的艺术本领！如果你认为，这是涉及政治的议论的诗了，于抒情关系嫌远了，那么，李义山的《锦瑟》说："此情可待成追忆，只是当时已惘然。"他不说如今追忆，惘然之情，令人不可为怀；却说可待追忆，即在当时已是惘然不胜了。如此，不但惘然之情加一倍托出，而且婉转低回，余味无尽。晏小山作《鹧鸪天》，写道：

"醉拍青衫惜旧香，天将离恨恼疏狂。　　年年陌上生秋草，日日楼中到夕阳。　　云渺渺，水茫茫。征人归路许多长。　　相思本是无凭语，莫向花笺费泪行。"

此词写怀人念远，离恨无穷，年复一年，日复一日，而归信无凭，空对来书，流泪循诵——此本相思之极致也，而词人偏曰：来书纸上诉说相思，何能为据？莫如丢开，勿效抱柱之痴，枉费伤心之泪。话似豁达，实则加几倍写相思之挚，相忆之苦；其字字皆从千回百转后得来，方能令人回肠荡气，长吟击节！这就是"说话的艺术"。如果一味直言白讲，"我如何如何相思呀！"不但不能感人，而且根本不成艺术了。

第四，要讲词的欣赏，不能不提到"境界"的艺术理论问题。"境界"一词，虽非王国维所创，但专用它来讲究学的，自以他为代表。他认为，词有境界便佳，否则反是。后来他又以"意境"一词与之互用。其说认为，像宋祁的"红杏枝头春意闹"，着一"闹"字而境界全出矣；欧公的"绿杨楼外出秋千"，着一"出"字而境界全出矣。这乍看很像"炼字"之说了。细按时，"闹"写春花怒放的艳阳景色的气氛，"出"写秋千高现于绿柳朱楼、粉墙白壁之间，因春风而倍增骀宕的神情意态。究其实际，仍然是我们中华文学艺术美学观念中的那个"传神"的事情，并非别有异义。我们讲诗时，最尚者是神韵与高情远韵。神者何？精气不灭者是。韵者何？余味不尽者是。有神，方有容光焕发，故曰"神采"。有韵，方有言外之味，故曰"韵味"。试思，神与绘画密切相关，韵本音乐声律之事。可知无论"写境"（如实写照）、"造境"（艺术虚构），都必须先有高度的文化素养造诣，否则安能有神韵之可言？由是而观，不难悟及：只标境界，并非最高之准则理想，盖境界本身自有高下、雅俗、美丑之分，怎能说只要一有境界，就成好词呢？龚自珍尝笑不学之俗流也要作诗，开口便说是"柳绿桃红三月天"，以为俗不可耐，可使诗人笑倒！但是，难道能说那七言一句就没有任何境界吗？不能的，它还是自有它的境界。问题何在？就在于没有高情远韵，没有神采飘逸。可知这种道理，还须探本寻源，莫以"境界"

第二单元　词的常识与欣赏

为极则，也不要把诗、词二者用鸿沟划断。比如苏东坡与同时代词人柳永，特赏其《八声甘州》，"渐霜风凄紧，关河冷落，残照当楼"，以为"高处不减唐人"。这"高处"何指？不是说他柳耆卿只写出了那个"境界"，而是说那词句极有神韵。境界有时是个死的，神韵却永远是活的。这个分别是不容忽视的。

第五，如上所云，已不难领悟，要讲词的欣赏，须稍稍懂得我们自己民族的文学艺术上的事情。如果只会用一些"形象的塑造""性格的刻画""语言的生动"等词语和概念去讲我们的词曲，恐不免要弄成取粗遗精的后果。因此，我们文学历史上的一些掌故、佳话、用语、风尚，不能都当作"陈言往事"而一概弃之不顾，要深思其中的道理。杜甫称赞李白，只两句话："清新庾开府，俊逸鲍参军"，还有人硬说这是"贬"词(真是以小人之心度君子之腹了)。这实是"诗圣"杜甫拈出的一个最高标准，析言之，即声清，意新，神俊，气逸。这是从魏晋六朝开始，经无数诗人摸索而得的一项总结性的高度概括的理论表述。如果我们对这些一无所知，又怎能谈到"欣赏"二字呢？

大者如上述。细者如古人因一字一句之精彩，传为盛事佳话，惊动朝野，到处歌吟，这种民族文化传统，不是不值得引以为自豪和珍重的。"山抹微云秦学士，露花倒影柳屯田"，人谓是"微词"，我看这正说明了"脍炙人口"的这一诗词艺术问题。

至于古人讲炼字，讲遣词，讲过脉，讲摇曳，讲跌宕……种种手法章法，术语概念，也不能毫无所知而空谈欣赏。那样就是犯了一个错觉：以为千百年来无数艺术大师的创造积累的宝贵经验心得，都比不上我们自己目前的这么一点学识之所能达到的"高"度。

词从唐五代起，历北宋至南宋，由小令到中、长调慢词，其风格手法确有差异。大抵早期多呈大方自然、隽朗高秀，而后期趋向精严凝练、绮密深沉。论者只可举示差异，何必强人以爱憎。但既然风格手法不同，欣赏之集中注意点，自应随之而转移，岂宜胶柱而鼓瑟？所应指出的，倒是词至末流，渐乏生气，饾饤堆砌、藻绘涂饰者多，又极易流入尖新纤巧、轻薄侧艳一派，实为恶道。因此，清末词家至有标举词要"重、拙、大"的主张(与轻、巧、琐为针对)。这种历史知识，也宜略明，因为它与欣赏的目光不是毫无关系的。

李煜词二首

【作者简介】

李煜(937—978年)，五代十国时南唐国主，亦为五代时出色的词人。字重光，初名从嘉，号钟隐。徐州(今属江苏)人，一说湖州(今属浙江)人。南唐元宗李璟第六子，宋建隆二年(961年)继位，史称李后主。开宝八年(975年)，国破降宋，俘至汴京，被封为右千牛卫上将军、违命侯。后被宋太宗毒死。李煜在政治上虽庸庸碌碌，但其艺术才华却非凡。李煜工书法，善绘画，精音律，诗和文均有一定造诣，尤以词的成就最高。李煜的词现存约32首，内容主要可分作两类。第一类为降宋之前所写的，主要反映宫廷生活和男女情爱，题材较窄。第二类为降宋后，李煜因亡国的沉痛，对往事的追忆，此时期的作品成就远远超过前期，《虞美人》《浪淘沙》《乌夜啼》皆成于此时，此时期的词作大都哀婉凄绝，主要抒写了自己凭栏远望、梦里重归的情景，表达了对"故国""往事"的无限留恋。李煜在中国词史上占有重要的地位，对后世影响亦大。他继承了晚唐以来花间派词人的传统，但又通过具体可感的个性形象，反映现实生活中具有一般意义的某种意境，由此将词的创作向前推进了一大步，扩大了词的表现领域。李煜文、词及书、画创作均丰。其词主要收集在《南唐二主词》中。

相 见 欢[1]

无言独上西楼，月如钩。寂寞梧桐深院锁清秋[2]。

剪不断，理还乱，是离愁[3]。别是一般[4]滋味在心头。

【注释】

[1] 相见欢：词牌名，原为唐教坊曲，又名《乌夜啼》《秋夜月》《上西楼》等。36个字，上阕平韵，环境烘托；下阕两仄韵两平韵，只用一个具体的比喻，却深刻地反映出作者切身感受的无可解脱的愁苦。后人这样评价："此词最凄婉，所谓'亡国之音哀与思'。"

[2] 锁清秋：深深为秋色笼罩。

[3] 离愁：指去国之愁。

[4] 别是一般：另有一种。

【提示】

有人说，我国历史上如果少了像李煜这样一个皇帝，人们也许不会太在意，但如果少了像李煜这样一位词人，恐怕就会给后人留下一些遗憾。此话看来，很是在理。李煜是五代十国时期的南唐后主，词作成就远过于他在位期间的作为，尤其是亡国以后的词作相当沉痛、深切和凄恻动人，如果撇开思想内容，仅就艺术技巧来说，大部分词作已经达到了词的最高境界，特别是小令。这首《相见欢》(又名《乌夜啼》)便是他自述囚居生活、抒写离愁的力作。此词上阕写景，下阕抒情，情景交融，感人至深。首句"无言独上西楼"看似平淡，意蕴却极为丰富。"无言"并非真的无言，从一个"独"字便可看出，是无人共言。登"西楼"，词人可以东望故国。仅六个字，就简练地勾勒出主人公的凄婉、悲苦的神态。接着"月如钩。寂寞梧桐深院锁清秋"，用月光笼罩下的梧桐突出环境的寂寞清冷，"深"字用得极准确、极通俗，真可谓境界全出。上阕18个字共写了四项内容，即人物、地点、时间、季节。虽然只是疏笔勾勒，却是一幅非常美丽的图画，而且背景极为广阔，读之使人如身临其境，正如王国维《人间词话》言："一切景语皆情语。"下阕具体写离愁，是词的意旨所在，也是这首词写的最深刻的地方。"剪不断，理还乱，是离愁"，像波涛汹涌，把全篇推向高潮。离愁本身是一种抽象的思想情绪，它能被感觉到，但却看不见，摸不着，要对它本身作具体描写，确实非常困难。然而，在这首词中，词人通过比喻使之变得具体可感，而且表达得如此贴切、自然，以至于成为千古名句。"别是一般滋味在心头"又用了一个比喻，写离愁的另外一个境界，即人对它的具体感受。这种感受是不可名状的，不知是什么滋味，它既不能用酸、甜、苦、辣之类滋味来概括，也不能用任何一种具体东西的滋味来比拟，它只可意会，不可言传，所以只能称之为"别是一

般滋味",亦即稼轩词所谓"欲说还休",可见词人体验之深,愁情之苦。《相见欢》广为流传。全词区区 36 个字,同一首七绝差不多,但在这简短的篇幅中,词人却把离愁的愁人、缠人写得无比深刻,凄凉、寂寞、孤独的心情坦露得栩栩如生,感人至深,令读者为之泪下。

乌 夜 啼[1]

林花谢[2]了春红,太匆匆!无奈朝来寒雨晚来风。
胭脂泪[3],相留醉,几时重[4]?自是人生长恨水长东!

【注释】

[1] 乌夜啼:词牌名,此调原为唐教坊曲,又名《相见欢》《秋夜月》《上西楼》。36 个字,上阕平韵,下阕两仄韵两平韵。从词意来看,可能作于李煜降宋以后。借林花横遭风雨摧残匆匆而谢,喻时光易逝、韶华难再。

[2] 谢:凋谢。

[3] 胭脂泪:指女子的眼泪。女子脸上搽有胭脂,泪水流经脸颊时沾上胭脂的红色,故云。

[4] 几时重:何时再度相会。

【提示】

此词将人生失意的无限怅恨寄寓在对暮春残景的描绘中,是即景抒情的典范之作。起句"林花谢了春红",烘托出作者的伤春惜花之情;而续以"太匆匆",则使这种伤春惜花之情得以强化。狼藉残红,春去匆匆;而作者的生命之春也早已匆匆而去,只留下伤残的春心和破碎的春梦。因此,"太匆匆"的感慨,固然是因林花凋谢之速而发,但其中不也糅合了人生苦短、来日无多的喟叹,包蕴了作者对生命流程的理性思考?"无奈朝来寒雨晚来风"一句点出林花匆匆谢去的原因是遭受风雨侵袭,而作者生命之春的早逝不也是因为过多地栉风沐雨?所以,此句同样既是叹花,也是自叹。"无奈"云云,充满不甘听凭外力摧残而又自恨无力改变生存环境的感喟。下片"胭脂泪"三句,转以拟人化的笔墨,表现作者与林花之间的依依惜别之情。这里,一边是生逢末世、运交华盖的失意人,一边是盛时不再、红消香断的解语花,二者恍然相对,不胜缱绻。"胭脂泪",遥接上片"林花谢了春红"句,是从杜甫《曲江对雨》诗"林花著雨胭脂湿"变化而来。林花为风侵欺,状如胭脂。"胭脂泪"者,此之谓也。但花本无泪,实际上是惯于"以我观物"的作者移情于彼,使之人格化——作者身历世变,泣血无泪,不亦色若胭脂。"相留醉",一作"留人醉",花固怜人,人亦惜花;泪眼相向之际,究竟是人留花抑或花留人,已惝恍难分。着一"醉"字,写出彼此如醉如痴、眷恋难舍的情态,极为传神。"几时重"则叹出了人与花共同的希冀和自知希冀无法实现的怅惘与迷茫。结句"自是人生长恨水长东",一气呵成益见悲慨。"人生长恨"似乎不仅仅是抒写一己的失意情怀,而是涵盖了整个人类所共有的生命的缺憾,是一种融汇和浓缩了无数痛苦的人生体验的浩叹。

【思考与练习】

1. 阅读《相见欢》，回答问题。

(1) 本词写作时期有争议，有人认为是前期作品，是宫廷生活的一个插曲，有人认为是后期作品，是离乡去国的内心怆痛，你同意哪种观点？

(2) 怎样理解"无言独上西楼"？

(3) "剪不断，理还乱，是离愁"三句，以麻丝喻离愁，将抽象的情感加以具体化，可见愁之深、恨之长。你了解的诗句中还有哪些是写离愁的？

(4) 结合李煜由君主变为阶下囚的经历，谈谈"别是一般滋味在心头"的"滋味"是什么样的？

2. 阅读《乌夜啼》，回答问题。

(1) 如何理解"林花谢了春红，太匆匆"这一句？

(2) "自是人生长恨水长东"表达了作者什么样的情感？

3. 背诵《相见欢》《乌夜啼》这两首词。

柳永词二首

【作者简介】

柳永(约 987—约 1053 年)，崇安(今属福建)人，北宋词人，原名三变，字景庄，后改名永，字耆卿，排行第七，又称柳七，人称"白衣卿相"。宋仁宗朝进士，官至屯田员外郎，故世称"柳屯田"。由于仕途坎坷、生活潦倒，他由追求功名转而厌倦官场，耽溺于旖旎繁华的都市生活，在"倚红偎翠""浅斟低唱"中寻找寄托。作为北宋第一个专力作词的词人，他不仅开拓了词的题材内容，而且制作了大量的慢词，发展了铺叙手法，促进了词的通俗化、口语化，在词史上产生了较大的影响。为人放荡不羁，终生潦倒。死时靠青楼女子捐钱安葬。其词多描绘城市风光和歌伎生活，尤长于抒写羁旅行役之情。词作流传极广，"凡有井水饮处，皆能歌柳词"，有《乐章集》传世。

八 声 甘 州

对潇潇[1]、暮雨洒江天，一番洗清秋。渐霜风凄紧[2]，关河[3]冷落，残照[4]当楼。是处红衰翠减[5]，苒苒[6]物华休[7]。惟有长江水，无语东流。

不忍登高临远，望故乡渺邈，归思难收。叹年来踪迹，何事苦淹留[8]？想佳人、妆楼颙望，误几回、天际识归舟[9]。争知我、倚阑干处，正恁凝愁[10]。

【注释】

[1] 潇潇：雨声急骤。

[2] 凄紧：形容秋风寒冷萧瑟。

[3] 关河：山河。关：关山之地。

[4] 残照：夕阳斜照。

[5] 是处：到处。红衰翠减：花朵凋零，绿叶枯萎。化用李商隐《赠荷花》的"此荷此叶常相映，红衰翠减愁煞人"句。

[6] 苒苒：渐渐地。

[7] 物华休：美好的景致已不复存在。

[8] 淹留：久留。

[9] 天际识归舟：谢朓《之宣城郡出新林浦向板桥》诗中有"天际识归舟，云中辨江树"。"误几回、天际识归舟"，指多少次将远处来的船误认作丈夫的归舟，描写思情之深。

[10] 争知：怎知。恁：如此，这样。

【提示】

这首传诵千古的名作，融写景、抒情为一体，通过描写羁旅行役之苦，表达了强烈的思归情绪，语浅而情深，是柳永同类作品中艺术成就最高的一首，其中佳句"不减唐人高处"(苏东坡语)。

开头两句写雨后江天，澄澈如洗。一个"对"字，写出登临纵目、望极天涯的境界。当时，天色已晚，暮雨潇潇，洒遍江天，千里无垠。其中"雨"字、"洒"字和"洗"字，三个上声，循声高诵，定觉素秋清爽，无与伦比。自"渐霜风"句起，以一个"渐"字，领起四言三句十二个字。"渐"字承上句而言，当此清秋复经雨涤，于是时光景物，遂又生一番变化。词人用一个"渐"字，神态必备。秋已更深，雨洗暮空，乃觉凉风忽至，其气凄然而遒劲，直令衣单之游子，有不可禁挡之势。一个"紧"字，又用上声，气氛声韵写尽悲秋之气。再用一个"冷"字，上声，层层逼紧。而"凄紧""冷落"，又皆双声叠响，具有很强的艺术感染力，紧接一句"残照当楼"，境界全出。这一句精彩处在"当楼"二字，似全宇宙悲秋之气一起袭来。

"是处红衰翠减，苒苒物华休"句词意由苍莽悲壮转入细致沉思，由仰观转至俯察，又见处处皆是一片凋落之景象。"红衰翠减"，乃用玉溪诗人之语，倍觉风流蕴藉。"苒苒"，正与"渐"字相呼应。一个"休"字寓有无穷的感慨愁恨，接下来的"惟有长江水，无语东流"写的是短暂与永恒、改变与不变之间的这种直令千古词人思索的人生哲理。"无语"二字乃"无情"之意，此句蕴含百感交集的复杂心理。

"不忍"句点明背景是登高临远，云"不忍"，又多一番曲折，多一番情致。至此，词以写景为主，情寓景中。但下片妙处在于词人善于推己及人，本是自己登高远眺，却偏想故园之闺中人，应也是登楼望远，伫盼游子归来。"误几回"三字更觉灵动。结句篇末点题。"倚阑干"与"对""当楼""登高临远""望""叹""想"都相关联、相呼应。词中登高远眺之景，皆为"倚阑干"时所见；思归之情又是从"凝愁"中生发。"争知我"三字化实为虚，使思归之苦、怀人之情表达得更为曲折动人。

这首词章法结构细密，写景抒情融为一体，以铺叙见长。词中思乡怀人之意绪，展衍尽致。而白描手法，再加通俗的语言，将这复杂的意绪表达得明白如话。该词是词史上的丰碑。

望 海 潮

东南形胜，三吴都会[1]，钱塘自古繁华。烟柳画桥，风帘翠幕，参差[2]十万人家。云树绕堤[3]沙，怒涛卷霜雪[4]，天堑[5]无涯。市列珠玑[6]，户盈罗绮，竞豪奢。

重湖叠巘清嘉[7]，有三秋桂子，十里荷花。羌管[8]弄晴，菱歌泛夜[9]，嬉嬉钓叟莲娃。千骑拥高牙[10]。乘醉听箫鼓，吟赏烟霞[11]。异日图[12]将好景，归去凤池[13]夸。

【注释】

[1] 三吴都会：三吴，钱塘位置在钱塘江北岸，旧属吴国，隋唐时为杭州治所，五代吴越建都于此，故云三吴都会。

[2] 参差：形容楼阁高低不齐。

[3] 堤：指钱塘江防潮汛的大堤。

[4] "怒涛"句：形容汹涌的潮水。霜雪：比喻浪花。

[5] 天堑：天然的壕沟。堑：坑。古代偏安南方的国家以长江为阻挡北方敌人的天然屏障。

[6] 珠玑：此处泛指珠宝等珍贵商品。

[7] 重湖：西湖以白堤为界，分为外湖、里湖，故云。叠巘：重叠的山峰。清嘉：秀丽。

[8] 羌管：泛指乐器。

[9] "菱歌"句：此与上句为互文，写笙歌盈沸，日夜不停。

[10] "千骑"句：汉乐府《陌上桑》中有"东方千余骑，夫婿居上头"。宋朝州郡长官兼知州军事，故以千骑为言。牙：牙旗，将军用的旗帜。

[11] 烟霞：山水，景色。

[12] 图：描绘。

[13] 凤池：指凤凰池。本为皇帝禁苑中池沼。中书省地近宫禁，掌握政治机要，故以凤凰池为其代称。此以凤池泛指朝廷。

【提示】

《望海潮》词调始见于《乐章集》，为柳永所创的新声。这首词写的是杭州的富庶与美丽。艺术构思上匠心独运，上阕写杭州，下阕写西湖，以点带面，明暗交叉，铺叙晓畅，形容得体。其写景之壮伟、声调之激越，与苏东坡亦相去不远。特别是，由数字组成的词组，如"三吴都会""十万人家""三秋桂子""十里荷花""千骑拥高牙"等在词中的运用，或为实写，或为虚指，均带有夸张的成分，有助于形成柳永式的豪放词风。

【思考与练习】

1. 阅读《八声甘州》，回答问题。

(1) 分析这首词是怎样做到情景交融的。

(2) 下阕是如何抒发词人的思乡之情的？

(3) 谈谈这首词的艺术特点。

2. 阅读《望海潮》，回答问题。
(1) 这首词和《八声甘州》在词风上有什么不同？
(2) 背诵《八声甘州》《望海潮》这两首词。

苏轼词二首

【作者简介】

苏轼(1037—1101 年)，北宋文学家、书画家。字子瞻，号东坡居士，眉州眉山(今属四川)人，苏洵之子。嘉祐进士，神宗时曾任礼部员外郎，因反对王安石新法而求外职，任杭州通判，知密州、徐州、湖州。后以作诗"谤讪朝廷"罪贬黄州。哲宗时任翰林学士，曾出知杭州、颍州等，官至礼部尚书。后又贬谪惠州、儋州，北还后第二年病死常州。南宋时追谥文忠。与父洵弟辙，合称"三苏"。在政治上属于旧党，但也有改革弊政的要求。其文汪洋恣肆，明白畅达，为"唐宋八大家"之一。其诗清新豪健，善用夸张比喻，在艺术表现方面独具风格，词风开豪放一派，对后世很有影响。《念奴娇•赤壁怀古》《水调歌头•丙辰中秋》传诵甚广。擅长行书、楷书，取法李邕、徐浩、颜真卿、杨凝式，而能自创新意。用笔丰腴跌宕，有天真烂漫之趣。与蔡襄、黄庭坚、米芾并称"宋四家"。既能画竹，学文同，也喜作枯木怪石。论画主张"神似"，认为"论画以形似，见与儿童邻"。诗文有《东坡全集》等。存世书迹有《答谢民师论文帖》《祭黄几道文》《前赤壁赋》《黄州寒食诗帖》等，画迹有《枯木怪石图》《竹石图》等。

江城子•乙卯[1]正月二十日夜记梦

十年生死两茫茫。不思量，自难忘。千里孤坟[2]，无处话凄凉。纵使相逢应不识，尘满面，鬓如霜[3]。

夜来幽梦忽还乡。小轩窗[4]，正梳妆。相顾无言，惟有泪千行。料得年年肠断处，明月夜，短松冈[5]。

【注释】

[1] 乙卯：宋神宗熙宁八年(1075 年)。
[2] 千里孤坟：苏轼之妻王氏埋葬于四川，当时苏轼在密州，相隔几千里。
[3] 鬓如霜：两鬓全白。言自己饱经沧桑，衰老得很快。
[4] 小轩窗：小室的窗前。轩：只有窗槛的小室。
[5] 短松冈：种植小松树的山冈，指王氏墓地。

【提示】

这是一首悼亡词。漫长的十年过去了，诗人对亡妻的怀念依旧极其深沉，上阕抒写自己的哀思，诉说十年来的苦难生活，而致"纵使相逢应不识"，才四十岁就白头了。下阕通过梦境写相思之切，梦中相逢之悲，最后写"明月夜，短松冈"下的孤坟，反映了"无

处话凄凉"的苦痛。全篇采用白描手法,流露出诗人怀念亡妻的真情实感,句句沉痛,字字悲哀,动人肺腑。

定 风 波

　　三月七日,沙湖[1]道中遇雨,雨具先去,同行皆狼狈[2],余独不觉。已而遂晴,故作此词。

　　莫听穿林打叶声,何妨吟啸[3]且徐行。竹杖芒鞋[4]轻胜马,谁怕?一蓑烟雨任平生[5]。
料峭[6]春风吹酒醒,微冷,山头斜照却相迎。回首向来萧瑟处,归去,也无风雨也无晴[7]。

【注释】

[1] 沙湖:《东坡志林》卷一《游沙湖》:"黄州东南三十里为沙湖,也叫螺师店。"

[2] 狼狈:进退都感觉困难。

[3] 吟啸:吟诗、长啸,表示意态闲适。陶渊明《归去来兮辞》有"登东皋以舒啸,临清流而赋诗"的句子。

[4] 芒鞋:草鞋。

[5] "一蓑"句:自己对披蓑衣、冒风雨的生活向来泰然处之。

[6] 料峭:形容风寒。

[7] "回首"三句:表示心情平淡、闲适。作者在《独觉》诗中也有"回首向来萧瑟处,也无风雨也无晴"的诗句。萧瑟处:指遇雨的处所。萧瑟:风吹雨打树林的声音。

【提示】

　　此词作于苏轼被贬黄州后的第三个春天,通过野外途中偶遇风雨这一生活中的小事,于简朴中见深意,于寻常处生奇警,表现出作者旷达超脱的胸襟,寄寓着超凡超俗的人生理想。

　　首句"莫听穿林打叶声",一方面渲染狂风骤雨的恶劣环境,另一方面又以"莫听"二字点明外物不足萦怀之意。"何妨吟啸且徐行",是前一句的延伸。在雨中照常舒徐行步,呼应小序"同行皆狼狈,余独不觉",又引出下文"谁怕",即不怕来。徐行而又吟啸,是加倍写;"何妨"二字透出一点俏皮,更增加挑战色彩。首两句是全篇枢纽,以下词情都是由此生发。"竹杖芒鞋轻胜马",写词人竹杖芒鞋,顶风冒雨,从容前行,以轻胜马的自我感受,传达出一种搏击风雨、笑傲人生的轻松、喜悦和豪迈之情。"一蓑烟雨任平生",此句更进一步,由眼前风雨推及整个人生,有力地强化了作者面对人生的风风雨雨而我行我素、不畏坎坷的超然情怀。以上数句,表现出作者旷达超逸的胸襟,充满清旷豪放之气,寄寓着独到的人生感悟,读来使人耳目为之一新,心胸为之开阔。

　　下片开头三句,是写雨过天晴的景象。这几句既与上片所写风雨对应,又为下文所发人生感慨作铺垫。"回首向来萧瑟处,归去,也无风雨也无晴"三句,是饱含人生哲理意

味的点睛之笔,道出了词人在大自然微妙的一瞬所获得的顿悟和启示:自然界的雨晴既属寻常,毫无差别,社会人生中的政治风云、荣辱得失又何足挂齿呢?句中"萧瑟"二字,意谓风雨之声,与上片穿林打叶声相应和。"风雨"二字,一语双关,既明指野外途中所遇风雨,又暗指几乎置他于死地的政治风雨和人生险途。综观全词,一种醒醉全无、无喜无悲、胜败两忘的人生哲学和处世态度呈现在读者面前。读罢全词,人生的沉浮、情感的忧乐,在我们的理念中自有一番全新的体悟。

【思考与练习】

1. 理解并背诵苏轼的《江城子》。

2. 读苏轼的《定风波》,回答下列问题。

(1) 苏轼的《定风波》这首词中"一蓑烟雨任平生"是什么意思?表达了词人怎样的情感与胸怀?

(2) 词中的哪些句子体现出象征意味。

(3) 作者的人生观对你有何启发?

鹊　桥　仙[1]

秦　观

【作者简介】

秦观(1049—1100 年),北宋词人,字少游、太虚,号淮海居士,扬州高邮(今属江苏高邮)人。36 岁中进士。曾任蔡州教授、太学博士、国史院编修官等职。在新旧党之争中,因和苏轼关系密切而屡受新党打击,先后被贬到处州、郴州、横州、雷州等边远地区,最后死于滕州。秦观是"苏门四学士"之一,以词闻名,文辞为苏轼赏识。其词风格婉约纤细、柔媚清丽,情调低沉感伤,愁思哀怨,向来被认为是婉约派的代表作家之一,对后来的词家有显著的影响。

纤云弄巧[2],飞星传恨[3],银汉迢迢暗度。金风玉露[4]一相逢,便胜却人间无数。

柔情似水,佳期如梦,忍顾[5]鹊桥归路!两情若是久长时,又岂在朝朝暮暮[6]。

【注释】

[1] 鹊桥仙:此调有两体,56 字者始自欧阳修,因其词中有"鹊迎桥路接天津"句,取以为名;88 字者始于柳永。此调多咏七夕。

[2] 纤云弄巧:纤细的云彩变幻出许多美丽的花样来,这句写织女劳动的情形。传说织女精于纺织,能将天上的云织成锦缎。

[3] 飞星传恨:飞奔的牵牛星流露出(久别的)怨恨。作者想象被银河阻隔的牛郎、织女二星,闪现出离愁别恨的样子。

[4] 金风:秋风。秋:在五行中属金。玉露:晶莹如玉的露珠,指秋露。

[5] 忍顾：不忍心回头看。

[6] 朝朝暮暮：日日夜夜，这里指日夜相聚。

【提示】

　　这是一首咏七夕的节序词，起句点出七夕独有的抒情氛围，"巧"与"恨"则点明七夕人间"乞巧"的主题及"牛郎织女"故事的悲剧性特征，练达而凄美。借牛郎织女悲欢离合的故事，歌颂坚贞诚挚的爱情。结句"两情若是久长时，又岂在朝朝暮暮"最有境界，这两句既指牛郎织女爱情模式的特点，又表达了作者的爱情观，是高度凝练的名言佳句。这首词因而也就具有了跨时代、跨国度的审美价值和艺术品位。

　　此词熔写景、抒情与议论于一炉，叙写牛郎、织女二人相爱的神话故事，赋予这对仙侣浓郁的人情味儿，讴歌了真挚、细腻、纯洁、坚贞的爱情。词中明写天上双星，暗写人间情侣。其抒情，以乐景写哀，以哀景写乐，倍增其哀乐，读来荡气回肠，感人肺腑。

　　词一开始即写"纤云弄巧"，轻柔多姿的云彩，变化出许多优美巧妙的图案，显示出织女的技艺何其精巧绝伦。可是，这样美好的人儿，却不能与自己心爱的人共同过美好的生活。"飞星传恨"，那些闪亮的星星仿佛都传递着他们的离愁别恨，正飞驰长空。

　　关于银河，《古诗十九首》云："河汉清且浅，相去复几许。盈盈一水间，脉脉不得语。""盈盈一水间"是说近在咫尺，似乎连对方的神情语态都宛然在目。这里，秦观却写到"银汉迢迢暗度"，以"迢迢"二字形容银河的辽阔，牛郎、织女相距之遥远。这样一改，感情深沉了，突出了相思之苦。迢迢银河水，把两个相爱的人隔开，相见多么不容易！"暗度"二字既点"七夕"题意，同时紧扣一个"恨"字，他们踽踽宵行，千里迢迢来相会。

　　接下来，词人宕开笔墨，以富有感情色彩的议论赞叹道："金风玉露一相逢，便胜却人间无数。"一对久别的情侣在金风玉露之夜、碧落银河之畔相会了，这美好的一刻，就抵得上人间千遍万遍的相会。词人热情歌颂了一种圣洁的理想而永恒的爱情。"金风玉露"用李商隐《辛未七夕》诗："恐是仙家好别离，故教迢递作佳期。由来碧落银河畔，可要金风玉露时。"用以描写七夕相会的时节风光，同时还另有深意，词人把这次珍贵的相会，映衬于金风玉露、冰清玉洁的背景之下，显示出这种爱情的高尚纯洁和超凡脱俗。

　　"柔情似水"是说那两情相会的情意啊，就像悠悠无声的流水，温柔缠绵。"似水"照应"银汉迢迢"，即景设喻，十分自然。一夕佳期竟然像梦幻一般倏然而逝，才相见又分离，怎不令人心碎！"佳期如梦"除言相会时间之短，还写出爱侣相会时的复杂心情。"忍顾鹊桥归路"，转写分离，刚刚借以相会的鹊桥，转瞬间又成了和爱人分别的归路。不说不忍离去，却说怎忍看鹊桥归路，婉转语意中含有无限惜别之情，含有无限辛酸眼泪。

　　回顾佳期幽会，疑真疑假，似梦似幻，及至鹊桥言别，恋恋之情，已至于极。词笔至此忽又空际转身，爆发出高亢的音响："两情若是久长时，又岂在朝朝暮暮。"秦观这两句词揭示了爱情的真谛：爱情要经得起长久分离的考验，只要能彼此真诚相爱，即使终年天各一方，也比朝夕相伴的庸俗情趣可贵得多。这两句感情色彩很浓的议论，与上阕的议论遥相呼应，这样上、下阕同样结构，叙事和议论相间，从而形成全篇连绵起伏的情致。

这种正确的恋爱观，这种高尚的精神境界，远远超过了古代同类作品，是十分难能可贵的。

这首词的议论自由流畅、通俗易懂，却又显得婉约蕴藉、余味无穷。作者将画龙点睛的议论、散文句法与优美的形象、深沉的情感结合起来，跌宕起伏地讴歌了人间美好的爱情，取得了极好的艺术效果。

这首词的结尾两句，是爱情颂歌中的千古绝唱。

【思考与练习】

1. 这首词表达了作者怎样的爱情观？结合作者的爱情观，谈谈你对爱情的看法。
2. 从你了解的诗词中，找一些表达爱情观的句子。
3. 背诵这首词。

李清照词二首

【作者简介】

李清照(1084—1155 年)，号易安居士，南宋杰出女文学家，章丘明水(今山东济南)人。以词著名，兼工诗文，并著有词论，在中国文学史上享有崇高声誉。

李清照出生于一个爱好文学艺术的士大夫家庭，与太学生赵明诚结婚后一同研究金石书画，过着幸福美满的生活。靖康之变后，她与赵明诚避乱江南，丧失了珍藏的大部分文物。后来赵明诚病死，她独自漂泊在杭州、越州、金华一带，在凄苦孤寂中度过了晚年。她是一位诗、词、文、赋都有成就的作家，但最擅长、最有名的是词。她早年曾作《词论》，主张"词，别是一家"。注重词体协音律、重铺叙、有情致的特点，并批评了从柳永、苏轼到秦观、黄庭坚等词家的不足。

李清照文词绝妙，鬼斧神工，前无古人，后无来者，被尊为"婉约宗主"，是中华精神文明史上的一座丰碑。李清照的词以南渡为界，分为前、后两期。前期词主要为伤春怨别和闺阁生活的题材，表现了女词人多愁善感的个性；后期词的基调以悲凉凄苦为主，有爱国主义和讽政色彩。

凤凰台上忆吹箫

香冷金猊[1]，被翻红浪，起来慵自梳头。任宝奁[2]尘满，日上帘钩。生怕离怀别苦，多少事、欲说还休。新来瘦，非干病酒，不是悲秋。

休休！这回去也，千万遍阳关[3]，也则难留。念武陵人远[4]，烟锁秦楼。惟有楼前流水，应念我、终日凝眸[5]。凝眸处，从今又添，一段新愁。

【注释】

[1] 金猊：涂金的狮形香炉。

[2] 宝奁：贵重的镜匣。

[3] 阳关：语出《阳关三叠》，是唐宋时的送别曲。

[4] 武陵人远：引用陶渊明《桃花源记》中，武陵渔人误入桃花源，离开后再去便找不到路了。武陵：地名，作者借指丈夫所去的地方。

[5] 凝眸：注视。

【提示】

这首词作于词人婚后不久，赵明诚离家远游之际，写出了她对丈夫的深切思念。这首词虽用了两个典故，但总体上未脱清照"以浅俗之语，发清新之思"的格调。层层深入地渲染了离愁别绪，以"慵"点染，以"瘦"形容，以"念"深化，以"痴"烘托，逐步写出不断加深的离愁别苦，感人至深。

渔 家 傲

天接云涛连晓雾，星河[1]欲转[2]千帆舞。仿佛梦魂归帝所[3]，闻天语[4]，殷勤[5]问我归何处。　　我报[6]路长[7]嗟[8]日暮[9]，学诗谩[10]有惊人句。九万里风鹏[11]正举。风休住，蓬舟[12]吹取[13]三山[14]去！

【注释】

[1] 星河：银河。

[2] 转：《历代诗余》作"曙"。

[3] 帝所：天帝居住的地方。

[4] 天语：天帝的话语。

[5] 殷勤：情意恳切的样子。

[6] 报：回答。

[7] 路长：隐括屈原《离骚》"路漫漫其修远兮，吾将上下而求索"之意。

[8] 日暮：隐括屈原《离骚》"欲少留此灵琐兮，日忽忽其将暮"之意。

[9] 嗟：慨叹。

[10] 谩：徒然，空。

[11] 鹏：古代神话传说中的大鸟。

[12] 蓬舟：像蓬草一般被风吹转的船。古人以蓬根被风吹飞，比喻飞动。

[13] 吹取：吹得。

[14] 三山：传说中海上的三座仙山，即蓬莱、方丈、瀛洲三座仙山。

【提示】

李清照是一位可以代表婉约派的女作家，她的《声声慢》《醉花阴》等是大家熟悉的名作。这些词多半写闺情幽怨，它的风格是含蓄的、委婉的。但是在她的词作中也有一首风格特殊的《渔家傲》，这是一首豪放的词，她用《离骚》《远游》的感情来写小令，不但是五代词中所没有的，就是北宋词中也很少见。一位婉约派的女词人，能写出这样有气魄的作品，确实值得一提。

　　整首词都是描写梦境。开头两句写拂晓时候海上的景象。在李清照以前还没有人在词里描写过大海。"天接云涛"两句用"接""转""舞"三个动词，来写海天动荡的境界。"星河欲转"点出时间已近拂晓。"千帆舞"写大风，这不是江河中的景象。可能因为李清照是山东人，对海的见闻比较多，所以写得出这样的境界。上片第三句"仿佛梦魂归帝所"意思是说：我原来就是天帝那儿来的人，现在又回到了天帝处所。这和苏轼《水调歌头》中"我欲乘风归去"之"归"字意义相同。"归何处"句，着"殷勤"二字，写出天帝的好意，引起下片开头"我报路长嗟日暮"二句的感慨。《离骚》中有："欲少留此灵琐兮，日忽忽其将暮。……路漫漫其修远兮，吾将上下而求索。"这就是李清照"路长日暮"句的出处。这句子的意思是说人世间不自由，尤其是封建时代的妇女，纵使学诗有惊人之句("谩有"是"空有"的意思)，也依然是"路长日暮"，找不到她理解的境界。最后几句说：看大鹏已经高翔于九万里风之上；大风呵，不住地吹吧，把我的帆船吹送到蓬莱三岛去吧("九万里风"句用《庄子·逍遥游》，说大鹏"抟扶摇而上者九万里"，扶摇指旋风，九是虚数)！

　　李清照是婉约派的女作家，何以能写出这样豪放的作品呢？在封建社会中，女子生活于种种束缚之下，即使像李清照那样有很深修养和才华的女作家也不能摆脱这种命运，这无疑会使她感到烦闷和窒息。她作了两首《临江仙》词，都用欧阳修的成语"庭院深深深几许"作为起句，这很可能是借它表达她的烦闷心情。她要求解脱，要求有广阔的精神境界。这首词中就充分表示她对自由的渴望，对光明的追求。但这种愿望在她生活的时代是不可能实现的，因此她只有把它寄托于梦中虚无缥缈的神仙境界，在这境界中寻求出路。然而在那个时代，一个女子不安于社会给她安排的命运，大胆地提出冲破束缚、向往自由的要求，确实是很难得的。在历史上，在封建社会的妇女群中是很少见的。

　　这首风格豪放的词，意境广阔，想象丰富，确实是一首浪漫主义的好作品。出自一位婉约派作家之手，那就更为突出了。其所以有此成就，无疑是取决于作者的实际生活遭遇和她那种渴求冲破这种生活的思想感情；这绝不是没有真实生活感情而故作豪语的人所能写得出的。

【思考与练习】

1. 读《凤凰台上忆吹箫》，回答下列问题。
(1) 解释并体味"新来瘦，非干病酒，不是悲秋"一句蕴含的情感。
(2) 解释"惟有楼前流水，应念我、终日凝眸"一句并品味其意境。
2. 读《渔家傲》，回答下列问题。
(1) 这首词的风格和李清照的一贯词风有什么不同？
(2) 词中的想象有什么特点？

第二单元　词的常识与欣赏

扬　州　慢[1]

姜　夔

【作者简介】

姜夔(约 1155—1221 年)，字尧章，别号白石道人，又号石帚，饶州鄱阳(今江西鄱阳县)人，南宋词人。他少年孤贫，屡试不第，终生未仕，一生转徙江湖。早有文名，颇受杨万里、范成大、辛弃疾等人推赏，以清客身份与张鎡等名公臣卿往来。今存词八十多首，多为记游、咏物和抒写个人身世、离别相思之作，偶然也流露出对时事的感慨。其词情意真挚，格律严密，语言华美，风格清幽冷隽，有以瘦硬清刚之笔调矫婉约词媚无力之意。代表作《暗香》《疏影》，借咏叹梅花，感伤身世，抒发郁郁不平之情。王国维《人间词话》说："古今词人格调之高，无如白石，惜不于意境上用力，故觉无言外之味，弦外之响。"其《扬州慢》(淮左名都)是较有现实内容的作品，它通过描绘金兵洗劫扬州后的残破景象，表现对南宋衰亡局面的伤悼和对金兵暴行的憎恨。词中"二十四桥仍在，波心荡，冷月无声。念桥边红药，年年知为谁生？"几句颇受人们称道。他晚年受辛弃疾影响，词风有所转变，如《永遇乐》(云隔迷楼)、《汉宫春》(云曰归欤)等，呈现豪放风格。《白石道人歌曲》中有 17 首自度曲并注有旁谱，是流传至今的唯一完整的宋词乐谱资料。姜夔上承周邦彦，下开吴文英、张炎一派，是格律派的代表作家，对后世影响较大。其诗初学黄庭坚，后学晚唐陆龟蒙，虽精心刻意词句，但较少纤巧之痕，诗风清妙秀远，如《除夜自石湖归苕溪》十首等，所著《诗说》颇有独到见解，有《白石道人歌曲》《白石道人诗集》《诗说》《绛帖平》《续书谱》和琴曲《古怨》传世。

淳熙丙申至日[2]，予过维扬[3]。夜雪初霁，荠麦弥望[4]。入其城则四顾萧条，寒水自碧。暮色渐起，戍角[5]悲吟。予怀怆然，感慨今昔，因自度此曲。千岩老人以为有黍离之悲也[6]。

淮左名都[7]，竹西佳处[8]，解鞍少驻初程。过春风十里[9]，尽荠麦青青。自胡马窥江[10]去后，废池乔木[11]，犹厌言兵。渐黄昏，清角吹寒[12]，都在空城。

杜郎俊赏[13]，算而今，重到须惊。纵豆蔻词工[14]，青楼梦好[15]，难赋深情。二十四桥仍在[16]，波心荡，冷月无声。念桥边红药[17]，年年知为谁生？

【注释】

[1] 此调为姜夔自度曲，后人多用以抒发怀古之思。又名《郎州慢》，分上、下阕，共 98 个字，平韵。

[2] 淳熙丙申：淳熙三年(1176 年)。至日：冬至。

[3] 维扬：扬州。

[4] 荠麦：荠菜和麦子。弥望：满眼。

[5] 戍角：军中号角。

[6] 千岩老人：南宋诗人萧德藻，字东夫，自号千岩老人。姜夔曾跟他学诗，还是他的侄女婿。黍离：《诗经·王风》篇名。周平王东迁后，周大夫经过西周故都见"宗室宫庙，尽为禾黍"，遂赋《黍离》诗志哀。后世即用"黍离"来表示亡国之痛。

[7] 淮左：淮东。扬州是宋代淮南东路的首府，故称"淮左名都"。

[8] 竹西佳处：杜牧《题扬州禅智寺》诗："谁知竹西路，歌吹是扬州。"宋人于此筑竹西亭。这里指扬州。

[9] 春风十里：杜牧《赠别》诗："春风十里扬州路，卷上珠帘总不如。"这里用以借指扬州。

[10] 胡马窥江：指1161年金主完颜亮南侵，攻破扬州，直抵长江边的瓜洲渡，到淳熙三年(1176年)姜夔过扬州已十六年。

[11] 废池：废毁的池台。乔木：残存的古树。二者都是乱后余物，表明城中荒芜，人烟萧条。

[12] 渐：向，到。清角：凄清的号角声。

[13] 杜郎：杜牧。唐文宗大和七年(1833年)到九年(1835年)，杜牧在扬州任淮南节度使掌书记。俊赏：俊逸清赏。钟嵘《诗品序》："近彭城刘士章，俊赏才士。"

[14] 豆蔻：形容少女美艳。豆蔻词工：杜牧《赠别》："娉娉袅袅十三余，豆蔻梢头二月初。"

[15] 青楼：妓院。青楼梦好：杜牧《遣怀》诗："十年一觉扬州梦，赢得青楼薄幸名。"

[16] 二十四桥：杜牧《寄扬州韩绰判官》诗："二十四桥明月夜，玉人何处教吹箫。"二十四桥，有两说：一说唐时扬州城内有桥二十四座，皆为可纪之名胜(见沈括《梦溪笔谈·补笔谈》)；一说专指扬州西郊的吴家砖桥(一名红药桥)，"因古之二十四美人吹箫于此，故名"。(见《扬州鼓吹词》)

[17] 红药：芍药。

【提示】

姜夔，终生不仕，以游历终老，所以姜夔的词多是一种个人身世的感悟。而这首《扬州慢》则是词人一首难得的感怀家国、哀时伤乱的佳作。

一如常故，姜夔在这首词里也用了他常用的小序。小序的好处就在于可以清楚地交代写作的缘由和写作的背景。这首小序明确地交代了这首词的写作时间、地点、原因、内容和主旨，让人更好地了解词人写作此词时的背景和心理。

全词分为上、下两阕，两阕的写作手法都是运用一种鲜明对比，用昔日扬州城的繁荣兴盛景象对比现时扬州城的凋残破败惨状，写出了战争带给扬州城万劫不复的灾难。

词的上阕，写出了词人看到的景象和自身的心理感受。写出了扬州城在"胡马窥江去后"令人痛心不已的凋残破败景象。词人先从自己的行踪写起，写自己初次经过扬州城，在著名的竹西亭解鞍下马，稍作停留。走在漫长的扬州道上，词人所见到的全部是长得旺盛而整齐的荠麦。而昔日那个晚唐诗人杜牧对扬州城美景的由衷溢誉(杜牧曾经在《赠别》里写到"春风十里扬州路，卷上珠帘总不如")一去不复返。自金人入侵后，烧杀掳掠，扬州城所剩下的也只是"废池乔木"了。人们说起那场战争，至今还心有余悸和刻骨痛恨。一个"厌"字，很恰当地写出了人民的苦难、朝廷的昏聩和胡人的罪恶。日落黄昏，凄厉的号角声又四处响起，回荡在扬州城孤寂的上空，也回荡在词人惨淡的心中，词人很自然地实现了由视觉到听觉的转移。

词的下阕，运用典故，进一步深化了"黍离之悲"的主题。昔日扬州城繁华，诗人杜牧留下了许多关于扬州城的不朽诗作。可是，假如这位多情的诗人今日重游故地，他也必定会为今日的扬州城感到吃惊和痛心。杜牧算是个俊才情种，他有写"豆蔻"词的微妙精当，他有赋"青楼"诗的神乎其神。可是，当他面对眼前的凋残破败景象时，他必不能写出昔日的款款深情来！扬州的名胜二十四桥仍然存在，水波荡漾，冷峻的月光下，四周寂籁无声。唉！试想一下，尽管那桥边的芍药花年年如期盛放，可是到底还有谁有情思去欣赏它们的艳丽呢？词人用带悬念的疑问作为词篇的结尾，很自然地移情入景，今昔对比，催人泪下。

综观全词，行文的基调都笼罩在一种悲凉凄怆的氛围中。无论是词人所见到的"荠麦青青""废池乔木"，在黄昏里听到的"号角"，还是词人自身所想到的杜牧"难赋深情"和不知亡国恨的"桥边红药"，都是一种悲剧的写照。

情景交融是这首词写作表现手法上最显著的一个特点。移情入景、乐景写哀，都是词人经常使用的手法。特别是乐景写哀，词人在文中写了大量的乐景：名都、佳处、二十四桥……可是，写乐景是为了衬托哀情，是为了对比现在的惨状：名都的凋残、佳处的弊坏、二十四桥的冷寂……正如王夫之所说："以乐景写哀，以哀景写乐，倍增其哀乐。"诚哉斯言！

【思考与练习】

1. 这首词在表现手法上有什么特点？
2. 这首词的小序有什么作用？
3. 背诵这首词。

辛弃疾词二首

【作者简介】

辛弃疾(1140—1207年)，南宋词人，字幼安，号稼轩，历城(今山东济南)人。出生时，山东已为金兵所占。21岁参加抗金义军，不久归南宋，历任湖北、江西、湖南、福建、浙东安抚使等职。他在任职期间，采取积极措施，招集流亡，训练军队，奖励耕战，打击贪污豪强，注意安定民生。一生坚决主张抗金，在《美芹十论》《九议》等奏疏中，具体分析当时的政治军事形势，对夸大金兵力量、鼓吹妥协投降的谬论，作了有力的驳斥；要求加强作战准备，鼓舞士气，以恢复中原。他所提出的抗金建议，均未被采纳，并遭到主和派的打击，曾长期落职闲居江西上饶、铅山一带。晚年一度被起用，不久病卒。其词抒写力图恢复国家统一的爱国热情，倾诉壮志难酬的悲愤，对南宋上层统治集团的屈辱投降进行揭露和批判；也有不少吟咏祖国河山的作品。其艺术风格多样，而以豪放为主。热情洋溢，慷慨悲壮，笔力雄厚，与苏轼并称"苏辛"。其作《破阵子·为陈同甫赋壮词以寄之》《永遇乐·京口北固亭怀古》《水龙吟·登建康赏心亭》《菩萨蛮·书江西

造口壁》等均有名，但部分作品也流露出抱负不能实现而产生的消极情绪，有《稼轩长短句》传世。今人辑有《辛稼轩诗文钞存》。

水龙吟·登建康赏心亭[1]

楚天千里清秋，水随天去秋无际。遥岑远目，献愁供恨，玉簪螺髻[2]。落日楼头，断鸿[3]声里，江南游子。把吴钩[4]看了，栏杆拍遍，无人会，登临意。

休说鲈鱼堪脍[5]，尽西风、季鹰归未？求田问舍，怕应羞见，刘郎才气[6]。可惜流年，忧愁风雨，树犹如此[7]！倩何人唤取，红巾翠袖，揾[8]英雄泪？

【注释】

[1] 建康赏心亭：为秦淮河边一名胜。

[2] "遥岑"三句：远望遥山，像美人头上的碧玉簪、青螺发髻一样，似都在发愁，像有无限怨恨。

[3] 断鸿：失群孤雁。

[4] 吴钩：吴地特产的弯形宝刀，此指剑。

[5] "休说"句：表示自己不愿放弃大业，只图个人安逸。

[6] "求田"三句：表示自己羞于置田买屋安居乐业。刘郎：刘备。

[7] "可惜流年"三句：自惜年华在无所作为中逝去，为国运感到忧愁，人比树老得还快。

[8] 揾(wèn)：擦拭。

【提示】

故国沦陷、国耻未雪的仇恨和焦虑，故乡难归、流落江南的漂泊感，英雄无用的压抑感和壮怀理想无人理解的孤独感，交织于胸。因理想与现实的冲突，辛弃疾萌生退隐之念，但英雄无功的羞愧感和执着的进取心促使他放弃了隐退的念头。欲进不能，欲退不忍，刚强自信的英雄也不禁愤然泪下。此词充分表现出作者丰富的内心世界，深度开掘出词体长于表现复杂心态的潜在功能。

破阵子·为陈同甫赋壮词以寄之[1]

醉里挑灯[2]看剑，梦回吹角连营[3]。八百里分麾下炙[4]，五十弦翻塞外声[5]，沙场秋点兵。马作的卢[6]飞快，弓如霹雳[7]弦惊。了却君王天下事[8]，赢得生前身后名。可怜白发生！

【注释】

[1] 破阵子：词牌名。题目是《为陈同甫赋壮词以寄之》。

[2] 挑(tiǎo)灯：把油灯的芯挑一下，使它明亮。

[3] 梦回：梦醒。吹角：军队中吹号角。连营：连接成片的军营。

[4] 八百里：指牛，古代有一头骏牛，名叫"八百里駮(bò)"。麾(huī)下：指部下将士。麾：古代指

军队的旗帜。炙(zhì):烤熟的肉。

[5] 五十弦:古代有一种瑟有五十根弦,词中泛指军乐合奏的各种乐器。翻:演奏。塞外声:反映边塞征战的乐曲。

[6] 的(dí)卢:一种烈性快马。相传三国时刘备被人追赶,骑"的卢"一跃三丈过河,脱离险境。

[7] 霹雳(pī lì):响声巨大的强烈雷电。

[8] 了(liǎo)却:完成。天下事:指收复中原。

【提示】

这是辛弃疾寄给陈亮(字同甫)的一首词。陈亮是一位爱国志士,一生坚持抗金的主张,他是辛弃疾政治上、学术上的好友。可惜他一生不得志,五十多岁才状元及第,第二年就死了。他俩同是被南宋统治集团排斥、打击的人物。宋淳熙十五年(1188 年),陈亮与辛弃疾曾经在江西鹅湖商量恢复大计,但是后来他们的计划全都落空了。这首词可能是这次约会前后的作品。

【思考与练习】

1. 读《水龙吟·登建康赏心亭》,回答下列问题。

(1) 分别说明《水龙吟·登建康赏心亭》使用典故的含义,体会稼轩词"以文为词"的艺术特色。

(2) 《水龙吟·登建康赏心亭》主要抒发了作者忧怀国事的哀愁与报国无门、壮志难酬的愤慨,试结合课文加以分析。

2. 读《破阵子·为陈同甫赋壮词以寄之》,回答下列问题。

(1) 这首词表达了作者怎样的思想感情?

(2) 背诵这首词。

纳兰性德词二首

【作者简介】

纳兰性德(1655—1685 年),武英殿大学士明珠长子,原名成德,字容若,号楞伽山人,满洲正黄旗,清初著名词人。性德少聪颖,读书过目即能成诵,继承满人习武传统,精于骑射。在书法、绘画、音乐方面均有一定的造诣。

纳兰性德与朱彝尊、陈维崧、顾贞观、姜宸英、严绳孙等汉族名士交游,从一定程度上为清廷笼络住一批汉族知识分子。一生著作颇丰,主持编纂《通志堂经解》、编成《渌水亭杂识》4 卷,《词林正略》;辑《大易集义粹言》80 卷,《陈氏礼记说补正》38 卷;编选《近词初集》《名家绝句钞》《全唐诗选》等书,笔力惊人。

纳兰性德以词闻名,现存 349 首,哀感顽艳,有南唐后主遗风,悼亡词情真意切,痛彻肺腑,令人不忍卒读,王国维有评"北宋以来,一人而已"。朱祖谋云"八百年来无此作者",谭献云"以成容若之贵……而作词皆幽艳哀断,所谓别有怀抱者也",当时盛传,"家家争唱饮水词,纳兰心事几人知"。《纳兰词》传至国外,朝鲜人谓"谁料晓风残月后,而今重见柳屯田"。纳兰性德二十四岁时将词作编选成集,名为《侧帽集》,又著《饮水词》,后人将两部词集合为《纳兰词》。

长 相 思

山一程,水一程,身向榆关[1]那畔[2]行,夜深千帐[3]灯。

风一更[4],雪一更,聒[5]碎乡心梦不成,故园[6]无此声。

【注释】

[1] 榆关:山海关。

[2] 那畔:那边,此处指关外。

[3] 帐:指护卫皇帝军队的营帐。

[4] 更:古代夜间的计时单位,一夜有五更。

[5] 聒:声音嘈杂。

[6] 故园:故乡。

【提示】

这首《长相思》是清代词人纳兰性德于康熙二十一年(1682年)创作的一首词。词作上片描写跋涉行军与途中驻扎,夹杂着颇多无奈情绪;下片叙述夜来风雪交加,搅碎了乡梦,倍感惆怅。全词描写将士在外对故乡的思念之情,抒发了情思深苦的绵长心情。全词从最易引起共鸣的"山一程,水一程"入句,天涯羁旅、梦回家园的意境自然流露,从"夜深千帐灯"的壮美意境到"故园无此声"的委婉心地,既是词人亲身经历的生动再现,也是他善于从生活中发现美并以景入心的表现,满怀心事悄悄跃然纸上。语言淳朴而意味深长,取景宏阔而对照鲜明,于深沉的柔情中抒发了爱国之志。这首词以白描手法和朴素自然的语言,表现出真切的情感,颇为前人称道。词人在写景中寄寓了思乡的情怀。格调清淡朴素、自然雅致,且直抒胸臆,毫无雕琢痕迹。

如 梦 令

万帐穹庐[1]人醉,星影摇摇欲坠。归梦隔狼河,又被河声搅碎[2]。还睡,还睡,解道[3]醒来无味。

【注释】

[1] 穹庐:圆形的毡房。

[2] "归梦"二句:言家乡远隔狼河,但能梦中归去,而河声彻夜,搅得人不能成眠,连归梦也做不成。狼河:白狼河,即大凌河,发源于辽宁省凌源市努鲁儿虎山,东流至凌海入辽东湾。

[3] 解道:知道。

第二单元 词的常识与欣赏

【提示】

这首词是纳兰性德于康熙二十一年(1682 年)春，扈从圣驾东巡时所作。扈从圣驾风光无限，但思归折磨着诗人，这首词表达了作者深沉的思乡之情和对官场生活的厌烦。歌词以穹庐、星影两个不同的物象，于宇宙间两个不同方位为展现背景，并以睡梦和睡醒两种不同的状态通过人物的切身体验，揭示情思。布景与说情，阔大而深长。

王国维论诗词之辨，就曾提出"诗之境阔，词之言长"，亦曾提出"明月照积雪""大江流日夜""中天悬明月""长河落日圆"，此中境界，可谓千古壮观。求之于词，唯纳兰性德塞上之作。

尘世中总有着夜阑独醒的人，带着断崖独坐的寂寥。就算塞外景物奇绝，扈从圣驾的风光，也抵不了心底对故园的冀盼。

诺瓦利斯说，诗是对家园的无限怀想。容若这阕词是再贴切不过的注解。其实不止是容若，离乡之绪、故园之思简直是古代文人的一种思维定式，脑袋里面的主旋律。切肤痛楚让文人骚客们创作出这样"生离死别"、震撼人心的意境。在种种焦虑不安中意识到自身在天地面前如此渺小。

【思考与练习】

1. 读《长相思》，回答下列问题。
(1) 这首词表达了作者怎样的思想感情？
(2) 试分析这首词的艺术特点。
(3) 背诵这首词。
2. 读《如梦令》，回答下列问题。
(1) 结合《长相思》，谈谈作者的词风有何特点。
(2) 背诵这首词。

毛泽东词二首

【作者简介】

毛泽东(1893—1976 年)，湖南湘潭人，字润之，笔名子任。1893 年 12 月 26 日生于湖南韶山的一个农民家庭。他是一位伟大的马克思主义者、伟大的无产阶级革命家、战略家、理论家，也是举世公认的伟大诗人。他在一生的革命生涯中创作了大量的不朽诗篇，展现出一幅幅波澜壮阔的革命历史画卷。其诗词运用革命的现实主义和浪漫主义相结合的艺术手法，把文学艺术反映现实生活同抒发革命豪情完美地融合在一起，为我国传统的诗词开辟了一条古为今用、推陈出新的广阔道路。著有《毛泽东选集》5 卷，遗墨辑有《毛泽东书信手迹选》《毛泽东题词墨迹选》《毛泽东诗词手书真迹》《毛泽东手书古诗词选》《毛泽东诗词集》。

水调歌头·重上井冈山[1]

久有凌云志，重上井冈山。千里来寻故地，旧貌变新颜。到处莺歌燕舞，更有潺潺流水，高路入云端。过了黄洋界[2]，险处不须看。

风雷动，旌旗奋，是人寰。三十八年过去，弹指一挥间[3]。可上九天揽月[4]，可下五洋捉鳖[5]，谈笑凯歌还。世上无难事，只要肯登攀。

【注释】

[1] 重上井冈山：1965 年 5 月下旬，作者重上井冈山游览视察。22 日，先后到黄洋界和茨坪。在茨坪居住期间，了解井冈山地区水利、公路建设和人民生活，会见了老红军、烈士家属、机关干部和群众。25 日写了这首词，29 日下山。

[2] 黄洋界：井冈山五大哨口之一，另外四个是八面山、双马石、朱砂冲、桐木岭。

[3] 三十八年过去，弹指一挥间：从 1927 年 10 月毛泽东率领秋收起义部队上井冈山，到这次重上来，已经过去了 38 年，作者却觉得只是弹一下指、挥一下手的短时间。

[4] 九天揽月：九天，天的极高处。《孙子兵法·军形篇》："善攻者，动于九天之上。"揽月，摘取月亮。唐李白《宣州谢朓楼饯别校书叔云》："俱怀逸兴壮思飞，欲上青天览明月。"览同"揽"。

[5] 捉鳖：喻擒拿敌人。元康进之《李逵负荆》第四折："管教他瓮中捉鳖，手到拿来。"

【提示】

上阕起句"久有凌云志"，劈空而下，声势不凡。"凌云"既是形容山势之高，也昭示了词人志向的远大，这"凌云志"，既是当年初上井冈山，开辟革命根据地之"志"，也是今天重上井冈山，开拓新征程之"志"。一个"久"字，连接今昔，指向未来。"重上"二字，显然是以井冈山的过去和现在为审美背景的。"千里来寻故地，旧貌变新颜"，前句真挚地表达了对井冈山和老区人民的情意，"千里"写行程之遥远，"故地"写梦魂之所系，"寻"写感情之殷切；后句点出新中国成立后的井冈山，变得如此壮美，这里的"变"字，连接了过去，突出了现在，回应了"久有"和"重上"。在描述"新颜"时，词人摄取了几个典型的镜头：莺歌燕舞、潺潺流水、高入云端的公路。这里，视觉和听觉融为一体。"高路入云端"既赞美社会主义建设取得的成就，也说明井冈山之高峻。此时，词人的情绪格外轻松愉快，对未来充满信心。"过了黄洋界，险处不须看"，进一步体现了词人的豪壮情怀。黄洋界是井冈山五大哨口之一，最为险要。词人登上黄洋界，想起当年黄洋界保卫战，对未来信心更足。"不须看"既表现了词人对困难的蔑视，也表现了对前途的自信与乐观。

下阕即转入作者对现实的感奋。"风雷动，旌旗奋，是人寰"，词人由过去的战斗生涯，自然地想到了眼前的世界形势。连续三个三字句，奏出了充满阳刚之气的时代强音，揭示了革命可以改变一切的客观真理。接下来的"三十八年过去，弹指一挥间"两句，饱含丰富的历史与感情的内涵。词人两次上井冈山，时间跨度达 38 年之久，这 38 年，从个人及中国革命的历史看，该是多么的漫长啊！但从宇宙的历史看，从时间无限的角度看，它又仅仅是一瞬间。从这两句,可以看到毛泽东对宇宙和历史的俯视感,窥见其博大的情怀。"可上九天揽月,可下五洋捉鳖,谈笑凯歌还"三句,则充满了理想主义色彩,进一步衬托出了词人敢于斗争、敢于胜利的豪迈气概。作为一代伟人,毛泽东面对困难镇定自若,"谈笑凯歌还"形象地体现了他的气度与风采。最后两句"世上无难事,只要肯登攀",从俗语化出。词人由登黄洋界以及对革命斗争历史的回顾,升华出这样饱含深刻哲理的词句,既是作者重上井冈山的最大感受,也是此词的核心的思想精髓。

这首词作者采用了现实主义和浪漫主义相结合的艺术手法。它以登井冈山为题材,在忆旧颂新中将崇高的理想和伟大的实践精神相结合,将叙事、写景、抒情、议论熔于一炉,既包含着丰富的思想内容,具有高度的概括力,又不乏明快活泼、生动细致的景物描写,慷慨激昂,与诗人一贯的乐观主义和浪漫主义一脉相承。

忆秦娥[1]·娄山关[2]

西风烈[3],长空雁叫霜晨月[4]。霜晨月[5],马蹄声碎[6],喇叭声咽[7]。
雄关漫道真如铁[8],而今迈步从头越[9]。从头越,苍山如海[10],残阳如血[11]。

【注释】

[1] 忆秦娥:词牌名,最早源于李白的《忆秦娥·箫声咽》中的词句"秦娥梦断秦楼月"。双调,仄韵格,共46个字。此调别名甚多,有《秦楼月》《玉交枝》《碧云深》《双荷叶》,而《秦楼月》与《忆秦娥》同取词中首句为名。

[2] 娄山关:又称娄关、太平关,位于贵州遵义北大娄山的最高峰上,是贵州北部进入四川的重要隘口,离遵义城约60公里。娄山关地势极为险要,《贵州通志》说它"万峰插天,中通一线",是四川与贵州的交通孔道。此处群峰攒聚,中通一线,地势十分险要,历来为兵家必争之地。娄山关是红军长征途中的一处天险,此处战役关系着红军的生死存亡。

[3] 西风烈:西风劲厉。烈:凛冽、猛风。

[4] 长空雁叫霜晨月:在霜晨残月映照下,在烟雾茫茫的长空中,有飞雁在叫唤。这两句是记拂晓情景,当时娄山关战斗已经胜利结束。

[5] 霜晨月:叠句,类似音律上的和声,有连锁作用。

[6] 马蹄声碎:碎:碎杂,碎乱。

[7] 喇叭声咽:喇叭:一种管乐器,即军号。咽:呜咽、幽咽,声音因阻塞而低沉。

[8] 雄关漫道真如铁:人们徒然传说娄山关坚硬如铁。雄关:雄壮的关隘,即指娄山关。漫道:徒然说,枉然说。

[9] 而今迈步从头越:说的是从头大踏步越过雄关,却隐约透露着当时战略任务受挫,要对长征计划从头再作部署,且有取得胜利的坚定不移的信心。迈步:跨步、大踏步。从头越:即为头越。张相《诗词曲语词汇释》:"为头,犹云从头,或开始也。"有重头再开始的意思。

[10] 苍山如海:青山起伏,像海的波涛。

[11] 残阳如血:夕阳鲜红,像血的颜色。

【提示】

1935年1月的遵义会议，确立了毛泽东同志在党中央和红军的领导地位，会后由毛泽东、周恩来、王稼祥组成了军事指挥小组。为了继续长征，红军经娄山关北上，准备于泸州与宜宾之间渡过长江，但遇到阻碍，毛泽东果断地决定二渡赤水，折回遵义，于是再次跨越娄山关。2月25日凌晨，红军向娄山关挺进，在红花园与黔军遭遇，黔军仓皇应战，败退关口，红军沿盘山道猛烈攻击，傍晚时分终于把这座雄关控制在手中，使大部队顺利通过，迈向胜利的前程。这一仗意义重大，所以诗人心情无比激动，在战斗结束不久即挥笔写下此词。

这首词以娄山关之战为题材，虽然写的是翻越娄山关的行军情景，但是表达的是胜利后的所见所闻所感。

此词上阕描写了红军向娄山关进军时的战前气氛，融入了作者当时的沉郁心情。开篇即简练地指出了战斗的时间、景致，还创造出一个壮烈的抒情氛围。"西风烈"三个字，悲声慷慨高亢，英雄落寞之情划破寒空，直上云天。尤其这个"烈"字，让人读来不禁泪雨滂沱，犹如置身凛冽的西风之中耸然动容，平添悲壮。清晨，寒霜漫天，西风猛烈地吹荡，晓月依然挂在天边，这时雁的叫声阵阵传来，长空浩大无涯，大雁哀凉清幽，凄婉悠长的景致出现了，音律前（第一句）急后（第二句）慢，在鲜明的对比中产生回肠荡气之感，更增添几分冷峻与悲壮。透过这种情调，读者可以想象到即将来临的战斗的紧张和艰险。紧接着，"霜晨月"这一景句的重复，虽是词牌定式，却起着联系下文的作用。"马蹄声碎，喇叭声咽"两句，把红军行动生动地描绘出来。作者以表现事物形貌的"碎"来形容马蹄声，以"咽"来描绘喇叭声，准确而精彩。"碎"，表明马蹄声急而低；"咽"，除了表明喇叭声不怎么嘹亮之外，还暗示了战斗的壮烈。从这两种有代表性的声音的描绘中，可以体会到红军行动的机敏。事实上，红军就是把敌人打了个措手不及，才拿下这座易守难攻的雄关的。词并没有直接描述战斗的过程，但从这两个句子中可以想象到战斗的紧张激烈。

上阕这四句写景实非自然之景，而是作者眼中之景，如王国维所说的"景中有我"，其实是写情中之景，以表达景中之情，写作者之所感所想。所以，这里的景物描写其实不过是作者的真实感受的外化景象，是作者当时的心情投射在周围景物时所看到的事物。正因为寒冷，才觉得西风烈；正因为路难行，才觉得霜重；正因为心情沉郁，才听得雁叫凄苦，马蹄声碎，喇叭声咽。而这也正是红军当时冬夜行军的真实写照。上阕的整体色调是灰暗的，天色未亮，凄风冷月，行军困苦，可谓没有一点亮色。一句"马蹄声碎，喇叭声咽"奠定了上阕的沉郁基调。

下阕抒情，坚毅豪迈中充满了革命的英雄主义。起始两句，一片的凄厉悲壮，豪气突升，一笔宕开。诗人并不写攻占娄山关激烈的战斗，而是指明即便关山漫漫，长路艰险，但已定下从头做起的决心。按一般的章法，下阕可以写人之困顿，路之艰难，以抒行军艰难之慨，进而深化这种基调，写成一首描绘长征路难的抒情之作。但作者没有如此，而是笔锋一转，横空出世，给全词的调子来了一个一百八十度的大转弯。下阕的开头，虽然语调比较舒缓，但"真如铁"三字，突出了夺取这座雄关的艰辛——通过"铁"这一物象的坚硬、沉重，艺术地把"艰辛"具体化、形象化，构思精巧。"真如铁"这个"铁"字用

得传神，让人有超现实之感，因而被广泛传诵，成为佳句。而句中的"漫道"二字却又展露出藐视艰辛的豪迈情怀。"雄关漫道真如铁"的内涵极为丰富，"而今迈步从头越"则是上句的自然延伸。"迈步"就是举大步，经过战斗，"雄关"而今已变成通途。"从头越"这三个字凝结了多少内心的奋发坚毅之情。这支革命队伍跨越雄关，踏平险阻的坚强决心和无畏勇气跃然纸上，表达了诗人一腔英雄豪气以及对获胜的信心。诗人感到即便过去遭受过一些失败，但可以"从头越"。

词以"苍山如海，残阳如血"这两个景句来收笔，极有情味。前一句写山。"苍山"即青山，既写出了山的颜色，也隐约流露出作者的喜悦。"如海"是说山峦起伏不尽，就像碧波万顷的大海。不仅展现了壮阔的山景，也表明了作者是站在高处眺望，英雄气概实贯句中。后一句写夕阳。"如血"是说夕阳像鲜血那样殷红。它点出了红军胜利越关的具体时间，还使人通过这一壮丽的图景联想到红军义无反顾、不怕牺牲的伟大精神。这也是对词的前阕及后阕首句中"真如铁"所蕴含内涵的回应。这两个色彩鲜明的比喻句既描绘了景物，又饱含着感情。写的是黄昏景象，从凌晨写到黄昏，乍看跳跃起伏，前后不太连贯，但作者正是利用了这种时空上的错位，描写了这样的一幅景象：从天亮到入暮，红军经过一夜又一天的急行军，早已过了险峻的关口，击败敌人，占领了娄山关，把困难和艰险抛到了身后。一天激战后，遍地硝烟，血流成河，英勇的红军战士倒在了战场上，他们的鲜血染红了娄山关的崇山峻岭，而红军的旗帜在烈烈西风中飘扬，在夕阳中显得格外地鲜红。此时诗人伫立于娄山关之巅遥看远处连绵起伏的山脉莽莽苍苍，如大海一般深邃，而黄昏的夕阳渐渐落下，剩余的一抹霞光如血一般映红了天际。画卷之美正符合苍凉沉雄的大写意之境界，而这种大写意之境界正是汉风众美之中一类。李白《忆秦娥》有"西风残照，汉家陵阙。"近人王国维在《人间词话》中评曰："寥寥八字，遂关千古登临之口"。而毛泽东这最后二行博大苍茫之气比之李白句更多英雄豪迈与蔚然壮丽之气。

综观全词，上阕写景，下阕抒情，景中含情，情中有景，情景交融。其独特之处还在于上阕沉郁，下阕激昂，上阕取冷色调，下阕取暖色调，色彩对比强烈，感情对比亦同样强烈。上下阕的强烈对比，客观反映了作者的乐观主义精神和作为一代伟人指挥若定、指点江山的气魄。通篇只有 46 个字，篇幅虽短，但雄奇悲壮，气势如虹，像一幅出自大师手笔的简笔画，笔有尽而意无穷，勾勒出一幅雄浑壮阔的冬夜行军图，表现了作者面对艰难从容不迫的气度和胸怀。

【思考与练习】

1. 读《水调歌头·重上井冈山》，回答下列问题。
(1) 结合这首词谈谈作者现实主义和浪漫主义相结合艺术手法的运用。
(2) 这首词表达了作者怎样的思想感情？
(3) 背诵这首词。
2. 读《忆秦娥·娄山关》，回答下列问题。
(1) 这首词运用了哪些修辞手法，对表达主题有何作用？
(2) 为什么说这首词充满了革命的英雄主义气概？

第三单元　散文常识与欣赏

散文的写作常识

一、散文的内容和形式

　　散文，是一种描写见闻、表达感悟的自由灵活的文学样式。描写见闻、表达感悟，是就散文的内容而言；自由灵活，是就散文的形式而言。我们欣赏散文，既要用心领会作者对自然和人生的描述与感悟，又要认真品评作者表达这种感悟所用的形式。

　　从内容上讲，散文作者不论是描述人生还是描写自然，不论是说"自家事"还是说"人家事"，都是从自我感悟出发。这种感悟，既是对事物的特殊意义和特殊美质的发现，也是作者感情激荡、神思飞扬的心灵体验过程。作者的感悟，是散文的思想感情、意味情趣的本源。

　　这种感悟的特点，首先，它体现作者的个性。也就是说，作者披襟剖心，真诚道白，让读者从文中看出作者本人的经历、个性、趣味、志向、学识、修养……其次，作者的感悟包含或暗示着时代和社会的影响。作者的所思所想、所感所悟，均来源于社会生活和个人生活的体验。因此，作者的感悟既要保持个体的真实性，又不陷于个人心灵的"狭隘"圈子，而寻求与读者心灵的直接、广泛的沟通，以期获得读者的共鸣。

　　从形式上讲，散文通常写自然风物、社会风云的一角，写名士、凡人的一些片段事迹，抒写一缕情思，传达某种趣味。有人说散文姓"散"，"散"就是散淡散漫、自由灵活。这种自由灵活，表现为在服从内容需要的前提下，写法不拘一格，任意起止，"大略如行云流水，初无定质，但常行于所当行，常止于所不可不止，文理自然，姿态横生"(苏轼)。

　　如细致探究，具体情况又各不相同。就结构而言，千变万化，文无定法。有的比较讲究章法，精心布局，形式缜密、严谨，读者很容易掌握其脉络、层次；有的只是围绕一个中心，牵住一条线索组织材料，控制思路，形式比较松散、自由，但脉络、层次也清晰可辨；还有的只是抒写一种心境或情绪，错综变化，全凭主观感情的暗中控制，因而形式上显得更加随意，似乎无迹可寻。

　　就笔法而言，散文总是在细小处落笔，诗意盎然。散文作家的笔墨，总是在对人物、事件的细微处、局部的精描细绘处出精彩的。有人说"好的散文就是一首诗"，这诗意就从这种精描细绘中来。

　　就散文的语言而言，散中见整，清新自然。散文的语言具有朴素、自然、流畅、简洁等特点。它不刻意雕饰而不乏文采，不有意追求而自得其意蕴。而且，散文的语言经过情感的陶冶、锻炼，又有很强的抒情性和感染力。

　　散文内容的意味、情致和形式上的变化、创新，只有通过广泛、深入的实践，通过对朗读、默读、精读、略读等多种阅读方法的掌握，通过多多接触各种不同的散文作品，多

第三单元 散文常识与欣赏

多磨炼我们的感受力、想象力、理解力、悟性，才能体会得到，才能体会得透彻。有人说散文是"将作者思索体验的世界，只暗示于细心的注意深微的读者们"，这既道出了散文创作的特点，又说出了散文独特的表现形式。

二、散文的写作特点

1. 内容丰富，题材广泛

散文的内容涉及自然万物、各色人等、古今中外、政事私情……可以说无所不包、无所不有。可以写国内外和社会上的矛盾、斗争，写经济建设，写文艺论争，写伦理道德，也可以写文艺随笔、读书笔记、日记书简；既可以写山川景物、风土人物志、游记和偶感录，也可以写知识小品、文坛逸事；它能够谈天说地，更可以抒情写趣。凡是能给人以思想启迪、美的感受、情操的陶冶，使人开阔视野、丰富知识、心旷神怡的，都可作为散文的内容和题材。

2. 思想精辟，诗意盎然

散文多是真情实感的产物，那些优秀的篇章，都有思想火花的闪耀，表现了作者对时代和人生的深刻认识与精辟见解。徐迟说："文学作品，应该有思想。散文也不例外。它要求有特别锐利的思想。即使是抒情散文，也要求有不但是锐利的，而且是特别锐利的思想。不到五百字的《岳阳楼记》，'先天下之忧而忧，后天下之乐而乐'是一个光辉灿烂的思想。抒情散文固然很多，写到这样的境界就并不很多。然而，这正是散文、抒情散文所应追求的境界。""凡掷地作金石声的作品差不多总是包含着鲜明的思想、结结实实的思想。有闪光的思想之焦点，飞跃着不灭的思想之火焰的。"（《说散文》）

3. 短小精悍，自由灵活

有人称散文是文艺战线上的"轻骑兵"，就是因为它具有篇章短小精悍、形式灵活自由的特点。我国古代散文的名篇多数是很短的，如韩愈的《马说》有 150 个字，柳宗元的《小石潭记》有 193 个字。现代散文的名篇多数也是很短的，如许地山的《落花生》有 516 个字，茅盾的《白杨礼赞》有 1074 个字。当然，较长的优秀散文也是有的，但它与一般记叙文相比，仍是短小精悍之作。所以散文写作要求做到短小精悍，以小见大，言近旨远。从形式上来看，散文较其他的文学体裁更为自由活泼、灵活多样。鲁迅在《怎么写》中指出："散文的体裁，其实是大可以随便的。"冰心在《谈散文》中说："散文比较自由。"当然，这里说的"随便""自由"不是毫不经心、信手乱写。自由灵活的散文写作，是"装着随便的涂鸦模样，其实却是用心雕刻的苦心的文章。"（厨川白村《出了象牙之塔》）散文写作的自由灵活这一特点，在写作上，首先指的是表达方式灵活自如，不局限于某一种表达方法。因而，散文写作可以记人、叙事、状物、写景、抒情、说理、呐喊、怒吼、抨击、赞颂、幽默、讽刺、高歌、浅唱、漫谈、絮语、嬉笑怒骂、妙语解颐……各式各样，应有尽有。其次指的是作者可以自由、灵活地选用各种体裁来写，赋铭、速写、游记、书信、日记、序跋、偶感、随笔、回忆录、读后感……随意选择，因人而异，都能写成佳作。

4. 形散神收，博而不杂

宋代大散文家、词人苏轼在《文说》中说："吾文如万斛泉涌，不择地而出，在平地滔滔汩汩，虽一日千里无难。及其与山石曲折，随物赋形而不可知也。所可知者，常行于所当行，常止于不可不止，如是而已矣！"

"形散神不散"，这是许多散文作家的经验之谈。散文必须"散"，必须"博"，也就是说，从表面和形式上看，它运笔如风，不拘成法，似乎散漫无章，行文时断时续，时而勾勒描绘，时而倒叙联想，时而感情迸发，时而侃侃议论，既有天文地理，又有伦理人情，这段写甲地，那段却写乙地。但是，它的"神"是始终不散的，是首尾一贯的，是表现作者一定的思想感情的。"神收""不杂"，指的就是文章始终紧紧围绕一个中心，贯穿一条主线，做到结构紧凑，层次分明，详略得当，重点突出。例如，秦牧的散文《社稷坛抒情》，是既"散"又"博"的，然而，尽管它的内容涉及天上地下、古今中外，包罗万象，却始终围绕着"歌颂赞美养育我们的土地和创造我们伟大民族文化历史的劳动人民"这一主题思想。

因此，从形式上说，散文贵"散"；而在构思和组织上，则散文忌"散"。散文写作具有的这一辩证统一的特点，使得它与其他文体区别开来。

5. 直抒胸臆，自具风格

文学作品都是有感情的，但小说、戏剧的作者，往往把自己强烈的感情倾注在人物形象的塑造上，作者对生活的感受、对人物的爱憎褒贬，一般是通过间接的方式表现出来的。而散文则不一样，它常常像诗歌一样，每每用直接抒情的方式抒写胸臆，不仅使读者知其理，晓其事，而且悟其心，感其情，因此，散文要求作者写真情实感。真情是散文的生命，只有直抒胸臆，把真情实感捧给读者，才会赢得读者的喜爱。贾平凹在回答"散文创作要不要绝对真实"的问题时说："这个问题争论很多，又都没有一定结论。我个人的体会，还是倾向于'绝对真实'四个字。所谓真实，主要是指在感情以及运用环境和事件上。古人写的散文，题材也是很广泛的，但古人写散文，都是有感而发。今人写散文，多多少少存在着一些为写而写的现象，所以在绝对真实问题上就出现了所谓'理论与实践上的不一致。'也正因为如此，这些散文就写得不那么成功了。当然，作为文学作品应该生活化，生活也应该作品化，散文尤是这样。"（《怎样写好散文》）

写作要"文如其人"，散文更是这样。名家都有自己的风格，他们的作品即使不署名，读者也能从风格上看出作者是谁。如鲁迅的散文深刻、精练、峭拔，虽然他写文章经常更换笔名，然而"何家干"的文章，明眼人一看就知道是鲁迅。郭沫若的散文气势浩荡，又清丽、缠绵。茅盾的散文与郭沫若的浩荡相反，则为深刻而细微。还有，老舍的散文诙谐，冰心的散文慈爱，叶圣陶的散文严谨畅达，方纪的散文潇洒俊逸，等等。初学写作者一时不可能形成自己的散文风格，但是必须向这些各有风格的散文作家学习，经过长久的实践、创造，最终形成自己的散文风格。

6. 惨淡经营，文采斐然

优秀的散文不可能是随随便便就写出来的，它们都是作者惨淡经营、刻意加工的结晶。秦牧指出："一篇小小的散文也许写作时间仅仅是一两小时，但却要求作家深厚的素养，而且不断扩大和丰富这种素养。把散文当作'小功夫'，'掉以轻心'的写作态度是很不利于我们散文创作的繁荣发展的。即使是怎样熟练的名作家，我们也要求他们在写作一篇小文章时，采取'大象搏狮用全力，搏兔也用全力'的态度。"有些散文家提倡散文"整体美"，也是要求作者在内容和形式上都"惨淡经营"。整篇文章是惨淡经营、刻意加工写成的，它的语言就是精练的、文采斐然的。这是由于作者运用的是散文笔调。那么，什么是"散文笔调"呢？可以说，散文笔调一方面表现在它的行文灵活自如，另一方面则表现在它十分讲究文采。散文的文采不仅有华丽的，还有朴素的。

学习散文写作，既要掌握华丽的文采，也要掌握朴素的文采。写得华丽并不容易，写得朴素也很难。徐迟的文章是很有文采的，他常用赋的方法兼用比兴修辞，文采华美。但是他说："只有写得朴素了，才能显出真正的文采来。古今大散文家，都是这样写作的。越是大作家，越到成熟之时，越是写得朴素，而文采闪耀在朴素的篇页之上。"我们还要看到，不管是华丽的还是朴素的，散文的富有文采的语言都是从新鲜、活泼的口语中来的，这既是对优秀的古代散文创造性的继承，也是作者仔细选择、锤炼和加工的结果。

三、散文的立意与构思

1. 精于立意

"凡文以意为主"。散文的"意"，是存在于深厚的生活土壤和浩瀚的生活海洋中的。要获得它，必须依靠人们对生活的深入观察、感受、理解。因此，散文立意只要从生活实际出发，凭着鲜明的感受、敏锐的观察能力、同人民同时代共同跳动的脉搏、深厚的感情，来丰富地想象，深沉地思索，这样，就会感到我们生活中洋溢着诗意。这诗意，就是使我们心灵受到触动的东西，使我们豁然开朗的东西、思想突然升华的东西、感情更为纯洁的东西。这诗意又叫灵感。我们要为自己的散文立意就要赶紧捕捉住它。因为这里面有心灵的颤动、思想的闪光。刘白羽说："哪怕是微弱的闪耀也比没有闪耀要好，这才不是一般的照相，这才是文学。"(《早晨的太阳》序)

2. 善于构思

构思是写作者对生活素材进行去粗取精、去伪存真、由此及彼、由表及里的加工与提炼的过程。写作者要在构思中为散文的思想内容寻找尽量完美的艺术形式，使思想性与艺术性达到和谐的统一。因此，构思要解决确定体裁、寻找线索、创造意境等问题。

第一，确定体裁。散文的体裁灵活多样。如果有了一个好的意思(思想)，并且选取了表现这一意思(思想)的材料，那么就要考虑：是写成书信体，还是写成日记体；是写成随笔，还是写成偶感；是写成游记，还是写成回忆录；是写成序或跋，还是写成读后感？确定具体体裁的原则是内容决定形式，形式为内容服务。

第二，寻找线索。散文的材料应该是很"散"的，每一个材料都是一颗珍珠，但这些珍珠彼此之间有内在的联系，写作者要寻找一根线，用笔做针，将这些散乱的珍珠穿起来，成为一串光彩夺目的珠圈、项链。那么，哪些东西可以作为线索呢？

一是感情线索。我们的感情在生活中发生变化，如由厌恶到喜爱，或从喜欢到厌恶，就可以用这条感情的线索把一些似乎没有关联的材料联结起来。例如，杨朔写《荔枝蜜》就是利用感情线索，把儿时记忆、从化疗养、荔枝树林、苏轼诗词、吃鲜荔枝蜜、参观蜂场、赞扬蜜蜂和夜晚梦蜂等事串联起来的。

二是事物线索。例如，曹靖华在日常生活中感受到今天仍然需要发扬延安时期"小米加步枪"的艰苦奋斗精神，就搜罗记忆中有关小米的往事，通过小米把发生在不同地点、不同时间、不同情况下的事件组合在一起。许多托物言志的散文也是以物为线索的，如冰心的《樱花赞》。

三是人物线索。例如，写某一个人物在不同时间、不同地点的活动，可以以这个人物为线索串联起来，也可以用另一个人物把不同时间、不同地点、不同人物、不同内容的事物串联起来。这个人物还可以是写作者本人——"我"。

四是思绪线索。例如，面对某一事物、景物沉思遐想，"精骛八极，心游万仞""观古今于须臾，抚四海于一瞬""笼天地于形内，挫万物于笔端"，就能通过联想与想象，把有关的材料组织在一起，表达原定的主题思想。比如秦牧的《土地》、杨朔的《海市》、贾平凹的《丑石》等。

五是景物线索。"一切景语皆情语"。通过景物描写，在写景中融进写作者的思想感情，如《天山景物记》《西湖即景》。

六是行动线索。例如，游记以游程行踪为线索。刘白羽写《长江三日》就以游程为主线来写，当然，全文还有一条哲理性的思绪线索："战斗—航进—穿过黑夜走向黎明。"

"文无定法"，散文的线索很多，以上六种线索是较为常用的。

第三，创造意境。散文的意境是情和景的交融，是意和境的统一，是作者浸透了时代精神的主观感情、意志与自然环境和社会环境的统一。意是灵魂，境是血肉。意高则境深，意低则境浅。散文的这种意境应是诗的意境，即所谓"诗情画意"。它是可以捉摸的，可以感受的，是物质的、形象的，但它又是动人心弦的、震颤魂魄的，是精神的、性灵的。例如，朱自清写《荷塘月色》，全篇着力于"淡淡的情趣"，顺着沿路走来、伫立凝想的线索，通过描绘使小路、荷塘、花姿、月色、树影、雾气、灯光……色彩斑斓，可见可感，而叶香、蛙鸣、蝉声，又可嗅可听，再加上心情的抒写、巧妙的譬喻，创造出一种淡雅、娴静、情景交融的意境。这种优美的意境，正是散文写作者要努力追求、刻意创造的。

构思方法可以向前人借鉴，更需自己创新。

四、散文的布局与结构方法

(一)巧于布局

散文一般篇幅短小，布局有方便的地方，但要局布得好，却因篇幅短小而有难处。犹

如一座大山上有小堆的乱石，但无损大山的壮观。若是一个小园中有一堆乱石，就很容易破坏园林之美。因此，散文的布局——结构十分重要。散文的写作，也要讲究材料的布局、配合、映衬、层次，要讲究艺术性，散文局部的布局同样也要讲究艺术性。

布局的具体方法有很多，前面讲的线索问题也与布局有关。这里着重提一下的是，不少散文的布局都要巧设"文眼"，开头往往似谈家常，结尾则加以深化，画龙点睛，"卒章显其志"，并且首尾呼应，通体一贯，有机结合。初学散文写作，不妨学习这种布局的方法。

散文要"散"得起来，除了选材要有技巧之外，在叙写上也要注意断续的技巧。只有明于断续，才能使散文的行文挥洒自如。贾平凹说："记住：越是你知道多的地方，越要不写或者写得很少；空白，这正是你要写的地方呢。"他认为，"讲究了'空白'处理，一是散文可以散起来，断续之，续断之，文能'飞起'，神妙便显也。二是散文可以含蓄起来，古人也讲过：意在笔先，故得举止闲暇，看似胡乱说，骨子里却有分数。"(贾平凹的《怎样写好散文》)我们要多阅读古人优秀的散文作品，学习他人的断续技巧，在写作实践中多次运用之后就能熟能生巧。

(二)散文结构四法

散文的最大特点就是形散神聚，结构自由，上下五千年，纵横千万里。写作者意在笔先，缘情为文，思接千载，视通万里。或曲径通幽、含蓄蕴藉，或直抒胸臆、淋漓尽致，或浓笔重抹、一唱三叹，或信手拈来、如话家常。笔法之灵活，行文之多变，全看写作者自己如何安排。

1. 镜头组合法

写作者紧紧围绕文章的中心或自己的情感，选取几个具有典型性、形象性、连贯性的特写画面，精雕细琢，认真描绘，强化细节，深入挖掘，提炼其表情达意的共同点，议论引申，不断深化。这种构思的好处是意象鲜明，形象性、可视性强，选取的镜头能从不同的角度、不同的层面表达写作者的感情或写作意图，选材广，表现力强。比如冰心的《微笑》，作者选取几个典型的画面——安琪儿的微笑、赤脚孩子的微笑、茅屋里的老妇人的微笑加以组合，最后以"这时心下光明澄静，如登仙界，如归故乡。眼前浮现的三个笑容，一时融化在爱的调和里看不分明了"作一提炼，巧妙地把三幅画面糅合为一，有力地表现了"爱"的主题。

2. 反复咏叹法

写作者在明确了文章的立意或感情基调后，从不同的侧面、角度、层次入手，把其分解成一个个文字表述虽然不同，但内涵基本相同的小论题，各自独立成段。在此基础上，反复咏叹，不断强调，显阳关三叠之妙，造铁骑突出之势，搭层楼更上之梯。这种构思的好处是思路清晰，文脉清楚，文章立意鲜明，中心突出，行文有气势，易于引起读者的情感共鸣。

3．蓦然回首法

文章不直接点出自己赞美的对象，不径直表明写作意图，而是欲进先退，欲明先暗，故意顾左右而言他，待到关键之处，自然引出赞美对象。物物相因，环环相扣，节外生枝，枝外有节，于事情发展变化中见起伏，在一张一弛、一起一伏中凸显文章中心。正如"山重水复疑无路，柳暗花明又一村"，确有"众里寻他千百度，蓦然回首，那人却在灯火阑珊处"之妙。

4．感情递延法

文章开宗明义，直抒胸臆，首先表明自己的感情倾向，继之敷陈铺叙，歌咏描绘，或写景抒情，或托物言志，或写人记事，在曲尽其妙、淋漓尽致的基础上，曲终奏雅，再次顺势点出自己的感情好恶。这种构思的好处是情感鲜明，自然递延，首尾呼应，浑然天成。

五、散文创作如何出新

那么，散文创作如何出新呢？

1．材料出新

所谓材料出新，就是说，作为写作的素材，其本身就是"新"的，这类材料或具有时代气息，或是别人没有经历过或很少经历过的，或是习以为常却很少入文的。

要想获得新鲜的材料，首先要有材料。俗话说，"巧妇难为无米之炊"。如果没有材料，即使你的写作技巧再高明，也不可能写出理想的作品，材料出新也就成了一句空话。因此，平时我们一定要注意积累写作的材料，建立起自己的写作材料库。其实，收集、积累材料的途径是很多的，我们既可以广泛地阅读报纸杂志，及时地吸收有用的东西，还可以通过调查采访，向他人学习以获得材料。获取材料更重要的途径是学会细致地观察生活，在实际生活中善于捕捉各种事物和信息，做生活的有心人。茅盾曾经说过这样的话："文学之所以可贵，乃要它能够把一般人所看不见的人生的灵魂捉住了，而加以艺术地描写，使人深切地感受了。所以文学家的天职并非仅仅是描写人生，而应把一般人所看不见的人生奥秘指出来，换句话，就是文学家应该具有一双特别锐利的眼睛，能观察到普通人所看不见所忽略的地方，能捉住了这一点用巧妙的艺术手腕表现出来，使不见者成为共见。这便是所谓独到的观察。"

法国著名雕塑家罗丹曾经说过："美是到处都有的，对于我们的眼睛，不是缺少美，而是缺少发现。"其实，写作本身就是一种发现。正因为你发现了新的东西，有了新的感受，所以你写出来的东西也就有了新意。

2．角度出新

同一个人、同一件事，有的作者写出来很平常，有的作者写出来却很别致、很新颖，原因就在于作者是否善于选取最佳的角度，是否善于精心构思。

3. 立意出新

立意出新，就是要能够从大家所熟知的材料中推出新意，给读者以全新的感受。那么，怎样才能做到立意出新呢？元代戴师初说过这样的话："凡作文发意，第一番来者，陈言也，扫之不用；第二番来者，正语也，停之不可用；第三番来者，精意也，方可用之。"要想使立意出新，首先要在有材料的基础上认真思索，避开陈言，以求有新的突破。

4. 语言出新

所谓语言出新，就是说，语言要有新意，不落俗套。正如作家王蒙所说："一粒沙子微尘那么小的新，也比一座大山那么大的俗套有价值。"

散文的欣赏

散文的鉴赏，不能就作品的情景就事论事，不能仅仅局限于作品的历史背景。一个优秀的散文作品，绝不会囿于自己所属的那个时代，而往往具有超越时代的强大穿透力和辐射力。我们应该从中探求至今仍充满生命力的文化精髓。任何一个散文作品，都是一个活生生的整体。每一局部都与整体有着不可分割的内在联系。要注意立足整体去阐释局部，从局部去观照整体。

提高鉴赏散文能力的过程，是循序渐进的，必须掌握要领，诸如把握立意，抓住中心。善抓文眼，按图索骥。明白情物，即景、披事、体物从而悟情、入情、察情、明情，去感受作者的思想感情，进而欣赏作品的内容之美、境界之高、情致之雅、理趣之妙。分析结构，弄清特点。体味情言，仔细回味，注意修辞手法，明白其表达作用。了解抒情散文的写作技巧，如渲染、铺垫、象征、伏笔、照应、悬念等，方能把握散文实质。只有潜心研读，持之以恒，鉴赏水平才会如"芝麻开花——节节高"。根据散文的特点，鉴赏时可从以下几个方面入手。

1. 把握立意

散文，或叙事，或抒情，或说理。它通过对某个人物、某件事情的叙述，对某种风物的描绘，来抒发某种感情，表达某种思想，给人以强烈的感染和深刻的启迪，使之在思想上产生强烈的共鸣，或感情上激起强烈的震荡。有的散文思想比较集中，情感比较明显，有的散文则比较隐讳，这就要抓住中心、抓住立意。所以我们在鉴赏作品时，必须厘清作品的材料。诸如生活画面、场景、人物、事件、风物等，分析材料之间的内在联系，探索不断深化的脉络，进而揣摩作品的立意和主旨。散文常常托物寄意，为了使读者感受到所寄寓的丰富内涵，作者常常对所写的事物进行细致的描绘和精心的刻画，就是所谓的"形得而神自来焉"。我们读文章就要抓住"形"的特点，由"形"见"神"，深入体会文章内容。

2. 善抓"文眼"

凡是构思精巧、富有意境或写得含蓄的诗文，往往都有"文眼"。鉴赏散文时，要全力找出能揭示全篇旨趣和有画龙点睛之妙的"文眼",以便领会作者为文的缘由与目的。

"文眼"的设置因文而异,可以是一个字、一句话、一个细节、一缕情丝,乃至一景一物。并非每篇散文都有"文眼"。抓住了文章的"文眼",欣赏佳作就像按图索骥、顺藤摸瓜。

3. 明白情物

散文中的"情",常常是作品中组织人、事、物、景的重要线索,它使作品的结构紧凑严密、波澜跌宕。散文抒情的方式也很灵活,或是托物寓情,或是借景抒情,或是直抒胸臆,或是将感情深藏在字里行间。可以说,一篇优秀散文的意境包括情和景(事、物)两种因素,其中情是主要的,景只是手段,写景是为了抒情明理。若离开了情,景就失去了生命力。因此,我们在探索散文意境美时,可以从即景、披事、体物入手,从而悟情、入情、察情、明情,去感受作者的思想感情,进而欣赏作品的内容之美、境界之高、情致之雅、理趣之妙。

4. 分析结构

散文的特点是"形散而神不散"。我们鉴赏散文,就要在分析和梳理其组织材料的结构特点、明确其线索的基础上,把握文中的"神"。抓住散文的线索,便可对作品的思路了然于胸,不仅有助于理解作者的写作意图,而且有助于透过散文"形散"的表象抓住其传神的精髓,遵循作者的思路,分析文章的立意。

5. 体味情言

散文的语言风格很多。优秀的散文语言都精练准确、朴素自然、清新明快、亲切感人。欣赏散文就要仔细体味散文的语言之美,体味其哲理、诗情、画意的美。杰出的散文家的语言都具有各自的风格:鲁迅的散文语言精练深邃,茅盾的散文语言细腻深刻,郭沫若的散文语言气势磅礴,巴金的散文语言朴素优美,朱自清的散文语言清新隽永,冰心的散文语言委婉明丽,孙犁的散文语言质朴,刘白羽的散文语言奔放……一些散文大家的语言,又常常因内容而异,如鲁迅的《记念刘和珍君》的语言锋利如匕首,《好的故事》的语言绚丽如云锦,《风筝》的语言凝重如深潭。体味散文的语言风格,可以对散文的内容体味得更加深刻。一篇好的散文,语言凝练、优美,又自由灵活、接近口语。要注意展开联想,领会文章的神韵。联想的方式也多种多样,有串联式、辐射式、假托式、屏风式等,注意文章丰富的联想,由此及彼,由浅入深,由实到虚,这样才能体会到文章的神韵,领会到更深刻的道理。

另外,还要注意修辞的作用,散文语言比较注重形象、生动。一般多用比喻、拟人、夸张、排比、引用等,这些修辞手法本身具有典型的作用。例如,比喻的作用是化此为彼,形象生动,想象力丰富;拟人的作用是化物为人,亲切自然,人格化等。

6. 了解情技

了解情技,即弄清抒情散文的写作技巧,掌握诸如渲染、铺垫、象征、伏笔、照应、悬念等技巧有利于鉴赏散文，把握散文的实质。

总之，散文的鉴赏要注意艺术构思的匠心、优美意境的创造、诗情文采的铺染，以及是否具有健康的思想内容和生活情趣，给人思想启示和审美享受。

除此之处，我们还要注意散文欣赏与批评的区别。

欣赏是批评的基础，批评是欣赏的升华。凡是读散文者，都在欣赏：有的只是欣赏，而不发表高见，即不对作品品头论足；有的说一两句观感；有的则诉诸文字，写出读后感。所以，欣赏是大众的、普遍的、低层次的文学活动。而批评就不一样了，批评是在欣赏的基础上，对作品作出判断和评价，从而揭示作品的客观价值，帮助和提高欣赏者的鉴别能力。不但要肯定优点和成就，而且要指出缺点和失误。这就需要批评者把读者的欣赏观感集中起来，集思广益，作出正确的判断。因此，批评不但引导读者欣赏，还对作者有益，有助于帮助作者总结成功与失误，提高创作水平。

为　　政

《论语》

【作品简介】

《论语》首创语录之体。汉语文章的典范性也发源于此。《论语》一书比较真实地记述了孔子及其弟子的言行，也比较集中地反映了孔子的思想。儒家创始人孔子的政治思想核心是"仁""礼"。

《论语》的语言简洁精练，含义深刻，其中许多言论至今仍被世人视为至理。

《论语》以记言为主，"论"是论纂的意思，"语"是话语、经典语句、箴言，"论语"即是论纂(先师孔子的)语言。《论语》成于众手，记述者有孔子的弟子、孔子的再传弟子，也有孔门以外的人，但以孔门弟子为主。《论语》是记录孔子和他弟子言行的书。

作为一部优秀的语录体散文集，它以言简意赅、含蓄隽永的语言，记述了孔子的言论。《论语》中所记孔子循循善诱的教诲之言：或简单应答，点到即止；或启发论辩，侃侃而谈；或富于变化，娓娓动人。

子曰："为政以德[1]，譬如北辰[2]，居其所[3]而众星共[4]之。"

子曰："诗三百[5]，一言以蔽[6]之，曰：思无邪[7]。"

子曰："道[8]之以政，齐[9]之以刑，民免[10]而无耻[11]，道之以德，齐之以礼，有耻且格[12]。"

子曰："吾十有[13]五而志于学，三十而立[14]，四十而不惑[15]，五十而知天命[16]，六十而耳顺[17]，七十而从心所欲不逾矩[18]。"

孟懿子[19]问孝，子曰："无违[20]。"樊迟[21]御[22]，子告之曰："孟孙[23]问孝于我，我对曰无违。"樊迟曰："何谓也。"子曰："生，事之以礼；死，葬之以礼，祭之以礼。"

孟武伯[24]问孝，子曰："父母唯其疾之忧[25]。"

子游[26]问孝，子曰："今之孝者，是谓能养。至于犬马，皆能有养[27]，不敬，何以别乎？"

子夏问孝，子曰："色难[28]。有事，弟子服其劳[29]；有酒食，先生[30]馔[31]，曾是以为孝乎？"

子曰："吾与回[32]言，终日不违[33]，如愚。退而省其私[34]，亦足以发，回也不愚。"

子曰："视其所以[35]，观其所由[36]，察其所安[37]，人焉廋[38]哉？人焉廋哉？"

子曰："温故而知新[39]，可以为师矣。"

子曰："君子不器[40]。"

子贡问君子。子曰："先行其言而后从之。"

子曰："君子周[41]而不比[42]，小人[43]比而不周。"

子曰："学而不思则罔[44]，思而不学则殆[45]。"

子曰："攻[46]乎异端[47]，斯[48]害也已[49]。"

子曰："由[50]，诲女[51]，知之乎？知之为知之，不知为不知，是知也。"

子张[52]学干禄[53]，子曰："多闻阙[54]疑[55]，慎言其余，则寡尤[56]；多见阙殆，慎行其余，则寡悔。言寡尤，行寡悔，禄在其中矣。"

哀公[57]问曰："何为则民服？"孔子对曰[58]："举直错诸枉[59]，则民服；举枉错诸直，则民不服。"

季康子[60]问："使民敬、忠以[61]劝[62]，如之何？"子曰："临[63]之以庄，则敬；孝慈[64]，则忠；举善而教不能，则劝。"

或[65]谓孔子曰："子奚[66]不为政？"子曰："《书》[67]云：'孝乎惟孝，友于兄弟。'施[68]于有政，是亦为政，奚其为政？"

子曰："人而无信，不知其可也。大车无輗[69]，小车无軏[70]，其何以行之哉？"

子张问："十世[71]可知也？"子曰："殷因[72]于夏礼，所损益[73]可知也；周因于殷礼，所损益可知也。其或继周者，虽百世，可知也。"

子曰："非其鬼[74]而祭之；谄[75]也。见义[76]不为，无勇也。"

【注释】

[1] 为政以德：此句是说统治者应以道德进行统治，即"德治"。以：用的意思。

[2] 北辰：北极星。

[3] 所：处所，位置。

[4] 共：同"拱"，环绕的意思。

[5] 诗三百：诗，指《诗经》一书，此书实有305篇，三百只是举其整数。

[6] 蔽：概括的意思。

[7] 思无邪：此为《诗经·鲁颂》中的一句，此处的"思"作思想解。无邪，一解为"纯正"，一解为"直"，后者较为妥帖。

[8] 道：有两种解释：一为"引导"；二为"治理"。前者较为妥帖。

[9] 齐：整齐、约束。

[10] 免：避免、躲避。

[11] 耻：羞耻之心。

[12] 格：有两种解释，一为"至"；二为"正"。

[13] 有：同"又"。

[14] 立：站得住的意思。

[15] 不惑：掌握了知识，不为外界事物迷惑。

[16] 天命：指不能为人力支配的事情。

[17] 耳顺：对此有多种解释。一般而言，指对那些于己不利的意见也能正确对待。

[18] 从心所欲不逾矩：从：遵从的意思；逾：越过；矩：规矩。

[19] 孟懿子：鲁国的大夫，姓仲孙，名何忌，"懿"是谥号。其父临终前要他向孔子学礼。

[20] 无违：不要违背。

[21] 樊迟：姓樊名须，字子迟。孔子的弟子，比孔子小46岁。他曾和冉求一起帮助季康子进行革新。

[22] 御：驾驭马车。

[23] 孟孙：指孟懿子。

[24] 孟武伯：孟懿子的儿子，名彘，武是他的谥号。

[25] 父母唯其疾之忧：其：代词，指父母。疾：病。

[26] 子游：姓言名偃，字子游，吴人，比孔子小45岁。

[27] 养：读 yàng。

[28] 色难：色：脸色。难：不容易的意思。

[29] 服其劳：服劳即服侍。服：从事、担负。

[30] 先生：先生指长者或父母；前面说的弟子，指晚辈、儿女等。

[31] 馔：读 zhuàn，意为饮食、吃喝。

[32] 回：姓颜名回，字子渊，生于公元前521年，比孔子小30岁，鲁国人，孔子的得意门生。

[33] 不违：不提相反的意见和问题。

[34] 退而省其私：考察颜回私下里与其他学生讨论学问的言行。

[35] 所以：所做的事情。

[36] 所由：所走过的道路。

[37] 所安：所安的心境。

[38] 廋：读 sōu，隐藏、藏匿。

[39] 温故而知新：故：已经过去的。新：刚刚学到的知识。

[40] 器：器具。

[41] 周：合群。

[42] 比：读 bì，勾结。

[43] 小人：没有道德修养的人。

[44] 罔：迷惑、糊涂。

- [45] 殆：疑惑、危险。
- [46] 攻：攻击。有人将"攻"解释为"治"，不妥。
- [47] 异端：不正确的言论，也作另外、不同的一端。
- [48] 斯：代词，这。
- [49] 也已：这里用作语气词。
- [50] 由：姓仲名由，字子路，生于公元前542年，孔子的学生，长期追随孔子。
- [51] 女：同"汝"，你。
- [52] 子张：姓颛孙名师，字子张，生于公元前503年，比孔子小48岁，孔子的学生。
- [53] 干禄：求取官职。干：求的意思。禄：古代官吏的俸禄。
- [54] 阙：缺。此处意为放置在一旁。
- [55] 疑：怀疑。
- [56] 寡尤：寡：少的意思。尤：过错。
- [57] 哀公：姓姬名蒋，哀是其谥号，鲁国国君，公元前494—前468年在位。
- [58] 对曰：《论语》中记载对国君及在上位者问话的回答都用"对曰"，以表示尊敬。
- [59] 举直错诸枉：举：选拔的意思。直：正直公平。错：同"措"，放置。枉：不正直。
- [60] 季康子：姓季孙名肥，康是他的谥号，鲁哀公时任正卿，是当时政治上最有权势的人。
- [61] 以：连接词，与"而"同。
- [62] 劝：勉励。这里是自勉努力的意思。
- [63] 临：对待。
- [64] 孝慈：一说当政者自己孝慈；一说当政者引导老百姓孝慈。此处采用后者。
- [65] 或：有人，不定代词。
- [66] 奚：疑问词，相当于"为什么"。
- [67] 《书》：指《尚书》。
- [68] 施：一作施行讲；一作延及讲。
- [69] 輗：读ní，古代大车车辕前面横木上的木销子。大车指的是牛车。
- [70] 軏：读yuè，古代小车车辕前面横木上的木销子。没有輗和軏，车就不能走。
- [71] 世：古时称30年为一世。也有的把"世"解释为朝代。
- [72] 因：因袭、沿用、继承。
- [73] 损益：减少和增加，即优化、变动之意。
- [74] 鬼：有两种解释，一是指鬼神，二是指死去的祖先。这里泛指鬼神。
- [75] 谄：谄媚、阿谀。
- [76] 义：人应该做的事就是义。

【提示】

《为政》篇包括24章。本篇主要涉及孔子"为政以德"的思想、如何谋求官职和从政为官的基本原则、学习与思考的关系、孔子本人学习和修养的过程、温故而知新的学习方法，以及对孝、悌等道德范畴的进一步阐述。

【思考与练习】

1. 写出《为政》篇中孔子人生感悟的句子。
2. 孔子的思想在今天是否还有意义？结合实际谈谈如何继承古代优秀的文化遗产。
3. 阅读《论语》，收集其中出现的成语、格言、警句，注明出处、含义，互相交流。

山　木

《庄子》

【作者简介】

庄子(约公元前369—前286年)，名周，字子休(一说子沐)。庄子在我国文学史和思想史上做出了重要贡献，封建帝王尤为重视，在唐开元二十五年(737年)庄子被诏封为"南华真人"，后人即称之为"南华真人"，《庄子》一书也被称为《南华真经》。庄子是战国时期宋国蒙(今安徽省蒙城县境内，一说河南省商丘市东北民权县)人，曾做过漆园史。生活贫穷困顿，却鄙弃荣华富贵、权势名利，力图在乱世保持独立的人格，追求逍遥无待的精神自由。他是著名的思想家、哲学家、文学家，是道家学派的代表人物，老子哲学思想的继承者和发展者，先秦庄子学派的创始人。他的学说涵盖当时社会生活的方方面面，但根本精神还是归依于老子的哲学。后世将他与老子并称为"老庄"，他们的哲学为"老庄哲学"。

他的思想包含着朴素的辩证法因素，主要思想是"天道无为"，认为一切事物都在变化，他认为"道"是"先天地生"的，从"道未始有封"("道"是无界限差别的)，属主观唯心主义体系。"道"也是其哲学的基础和最高范畴，既是关于世界起源和本质的观念，又是指人认识境界。他主张"无为"，即放弃一切妄为。他认为一切事物都是相对的，因此他否定知识，否定一切事物的本质区别，极力否定现实，幻想一种"天地与我并生，而万物与我为一"(《齐物论》)的主观精神境界，安时处顺，逍遥自得，倒向了相对主义和宿命论。在政治上主张"无为而治"，反对一切社会制度，摈弃一切文化知识。

庄子的文章，想象力很强，文笔变化多端，具有浓厚的浪漫主义色彩，并采用寓言故事形式，富有幽默讽刺的意味，对后世文学语言有很大影响。其超常的想象和变幻莫测的寓言故事，构成了庄子特有的、奇特的形象世界，"意出尘外，怪生笔端"(刘熙载《艺概·文概》)。庄周和他的门人以及后学者著有《庄子》(被道教奉为《南华经》)，乃道家经典之一。《汉书·艺文志》著录《庄子》52篇，但留下来的只有33篇。其中内篇7篇，一般定为庄子著；外篇、杂篇可能掺杂他的门人和后来道家的作品。

《庄子》在哲学、文学上都有较高研究价值。研究中国哲学，不能不读《庄子》；研究中国文学，也不能不读《庄子》。鲁迅先生说过："其文汪洋辟阖，仪态万方，晚周诸子之作，莫能先也。"(《汉文学史纲要》)名篇有《逍遥游》《齐物论》《养生主》等，《养生主》中的《庖丁解牛》尤为后世传诵。

庄子行于山中，见大木[1]枝叶盛茂，伐木者止其旁而不取也。问其故，曰："无所可

用。"庄子曰："此木以不材得终其天年[2]。"夫子[3]出于山，舍于故人之家。故人喜，命竖子杀雁而烹之[4]。竖子请曰："其一能鸣，其一不能鸣，请奚杀？"主人曰："杀不能鸣者。"明日，弟子问于庄子曰："昨日山中之木，以不材得终其天年；今主人之雁，以不材死。先生将何处[5]？"庄子笑曰："周将处乎材与不材之间。材与不材之间，似之而非也，故未免乎累[6]。若夫乘道德而浮游则不然[7]，无誉无訾[8]，一龙一蛇[9]，与时俱化，而无肯专为[10]。一上一下，以和为量[11]，浮游乎万物之祖[12]。物物而不物于物[13]，则胡可得而累邪！此神农、黄帝之法则也。若夫万物之情，人伦之传[14]，则不然。合则离，成则毁[15]，廉则挫，尊则议[16]，有为则亏，贤则谋，不肖则欺[17]，胡可得而必乎哉！悲夫！弟子志之，其唯道德之乡乎[18]！"

市南宜僚见鲁侯[19]，鲁侯有忧色。市南子曰："君有忧色，何也？"鲁侯曰："吾学先王之道，修先君之业，吾敬鬼尊贤，亲而行之，无须臾[20]离居。然不免于患，吾是以忧。"市南子曰："君之除患之术浅矣[21]！夫丰狐文豹[22]，栖于山林，伏于岩穴，静也；夜行昼居，戒也；虽饥渴隐约[23]，犹且胥疏[24]于江湖之上而求食焉，定[25]也。然且不免于罔罗机辟[26]之患，是何罪之有哉？其皮为之灾[27]也。今鲁国独非君之皮邪[28]？吾愿君刳形去皮[29]，洒心[30]去欲，而游于无人之野[31]。南越有邑焉，名为建德之国[32]。其民愚而朴，少私而寡欲；知作而不知藏，与而不求其报；不知义之所适，不知礼之所将[33]。猖狂妄行[34]，乃蹈乎大方[35]。其生可乐，其死可葬。吾愿君去国捐俗[36]，与道相辅[37]而行。"君曰："彼其道远而险，又有江山，我无舟车，奈何？"市南子曰："君无形倨[38]，无留居，以为君车[39]。"君曰："彼其道幽远而无人，吾谁与为邻？吾无粮，我无食，安得而至焉[40]？"市南子曰："少君之费，寡君之欲，虽无粮而乃足。君其涉于江而浮于海，望之而不见其涯，愈往而不知其所穷。送君者皆自崖而反，君自此远[41]矣！故有人者累，见有于人者忧[42]，故尧非有人，非见有于人也[43]。吾愿去君之累，除君之忧，而独与道游于大莫之国[44]。方舟而济于河[45]，有虚船[46]来触舟，虽有惼[47]心之人不怒。有一人在其上，则呼张歙[48]之。一呼而不闻，再呼而不闻，于是三呼邪，则必以恶声[49]随之。向也不怒而今也怒，向也虚而今也实。人能虚己以游世，其孰能害之！"

北宫奢为卫灵公赋敛以为钟[50]，为坛[51]乎郭门之外，三月而成上下之县[52]。王子庆忌[53]见而问焉，曰："子何术之设[54]？"奢曰："一之间[55]无敢设也。奢闻之，'既雕既琢，复归于朴[56]'，侗[57]乎其无识，傥乎其怠疑[58]；萃乎芒乎[59]，其送往而迎来。来者勿禁，往者勿止；从其强梁[60]，随其曲傅[61]，因其自穷[62]，故朝夕赋敛而毫毛不挫，而况有大涂[63]者乎。"

孔子围于陈蔡之间，七日不火食[64]。大公任往吊之[65]，曰："子几死乎？"曰："然。""子恶死乎？"曰："然。"任曰："予尝言不死之道。东海有鸟焉，其名曰意怠[66]。其为鸟也，翂翂翐翐[67]，而似无能；引援[68]而飞，迫胁[69]而栖；进不敢为前，退不敢为后；食不敢先尝，必取其绪[70]。是故其行列不斥[71]，而外人卒不得害，是以免于患。直木先伐，甘井先竭。子其意者饰知以惊愚[72]，修身以明污，昭昭乎如揭日月而行，故不免也。昔吾闻之大成之人[73]曰：'自伐者无功，功成者堕[74]，名成者亏。'孰能去功与名而还与众人[75]！道流而不明居[76]，得行而不名处[77]；纯纯常常[78]，乃比于狂[79]，削迹捐势[80]，不为功名，是故无责于人，人亦无责焉。至人不闻，子何喜哉[81]？"孔子曰："善哉！"辞其交游，去其弟子，逃于大泽，衣裘褐，食杼栗[82]，入兽不乱群[83]，入鸟不乱行。鸟兽不恶，而况人乎！

孔子问子桑雽[84]曰："吾再逐于鲁[85]，伐树于宋，削迹于卫[86]，穷于商周，围于陈蔡之间。吾犯此数患，亲交益疏，徒友益散，何与？"子桑雽曰："子独不闻假人之亡[87]与？林回[88]弃千金之璧，负赤子而趋[89]。或曰：'为其布[90]与？赤子之布寡矣。为其累与[91]？赤子之累多矣。弃千金之璧，负赤子而趋，何也？'林回曰：'彼以利合，此以天属[92]也。'夫以利合者，迫穷祸患害相弃也[93]；以天属者，迫穷祸患害相收[94]也。夫相收之与相弃亦远矣，且君子之交淡若水，小人之交甘若醴[95]。君子淡以亲，小人甘以绝[96]，彼无故以合者，则无故以离。"孔子曰："敬闻命矣！"徐行翔佯[97]而归，绝学捐书，弟子无挹于前[98]，其爱益加进。异日，桑雽又曰："舜之将死，真泠[99]禹曰：'汝戒之哉，形莫若缘[100]，情莫若率[101]。缘则不离[102]，率则不劳[103]。不离不劳，则不求文以待形[104]。不求文以待形，固不待物[105]。'"

庄子衣大布而补之[106]，正緳系履而过魏王[107]。魏王曰："何先生之惫[108]邪？"庄子曰："贫也，非惫也。士有道德不能行，惫也；衣弊履穿，贫也，非惫也，此所谓非遭时[109]也。王独不见夫腾猿[110]乎？其得楠梓豫章也[111]，揽蔓其枝而王长其间[112]，虽羿、蓬蒙不能眄睨也[113]。及其得柘棘枳枸之间也[114]，危行[115]侧视，振动悼栗[116]，此筋骨非有加急[117]而不柔也，处势不便，未足以逞其能也。今处昏上乱相[118]之间，而欲无惫，奚可得邪？此比干之见剖心征也夫[119]！"

孔子穷于陈蔡之间，七日不火食，左据槁木，右击槁枝[120]，而歌猋氏之风[121]，有其具而无其数[122]，有其声而无宫角[123]，木声与人声，犁然[124]有当于人之心。颜回端拱还目而窥之[125]。仲尼恐其广己而造大也[126]，爱己而造哀也[127]，曰："回，无受天损易，无受人益难[128]。无始而非卒也[129]，人与天一也。夫今之歌者其谁乎？"回曰："敢问无受天损易。"仲尼曰："饥渴寒暑，穷桎不行[130]，天地之行也，运物之泄[131]也，言与之偕逝[132]之谓也。为人臣者，不敢去之。执臣之道犹若是，而况乎所以待天乎[133]！""何谓无受人益难？"仲尼曰："始用四达[134]，爵禄并至而不穷。物之所利，乃非己也[135]，吾命其在外者[136]也。君子不为盗，贤人不为窃，吾若取之，何哉[137]？"故曰："鸟莫知于鷾鸸[138]，目之所不宜处不给视[139]，虽落其实[140]，弃之而走，其畏人也而袭诸人间[141]。社稷[142]存焉尔。""何谓无始而非卒？"仲尼曰："化其万物而不知其禅之者[143]，焉知其所终？焉知其所始？正而待之[144]而已耳。""何谓人与天一邪？"仲尼曰："有人，天也[145]；有天，亦天也。人之不能有天[146]，性也，圣人晏然体逝而终矣[147]！"

庄子游于雕陵之樊[148]，睹一异鹊自南方来者，翼广七尺，目大运寸[149]，感周之颡[150]，而集[151]于栗林。庄周曰："此何鸟哉！翼殷不逝[152]，目大不睹[153]。"蹇裳躩步[154]，执弹而留之[155]。睹一蝉方得美荫而忘其身，螳螂执翳[156]而搏之，见得而忘其形。异鹊从而利之[157]，见利而忘其真[158]。庄周怵然[159]曰："噫！物固相累，二类相召也[160]！"捐弹而反走[161]，虞人逐而谇之[162]。庄周反入，三月不庭[163]。蔺且[164]从而问之："夫子何为顷间[165]甚不庭乎？"庄周曰："吾守形而忘身[166]，观于浊水而迷于清渊[167]。且吾闻诸夫子曰：'入其俗，从其令。'今吾游于雕陵而忘吾身，异鹊感吾颡，游于栗林而忘真，栗林虞人以吾为戮[168]，吾所以不庭也。"

阳子之宋[169]，宿于逆旅[170]。逆旅人有妾二人，其一人美，其一人恶[171]，恶者贵而美者贱。阳子问其故，逆旅小子[172]对曰："其美者自美[173]，吾不知其美也；其恶者自恶，吾不知其恶也。"阳子曰："弟子记之：行贤而去自贤[174]之行，安往而不爱哉！"

【注释】

[1] 大木：大树。

[2] 不材：不成材。天年：自然寿命。

[3] 夫子：指庄子。

[4] 竖子：童仆。雁：鹅。鹅由雁驯化成，故亦称鹅为雁。烹：应作享，同"飨"，招待、款待之意。

[5] 何处：如何自处，指在材与不材间选择哪种以立身自处。

[6] 未免乎累：不能免于受牵累。因为处于材与不材间，既受材累又受不材累。

[7] 若夫：至于。乘道德：顺自然。浮游：茫然无心地漫游。

[8] 訾(zǐ)：毁谤非议。

[9] 一龙一蛇：或如龙之显现，或如蛇之潜藏，随时而变化。

[10] 专为：不主于一端。

[11] 和：中和，与外物相和谐。量：度量。

[12] 万物之祖：夫曾有物之前的虚无状态。

[13] 物物：按物本性去主宰支配物。不物于物：不被外物支配役使。

[14] 人伦之传：人世伦理之传习。

[15] 成则毁：有成就有毁，成必转为毁。

[16] 廉：刚正、有棱角。议：非议指责。

[17] 谋：算计、暗算。欺：戏弄欺侮。

[18] 志：记住。乡：同"向"，趋向、归向。

[19] 市南宜僚：人名，姓熊名宜僚，家住市南。《左传》哀公十六年："市南有熊宜僚者，若得之可以当五百人矣。"即指此人。古人常以住地称谓其人，如东里子产、南郭子綦等。鲁侯：鲁哀公。

[20] 须臾：片刻。

[21] 浅：肤浅，指只停留在世俗有形层面寻求治道，故言肤浅。

[22] 丰狐：皮毛丰厚之狐。文豹：皮毛有美丽花纹的豹子。

[23] 隐约：困穷。

[24] 胥疏：与趑趄义近，且前且却，犹豫不前的样子。

[25] 定：知止审慎。

[26] 罔罗：捕野兽之网。罔，同"网"。机辟：捕野兽之机关。

[27] 皮为之灾：它们的皮很珍贵，人们为了得皮，就设法捕杀，故而是皮给他们带来灾祸。

[28] 独：难道。这句是说，鲁国之权力和财富之于鲁君，好比珍贵毛皮之于野兽，人要夺取鲁国之

权力和财富就要加害鲁君,如同为得毛皮就要捕兽一样。

[29] 刳(kū)形去皮:比喻舍弃鲁国的权力和财富。刳:剖空。

[30] 洒心:把心洗涤干净。

[31] 无人之野:离开人类社会与天地相合。

[32] 建德之国:庄子虚构的按自性生活的理想社会,是大道与人生完美合一的境界。

[33] 适:往。将:行。这两句是说,不知礼义规范为何物,却能与之完全吻合。

[34] 猖狂妄行:从心所欲,不加任何约束之行。

[35] 蹈:踏。大方:大道。

[36] 去:舍去。捐俗:抛弃世俗观念之约束。

[37] 相辅:相辅相成。

[38] 形:势,指鲁君所处之地位。倨(jū):傲慢。

[39] 留居:留住原来的地位。以为君车:抛弃君之势位,就是通往大道之车。

[40] 粮:自行携带的干粮食品。食:取自旅途的食物。这句话的意思是说,建德之国本为虚构,鲁侯不悟,以为实有。宜僚在一步步点播引导,使其领悟。

[41] 自此远:自此远离尘世而入更广漠虚空的世界。

[42] 有人:把人民国家视为己有,必成牵累。见有于人:指敬鬼尊贤,励精图治,以治理好国家为己任,则是为国家人民役使。

[43] 这句意思是,尧不以天下为己私有,故非有人。任天下自治,而不加干预,是不见有于人。

[44] 大莫之国:广漠空虚之境。

[45] 方舟:并舟。济:渡。

[46] 虚船:无人驾驶的空船。

[47] 愊(biǎn):心地狭窄。

[48] 张歙(xī):撑开或靠拢。歙:合。

[49] 恶声:责骂之声。

[50] 北宫奢:卫国大夫,名奢,居于北宫,因以为号。赋敛:募集,即募集铸钟费用。

[51] 坛:铸钟之处。

[52] 县:同"悬",悬挂钟的架子,分上、下两层,也就是两组,按钟之音律排列,可见所铸为编钟。

[53] 王子庆忌:可能是周王室公子,在卫国任职为官之人。

[54] 术:方法。设:施行、使用之意。这句是说,庆忌见北宫奢募捐铸钟,完成很快,问其使用何种方法,有何奇术。

[55] 一之间:一心只有铸钟,别无他念。

[56] 朴:质朴。这句是说,既经雕琢,还要复归质朴,质朴纯一则能动人。

[57] 侗(tóng):幼稚无知的样子。

[58] 傥(táng)乎:无心之状。怠疑:与迟疑义近,呆滞的样子。

[59] 萃:聚集。芒:茫然不辨。这句是说,人们聚集而来,茫然不知分辨。

[60] 从:同"纵",听任。强梁:强横不肯合作者。

[61] 曲傅：曲意相附者。

[62] 因：任。自穷：自尽其力，不加勉强。

[63] 大涂：大路。

[64] 这两句是说，孔子陈、蔡被围。陈、蔡是春秋时两个小国，孔子与弟子们行于陈、蔡之间，适逢吴楚战争，陈、蔡也被波及，形势混乱，他们被乱兵包围七日，粮尽炊断，随行之人都饿得站不起来。火食：熟食。

[65] 大公任：大公即太公，为对老者的尊称，任为其名，寓有放任逍遥之义，当为虚拟之人名。吊：慰问。

[66] 意：为燕鸟，指海燕之类。怠：鸵鸟之名，因其怠慢笨拙而得名。

[67] 翂翂(fēn)翐翐(zhì)：形容鸟飞得又低又慢的样子。

[68] 引援：引导协助。

[69] 偪胁：偎依在一起。

[70] 绪：残余。

[71] 斥：排斥。

[72] "子其意者饰知以惊愚"三句，与《达生》篇相重，见《达生》。

[73] 大成之人：道德至高之人，相当于至人。又说指老子一类得道者。

[74] 伐：夸耀。堕：同"隳"，毁败。

[75] 还与众人：还和普通人相同。

[76] 道流：道之变化流行。不明居：不是明白可见的居留。

[77] 得：与德通。不名处：不可用名言概念表述之存在。

[78] 纯：纯一不杂。常常：恒常不变。

[79] 狂：循性无心而行。

[80] 削迹：消除一切形迹。捐势：抛弃一切权势。

[81] 子何喜哉：反问孔子，既然至人不喜闻名于世，你又何必喜欢呢？子：孔子。

[82] 裘褐(qiú hè)：裘为皮衣，褐为用兽毛或粗麻制成之短衣，贫贱之人所服。裘褐泛指粗陋之服。杼(xù)：同"芧"，橡实。

[83] 入兽不乱群：淡漠无心，与物无害，故虽入兽群，野兽不受惊吓。

[84] 子桑雽(hù)：人名，得道者。或以为即《大宗师》篇子桑户。

[85] 再逐于鲁：鲁昭公时，季孙氏势力大增，危及公室，昭公想除掉季孙氏而失败，被迫逃亡国外，客死他乡，孔子因鲁乱而去齐，此为第一次被逐。后在定公时，孔子为鲁大司寇，摄行相事。齐国馈送女乐，季桓子接受而不朝，孔子为此而离去，开始了漫长的周游列国的流浪生活。再逐于鲁即指此次。

[86] 伐树于宋：孔子途经宋国，在大树下与弟子们演习礼。宋司马桓魋(tuí)欲杀孔子，孔子化装逃走，桓魋把那棵大树砍倒。削迹于卫：孔子到卫国，卫灵公派人监视，经过匡地，又被包围五天，放走后，孔子被警告不许到卫国来。削迹：绝迹之意。

[87] 假：国名，为晋之属国，后为晋所灭。亡：逃亡。

[88] 林回：人名，为假国逃亡之民。

[89] 负：背负着。趋：小步疾走。

[90] 布：镈的同声假借字，镈为一种像铲子的农具，古人仿照其形状制成钱币，镈就成了古钱币之代称，假借为布。

[91] 累：重。为其累：因为它重吗？

[92] 天属：以天性相连属。

[93] 迫：迫近遭遇之意。穷祸患害：困穷灾祸危难。

[94] 收：收留、容纳。

[95] 醴(lǐ)：甜酒。

[96] 绝：断绝。这句的意思是，小人相交以利，有利可图则甘美，无利可图则断绝，故虽甘美而易断绝。

[97] 翔佯：与徜徉义近，逍遥自在的样子。

[98] 绝学捐书：绝有为之学，弃圣贤之书。无挹于前：弟子们无须在老师面前鞠躬作揖，过分讲求礼仪。挹，同"揖"。

[99] 真泠：据王引之说，应作"迺令"（"乃令"），为传抄中造成之错误，此说可从。

[100] 形：仪容举止。缘：随顺物性。

[101] 率：直率，真诚。

[102] 缘则不离：随顺物性则与物不离异。

[103] 率则不劳：任真情自然坦率表露，不加文饰，故无须劳神。

[104] 文：文饰。这句是指无须对仪容举止进行文饰。

[105] 固：通"故"。物：衣冠、礼品、祭品之类。这句的意思是，只要心真诚，就无须文饰，更不要外物相辅助。

[106] 大布：粗布。这句是说，庄子穿粗布制作又带补丁衣服。

[107] 縰(xié)：通"絜"，带子。正縰：整理扎束好腰带。系履：鞋子已磨穿，用麻绳扎牢。过：至，去。魏王：魏惠王。

[108] 惫(bèi)：疲乏困顿。

[109] 非遭时：生不逢时，没有遇见好世道。

[110] 腾猿：善于腾跃之猿猴。

[111] 楠：楠树，产于四川、云南、贵州各省的常绿乔木。梓：梓树，生长于长江以北的落叶乔木。豫章：樟树，亦为高大乔木。

[112] 揽蔓：把捉牵扯。王长：怡然自得的样子。

[113] 羿：古代传说中善射的英雄。曾协助尧上射十日，下射凿齿、九婴、封豨、修蛇等害兽。蓬蒙：羿之弟子，也作逢蒙，亦是善射之人。眄睨(miàn nì)：斜视瞄准。言腾猿善跃，羿与蓬蒙也难以瞄准射中。

[114] 柘(zhè)：桑科灌木。棘：带刺的小型枣树。枳枸：橘科带刺小灌木。

[115] 危行：心存畏惧，行动谨慎。

[116] 悼栗：畏惧战栗。

[117] 加急：过分紧张。

[118] 昏上乱相：对当权君臣之责骂。

[119] 比干：殷纣王之臣，因忠谏不听，被剖心而死。见：先见。征：征兆。这句是说，比干已先见将被剖心之征兆。

[120] 据槁木：执持木杖。槁枝：以枯枝为击节之策。

[121] 焱(yàn)：同"焱"。焱氏即神农氏，传说为教民稼穑之古帝王。风：歌谣。

[122] 具：敲击拍节之木棍等。无其数：作为乐器用的各种器具都有一定规格尺寸，即为数。此时只是信手取来，不合规格，故称无其数。

[123] 宫角：宫、商、角、徵、羽五声之代称。

[124] 犁然：犹厘然，条理分明。

[125] 端拱：端立拱手。还目：转眼。

[126] 广己：扩大己之德。造大：造作夸大。

[127] 造哀：超乎自然，过分造作之哀痛。此句意思是，孔子担心颜回把自己的道德看得过高而有所造作夸大，由于爱己过深而哀痛过度。

[128] 天损：自然带来的损害。人益：别人加给的超出本性的东西，如权势、利禄、名誉之类。

[129] 无始而非卒：没有哪个起点不同时又是终点的。卒：终。庄子认为终与始是相对的、转化的，如晨是昼之始，夜之终，既是始，也是终。始终一直在相互转化。自然如此，人亦如此。

[130] 穷桎不行：困穷滞碍不能通达。桎：同"窒"，滞碍。

[131] 运物之泄：万物运动过程之发泄。

[132] 与之偕逝：与天地万物一起变化流行。

[133] 待天：对待天道。此句意思是，对君命尚能执守勿违，何况是对待天道呢。

[134] 始用四达：开始见用于世，即能四面八方无不通达。

[135] 乃非己也：物之所利，非关于己，乃是本性之外的附带之物。

[136] 命其在外者：命运操纵在外，非由自己所主宰。

[137] 此句意思是：取之则为盗窃，故君子贤人不妄取。

[138] 知：同"智"。鹢鴳(yì ér)：燕子。

[139] 目之：看一眼。不宜处：不适宜停留。不给视：不再多看即离去。

[140] 落其实：布下网络和诱饵想逮住燕子。落与"络"同，网络。实即食，诱饵。

[141] 袭：入。这句的意思是，燕子畏惧于人，而又入于人宅筑巢以免害。

[142] 社稷：指代国家。

[143] 化其万物：万物生灭变化无穷。禅：相互更代。

[144] 正而待之：持守正道以待其变化。

[145] 有人，天也：人事变化莫不受天道支配。

[146] 不能有天：指人不能支配天道。

[147] 晏然：安然。体逝而终：体悟天道常行不息之性而终其天命。

[148] 雕陵之樊：陵园内植栗树，外有篱笆围护。雕陵为陵园名。樊与"藩"同，藩篱之类。

[149] 异鹊：异乎寻常之鹊。广：长。运寸：径寸，指鸟眼睛很大，直径一寸。

[150] 感：触碰。颡(sǎng)：额头。

[151] 集：群鸟栖于树上。泛指鸟儿落下。

[152] 殷：大。逝：往，飞走。

[153] 不睹：看不见人，以致触碰庄周额头。

[154] 褰(qiān)裳：提起裤角。蹻(jué)步：蹑足而行，生怕惊动鸟儿。

[155] 留之：伫立伺便发弹而射之。

[156] 执翳(yì)：用树叶遮蔽自身，以便偷袭猎物。翳：遮蔽。

[157] 从而利之：指随之从中得利，可趁机捕到螳螂。

[158] 真：真性，本性。忘其真：忘掉自己的本性。如鸟目大能视而不见，翼长能飞而不逃，不知避险保身，即是忘其真。

[159] 怵(chù)然：惊惧警惕的样子。

[160] 相累：相互牵累。蝉为美荫所累，螳螂为蝉所累，异鹊为螳螂所累。万物皆为利累而忘害。二类相召：不同物类相互招致。利与害、祸与福、忧与乐、得与失等相与为类，相互对立，又是招致对方的条件。比如螳螂之利在捕蝉，专注此利忘记异鹊在后；异鹊之利在螳螂，专注此而忘记手持弹弓藏在树下的庄周。此利便成为招致彼害的条件，只有无求才能远害。

[161] 反走：返身跑回去。

[162] 虞人：看管陵园之人。逐：追赶。谇(suì)：责骂，以其为偷栗之人。

[163] 三月：应作三日。不庭：不快意、不开心之意，"庭"读为 chéng。

[164] 蔺且(lìn jū)：庄子弟子。

[165] 顷间：近来，近期。

[166] 守形而忘身：形与身皆指人自身，庄子言己虚静时知守形，动作时则忘身。正如蝉、螳螂、异鹊在没有外利引诱而静处时知警觉，一旦专注外利而动作时，警觉便消失，从而忘记自身之危险。

[167] 观于浊水而迷于清渊：此为庄子自喻。言其能冷眼旁观世人追名逐利之危险，却不懂自己应当避开之道理。

[168] 戮：辱。

[169] 阳子：指阳朱，或杨朱，先秦哲学家，战国时期魏国人，反对儒墨思想，主要"贵生""重己"，重视个人生命的保存。《孟子·尽心上》中说："杨子取为我，拔一毛而利天下，不为也。"

[170] 逆旅：旅店。

[171] 恶：丑。

[172] 小子：年青人，指旅店主人。

[173] 自美：自以为美。

[174] 自贤：自以为贤。

【提示】

此篇与《人间世》一样，旨在说明要想处世免患，在于虚己顺物，抛弃矜伐自恃之心。例如，鲁侯因不能去欲虚己而不免于患，孔子因有矜伐之心而遭陈、蔡之围，逆旅美人因有矜美之意而不为主人所重，北宫奢能虚己无为，三月即成上下之悬，凡此种种都足以说明此意。

《庄子·山木》篇探讨的是庄子的处世之道。在庄子看来，在现实社会生活中，处世

不易，世事多患，很难找到一条万全之路，无论是材与不材，都是十分危险的，山木不材能保全，雁不能鸣却被杀。即便处于材与不材之间也不能免于拘束与劳累，最好的办法只能是役使外物而不为外物所役使，浮游于"万物之祖"和"道德之乡"。也就是说，仅仅处于材与不材之间并不够，人生最高的境界应该是超脱于世俗的生活之外，彻底摆脱现实社会的羁绊。这种思想与庄子的"道"论是密切相关的，庄子认为人的生活应如野鹿，与自然融为一体，不要做违背自然规律的事，如此就会达到"至德之世"或"无为之乡"。

【思考与练习】

1. 阅读文章，体会庄子的思想。
2. 本文中，庄子的语言具有怎样的特点？试作分析。
3. 将第一自然段译成现代汉语。

大 学 之 道

《大学》

【作品简介】

《大学》原为《礼记》第 42 篇。宋朝程颢、程颐兄弟把它从《礼记》中抽出，编次章句。朱熹将《大学》《中庸》《论语》《孟子》合编注释，称为"四书"，从此《大学》成为儒家经典。至于《大学》的作者，程颢、程颐认为是"孔氏之遗言也"。朱熹把《大学》重新编排整理，分为"经"一章，"传"十章。认为，"经一章盖孔子之言，而曾子述之；其传十章，则曾子之意而门人记之也"。也就是说，"经"是孔子的话，曾子记录下来；"传"是曾子解释"经"的话，是由曾子的学生记录下来的。

《大学》的版本主要有两个体系：一是经朱熹编排整理，划分为经、传的《大学章句》本；二是按原有次序排列的古本，即《礼记》中的《大学》原文。以朱熹《大学章句》本流传最广、影响最大，本篇采用的就是《大学章句》本。

"大学"是对"小学"而言，是说它不是讲"详训诂，明句读"的"小学"，而是讲治国安邦的"大学"。"大学"是大人之学。

大学之道[1]，在明明德[2]，在亲民[3]，在止于至善。 知止[4]而后有定；定而后能静；静而后能安；安而后能虑；虑而后能得[5]。物有本末，事有终始。知所先后，则近道矣。古之欲明明德于天下者，先治其国；欲治其国者，先齐其家[6]；欲齐其家者，先修其身[7]；欲修其身者，先正其心；欲正其心者，先诚其意；欲诚其意者，先致其知[8]；致知在格物[9]。物格而后知至；知至而后意诚；意诚而后心正；心正而后身修；身修而后家齐；家齐而后国治；国治而后天下平。自天子以至于庶人[10]，壹是皆以修身为本[11]。其本乱而末[12]治者，否矣。其所厚者薄，而其所薄者厚[13]，未之有也[14]！此谓知本，此谓知之至也。

所谓诚其意[15]者，毋[16]自欺也。如恶恶臭[17]，如好好色[18]，此之谓自谦[19]。故君子必慎其独[20]也！小人闲居[21]为不善，无所不至，见君子而后厌然[22]，掩[23]其不善，而著[24]

其善。人之视己，如见其肺肝然，则何益矣。此谓诚于中[25]，形于外。故君子必慎其独也。曾子曰："十目所视，十手所指，其严乎！"富润屋[26]，德润身[27]，心广体胖[28]。故君子必诚其意。

《诗》云："瞻彼淇奥，绿竹猗猗。有斐君子，如切如磋，如琢如磨。瑟兮僩兮，赫兮喧兮。有斐君子，终不可谖兮[29]！"如切如磋者，道学也[30]；如琢如磨者，自修也；瑟兮僩兮者，恂栗也[31]；赫兮喧兮者，威仪也；有斐君子，终不可谖兮者，道盛德至善，民之不能忘也。《诗》云："於戏！前王不忘。"[32]君子贤其贤而亲其亲，小人乐其乐而利其利，此以没世不忘也[33]。《康诰》[34]曰："克[35]明德。"《大甲》[36]曰："顾諟天之明命。"[37]《帝典》[38]曰："克明峻德[39]。"皆[40]自明也。汤之《盘铭》[41]曰："苟日新[42]，日日新，又日新。"《康诰》曰："作新民[43]。"《诗》曰："周虽旧邦，其命维新[44]。"是故君子无所不用其极[45]。《诗》云："邦畿千里，维民所止[46]。"《诗》云："缗蛮黄鸟，止于丘隅[47]。"子曰："于止，知其所止，可以人而不如鸟乎！"《诗》云："穆穆文王，於缉熙敬止[48]！"为人君，止于仁；为人臣，止于敬；为人子，止于孝；为人父，止于慈；与国人交，止于信。子曰："听讼，吾犹人也，必也使无讼乎[49]！"无情者不得尽其辞[50]。大畏民志[51]。此谓知本。

所谓修身在正其心者，身有所忿懥[52]，则不得其正；有所恐惧，则不得其正；有所好乐，则不得其正；有所忧患，则不得其正。心不在焉，视而不见，听而不闻，食而不知其味。此谓修身在正其心。

所谓齐其家在修其身者，人之其所亲爱而辟焉[53]，之其所贱恶而辟焉，之其所畏敬而辟焉，之其所哀矜[54]而辟焉，之其所敖惰[55]而辟焉。故好而知其恶，恶而知其美者，天下鲜矣！故谚有之曰："人莫知其子之恶，莫知其苗之硕[56]。"此谓身不修不可以齐其家。

所谓治国必先齐其家者，其家不可教而能教人者，无之。故君子不出家而成教于国：孝者，所以事君也；悌[57]者，所以事长也；慈[58]者，所以使众也。

《康诰》曰："如保赤子[59]。"心诚求之，虽不中[60]，不远矣。未有学养子而后嫁者也！一家仁，一国兴仁；一家让，一国兴让；一人贪戾，一国作乱。其机[61]如此。此谓一言偾[62]事，一人定国。

尧舜[63]帅[64]天下以仁，而民从之；桀纣[65]帅天下以暴，而民从之。其所令反其所好，而民不从。是故君子有诸[66]己而后求诸人，无诸己而后非诸人。所藏乎身不恕[67]，而能喻[68]诸人者，未之有也。故治国在齐其家。

《诗》云："桃之夭夭，其叶蓁蓁。之子于归，宜其家人[69]。"宜其家人，而后可以教国人。《诗》云："宜兄宜弟[70]。"宜兄宜弟，而后可以教国人。《诗》云："其仪不忒，正是四国[71]。"其为父子兄弟足法，而后民法之也。此谓治国在齐其家。

所谓平天下在治其国者，上老老[72]而民兴孝；上长长[73]而民兴弟；上恤孤[74]而民不倍[75]。是以君子有絜矩之道[76]也。

所恶于上毋以使下；所恶于下毋以事上；所恶于前毋以先后；所恶于后毋以从前；所恶于右毋以交于左；所恶于左毋以交于右。此之谓絜矩之道。

《诗》云："乐只君子，民之父母[77]。"民之所好好之；民之所恶恶之。此之谓民之

父母。《诗》云:"节彼南山,维石岩岩。赫赫师尹,民具尔瞻[78]。"有国者不可以不慎。辟,则为天下僇[79]矣。《诗》云:"殷之未丧师,克配上帝。仪监于殷,峻命不易[80]。"道得众则得国,失众则失国。

是故君子先慎乎德。有德此[81]有人,有人此有土,有土此有财,有财此有用,德者,本也;财者,末也。外本内末,争民施夺[82]。是故财聚则民散,财散则民聚。是故言悖[83]而出者,亦悖而入。货悖而入者,亦悖而出。

《康诰》曰:"惟命不于常。"道善则得之,不善则失之矣。《楚书》曰:"楚国无以为宝,惟善以为宝[84]。"舅犯曰:"亡人无以为宝,仁亲以为宝[85]。"

《秦誓》[86]曰:"若有一个臣,断断[87]兮,无他技,其心休休[88]焉,其如有容[89]焉。人之有技,若己有之。人之彦圣[90],其心好之,不啻[91]若自其口出,实能容之。以能保我子孙黎民,尚亦有利哉!人之有技,媢疾[92]以恶之。人之彦圣,而违[93]之俾[94]不通,实不能容。以不能保我子孙黎民、亦曰殆哉!"唯仁人放流之[95],迸诸四夷[96],不与同中国[97]。此谓唯仁人为能爱人,能恶人。见贤而不能举,举而不能先,命[98]也。见不善而不能退,退而不能远,过也。好人之所恶,恶人之所好,是谓拂[99]人之性,灾必逮夫身[100]。是故君子有大道:必忠信以得之,骄泰[101]以失之。

生财有大道:生之者众,食之者寡,为之者疾,用之者舒,则财恒足矣。仁者以财发身[102],不仁者以身发财。未有上好仁而下不好义者也,未有好义其事不终者也,未有府库[103]财非其财者也。孟献子[104]曰:"畜马乘[105]不察[106]于鸡豚,伐冰之家[107]不畜牛羊,百乘之家[108]不畜聚敛之臣[109]。与其有聚敛之臣,宁有盗臣。"此谓国不以利为利,以义为利也。长国家[110]而务财用者,必自小人矣。彼为善之,小人之使为国家,灾害并至。虽有善者,亦无如之何[111]矣!此谓国不以利为利,以义为利也。

【注释】

[1] 大学之道:大学的宗旨。"大学"一词在古代有两种含义:一是"博学"的意思;二是相对于小学而言的"大人之学"。古人八岁入小学,学习"洒扫应对进退、礼乐射御书数"等礼节和文化基础知识;十五岁入大学,学习伦理、政治、哲学等"穷理正心、修己治人"的学问。所以,后一种含义其实也和前一种含义有相通的地方,同样有"博学"的意思。"道"的本义是道路,引申为规律、原则等,在中国古代哲学、政治学里,也指宇宙万物的本原、个体,一定的政治观或思想体系等,在不同的上下文环境里有不同的意思。

[2] 明明德:前一个"明"作动词,有使动的意思,即"使彰明", 也就是发扬、弘扬的意思。后一个"明"作形容词,明德也就是光明正大的品德。

[3] 亲民:根据后面的"传"文,"亲"应为"新",即革新、弃旧图新。亲民,也就是新民,使人弃旧图新、去恶从善。

[4] 知止:知道目标所在。

[5] 得:收获。

[6] 齐其家:管理好自己的家庭或家族,使家庭或家族生活和和美美、蒸蒸日上、兴旺发达。

[7] 修其身:修养自身的品性。

第三单元 散文常识与欣赏

[8] 致其知：使自己获得知识。

[9] 格物：认识、研究万事万物。

[10] 庶人：指平民百姓。

[11] 壹是：都是。本：根本。

[12] 末：相对于本而言，指枝末、枝节。

[13] 厚者薄：该重视的不重视。薄者厚：不该重视的却加以重视。

[14] 未之有也：未有之也。没有这样的道理(事情、做法等)。

[15] 诚其意：使意念真诚。

[16] 毋：不要。

[17] 恶恶臭：厌恶腐臭的气味。臭：气味，较现代单指臭味的含义宽泛。

[18] 好好色：喜爱美丽的女子。好色：美女。

[19] 谦：心安理得的样子。

[20] 慎其独：在独自一人时也谨慎不苟。

[21] 闲居：独处。

[22] 厌然：躲躲闪闪的样子。

[23] 掩：遮掩，掩盖。

[24] 著：显示。

[25] 中：指内心。下面的"外"指外表。

[26] 润屋：装饰房屋。

[27] 润身：修养自身。

[28] 心广体胖：心胸宽广，身体舒泰安康。胖(pán)：大，舒坦。

[29] "《诗》云"这几句：引自《诗经·卫风·淇奥》。淇：指淇水，在今河南北部。奥(ào)：同"澳""隩"，指水边深曲的地方。斐：文采。瑟兮僩兮：庄重而胸襟开阔的样子。赫兮咺(xuān)兮：显耀盛大的样子。谖(xuān)：遗忘。

[30] 道：说、言的意思。

[31] 恂栗：恐惧，戒惧。

[32] 於戏！前王不忘：引自《诗经·周颂·烈文》。於戏(wū hū)：叹词。前王：指周文王、周武王。

[33] 此以：因此。没世：去世。

[34] 康诰：《尚书·周书》中的一篇。《尚书》是上古历史文献和追述古代事迹的一些文章的汇编，是"五经"之一，称为"书经"。全书分为《虞书》《夏书》《商书》《周书》四部分。

[35] 克：能够。

[36] 太甲：《太甲》，《尚书·商书》中的一篇。

[37] 顾：思念。諟(dì)：审谛。明命：光明的禀性。

[38] 帝典：《尧典》，《尚书·虞书》中的一篇。

[39] 克明峻德：《尧典》原句为"克明俊德"。俊：与"峻"相通，意为大、崇高等。

[40] 皆：都，指前面所引的几句话。

[41] 汤：成汤，商朝的开国君主。盘铭：刻在器皿上用来警诫自己的箴言。这里的器皿是指商汤的洗澡盆。

[42] 苟：如果。新：这里的本义是指洗澡除去身体上的污垢，使身体焕然一新，引申义则是指精神上的弃旧图新。

[43] 作：振作，激励。新民："经"里面说的"亲民"，实应为"新民"。意思是使民更新，也就是使人弃旧图新，去恶从善。

[44] "《诗曰》"句：这里的《诗》指《诗经·大雅·文王》。周：周朝。旧邦：旧国。其命：指周朝所禀受的天命。维：语气助词，无意义。

[45] 是故君子无所不用其极：所以品德高尚的人无处不追求完善。是故：所以。君子：有时候指贵族，有时指品德高尚的人，根据上下文不同的语言环境有不同的意思。

[46] 邦畿千里，维民所止：引自《诗经·商颂·玄鸟》。邦畿：都城及其周围的地区。止：有至、到、停止、居住、栖息等多种含义，随上下文而有所区别。在这句里是居住的意思。

[47] 缗蛮黄鸟，止于丘隅：引自《诗经·小雅·绵蛮》。缗蛮：绵蛮，鸟叫声。止：栖息。隅：角落。

[48] "穆穆"句：引自《诗经·大雅·文王》。穆穆：仪表美好端庄的样子。於：叹词。缉：继续。熙：光明。止：语气助词，无意义。

[49] "子曰"句：引自《论语·颜渊》。听讼：听诉讼，即审案子。犹人：与别人一样。

[50] 无情者不得尽其辞：使隐瞒真实情况的人不能够花言巧语。

[51] 民志：民心，人心。

[52] 身：程颐认为应为"心"。忿懥(zhì)：愤怒。

[53] 之："于"，对于。辟：偏颇，偏向。

[54] 哀矜：同情，怜悯。

[55] 敖：骄傲。惰：怠慢。

[56] 硕：大，肥壮。

[57] 悌(tì)：指弟弟应该绝对服从哥哥。

[58] 慈：指父母爱子女。

[59] 如保赤子：《尚书·周书·康诰》原文作："若保赤子。"这是周成王告诫康叔的话，意思是保护平民百姓如母亲养护婴孩一样。赤子：婴孩。

[60] 中：达到目标。

[61] 机：原指弩箭上的发动机关，引申为关键。

[62] 偾(fèn)：败，坏。

[63] 尧舜：传说中父系氏族社会后期部落联盟的两位领袖，即尧帝和舜帝，历来被认为是圣君的代表。

[64] 帅：同"率"，率领，统率。

[65] 桀：夏朝最后一位君主。纣：殷纣王，商代最后一位君主。二人历来被认为是暴君的代表。

[66] 诸："之于"的合音。

[67] 恕：恕道。孔子说："己所不欲，勿施于人。"意思是说，自己不想做的，也不要让别人去做，这种推己及人，将心比心的品德就是儒学所倡导的恕道。

第三单元　散文常识与欣赏

[68] 喻：使别人明白。

[69] "桃之夭夭"四句：引自《诗经·周南·桃夭》。夭夭：鲜嫩，美丽。蓁蓁：茂盛的样子。之子：指女子出嫁。

[70] 宜兄宜弟：引自《诗经·小雅·蓼萧》。

[71] "其仪不忒"二句：引自《诗经·曹风·鸤鸠》。仪：仪表，仪容。忒：差错。这句的意思是说，容貌举止庄重严肃，成为四方国家的表率。

[72] 老老：尊敬老人。前一个"老"字作动词，意思是把老人当作老人看待。

[73] 长长：尊重长辈。前一个"长"字作动词，意思是把长辈当作长辈看待。

[74] 恤：体恤，周济。孤：孤儿，古时候专指幼年丧失父亲的人。

[75] 倍：同"背"，背弃。

[76] 絜(xié)矩之道：儒家伦理思想之一，指一言一行要有示范作用。絜：度量。矩：画直角或方形用的尺子，引申为法度，规则。

[77] 乐只君子，民之父母：引自《诗经·小雅·南山有台》。乐(lè)：快乐，喜悦。只：语气助词。

[78] "节彼南山"四句：引自《诗经·小雅·节南山》。节：高大。岩岩：险峻的样子。师尹：大师尹氏，太师是周代的三公之一。尔：你。瞻：瞻仰，仰望。

[79] 僇(lù)：同"戮"，杀戮。

[80] "殷之未丧师"四句：引自《诗经·大雅·文王》。师：民众。配：符合。仪：宜。监：鉴戒。峻：大。不易：指不容易保有。

[81] 此：乃，才。

[82] 争民施夺：争民：与民争利。施夺：施行劫夺。

[83] 悖：逆。

[84] "《楚书》"句：《楚书》，楚昭王时史书。楚昭王派王孙圉(yǔ)出使晋国。晋国赵简子问楚国珍宝美玉现在怎么样了。王孙圉答道："楚国从来没有把美玉当作珍宝，只是把善人如观射父(人名)这样的大臣看作珍宝。"事见《国语·楚语》。汉代刘向的《新序》中也有类似的记载。

[85] "舅犯"句：舅犯，晋文公重耳的舅舅狐偃，字子犯。亡人：流亡的人，指重耳。晋僖公四年十二月，晋献公因受骊姬的谗言，逼迫太子申生自缢而死。重耳避难逃亡在外，在狄国时，晋献公逝世。秦穆公派人劝重耳归国执政。重耳将此事告子犯，子犯以为不可，对重耳说了这几句话。事见《礼记·檀弓下》。

[86]《秦誓》：《尚书·周书》中的一篇。

[87] 断断：真诚的样子。

[88] 休休：宽宏大量。

[89] 有容：能够容人。

[90] 彦圣：指德才兼备。彦：美。圣：明。

[91] 不啻：不但。

[92] 媢疾：妒忌。

[93] 违：阻抑。

[94] 俾：使。

[95] 放流：流放。

[96] 迸："屏"，驱逐。四夷：四方之夷，夷指古代东方的部族。

[97] 中国：全国中心地区。与现代意义的"中国"一词意义不一样。

[98] 命：东汉郑玄认为，应该是"慢"字之误，慢即轻慢。

[99] 拂：逆，违背。

[100] 逮：及、到。夫：助词。

[101] 骄泰：骄横放纵。

[102] 发身：修身。发：发达，发起。

[103] 府库：国家收藏财物的地方。

[104] 孟献子：鲁国大夫，姓仲孙名蔑。

[105] 畜：养。乘：指用四匹马拉的车。畜马乘是士人初做大夫官的待遇。

[106] 察：关注。

[107] 伐冰之家：指丧祭时能用冰保存遗体的人家，是卿大夫类大官的待遇。

[108] 百乘之家：拥有一百辆车的人家，指有封地的诸侯王。

[109] 聚敛之臣：搜刮钱财的家臣。聚：聚集。敛：征收。

[110] 长国家：成为国家之长，指君王。

[111] 无如之何：没有办法。

【提示】

《大学》是儒家的经典著作之一的《礼记》中的一篇。《礼记》的作者无法确考，据传为孔门"七十后学"各据其所闻撰写而成，其中有少量也许出自秦汉学者之手。此篇据说是曾参的学生记述曾参的言行的文章。文中提出三纲领和八条目。前者是明明德、亲民、止于至善；后者有格物、致知、诚意、正心、修身、齐家、治国、平天下等条目，都是南宋以后理学家讲伦理、哲学、政治的基本纲领。

【思考与练习】

1. 你是怎样理解"大学之道，在明明德，在亲民，在止于至善"这句话的？"明明德，亲民，止于至善"之间有何联系？
2. 这篇文章有何现实意义？
3. 摘抄并背诵文中经典的名言警句。

管晏列传

司马迁

【作者简介】

司马迁(约公元前145—前87年)，西汉伟大的史学家、文学家，字子长，夏阳(今陕西韩城市南)人。所著《史记》是中国第一部纪传体通史，记载了中国自上古传说中的黄帝时代起共三千多年的历史，被鲁迅称为"史家之绝唱，无韵之离骚"。司马迁从小受父亲司

马谈的影响，诵读古文经书。20岁开始远游大江南北，访问了许多遗老，考察了历史遗迹，了解了许多历史人物的遗事、逸闻以及地方风俗和经济生活。司马谈逝世后第三年，即公元前108年(元封三年)，司马迁继父职做了太史令，这是他写作《史记》的起点和重要条件。他开始阅读、整理史料，准备创作《史记》。公元前104年(太初元年)，他42岁，正式开始了这一工作。后因李陵事件触怒武帝，被处以宫刑。但他忍辱含垢，坚持写作，直至遇赦，改做中书令，在公元前91年(太始四年)50多岁时终于完成《史记》这一部巨著。

管仲夷吾[1]者，颍上[2]人也。少时常与鲍叔牙[3]游，鲍叔知其贤。管仲贫困，常欺[4]鲍叔，鲍叔终善遇[5]之，不以为言[6]。已而鲍叔事齐公子小白[7]，管仲事公子纠[8]。及小白立为桓公，公子纠死，管仲囚[9]焉。鲍叔遂进[10]管仲。管仲既用，任政于齐，齐桓公以霸[11]，九合[12]诸侯，一匡天下，管仲之谋也。

管仲曰："吾始困时，尝与鲍叔贾[13]，分财利多自与[14]，鲍叔不以我为贪，知我贫也。吾尝为鲍叔谋事而更穷困[15]，鲍叔不以我为愚，知时有利不利也。吾尝三仕三见[16]逐于君，鲍叔不以我为不肖[17]，知我不遭时也。吾尝三战三走[18]，鲍叔不以我怯，知我有老母也。公子纠败，召忽[19]死之，吾幽囚受辱，鲍叔不以我为无耻，知我不羞[20]小节而耻功名不显于天下也。生我者父母，知我者鲍子也。"

鲍叔既进管仲，以身下[21]之。子孙世禄于齐，有封邑者十余世，常为名大夫。天下不多[22]管仲之贤而多鲍叔能知人也。

管仲既任政相齐[23]，以区区[24]之齐在海滨，通货[25]积财，富国强兵，与俗同好恶。故其称曰："仓廪实而知礼节，衣食足而知荣辱，上服度[26]则六亲[27]固。四维[28]不张，国乃灭亡。下令如流水之原[29]，令顺民心。"故论卑[30]而易行。俗之所欲，因而予之；俗之所否[31]，因而去之。

其为政也，善因祸而为福，转败而为功。贵轻重[32]，慎权衡[33]。桓公实怒少姬[34]，南袭蔡，管仲因而伐楚，责包茅不入贡于周室[35]。桓公实北征山戎[36]，而管仲因而令燕修召公[37]之政。于柯之会[38]，桓公欲背曹沫[39]之约，管仲因而信之[40]，诸侯由是归齐[41]。故曰："知与之为取，政之宝也[42]。"

管仲富拟于公室[43]，有三归、反坫[44]，齐人不以为侈。管仲卒，齐国遵[45]其政，常强于诸侯。后百余年而有晏子焉。

晏平仲婴[46]者，莱之夷维人[47]也。事齐灵公、庄公、景公，以节俭力行重于齐。既相齐，食不重肉[48]，妾不衣帛。其在朝，君语及之，即危言[49]；语不及之，即危行[50]。国有道，即顺命；无道，即衡命[51]。以此三世显名于诸侯。

越石父[52]贤，在缧绁[53]中。晏子出，遭[54]之涂，解左骖[55]赎之，载归。弗谢，入闺。久之，越石父请绝[56]。晏子戄然[57]，摄衣冠谢曰："婴虽不仁，免子于厄，何子求绝之速也[58]？"石父曰："不然。吾闻君子诎[59]于不知己而信于知己者。方吾在缧绁中，彼不知我也。夫子既已感寤[60]而赎我，是知己；知己而无礼，固不如在缧绁之中。"晏子于是延入为上客。

晏子为齐相，出，其御[61]之妻从门间而窥其夫。其夫为相御，拥大盖[62]，策[63]驷马，意气扬扬甚自得也。既而归，其妻请去。夫问其故。妻曰："晏子长不满六尺，身相齐国，名显诸侯。今者妾观其出，志念深矣，常有以自下者。今子长八尺，乃为人仆[64]御，然子之意自以为足，妾是以求去也。"其后夫自抑损[65]。晏子怪而问之，御以实对。晏子荐以为大夫。

太史公曰：吾读管氏《牧民》《山高》《乘马》《轻重》《九府》[66]，及《晏子春秋》[67]，详哉其言之也。既见其著书，欲观其行事，故次[68]其传。至其书，世多有之，是以不论，论其轶事[69]。

管仲世所谓贤臣，然孔子小[70]之。岂以为周道衰微，桓公既贤，而不勉之至王[71]，乃称霸哉？语曰："将顺其美，匡救其恶，故上下能相亲也[72]。"岂管仲之谓乎？

方晏子伏庄公尸哭之，成礼然后去[73]，岂所谓"见义不为无勇[74]"者邪？至其谏说，犯君之颜，此所谓"进思尽忠，退思补过[75]"者哉！假令晏子而在，余虽为之执鞭，所忻慕[76]焉。

【注释】

[1] 管仲夷吾：管仲，字夷吾，春秋初期齐国政治家。

[2] 颍上：地名，今安徽颍上。

[3] 鲍叔牙：春秋初期齐国大夫，以知人著称。叔：指在兄弟中排行第三。牙为其名。

[4] 欺：欺负，欺诈，这里是侵占利益的意思。

[5] 善遇：善待。

[6] 不以为言：不加以指责。为言：说话，这里是指责，抱怨。

[7] 齐公子小白：后来的齐桓公，姓姜，名小白，齐襄公之弟，公元前685—前643年在位。

[8] 公子纠：齐襄公之弟，齐桓公之兄。齐襄公死，公子纠与公子小白争位，失败被杀。

[9] 囚：在这里表被动，被囚禁。

[10] 进：举荐，推荐。

[11] 以霸：以(之)霸，这里省略了代词"之"。霸：称霸。

[12] 合：会合。

[13] 贾：买，这里是做买卖的意思。

[14] 多自与：多给自己。

[15] 穷困：处境窘困。

[16] 见：被。

[17] 不肖：不贤。

[18] 走：逃跑。

[19] 召忽：齐人，与管仲同辅公子纠，公子纠失败被杀，召忽亦随之自杀。

[20] 羞：在这里作动词使用，以……为羞。

[21] 下：用作动词，居……之下。

[22] 多：赞美，称颂。

第三单元　散文常识与欣赏

[23] 任政相齐：在齐国任政做相。

[24] 区区：很有限，(数量)少。

[25] 通货：流通货物。

[26] 度：法度。

[27] 六亲：历来有多种说法，一般指父、母、兄、弟、妻、子。

[28] 四维：指礼、义、廉、耻。

[29] 下令如流水之原：这里比喻所下达的政令非常顺应民心，就像流水在原野上自然流淌一样。

[30] 卑：低下。

[31] 否：反对。

[32] 贵轻重：重视价格的高低。

[33] 慎权衡：谨慎理财。权衡：本指秤砣、秤杆，此指理财。

[34] 少姬：齐桓公夫人，蔡公之女。少姬触怒齐桓公，齐桓公将其遣回蔡国，蔡公将其另嫁他人，桓公怒，兴兵伐蔡。

[35] 责包茅不入贡于周室：据《左传·僖公四年》载，齐国伐楚，管仲答楚使者曰："尔贡包茅不入，王祭不共，无以缩酒，寡人是征；昭王南征而不复，寡人是问。"包茅：一种祭祀时用来滤酒的植物，是楚国的贡物。

[36] 桓公实北征山戎：指公元前663年山戎侵燕，桓公伐山戎救燕之事。山戎：我国古代北方的少数民族。

[37] 召公：召公姓姬，名奭，周文王庶子，周初著名政治家，燕国始祖。

[38] 于柯之会：柯，地名，齐与鲁曾会盟于此。

[39] 曹沫：鲁国勇士，据《史记·刺客列传》记载，齐与鲁战，鲁三战皆败，被迫与齐在柯地会盟，割地与齐，曹沫伺机用匕首挟持齐桓公，迫使齐退还鲁国的土地。

[40] 管仲因而信之：管仲借此劝齐桓公恪守其与曹沫的约定，使齐桓公赢得了声誉。信：信守，使之有信用、诚信。

[41] 诸侯由是归齐：诸侯因此归附齐国。

[42] 知与之为取，政之宝也：懂得给予就是获得，这是为政的法宝，语出《管子·牧民篇》。

[43] 公室：诸侯王室之家。

[44] 三归：古代女子出嫁曰归，这里是形容管仲妻妾众多。反坫(diàn)：古代筑于堂两楹间的土台，专供诸侯饮酒时放置献酒后的空杯，只有诸侯才能用反坫，管仲是大夫，不应享有。

[45] 遵：沿。

[46] 晏平仲婴：名婴，字仲，谥平。

[47] 莱之夷维人：莱，国名，今属山东。夷维：地名，在今山东高密。

[48] 食不重肉：所食肉菜不到两种。

[49] 危言：直言。

[50] 危行：小心谨慎行动。

[51] 衡命：权衡斟酌命令行事。

[52] 越石父(fǔ)：齐国的贤人。父：老年男子的尊称。

[53] 缧绁(léi xiè)：捆绑囚犯所使用的大绳子，这里指拘押，囚禁。

[54] 遭：遇见。

[55] 左骖：三匹马驾车时辕左边的马称为左骖。

[56] 绝：绝交，这里指离开、告辞。

[57] 戄然(jué)：惊异的样子。

[58] 摄衣冠谢：整理衣冠道歉。厄：困境，灾难。

[59] 诎：冤枉，枉曲。

[60] 感寤：了解，明白。

[61] 御：赶车，这里用作名词，指赶车的人。

[62] 大盖：大伞。

[63] 策：鞭打，鞭策。

[64] 仆：这里用作状语，像仆人那样。

[65] 抑损：压抑克制。

[66] 《牧民》《山高》《乘马》《轻重》《九府》均是《管子》篇名。

[67] 《晏子春秋》：记载晏子言行的一部书，分内、外篇，其作者历来多有争论。

[68] 次：编次，编定。

[69] 轶事：散失的不见于正式记载的事情。

[70] 小：轻视，看不起。

[71] 王：王道。春秋战国时有王、霸之争，前者指以德义仁政取天下，后者指以武力征伐取天下。儒家尚王贬霸，故孔子轻视管仲，认为他不能使桓公实行王道。

[72] 将顺其美，匡救其恶，故上下能相亲也：这句话出自《孝经·事君》，意思是顺行君主的善道，补救其过错，所以君臣相处才能和睦融洽。

[73] 方晏子伏庄公尸哭之，成礼然后去：齐大夫崔杼杀了齐庄公，晏婴伏庄公尸哭，尽君臣之礼，然后离去。

[74] 见义不为无勇：见义不为不能叫作勇，语出《论语·为政》。此谓晏婴能不畏权威而哭其君为见义勇为。

[75] 进思尽忠，退思补过：这句话也出自《孝经·事君》，意思是在朝堂上想着竭忠事君，退朝在家也想着纠正(君主的)过失。

[76] 忻(xīn)慕：渴慕，向往。忻：高兴、喜悦。

【提示】

《管晏列传》是春秋时期齐国政治家管仲和晏婴的合传。司马迁描写这两位春秋中后期齐国国相，能抓住他们的特点，并选取典型细节加以生动的表现，如写管仲，着重写其同鲍叔牙的交往，以及任政相齐、助齐桓公九合诸侯一匡天下的谋略；写晏婴则通过对重用越石父和御者的典型事例的详细叙述来突出其"贤"。

《管晏列传》抒发了司马迁强烈的人生感慨。"假令晏子而在，余虽为之执鞭，所忻慕焉。"这是对古人的仰慕，更是对黑暗世道的控诉。司马迁生活在一个没有知己、无人

救援的冷酷世界里,他多么希望身边有晏子、鲍叔那样的知音!清代的李晚芳在其《读史管见》中有云:"太史遭刑,不能自赎,交游莫救,故作此二传,寄意独深,使当时有知管仲之鲍子知之,或可劝君解免,有知越石夫之晏子知之,亦可援法代赎。多鲍叔之知人,与执鞭所欣慕,皆情见乎辞矣。故落笔时,有不胜望古遥集之悲,反复抑扬,又有笔欲住而意不住之妙。"

文章详略得当,重点突出,比如对管、鲍之间的真挚友谊及晏子任用御者缘起的叙述极为详细,而对管仲生活的奢侈等不太重要的则一笔带过。传记之末"太史公曰"以后的简短议论与评价更是深化了对管、鲍二人的认识,起到了画龙点睛的作用。

【思考与练习】

1. 正确把握这篇文章的思想意义。
2. 体会、把握司马迁人物传记虚实结合的性质和特点。
3. 学习《史记》通俗易懂、简洁精练、富于感情的语言艺术。
4. 管晏合传的内在联系主要体现在哪些方面。

与陈伯之书

丘 迟

【作者简介】

丘迟(464—508年),字希范,南朝梁文学家,吴兴乌程(今浙江吴兴)人。8岁便能属文。初仕齐,以秀才迁殿中郎;入梁后,以文才为武帝器重,官至永嘉太守、司空从事中郎。诗文传世者不多,所作《与陈伯之书》,劝伯之自魏归梁,是当时骈文中的优秀之作。明代张溥辑有《丘司空集》,收入《汉魏六朝百三家集》。

陈伯之,睢陵(今江苏省睢宁县)人,梁时为江州刺史。梁武帝天监元年(502年)起兵反梁,兵败后投降北魏。天监四年(505年),梁武帝命临川王萧宏领兵北伐,陈伯之屯兵寿阳与梁军对抗,萧宏命记室丘迟以个人名义写信劝降陈伯之。《与陈伯之书》就是在这样的背景下写成的一封政治性书信。

迟顿首陈将军足下[1]:无恙[2],幸甚,幸甚!将军勇冠三军[3],才为世出[4],弃燕雀之小志,慕鸿鹄以高翔[5]。昔因机变化,遭遇明主[6],立功立事,开国称孤[7]。朱轮华毂[8],拥旄[9]万里,何其壮也!如何一旦为奔亡之虏,闻鸣镝而股战[10],对穹庐[11]以屈膝,又何劣邪!

寻君去就[12]之际,非有他故,直以不能内审[13]诸己,外受流言,沈迷猖蹶,以至于此。圣朝赦罪责功[14],弃瑕[15]录用,推赤心于天下,安反侧于万物[16]。将军之所知,不假[17]仆一二谈也。朱鲔涉血于友于[18],张绣剚刃于爱子[19],汉主不以为疑,魏君待之若旧。况将军无昔人之罪,而勋重于当世!夫迷涂知返,往哲是与[20],不远而复[21],先典攸高[22]。主上屈法申恩,吞舟是漏[23];将军松柏不剪[24],亲戚安居,高台未倾[25],爱妾尚在；悠悠尔心，亦何可言！

今功臣名将，雁行[26]有序，佩紫怀黄[27]，赞帷幄之谋[28]，乘轺建节[29]，奉疆埸[30]之任，并刑马[31]作誓，传之子孙[32]。将军独靦颜[33]借命，驱驰毡裘之长[34]，宁不哀哉！夫以慕容超[35]之强，身送东市[36]；姚泓[37]之盛，面缚西都[38]。故知霜露所均[39]，不育异类[40]；姬汉旧邦[41]，无取杂种[42]。北虏僭盗中原[43]，多历年所[44]，恶积祸盈，理至燋烂[45]。况伪孽昏狡[46]，自相夷戮[47]，部落携离[48]，酋豪猜贰[49]。方当系颈蛮邸[50]，悬首藁街[51]，而将军鱼游于沸鼎之中，燕巢于飞幕之上[52]，不亦惑乎？

暮春三月，江南草长，杂花生树，群莺乱飞。见故国之旗鼓，感平生于畴日[53]，抚弦登陴，岂不怆悢[54]！所以廉公之思赵将[55]，吴子之泣西河[56]，人之情也，将军独无情哉？想早励良规[57]，自求多福。

当今皇帝盛明，天下安乐。白环西献[58]，楛矢东来[59]；夜郎滇池[60]，解辫请职[61]；朝鲜昌海[62]，蹶角受化[63]。唯北狄野心，掘强沙塞之间，欲延岁月之命耳[64]！中军临川殿下[65]，明德茂亲[66]，揔兹戎重[67]，吊民洛汭[68]，伐罪秦中[69]，若遂[70]不改，方思仆言。聊布往怀[71]，君其详之。丘迟顿首。

【注释】

[1] 顿首：叩拜。这是古人书信开头和结尾常用的客气语。足下：书信中对对方的尊称。

[2] 无恙：古人常用的问候语。恙：病；忧。

[3] "将军"句：语出李陵《答苏武书》中的"陵先将军，功略盖天地，义勇冠三军"。此处称颂陈伯之英勇为三军之首。

[4] 才为世出：语出苏武《报李陵书》中的"每念足下，才为世生，器为时出"。此处称颂陈伯之才能杰出于当世。

[5] "弃燕"二句：语出《史记·陈涉世家》："陈涉太息曰：'嗟乎！燕雀安知鸿鹄之志哉！'"此处比喻陈伯之有远大的志向。

[6] "昔因"二句：指陈伯之弃齐归梁，受梁武帝赏识器重。

[7] "立功"二句，《梁书·陈伯之传》："力战有功"，"进号征南将军，封丰城县公：邑二千户。"开国：梁时封爵，皆冠以开国之号。孤：王侯自称，此指受封爵事。

[8] 毂(gǔ)：原指车轮中心的圆木，此处指代车舆。

[9] 旄(máo)：用牦牛尾装饰的旗子，此指旄节。拥旄：古代高级武将持节统治一方之谓。

[10] 鸣镝(dí)：响箭。股战：大腿颤抖。

[11] 穹庐：原指少数民族居住的毡帐，这里指代北魏政权。

[12] 去就：指陈伯之弃梁投降北魏事。

[13] 内审：内心反复考虑。

[14] 赦罪责功：赦免罪过而求其建功立业。

[15] 瑕：玉的斑点，此指过失。弃瑕：不计较过失。

[16] "推赤"二句：《后汉书·光武帝纪》："降者更相语曰：'萧王推赤心置人腹中，安得不投死乎？'"又：汉兵诛王郎，得吏人与郎交关谤毁者数千章，烧之曰："令反侧子自安。"反侧子：指心怀鬼胎、疑惧不安的人。此谓梁朝以赤心待人，对一切既往都既往不咎。

[17] 不假：不借助，不需要。

[18] "朱鲔"句：朱鲔(wěi)是王莽末年绿林军将领，曾劝说刘玄杀死光武帝的哥哥刘伯升。光武帝攻洛阳，朱鲔拒守，光武帝遣岑彭前去劝降，转达光武帝之意说，建大功业的人不计小恩怨，今若降，不仅不会被杀，还能保住官爵，朱鲔乃降。涉血：同"喋血"，谓杀人多流血满地，脚履血而行。友于：兄弟。《尚书·君陈》："惟孝友于兄弟。"此指刘伯升。

[19] "张绣"句：据《三国志·魏志·武帝纪》载："建安二年，公(曹操)到宛。张绣降，既而悔之，复反。公与战，军败，为流矢所中。长子昂、弟子安民遇害。"建安四年，"冬十一月，张绣率众降，封列侯。"刲(zì)刃：用刀刺入人体。

[20] 往哲：以往的贤哲。与：赞同。

[21] 不远而复：指迷途不远而返回。《周易·复卦》："不远复，无祗悔，元吉。"

[22] 先典：古代典籍，指《易经》。攸高：嘉许。

[23] "主上"二句：桓宽《盐铁论·刑德》中有"明王茂其德教而缓其刑罚也。网漏吞舟之鱼。"吞舟：这里指能吞舟的大鱼。

[24] 松柏：古人常在坟墓边植以松柏，这里喻指陈伯之祖先的坟墓。不剪：谓未曾受到毁坏。

[25] "高台"句：桓谭《新论》云："雍门周说孟尝君曰：'千秋万岁后，高台既已倾，曲池又已平。'"此指陈伯之在梁的房舍住宅未被焚毁。

[26] 雁行：大雁飞行的行列，比喻尊卑排列次序。

[27] 紫：紫绶，系官印的丝带。黄：黄金印。

[28] 赞：佐助。帷幄：军中的帐幕。《史记·留侯世家》："运筹策帷幄之中，决胜千里之外。"

[29] 轺(yáo)：用两匹马拉的轻车，此指使节乘坐之车。建节：将皇帝赐予的符节插立车上。

[30] 疆埸(yì)：边境。

[31] 刑马：杀马。古代诸侯杀白马饮血以会盟。

[32] 传之子孙：这是梁代的誓约，指功臣名将的爵位可传之子孙。

[33] 靦(miǎn)颜：厚着脸。

[34] 毡裘：以毛织制之衣，北方少数民族服装，这里指代北魏。长：头目，这里指拓跋族北魏君长。

[35] 慕容超：南燕君主。晋末宋初曾骚扰淮北，刘裕北伐将他擒获，押解至南京斩首。

[36] 东市：汉代长安处决犯人的地方，后泛指刑场。

[37] 姚泓：后秦君主。刘裕北伐破长安，姚泓出降。

[38] 面缚：面朝前，双手反缚于后。西都：指长安。

[39] 霜露所均：霜露所之处，即天地之间。

[40] 异类：古代汉族对少数民族具有侮辱性的称呼。

[41] 姬汉：汉族。姬：周天子的姓。旧邦：指中原周汉的故土。

[42] 杂种：古代汉族对少数民族具有侮辱性的称呼。

[43] 北虏：指北魏。虏是古代汉族对少数民族具有侮辱性的称呼。僭(jiàn)：假冒帝号。

[44] "多历"句：拓跋珪386年建立北魏，至505年已一百多年。年所：年代。

[45] 燋烂：溃败灭亡。燋：同"焦"。

[46] 伪：这里指北魏统治集团。昏狡：昏聩狡诈。

[47] 自相夷戮：指北魏内部自相残杀。501 年，宣武帝的叔父咸阳王元禧谋反被杀。504 年，北海王元祥也因起兵作乱被囚禁。

[48] 携离：四分五裂。携：离。

[49] 酋豪：部落酋长。猜贰：猜忌别人有二心。

[50] 蛮邸：外族首领所居的馆舍。

[51] 藁(gǎo)街：汉代长安街名，是少数民族居住的地方。蛮邸即设于此。

[52] "而将军"二句：李善注引袁崧《后汉书》："朱穆上疏曰：'养鱼沸鼎之中，栖鸟烈火之上，用之不时，必也焦烂。'"飞幕：动荡的帐幕，此喻陈伯之处境之危险。

[53] 畴日：昔日。

[54] "见故国"四句：语出李善注引袁晔《后汉记·汉献帝春秋》臧洪报袁绍书："每登城勒兵，望主人之旗鼓，感故交之绸缪，抚弦搦矢，不觉涕流之复面也。"陴(pí)：城上女墙。怆恨：悲伤。

[55] "所以"句，事见《史记·廉颇蔺相如列传》："廉颇居梁久之，魏不能信用。赵以数困于秦兵，赵王思复得廉颇，廉颇亦思复用于赵"。思赵将：想复为赵将。

[56] "吴子"句：据《吕氏春秋·观表》，吴起为魏国守西河(今陕西韩城市一带)。魏武侯听信谗言，使人召回吴起。吴起预料西河必为秦所夺取，故车至于岸门，望西河而泣。后西河果为秦所得。

[57] 励：勉励，引申为作出。良规：妥善的安排。

[58] 白环西献：李善注引《世本》载："舜时，西王母献白环及佩。"

[59] 楛(hù)矢：用楛木做的箭。《孔子家语》载：武王克商，"于是肃慎氏贡楛矢石砮。"肃慎氏：东北的少数民族。

[60] 夜郎：今贵州桐梓县一带。滇池：今云南昆明市附近。二者均为汉代西南方国名。

[61] 解辫请职：解开盘结的发辫，请求封职，即表示愿意归顺。

[62] 昌海：西域国名，今新疆罗布泊。

[63] 蹶角：以额角叩地。受化：接受教化。

[64] "掘强"二句：《汉书·伍被传》记，伍被说淮南王曰："东保会稽，南通劲越，屈强江、淮间，可以延岁月之寿耳。"掘强：倔强。

[65] 中军临川殿下：指萧宏，时临川王萧宏任中军将军。殿下：对王侯的尊称。

[66] 茂亲：至亲，指萧宏为武帝之弟。

[67] 摠：同"总"。戎重：军事重任。

[68] 吊民：慰问老百姓。汭(ruì)：水流隈曲处。洛汭：洛水汇入黄河的洛阳、巩县(今巩义市)一带。

[69] 秦中：指北魏，今陕西中部地区。

[70] 遂：因循。

[71] 聊布：聊且陈述。往怀：往日的友情。

【提示】

本文是丘迟写给陈伯之的一封书信。陈伯之于南朝齐末曾为江州刺史，梁武帝萧衍起兵攻齐，招降了他，任命其为镇南将军、江州刺史，并封为丰城县(今江西封城市)公。梁武帝天监元年(502 年)，陈伯之听信部下邓缮等人的挑拨煽动，起兵反梁，战败后投奔北魏，为平南将军。天监四年(505年)冬天，梁武帝命其弟临川王萧宏统率大军伐魏，陈伯之前来抵抗。时丘迟在萧宏军中为记室，萧宏让他以私人名义写信给陈伯之，劝其归降。丘迟在信中首先义正词严地谴责了陈伯之叛国投敌的卑劣行径，然后申明了梁朝不咎既往、宽大为怀的政策，向对方晓以大义，陈述利害，并动之以故国之思、乡关之情，最后奉劝他只有归梁才是最好的出路。文中理智的分析与深情的感召相互交错，层层递进，写得情理兼备，委婉曲折，酣畅淋漓，娓娓动听，具有摇曳心灵的感染力和说服力。因此，"伯之得书，乃于寿阳拥兵八千归降"。

本文不但是丘迟的代表作，而且是一篇脍炙人口的招降文字，它是汉末建安以来言情书札的继承和发展，具有很高的艺术成就。

【思考与练习】

1. 理解《与陈伯之书》的思想内容和艺术特点。
2. 翻译文章第三、四自然段。

进 学 解

韩 愈

【作者简介】

韩愈(768—824年)，唐代文学家、哲学家。字退之，河南河阳(今河南省孟州市)人，祖籍河北昌黎，自称郡望昌黎，世称"韩昌黎"。因官吏部侍郎，又称韩吏部。谥号"文"，又称韩文公。在文学成就上，同柳宗元齐名，称为"韩柳"。他是唐代古文运动的倡导者，提倡先秦两汉的文章，后人称其为"文起八代之衰"，是"唐宋八大家"之首。

韩愈三岁而孤，受兄嫂抚育，早年流离困顿，有读书经世之志，虽孤贫却刻苦好学。20岁赴长安考进士，三试不第。25～35岁，他先中进士，三试博学鸿词科不成，赴汴州董晋、徐州张建封两节度使幕府任职。后回京任四门博士。36～49岁，任监察御史，因上书论天旱人饥状，请减免赋税，贬阳山令。唐宪宗时北归，为国子博士，累官至太子右庶子，但不得志。50～57岁，先从裴度征吴元济，后迁刑部侍郎。因谏迎佛骨，贬潮州刺史，移袁州。不久回朝，历任国子祭酒、兵部侍郎、吏部侍郎、京兆尹等职。政治上较有作为。诗力求险怪新奇，雄浑重气势。

国子先生[1]晨入太学，召诸生立馆下，诲之曰："业[2]精于勤，荒于嬉；行成于思，毁于随。方今圣贤相逢，治具[3]毕张[4]。拔去[5]凶邪，登崇俊良[6]。占小善者率以录[7]，名一艺者无不庸[8]。爬罗剔抉[9]，刮垢磨光[10]。盖有幸而获选，孰云多而不扬[11]？诸生业患不能精，无患有司[12]之不明。行患不能成，无患有司之不公。"

言未既，有笑于列者曰："先生欺余哉！弟子事先生，于兹有年[13]矣。先生口不绝吟[14]于六艺之文，手不停披[15]于百家之编[16]；记事者[17]必提其要[18]，纂言者[19]必钩其玄[20]；贪多务得[21]，细大不捐[22]；焚膏油以继晷[23]，恒兀兀以穷年[24]；先生之于业，可

谓勤矣。抵排异端[25]，攘斥[26]佛老；补苴罅漏[27]，张皇幽眇[28]；寻坠绪[29]之茫茫[30]，独旁搜而远绍[31]；障[32]百川而东之[33]，回狂澜于既倒；先生之于儒，可谓有劳矣。沉浸醲郁[34]，含英咀华[35]，作为文章，其书[36]满家；上规[37]姚姒[38]，浑浑无涯[39]；周诰殷盘[40]，佶屈聱牙[41]；春秋谨严，左氏浮夸；易奇而法[42]，诗正而葩[43]；下逮庄骚，太史所录[44]；子云相如[45]，同工异曲[46]；先生之于文，可谓闳其中而肆其外[47]矣！少始知学，勇于敢为。长通于方[48]，左右俱宜；先生之于为人，可谓成矣。然而公不见信于人，私不见助于友。跋前疐后[49]，动辄得咎。暂为御史，遂窜南夷[50]。三年博士[51]，冗不见治[52]。命与仇谋[53]，取败几时[54]！冬暖而儿号寒，年丰而妻啼饥。头童齿豁[55]，竟死何裨[56]？不知虑此，而反教人为[57]！"

先生曰："吁！子来前。夫大木为杗[58]，细木为桷[59]。欂栌侏儒[60]，椳闑扂楔[61]，各得其宜，施以成室者，匠氏之工也。玉札、丹砂、赤箭、青芝、牛溲、马勃、败鼓之皮[62]，俱收并蓄，待用无遗者，医师之良也。登明选公[63]，杂进巧拙[64]，纡余为妍[65]，卓荦为杰[66]，校短量长[67]，惟器是适[68]者，宰相之方也。昔者孟轲好辩，孔道以明。辙环天下，卒老于行。荀卿守正[69]，大论是弘[70]。逃谗于楚，废死兰陵[71]。是二儒者，吐辞为经[72]，举足为法[73]。绝类离伦[74]，优入圣域[75]，其遇于世何如也？今先生学虽勤而不由其统，言虽多而不要其中。文虽奇而不济于用，行虽修而不显于众。犹且月费俸钱，岁糜[76]廪粟。子不知耕，妇不知织。乘马从徒，安坐而食。踵[77]常途[78]之促促，窥陈编[79]以盗窃。然而圣主不加诛，宰臣不见斥，兹非其幸欤？动而得谤，名亦随之。投闲置散，乃分之宜[80]。若夫商[81]财贿[82]之有亡[83]，计班资[84]之崇庳[85]。忘己量之所称[86]，指前人之瑕疵。是所谓诘[87]匠氏之不以杙[88]为楹[89]，而訾[90]医师以昌阳[91]引年，欲进其豨苓[92]也。"

【注释】

[1] 国子先生：当时任职国子学博士的韩愈自称。唐代的国子监是设在京城的最高学府，当中设国子、太学、广文、四门、律、书、算七个学府，各学的教官称为博士。

[2] 业：学业。

[3] 治具：法令。

[4] 毕张：都建立起来。

[5] 拔去：除掉。

[6] 登崇俊良：提拔德才兼备的人。登：进。崇：推崇。

[7] 录：录用。

[8] 庸：任用。

[9] 爬罗剔抉：搜罗人才，加以选择。爬罗：搜集。剔抉：选择。

[10] 刮垢磨光：刮除污垢，磨出光亮。这里指培训人才，去除他们的缺点，发扬他们的优点。

[11] 孰云多而不扬：谁说有才能的人多了，就出头不易呢？

[12] 有司：古代设官分职，各有专司，因此称主管的官吏或官府为有司。这里指官吏。

[13] 有年：多年。

[14] 口不绝吟：口里不断诵读。

[15] 披：分开，这里指翻阅。

[16] 编：本指串联竹简的绳子，这里指书籍、著作。

[17] 记事者：记载史事一类的书。

[18] 提其要：记下它的要点。

[19] 纂言者：立论的书。纂：同"撰"。

[20] 钩其玄：探索出它的头。钩：钩取，探求。玄：同"元"。

[21] 贪多务得：贪图多学，务求有收获。

[22] 捐：放弃。

[23] 晷：日光。

[24] 兀兀以穷年：很辛苦地度过一年。兀兀：用心劳苦的样子。

[25] 抵排异端：抵制、排斥异端邪说。抵：同"抵"。异端：不合儒道的学说。

[26] 攘斥：排斥。

[27] 补苴罅漏：填补漏洞。苴：本为草做的鞋垫，引申为填补之处。罅：本为瓦器的裂缝，引申为漏洞。

[28] 张皇幽眇：阐发儒学中幽深隐微的地方。张皇：张大，引申为阐发。

[29] 坠绪：衰亡或将绝、未绝的事业，此指衰落了的儒学道统。

[30] 茫茫：茫无头绪的样子。

[31] 绍：继续。

[32] 障：防堵。

[33] 东之：使之东流。这里指阻挡百川水势乱流，使它们向东流去。

[34] 沉浸醲郁：沉浸在内容醇厚的古籍中。

[35] 含英咀华：细嚼体味文章的精华。

[36] 其书：指韩愈写的书。

[37] 规：取法、学习。

[38] 姚姒：《尚书》中的《虞书》《夏书》。姚：虞舜的姓。姒：夏禹的姓。

[39] 浑浑无涯：指内容深远而没有边际。浑浑：广大深厚的样子。

[40] 周诰：《周书》。殷盘：《商书》。

[41] 佶屈聱牙：文句艰涩生硬，念起来不顺口。佶屈：屈曲的样子，引申为不通顺。聱牙：文词艰涩，念起来不顺口。

[42] 奇：奇妙，指卦的变化而言。法：法则，指它的内在规律而言。

[43] 正而葩：内容纯正，言辞华美。

[44] 太史所录：指司马迁所写的《史记》。

[45] 子云相如：扬雄和司马相如的辞赋。

[46] 同工异曲：比喻文章不同却同样精妙。

[47] 闳其中而肆其外：内容广博而言辞恣肆奔放。

[48] 方：方术，道理。

[49] 跋前踬后：进退两难。《诗经·豳风·狼跋》："狼跋其胡，载疐其尾。"意思是狼前进就踩

住它的颔下悬肉，后退又被尾巴绊倒了。

[50] 遂窜南夷：由监察御史贬为阳山令事。

[51] 三年博士：做了三年国子博士。

[52] 冗不见治：做这种闲散官不能表现出治政的才干。

[53] 命与仇谋：命运和仇敌打交道。

[54] 取败几时：不时遭到失败或挫折。

[55] 头童齿豁：头秃齿落。山无草木称为童山，头童即头上秃顶无发。齿豁：牙齿脱落，齿列露出豁口。

[56] 裨：补益。

[57] 而反教人为：却反来教训别人做什么呢？

[58] 㮰：栋梁。

[59] 桷：屋椽。

[60] 欂栌：斗栱，柱上的方木，供承托屋梁用。侏儒：梁上短柱。

[61] 椳：门臼。闑：古时门中央竖立的短木。扂(diàn)：门闩。楔：门两旁竖的木头，用来防备车碰坏门。

[62] 玉札：地榆，药名。丹砂：朱砂。赤箭：天麻。青芝：龙芝，药名。牛溲：牛尿。马勃：药名，用于止血。败鼓之皮：年久坏了的鼓皮，可治虫毒。

[63] 登明选公：提拔选用人才，看得明白，做得公正。

[64] 杂进巧拙：聪敏的、笨拙的人都得到推荐。杂：都、共。

[65] 纡余为妍：为人屈曲、不露锋芒被认为最美好的质量。纡余：屈曲的样子。妍：美。

[66] 卓荦为杰：卓越超群被认为是杰出的质量。卓荦：突出，超绝。

[67] 校短量长：较量长短，即比较高下优劣。校：比较。

[68] 惟器是适：只是按照才能的大小合理使用。器：才能，能力。

[69] 荀卿守正：指荀卿坚持了儒家的正道。

[70] 大论是弘：阐发博大精深的理论。弘：扩充，光大，这里有阐发的意思。

[71] 逃逸于楚，废死兰陵：荀卿在齐国做祭酒，有人说他的坏话，他就逃到楚国。楚国的春申君让他做兰陵令，春申君死，荀卿被免掉官职，死在家中。

[72] 吐辞：言论。经：经典。

[73] 举足：行动。法：法则。

[74] 绝类离伦：超出所有的儒者。绝、离：超越。类、伦：同类。

[75] 优入圣域：足够进入圣域的人。优：充足。

[76] 靡：浪费。

[77] 踵：跟随。

[78] 常途：世俗道路。

[79] 陈编：旧书籍。

[80] 乃分之宜：乃是本分，应该如此，即理所当然。

[81] 商：计算。

[82] 财贿：财货，这里指俸禄。

[83] 亡：无。

[84] 班资：品级。

[85] 崇庳：高低。

[86] 忘己量之所称：忘了自己的能力与什么职位相称。

[87] 诘：责问。

[88] 杙：小木桩。

[89] 楹：柱子。

[90] 訾：毁谤。

[91] 昌阳：菖蒲。《证类本草》卷六："菖蒲，久服轻身，聪耳明目，延年益心智。"

[92] 豨苓：猪苓，药草名，利尿。

【提示】

本文是元和七年至八年韩愈任国子博士时所作，假托向学生训话，勉励他们在学业、德行方面取得进步，学生提出质问，他再进行解释，故名"进学解"，借以抒发自己怀才不遇、仕途蹭蹬的牢骚。文中通过学生之口，形象地突出了自己学习、捍卫儒道及从事文章写作的努力与成就，有力地表现了遭遇的不平；而针锋相对的解释，表面心平气和，字里行间却充满了郁勃的感情，也反映了对社会的批评。本文"业精于勤，荒于嬉；行成于思，毁于随"等语凝聚着作者治学、修德的经验，从"沉浸醲郁"到"同工异曲"，生动表现出他对前人文学艺术特点兼收并蓄的态度。韩愈作为散文家，也很推崇汉代扬雄的辞赋。本文的写作有借鉴于扬雄的《解嘲》《解难》等篇，辞采丰富，音节铿锵，对偶工整，允属赋体，然而气势奔放，语言流畅，摆脱了汉赋、骈文中常有的艰涩呆板、堆砌辞藻等缺点。林纾所谓"浓淡疏密相间，错而成文，骨力仍是散文"，故应说是韩愈特创的散文赋，为杜牧的《阿房宫赋》、苏轼的《赤壁赋》的前驱。文中有许多创造性的语句，后代沿用为成语。

【思考与练习】

1. 韩愈认为学业发展、品行修炼成败的主要原因是什么？对我们修业进德有何现实意义？
2. 学业遭遇挫折时，总有人把责任推给客观因素，结合本文谈谈你的看法。
3. 摘抄文中成语，背诵全文。

朋　党[1]　论

欧阳修

【作者简介】

欧阳修(1007—1072 年)，字永叔，号醉翁，晚年自号"六一居士"。北宋政治家、文

学家,"唐宋八大家"之一。庐陵(今江西吉安)人。四岁丧父,家境贫寒,母亲以荻杆画地教他识字。宋仁宗天圣八年(1030年)中进士,先后在中央和地方任职,历任知制诰、翰林学士、参知政事、刑部尚书、兵部尚书等。但多次被贬,又多次被起用。神宗熙宁四年(1071年),以太子少师的身份辞职,归于颍州(今安徽阜阳)。次年卒,谥文忠。

欧阳修是北宋诗文革新运动的领袖。他继承了中唐古文运动的传统,并吸收了北宋初期诗文革新的成果,把诗文革新运动推向了高潮。他一方面强调道对文的决定作用,又不轻视文,把文章与"百事"联系,反映现实。这种理论散见于《答吴充秀才书》《送徐无党南归序》《与张秀才第二书》等书中。他还用自己诗、赋、文各方面的艺术创作,为诗文革新提供了良好的范例。苏轼评论他的作品说:"论大道似韩愈,论事似陆贽,记事似司马迁,诗赋似李白。"(《宋史·欧阳修传》)

欧阳修的著述,今存《欧阳文忠公全集》《欧阳文忠公集》。

臣闻朋党之说,自古有之[2],惟幸人君辨其君子小人而已[3]。

大凡君子与君子以同道为朋[4];小人与小人以同利[5]为朋,此自然之理也。然臣谓小人无朋,惟君子则[6]有之,其故何哉[7]?小人所好[8]者,禄利也;所贪者,财货也。当其同利之时,暂相党引[9]以为朋者,伪也;及其见利而争先,或利尽而交疏,则反相贼害[10],虽其兄弟亲戚,不能相保。故臣谓小人无朋,其暂为朋者,伪也。君子则不然[11]。所守者道义,所行者忠信,所惜者名节[12]。以之修身,则同道而相益[13];以之事国,则同心而共济[14];终始如一,此君子之朋也。故为人君者,但当退小人之伪朋,用君子之真朋[15],则天下治矣[16]。

尧之时,小人共工、驩兜等四人为一朋[17],君子八元、八恺十六人为一朋[18]。舜佐尧[19]退四凶小人之朋,而进元、恺君子之朋,尧之天下大治。及舜自为天子,而皋、夔、稷、契等二十二人[20]并列于朝,更相称美,更相推让[21],凡二十二人为一朋,而舜皆用之,天下亦大治。《书》曰:"纣有臣亿万,惟亿万心;周有臣三千,惟一心[22]。"纣之时,亿万人各异心,可谓不为朋矣,然纣以亡国[23]。周武王之臣三千人为一大朋,而周用以兴[24]。后汉献帝时,尽取天下名士囚禁之,目为党人[25]。及黄巾贼起,汉室大乱,后方悔悟,尽解党人而释之[26],然已无救矣[27]。唐之晚年,渐起朋党之论[28]。及昭宗时,尽杀朝之名士[29],或投之黄河,曰:"此辈清流,可投浊流[30]。"而唐遂亡矣。

夫[31]前世之主,能使人人异心不为朋,莫如纣[32];能禁绝善人为朋,莫如汉献帝;能诛戮[33]清流之朋,莫如唐昭宗之世;然皆乱亡其国[34]。更相称美、推让而不自疑[35],莫如舜之二十二臣,舜亦不疑而皆用之。然而后世不诮[36]舜为二十二朋党所欺,而称舜为聪明[37]之圣者,以[38]能辨君子与小人也。周武之世,举[39]其国之臣三千人共为一朋。自古为朋之多且大莫如周[40],然周用此以兴[41]者,善人虽多而不厌[42]也。

夫兴亡治乱之迹[43],为人君者可以鉴[44]矣。

【注释】

[1] 朋党:一般指人们因政治理想相同和利益一致而结合成的派别或集团。

[2] 说:说法,议论。自古有之:《韩非子》《战国策》《史记》等书中都曾论及朋党。

第三单元　散文常识与欣赏

[3] 惟：只，只是。幸：希望。而已：罢了。

[4] 大凡，大抵。同道：志同道合。

[5] 利：指下文所说的"禄利""财货"之类。

[6] 则：才。

[7] 其故何哉：这是什么缘故？

[8] 好(hào)：喜爱。

[9] 党引：结为朋党，互相援引。

[10] 及：等到。贼害：伤害。

[11] 则：却。不然：不是这样。

[12] 惜：爱惜。名节：名誉气节。

[13] 以：用。相益：相得益彰。

[14] 事：治理。共济：互相救助，共图事业的成功。

[15] 但：只，只是。退：黜退。用：进用。

[16] 治：安定太平，形容词，与"乱"相对。

[17] 尧：儒家所推崇的古代圣贤之主。共(gōng)工、驩兜等四人：传说中尧时的四个坏人。除共工、驩兜外，还有鲧(gǔn)、三苗。下文所说的"四凶"，即指此四人。

[18] 八元、八恺：据传说，上古高辛氏有八子，人称八元，高阳氏有八子，人称八恺，均是贤臣。元：善良之意。恺：和乐之意。

[19] 舜：儒家所推崇的古代圣贤之主。佐：辅佐，辅助。

[20] 皋(gāo)、夔(kuí)、稷(jì)、契(xiè)等二十二人：皆传说中舜时的贤臣，分别担任司法、音乐、农业、教育等各部门的长官。

[21] 更相称美，更相推让：更替着相互推崇、相互谦让。

[22]《书》：《尚书》，儒家经典之一，收录上古时代政府文告，相传由孔子编选而成。这里引的四句话，见《尚书·周书·泰誓》。《泰誓》是周武王伐纣、大军渡孟津时的誓师词。纣：商朝末代君主。惟：为，是。亿万：极言其多。

[23] 然纣以亡国：然而纣王却因此而亡国。以：以此，因此。

[24] 周武王：儒家所推崇的古代圣贤之主。他率军攻灭了商纣，建立了周朝。周用以兴：周朝因此而兴旺发达。

[25] 汉献帝：东汉的末代君主，"汉献帝时"，误，应为桓帝、灵帝时。"尽取"二句：将天下名士全都逮捕囚禁起来，把他们看作朋党。桓帝、灵帝时宦官专权，一些名士如李膺、范滂等被诬为朋党，百余人被杀。此后，各州又陆续处死、流放、囚禁六七百人，史称"党锢之祸"。目：视，看。

[26] 黄巾贼：灵帝时，爆发了以张角为首的农民大起义，起义军皆以黄巾裹头。贼：对农民起义军的诬称。"汉室"三句：黄巾事起，天下大乱，再加上"党锢之祸"，造成民怨沸腾，于是灵帝大赦党人。解：解除，赦免。释：放，释放。

[27] 然已无救矣：然而这时汉室的危亡已经没有办法挽救了。

[28] "唐之晚年"二句：唐朝末年，又渐渐兴起了朋党的说法。这主要是唐穆宗至唐宣宗时期以牛僧儒、李宗闵为首和以李德裕为首的官僚集团之间的派别斗争，史称"牛李党争"。

[29] 昭宗：误，应为唐哀帝。尽杀朝之名士：唐哀帝天祐二年(905年)，朱全忠专权，杀大臣裴枢等七人于滑州白马驿，同时受牵连而死者数百人，皆被诬为朋党。

[30] "或投之"三句：有的被抛进黄河，并说："这些人自称为清流，应当把他们投到浊流里去。"当时，朱全忠的谋士李振因屡试不第，怨恨朝中大臣，就对朱说："此辈自谓清流，宜投入黄河，永为浊流。"朱竟笑而从之，把裴枢等人的尸体抛入黄河。清流：指品行高洁之士。

[31] 夫：句首语气助词，一般表示另起一层的意思。

[32] 莫如纣：没有人比得上纣王。莫：没有人。

[33] 诛：杀。戮：杀。

[34] 然皆乱亡其国：然而他们都扰乱、断送了自己的国家。

[35] 自疑：指党人内部互相猜忌。

[36] 诮(qiào)：讥讽，责备。

[37] 聪明：聪慧而贤明。

[38] 以：因为，由于。

[39] 举：全，尽。

[40] 多且大：又多又大。莫如周：没有一个朝代比得上周朝。

[41] 用此以兴：因此而兴旺发达。

[42] 厌：同"餍"，满足。

[43] 迹：史迹，历史事实。

[44] 鉴：比照，借鉴，鉴戒。

【提示】

庆历三年(1043年)，宋仁宗进用杜衍、富弼、韩琦、范仲淹等人，酝酿改革。得到欧阳修等谏官的大力支持，但遭到守旧势力的强烈反对。守旧派大造舆论，诬蔑富、范、欧等人为朋党，阴谋陷害。于是，欧阳修作《朋党论》进呈仁宗，驳斥谬论，区分邪正，为革新派辩护。

【思考与练习】

1. 欧阳修这篇《朋党论》表达了什么意图？
2. 文章中间三段的论证角度有什么不同？
3. 分析文章第二段，划分层次，找出主旨句，分析论证方法。
4. 怎么认识今天人与人之间的交往？这与欧阳修所写的"朋党"有什么联系？

留 侯 论[1]

苏 轼

【作者简介】

苏轼的散文向来同韩愈、柳宗元、欧阳修的散文齐名并称。苏轼早年受家庭的熏陶和影响，写文章既重视表达思想内容的本质作用，又注意作品本身的美学价值，追求能够表现事物特征的神妙之处。

苏轼散文中的议论文，如《策略》《策别》《策断》等，从儒家的政治思想出发，每提出一种见解，都广泛征引历史史实和前人论著，反复加以说明。因此，他写的政论具有丰富的历史内容，"论古今治乱，不为空言"。其作品表达不受史书的束缚，自由驰骋地联想，能纵能收，变化曲折。他勇于创新，善于翻空出奇，体现了"意之所到，则笔力曲折无不尽意"的艺术特点。

古之所谓豪杰之士者，必有过人之节[2]。人情有所不能忍者[3]，匹夫见辱[4]，拔剑而起，挺身而斗，此不足为勇也。天下有大勇者，卒然临之而不惊[5]，无故加之而不怒，此其所挟持者甚大[6]，而其志甚远也。

夫子房受书于圯[7]上之老人也，其事甚怪；然亦安知其非秦之世有隐君子[8]者，出而试之。观其所以微见其意者[9]，皆圣贤相与警戒之义；而世不察，以为鬼物[10]，亦已过矣。且其意不在书[11]。

当韩之亡[12]，秦之方盛也，以刀锯鼎镬[13]待天下之士。其平居无罪夷灭者，不可胜数[14]。虽有贲、育[15]，无所复施。夫持法太急者[16]，其锋[17]不可犯，而其势未可乘[18]。子房不忍忿忿[19]之心，以匹夫之力而逞于一击之间[20]；当此之时，子房之不死者，其间不能容发[21]，盖亦已危矣。千金之子[22]，不死于盗贼，何哉？其身之可爱，而盗贼之不足以死也[23]。子房以盖世之才，不为伊尹、太公之谋[24]，而特出于荆轲、聂政之计[25]，以侥幸于不死，此圯上老人之所为深惜者也。是故倨傲鲜腆而深折之[26]，彼其能有所忍也，然后可以就大事，故曰："孺子[27]可教也。"

楚庄王伐郑，郑伯肉袒牵羊以逆[28]，庄王曰："其君能下人[29]，必能信用其民[30]矣。"遂舍之。勾践之困于会稽，而归臣妾于吴[31]者，三年而不倦。且夫有报人之志，而不能下人者，是匹夫之刚也。夫老人者，以为子房才有余，而忧其度量之不足，故深折其少年刚锐之气，使之忍小忿而就大谋。何则？非有生平之素[32]，卒然相遇于草野之间，而命以仆妾之役[33]，油然而不怪者[34]，此固秦皇之所不能惊，而项籍之所不能怒也[35]。

观夫高祖之所以胜，而项籍之所以败者，在能忍与不能忍之间而已矣。项籍唯不能忍，是以百战百胜，而轻用其锋；高祖忍之，养其全锋而待其弊，此子房教之也。当淮阴破齐而欲自王，高祖发怒，见于词色[36]。由此观之，犹有刚强不能忍之气，非子房其谁全之？

太史公疑子房以为魁梧奇伟[37]，而其状貌乃如妇人女子，不称[38]其志气。呜呼！此其所以为子房欤！

【注释】

[1] 选自《苏东坡集》。

[2] 节：节操、节气。

[3] 人情有所不能忍者：对于一般人来说，有些事情是不能忍受的。人情：一般人的心理。

[4] 匹夫见辱：普通人被侮辱。见：表被动。

[5] 卒(cù)然临之而不惊：侮辱突然加到他的头上而不震惊。卒然：突然。卒：同"猝"。临之：与下文的"加之"同义，指侮辱加到他的头上。之：指上文所说的"大勇者"。

[6] 所挟(xié)持者甚大：个人抱负很大。挟：夹持，引申为怀藏，这里指志向、抱负。

[7] 圯(yí)：桥。

[8] 隐君子：隐居的高士。

[9] 微见(xiàn)其意：隐约地显示出他的意图。

[10] 鬼物：老人在给张良兵书以后，告诉张良，13年后到济北谷城山下见到一块黄石，那就是他。13年后张良果然在此处见到一块黄石。

[11] 不在书：不在于以书授张良。

[12] 韩之亡：公元前230年，韩国在六国中最先为秦国所灭。

[13] 刀锯鼎镬(huò)：指代各种酷刑。刀锯用来割截人的肢体，鼎镬用来烹人。

[14] 平居：平素。夷：铲除、消灭。"夷灭"是同义词连用。胜(shēng)：尽。

[15] 贲(bēn)、育：孟贲、夏育。两人都是战国时期的武士。

[16] 持法太急者：指秦王朝。急：严峻。

[17] 锋：锋芒，指锐气。

[18] 其势未可乘：那形势有利于秦，还无可乘之机。

[19] 忿忿：愤怒不平。

[20] 逞：快意。一击：指张良指使力士行刺秦始皇的事。

[21] 其间不能容发：中间没有一根头发的空隙，意思是相距甚小。

[22] 千金之子：指富贵人家的子弟。

[23] "其身之可爱"两句：自己的生命应该珍惜，而不值得为盗贼去死。爱：怜惜，珍惜。不足：不值得。死：为……而死。

[24] 伊尹、太公之谋：指安邦治国的谋划。伊尹：商汤的大臣，名伊，尹是官名。他辅佐汤灭夏而建立商朝。太公：周初大臣吕尚，通称姜太公。他辅佐武王伐纣，建立周朝。

[25] 特：只是。荆轲、聂政之计：指行刺的下策。荆轲：战国时卫人，为燕太子丹刺杀秦始皇。聂政：战国时韩国人，受韩大夫严仲子之托刺杀韩相侠累。

[26] 倨(jù)傲：傲慢。鲜腆(xiǎn tiǎn)：指说话没有礼貌。鲜：少。腆：善。折：挫折，这里指折其过于刚勇急躁之气。

[27] 孺子：泛指年幼者，这里指张良。

[28] 楚庄王伐郑：《左传·宣公十二年》载：公元前597年，楚庄王率领军队围攻郑国三月，破城而入，郑伯投降。郑伯：郑襄公。春秋时有公、侯、伯、子、男五等爵，郑属伯爵，故称郑国国君襄公为郑伯。肉袒牵羊：表示自己以臣仆的身份。肉袒：袒露上身。逆：迎。

[29] 下人：对人卑下、谦恭。

[30] 信用其民：对他的百姓信任，从而统治他的百姓。

[31] 归臣妾于吴：投降吴国做其仆妾。臣：男性奴仆。妾：女性奴仆。

[32] 生平之素：平生的交情。

[33] 仆妾之役：仆妾所做的事。这里指张良为老人取鞋、穿鞋。

[34] 油然：感到自然的样子。怪：以……为怪，意动用法。

[35] 惊：使之惊。怒：使之怒。两者都是使动用法。

[36] 淮阴：指淮阴侯韩信。词色：言辞、脸色。据《史记·淮阴侯列传》记载：汉四年，韩信打败齐王田广，要求立为假齐王。当时刘邦被项羽困在荥阳，得信后破口大骂。张良、陈平踩刘邦的脚，并对刘邦耳语，如果禁止韩信为王，要生变故。刘邦醒悟，立即派张良封韩信为王。

[37] 太史公：指司马迁。魁梧：身材高大。《史记·留侯世家》："太史公曰：余以为其人魁梧奇伟，至见其图，状貌乃如妇人好女。"

[38] 称(chèn)：相称。

【提示】

本文系宋仁宗嘉祐六年(1061年)，作者为答御试策而写的一批论策中的一篇。根据《史记·留侯世家》所记张良圯下受书及辅佐刘邦统一天下的事例，论证了"忍小忿而就大谋""养其全锋而待其敝"策略的重要性。文笔纵横捭阖，极尽曲折变化之妙，行文雄辩而富有气势，体现了苏轼史论汪洋恣肆的风格。

留侯张良(？—前186年)，字子房，城父(今河南郏县东)人。先辈在韩国任国相。韩被秦灭后，子房倾家财而求刺客，在博浪沙(今河南原阳县东南)以百二十斤铁锤狙击秦始皇，未中，遂更名改姓逃至下邳(今江苏徐州市)，汉立国后因功封侯依封地名称留侯。传说他在下邳桥上遇黄石公，后者故意将鞋子掉到桥下，让张良拾起来给他穿上，张只得照办，如是者反复三次，黄石公说："孺子可教矣。"就将《太公兵法》一书授予张良，并说："读此则为王者师矣。"此后之事证明此说不谬。

东坡的思想有一个从儒学到儒、道、释"三教合一"的过程，这与他坎坷的政治经历不无关系。本篇的"忍"，则明显不同于佛家的"物我相忘，身心皆定"；也不同于道家的"清静无为""与世无争"，还是与孟子所说的"小不忍，则乱大谋"相类，总结的是地道的儒家政治斗争的经验。文中所举数例，如子房、郑伯、勾践、刘邦等，均是因"忍"而成就了大事业，甚至得了天下的，这与佛老的距离是显而易见的。

本文属论辩体散文，以分析事理、辨明是非为主，又有很强的文学性。东坡师承先秦诸子及汉初贾谊、晁错、唐代散文大师韩愈等人，写出了《贾谊论》《留侯论》等论文，他长于议论，语言明快犀利，说理透辟，所以南宋的叶适称他是"古今议论之杰"。

【思考与练习】

1. 这篇史论的论点是什么？
2. 举例说明这篇史论运用了哪些论证手法。
3. 史论在写人物和人物传记上有何不同？
4. 张良之所以能够辅佐刘邦灭秦建汉，成就功业的主要原因是什么？谈谈你对该问题的看法。

廉　耻

顾炎武

【作者简介】

顾炎武(1613—1682 年),原名绛,字忠清。明亡后改名炎武,字宁人,亦自署蒋山佣。学者尊为"亭林先生",江苏昆山人。明末清初著名的思想家、史学家、语言学家。他为国家做出了巨大贡献。曾参加抗清斗争,后来致力于学术研究。晚年侧重经学的考证,考订古音,分古韵为 10 部。著有《日知录》《音学五书》等,他是清代古韵学的开山祖,成果累累;他对切韵学也有贡献,但不如他对古韵学的贡献多。

顾炎武学术的最大特色,是一反宋明理学的唯心主义的玄学,而强调客观的调查研究,开一代之新风,提出:"君子为学,以明道也,以救世也。徒以诗文而已,所谓雕虫篆刻,亦何益哉?"顾炎武强调做学问必须先立人格——"礼义廉耻,是谓四维",提倡"国家兴亡,匹夫有责",认为"保天下者,匹夫之贱,与有责焉"。

《五代史·冯道传》[1]》论曰:礼义廉耻,国之四维;四维不张,国乃灭亡[2]。善乎,管生[3]之能言也!礼义,治人之大法;廉耻,立人之大节;盖不廉则无所不取,不耻则无所不为。人而如此,则祸败乱亡,亦无所不至;况为大臣而无所不取,无所不为,则天下其[4]有不乱,国家其有不亡者乎?然而四者[5]之中,耻尤为要。故夫子[6]之论士,曰:"行己有耻。"孟子曰:"人不可以无耻。无耻之耻,无耻矣[7]。"又曰:"耻之于人大矣,为机变之巧者,无所用耻焉[8]。"所以然者,人之不廉,而至于悖[9]礼犯义,其原皆生于无耻也。故士大夫之无耻,是谓国耻[10]。

吾观三代[11]以下,世衰道微,弃礼义,捐[12]廉耻,非一朝一夕之故。然而松柏后凋于岁寒[13],鸡鸣不已于风雨[14],彼昏之日,固未尝无独醒[15]之人也!顷读《颜氏家训》[16]有云:"齐朝[17]一士夫尝谓吾曰:'我有一儿,年已十七,颇晓书疏[18],教其鲜卑语[19],及弹琵琶,稍欲通解,以此伏[20]事公卿,无不宠爱。'吾时俯而不答。异哉,此人之教子也!若由此业自致卿相,亦不愿汝曹为之。"嗟乎!之推[21]不得已而仕于乱世,犹为此言,尚有《小宛》[22]诗人之意,彼阉然[23]媚于世者,能无愧哉!

【注释】

[1] 《五代史》:书名,亦称《五代史记》,即《新五代史》,宋欧阳修撰,共 74 卷。《冯道传》列入该书第 54 卷杂传第 42 中。冯道(882—954 年),瀛州景城(今河北沧州西北)人,字可道,历事唐、晋、汉、周四朝,始终担任将相、三公、三师之位,自号"长乐老"。

[2] "礼义"四句:语见《管子·牧民》。礼、义、廉、耻四者比喻维持国家之工具。

[3] 管生:管仲,春秋时齐国杰出的政治家。曾辅佐齐桓公进行政治改革,使齐国称霸于诸侯。

[4] 其:同"岂"。

[5] 四者:指礼、义、廉、耻。

[6] 夫子：孔子。

[7] "人不可以"三句：语见《孟子·尽心上》。意思是人能以无耻为可耻，自然不会有耻辱之事到他身上来。

[8] "耻之于人"三句：语见《孟子·尽心上》。机变：巧伪变诈。无所用耻：意思是把廉耻不放在心上。

[9] 悖：违背。

[10] 国耻：国家所蒙受的耻辱。

[11] 三代：指夏、商、周。

[12] 捐：弃。

[13] "松柏"句：见《论语·子罕》："岁寒，然后知松柏之后凋也。"

[14] "鸡鸣"句：见《诗经·郑风·风雨》："风雨如晦，鸡鸣不已。"岁寒、风雨并指衰乱之世。

[15] 独醒：比喻不同于流俗。《史记·屈原列传》："举世皆浊而我独清，举世皆醉而我独醒。"

[16] 顷：不久前。《颜氏家训》：南北朝时期颜之推所撰的记述个人经历、思想、学识以告诫子孙的著作。分为七卷，共20篇。书中以《论语》《孝经》等儒家经典为据，强调父慈于孝、兄友弟恭、夫义妇顺等封建伦理道德规范，以及维系此规范的家教、家法，并重视家庭的经济职能。

[17] 齐朝：北齐。

[18] 疏：记。

[19] 鲜卑语：北魏本鲜卑人，齐之先世虽为渤海人，但因久居北方，也遵从鲜卑的风俗，用鲜卑语。

[20] 伏：同"服"。

[21] 之推：颜之推(531—约597年)，《颜氏家训》作者，字介，祖籍琅邪临沂(今山东临沂)人，博览群书，长于文学。

[22] 《小宛》：《诗经·小雅》篇名。

[23] 阉然：昏暗闭塞的样子。

【提示】

顾炎武平生遵循学以经世致用的宗旨，他在被学术界赞为扛鼎之作的《日知录》中，对遏制以至消除官场上的贪污和政治上的腐败，营造良好的世风，提出了许多思想深邃的廉政见解。其中《廉耻》一文，对我们今天搞好反腐倡廉教育、推进廉政文化建设仍不乏借鉴意义。

《五代史·冯道传》论曰："礼义廉耻，国之四维；四维不张，国乃灭亡。善乎！管生之能言也！礼义，治人之大法；廉耻，立人之大节；盖不廉则无所不取，不耻则无所不为。人而如此，则祸败乱亡，亦无所不至；况为大臣而无所不取，无所不为，则天下其有不乱，国家其有不亡者乎？"顾炎武认为，这里说的礼、义、廉、耻是治国的大纲，它关系着国家的存亡。礼义是治理人民的大法，廉耻是为人立身的大节。一个人如果不廉就什么都可以拿；如果不耻就什么都可以做。人到了这种地步，那么灾祸、失败、逆乱、灭亡等也就随之而来了；何况身为国家的大臣，假若什么都拿、什么都做，那么，国家不乱不亡才怪呢！顾炎武还说，在礼、义、廉、耻这四者之中，"耻"是至为重要的。孔子曾说

过"行己有耻";孟子也说"人不可以无耻,无耻之耻,无耻矣"。一个人之所以不清廉,乃至于违反礼义,做出种种不合乎道德的事,原因就在于不知羞耻。当官的人无耻,就会使国家蒙受灾难和耻辱。如今,人们常常把"廉耻"相提并论,其实,从"廉"和"耻"的关系来看,做到清廉要比做到知耻容易得多,前者只是为人立身之一节,后者则是为人的根本之大德。因为廉可以在现象上予以矫正,而"知耻"是一个人的内心世界,容不得伪装。用现代的话来说,不廉是腐败的一种表现,无耻就是世界观、人生观和价值观出现了严重的偏差。

顾炎武接着提出,自从夏、商、周三代以后,世道衰微,不顾礼义,抛弃廉耻。尽管如此,仍然有不随波逐流的志士,他们不顾环境的险恶,不同流合污,众人皆醉我独醒。顾炎武还以《颜氏家训》中的故事为例,说明加强自我修养的重要性。

那么,如何培养人的廉耻观呢?他强调,"教化者朝廷之先务;廉耻者,士人之美节;风俗者,天下之大事。朝廷有教化,则士人有廉耻;士人有廉耻,则天下有风俗"。顾炎武认为,必须以"教化"为前提,培养当官为吏者的廉耻观,如果他们讲廉耻,就会规规矩矩地做官,正正当当地做事,就会不阿上、不欺下、不枉法、不贪赃,净化整个社会风气。

【思考与练习】

1. 这篇文章表达了作者怎样的思想?
2. 这篇文章对当今社会有何指导意义?

爱尔克的灯光

巴 金

【作者简介】

巴金(1904—2005年),中国现当代作家,原名李尧棠,字芾甘,笔名佩竿、余一、王文慧等,四川成都人。1920年入成都外国语专门学校。1923年从封建家庭出走,就读于上海和南京的中学。1927年初赴法国留学,写成了处女作长篇小说《灭亡》,发表时始用巴金的笔名。1928年底回到上海,从事创作和翻译。从1929年到1937年,创作了其代表作长篇小说《激流三部曲》中的《家》,以及《海的梦》《春天里的秋天》《砂丁》《萌芽》(《雪》)、《新生》《爱情的三部曲》(《雾》《雨》《电》)等中长篇小说,出版了《复仇》《将军》《神·鬼·人》等短篇小说集和《海行杂记》《忆》《短简》等散文集。以其独特的风格和丰硕的创作令人瞩目,被鲁迅称为"一个有热情的有进步思想的作家,在屈指可数的好作家之列的作家"(《答徐懋庸并关于抗日统一战线问题》)。其间,任文化生活出版社总编辑,主编有《文季月刊》等刊物和《文学丛刊》等丛书。

抗日战争爆发后,巴金在各地致力于抗日救亡的文化活动,编辑《呐喊》《救亡日报》等报刊,创作有《家》的续集《春》和《秋》,长篇小说《抗战三部曲》(《火》),出版了短篇小说集《还魂草》《小人小事》,杂文集《控诉》和散文集《龙·虎·狗》

等。在抗战后期和抗战结束后，巴金创作转向对国统区黑暗现实的批判，对行将崩溃的旧制度作出有力的控诉和抨击，艺术上很有特色的中篇小说《憩园》《第四病室》《寒夜》便是这方面的力作。

中华人民共和国成立后，巴金曾任全国文联副主席、中国作家协会主席、中国笔会中心主席、全国政协副主席等职，并主编《收获》杂志。他热情关注和支持旨在繁荣文学创作的各项活动，多次出国参加国际文学交流活动，首倡建立中国现代文学馆。出版短篇小说集《英雄的故事》、报告文学集《生活在英雄们的中间》、散文集《爝火集》、散文小说集《巴金近作》、随笔集《随想录》五集，以及《巴金六十年文选》《创作回忆录》等。

傍晚，我靠着逐渐暗淡的最后的阳光的指引，走过十八年前的故居。这条街、这个建筑物开始在我的眼前隐藏起来，像在躲避一个久别的旧友。但是它们改变了的面貌于我还是十分亲切。我认识它们，就像认识我自己。还是那样宽的街，宽的房屋。巍峨的门墙代替了太平缸和石狮子，那一对常常做我们坐骑的背脊光滑的雄狮也不知逃进了哪座荒山。然而大门开着，照壁上"长官子孙"四个字却是原样地嵌在那里，似乎连颜色也不曾被风雨剥蚀。我望着那同样的照壁，我被一种奇异的感情抓住了，我仿佛要在这里看出过去的十九个年头，不，我仿佛要在这里寻找十八年以前的遥远的旧梦。

守门的卫兵用怀疑的眼光看我。他不了解我的心情。他不会认识十八年前的年轻人。他却用眼光驱逐一个人的许多亲密的回忆。

黑暗来了。我的眼睛失掉了一切。于是大门内亮起了灯光。灯光并不曾照亮什么，反而增加了我心上的黑暗。我只得失望地走了。我向着来时的路回去。已经走了四五步，我忽然掉转头，再看那个建筑物。依旧是阴暗中的一线微光。我好像看见一个盛满希望的水碗一下子就落在地上打碎了一般，我痛苦地在心里叫起来。在这条被夜幕覆盖着的近代城市的静寂的街中，我仿佛看见了哈立希岛上的灯光。那应该是姐姐爱尔克点的灯罢。她用这灯光来给她航海的兄弟照路，每夜每夜灯光亮在她的窗前，她一直到死都在等待那个出远门的兄弟回来。最后她带着失望进入坟墓。

街道仍然是清静的。忽然一个熟悉的声音在我耳边轻轻地唱起了这个欧洲的古老传说。在这里不会有人歌咏这样的故事。应该是书本在我心上留下的影响。但是这个时候我想起了自己的事情。

十八年前在一个春天的早晨，我离开这个城市、这条街的时候，我也曾有一个姐姐，也曾答应过有一天回来看她，跟她谈一些外面的事情。我相信自己的诺言。那时我的姐姐还是一个出阁才只一个多月的新嫁娘，都说她有一个性情温良的丈夫，因此也会有长久的幸福的岁月。

然而人的安排终于被"偶然"破坏了。这应该是一个"意外"。但是这"意外"却毫无怜悯地打击了年轻的心。我离家不过一年半光景，就接到了姐姐的死讯。我的哥哥用了颤抖的哭诉的笔叙说一个善良女性的悲惨的结局，还说起她死后受到的冷落的待遇。从此那个做过她丈夫的所谓温良的人改变了，他往一条丧失人性的路走去。他想往上爬，结果却不停地向下面落，终于到了用鸦片烟延续生命的地步。对于姐姐，她生前我没有好好地

爱过她，死后也不曾做过一样纪念她的事。她寂寞地活着，寂寞地死去。死带走了她的一切，这就是在我们那个地方的旧式女子的命运。

我在外面一直跑了十八年。我从没有向人谈过我的姐姐。只有偶尔在梦里我看见了爱尔克的灯光。一年前在上海我常常睁起眼睛做梦。我望着远远的在窗前发亮的灯，我面前横着一片大海，灯光在呼唤我，我恨不得腋下生出翅膀，即刻飞到那边去。沉重的梦压住我的心灵，我好像在跟许多无形的魔鬼手挣扎。我望着那灯光，路是那么远，我又没有翅膀。我只有一个渴望：飞！飞！那些熬煎着心的日子！那些可怕的梦魇！

但是我终于出来了。我越过那堆积着像山一样的十八年的长岁月，回到了生我养我而且让我刻印了无数儿时回忆的地方。我走了很多的路。

十九年，似乎一切全变了，又似乎都没有改变。死了许多人，毁了许多家。许多可爱的生命葬入黄土。接着又有许多新的人继续扮演不必要的悲剧。浪费，浪费，还是那许多不必要的浪费——生命，精力，感情，财富，甚至欢笑和眼泪。我去的时候是这样，回来时看见的还是一样的情形。关在这个小圈子里，我禁不住几次问我自己：难道这十八年全是白费？难道在这许多年中间所改变的就只是装束和名词？我痛苦地搓自己的手，不敢给一个回答。

在这个我永不能忘记的城市里，我度过了五十个傍晚。我花费了自己不少的眼泪和欢笑，也消耗了别人不少的眼泪和欢笑。我匆匆地来，也将匆匆地去。用留恋的眼光看我出生的房屋，这应该是最后的一次了。我的心似乎想在那里寻觅什么。但是我所要的东西绝不会在那里找到。我不会像我的一个姑母或者嫂嫂，设法进到那所已经易了几个主人的公馆，对着园中的老树垂泪，慨叹着一个家族的盛衰。摘吃自己栽种的树上的苦果，这是一个人的本分。我没有跟着那些人走一条路，我当然在这里找不到自己的脚迹。几次走过这个地方，我所看见的还只有那四个字："长宜子孙。"

"长宜子孙"这四个字的年龄比我的不知大了多少。这也该是我祖父留下的东西罢。最近在家里我还读到他的遗嘱。他用空空两手造就了一份家业。到临死还周到地为儿孙安排了舒适的生活。他叮嘱后人保留着他修建的房屋和他辛苦地搜集起来的书画。但是儿孙们回答他的还是同样的字：分和卖。我很奇怪，为什么这样聪明的老人还不明白一个浅显的道理：财富并不"长宜子孙"，倘使不给他们一个生活技能，不向他们指示一条生活道路，"家"这个小圈子只能摧毁年轻心灵的发育成长，倘使不同时让他们睁起眼睛去看广大世界；财富只能毁灭崇高的理想和善良的气质，要是它只消耗在个人的利益上面。

"长宜子孙"，我恨不能削去这四个字！许多可爱的年轻生命被摧残了，许多有为的年轻心灵被囚禁了。许多人在这个小圈子里面憔悴地捱[1]着日子。这就是"家"！"甜蜜的家"！这不是我应该来的地方。爱尔克的灯光不会把我引到这里来的。

于是在一个春天的早晨，依旧是十八年前的那些人把我送到门口，这里面少了几个，也多了几个。还是和那次一样，看不见我姐姐的影子，那次是我没有等待她，这次是我找不到她的坟墓。一个叔父和一个堂兄弟到车站送我，十八年前他们也送过我一段路程。

我高兴地来，痛苦地去。汽车离站时我心里的确充满了留恋。但是清晨的微风，路上的尘土，马达的叫吼，车轮的滚动，和广大田野里一片盛开的菜籽花，这一切驱散了我的

第三单元 散文常识与欣赏

离愁。我不顾同行者的劝告，把头伸到车窗外面，去呼吸广大天幕下的新鲜空气。我很高兴，自己又一次离开了狭小的家，走向广大的世界中去！

忽然在前面田野里一片绿的蚕豆和黄的菜花中间，我仿佛又看见了一线光，一个亮，这还是我常常看见的灯光。这不会是爱尔克的灯里照出来的，我那个可怜的姐姐已经死去了。这一定是我的心灵的灯，它永远给我指示我应该走的路。

【注释】

[1] 捱(ái)：现在的规范字形为"挨"。

【提示】

《爱尔克的灯光》是巴金的一篇回忆性散文，写于1941年3月。

1923年，巴金冲破家庭樊篱，走向新生活。此后，他浪迹天涯，直到1941年年初再次回到故乡成都时，他已经是一个37岁的中年人了。巴金本是怀着希望家乡有所改变的心情回到故乡探望的，但在故乡住了50天后，他失望了。他发现，那里和他18年前出走时的情况几乎差不多。他思绪万千，最终再次离开家乡。《爱尔克的灯光》这篇文章便记录了作者此次重返家乡的心情。

从内容看，文章所表达的思想是相当深刻、丰富的。全文以故居照壁上"长宜子孙"四个字为中心，通过自由联想，抒写了作者对被旧制度吞噬了生命的姐姐的怀念，抨击了旧社会、旧家庭摧残生命的罪恶，批判了封建统治阶级宣扬的"长宜子孙"的思想。从而再次肯定了对封建家庭的背叛，表达了作者对光明世界不懈追求的坚定信念。

18年前，作者离开家乡后一直没有再回去，但这并不意味着他对家乡没有一丝留恋。1937年，巴金在小说《家》的"十版代序"中曾这样写道：对自己的家虽然是充满愤怒的，然而"那些人物，那些地方，那些事情，已经深深地刻在我的心上，任是怎样磨洗，也会留下一点痕迹。我想忘掉他们，我觉得应该忘掉他们，事实上却又不能够。到现在我才知道我不能说没有一点留恋"。正是这种留恋，18年后，作者终于重新踏上故乡的土地。但是，18年过去了，作者故地重归又见到了什么呢？

傍晚，当作者"靠着逐渐暗淡的最后的阳光的指引"，伫立在18年前分手的"旧友"——故居面前时，尽管故居的面貌已有些改变，但最终没有变的，是照壁上"长宜子孙"四个大字。作品写道："大门开着，照壁上'长宜子孙'四个字却是原样地嵌在那里，似乎连颜色也不曾被风雨剥蚀。""长宜子孙"是作者祖父留下的遗训。祖父曾辛辛苦苦修建了房屋，搜集了书画，建起了家业，本是想让儿孙过上舒适安逸的生活。如今，祖父的"遗训"还在，祖父辛辛苦苦修建的房屋也还在，但这所居舍的后代又生活得怎样呢？望着"长宜子孙"四个字，作者"被一种奇异的感情抓住了"，作者的思绪一下子飞向了"十八年以前的遥远的旧梦"。接着，作者由"长宜子孙"四个字，联想到欧洲古老的传说"爱尔克的灯光"，忆起了被这个旧家吞噬掉生命的姐姐。

在古老的欧洲哈立希岛上，曾经有一束明亮的灯光，那是一位叫爱尔克的善良的姐姐点燃的。为了使远去航海的兄弟不迷失方向，这位细心的姐姐"每夜每夜灯光亮在她的窗前，她一直到死都在等待那个出远门的兄弟回来"，但是，"最后她带着失望进入坟

墓"。18 年前一个春天的早晨,当作者离开这座城市、这条街的时候,他曾许下诺言:有那么一天,他要回来看望他的姐姐,并跟她谈一些外面的事情。他也确信他的姐姐会等他回来。那时,他姐姐"还是一个出阁才只一个多月的新嫁娘,都说她有一个性情温良的丈夫,因此也会有长久的幸福的岁月"。然而,也就是在作者离开家只不过一年半的光景,他便接到了"哥哥用了颤抖的哭诉的笔"写来的信。哥哥在信中含泪讲述了这位从小就以《烈女传》里的节烈女性为人生榜样的姐姐,是怎样寂寞地死去的消息。这位善良的女性,生前没有得到过丈夫真正的爱,死后她的丈夫"也不曾做过一样纪念她的事。她寂寞地活着,寂寞地死去"。

善良的姐姐永远地离去了,"死带走了她的一切"。她的悲剧正是这罪恶的家造成的。那么,18 年来,这个家中的其他人又怎样呢?1932 年,当作者的长篇小说《家》在报上发表以后,家中又传来了噩耗:作者的大哥在悲痛中自杀了。18 年来,这个家中的人有的死去了;活着的,有的堕落了,有的也只能"摘吃自己栽种的树上的苦果"。正因为这样,作者悲愤地说:"十九年,似乎一切全变了,又似乎都没有改变。"变化了的是"死了许多人,毁了许多家。许多可爱的生命葬入黄土";没有改变的是"又有许多新的人继续扮演不必要的悲剧",还是那许多"不必要的浪费——生命,精力,感情,财富,甚至欢笑和眼泪"。也正因为这样,作者在痛苦中清醒地意识到:"长宜子孙"只能是先辈的一个梦想。一个富裕的家庭,即使有万贯家财,也不能拯救其中一代代人被毁灭的命运。"财富并不'长宜子孙',倘使不给他们一个生活技能,不向他们指示一条生活道路,'家'这个小圈子只能摧毁年轻心灵的发育成长,倘使不同时让他们睁起眼睛去看广大世界;财富只能毁灭崇高的理想和善良的气质,要是它只消耗在个人的利益上面。"由此,作者将对"长宜子孙"这一封建家族遗训的批判,拓展到了对封建道德,以及整个封建没落制度的批判。当然,作者在否定旧道德、旧思想的同时,还进一步坚定了自己"走向广大的世界",追求光明的信念。文章最后说:"这不是我应该来的地方","我很高兴,自己又一次离开了狭小的家,走向广大的世界中去"。

【思考与练习】

1. 这篇文章中描写了哪几种灯光?各种灯光的含义是什么?
2. 文章中综合运用了哪几种表达方式?
3. 简要分析《爱尔克的灯光》的象征意义。

论 解 嘲

林语堂

【作者简介】

林语堂(1895—1976 年),清光绪二十一年生于福建龙溪(现福建漳州龙海),原名和乐,后改玉堂,又改语堂,笔名毛驴、宰予、岂青等,中国当代著名学者、作家、语言学家。父亲为教会牧师,林语堂自幼生长在一个信奉基督教的家庭。1912 年林语堂入上海圣约翰大学，毕业后在清华大学任教。1919年秋赴美哈佛大学留学。1922年获文学硕士学位。同年转赴德国入莱比锡大学，专攻语言学。1923年获博士学位后回国，任北京大学教授、北京女子师范大学教务长和英文系主任。1924年后为《语丝》主要撰稿人之一。1926年到厦门大学任文学院院长，写杂文，并研究语言。1927年任外交部秘书。1935年后，在美国用英文写《吾国与吾民》《风声鹤唳》，在法国写《京华烟云》等文化著作和长篇小说。1944年曾一度回国到重庆讲学。1945年赴新加坡筹建南洋大学，任校长。1947年任联合国教科文组织美术与文学主任。1952年在美国与人创办《天风》杂志。1966年定居台湾。1967年受聘为香港中文大学研究教授。1975年被推举为国际笔会副会长。1976年3月26日于香港去世，4月移灵台北，长眠于故居后园中，享年82岁。

  人生有时颇感寂寞，或遇到危难之境，人之心灵，却能发出妙用，一笑置之，于是又轻松下来。这是好的，也可以看出人之度量。古代名人，常有这样的度量，所以成其伟大。希腊大哲人苏格拉底，娶了姗蒂柏(Xantippe)，她是有名的悍妇，常作河东狮吼。传说苏氏未娶之前，已经闻悍妇之名，然而苏氏还是娶她。他有解嘲方法，说娶老婆有如御马，御驯马没有什么可学，娶个悍妇，于修心养性的功夫有大补助。有一天家里吵闹不休，苏氏忍无可忍，只好出门。正到门口，他太太由屋顶倒一盆水下来，正巧淋在他的头上。苏氏说："我早晓得，雷霆之后必有甘霖。"真亏得这位哲学家雍容自若的态度。

  林肯的老婆也是有名的，很泼辣，喜欢破口骂人。有一天一个送报的小孩子，十二三岁，不知道送报太迟，或有什么过失，遭到林肯太太百般恶骂，骂不绝口。小孩去向报馆老板哭诉，说她不该骂人过甚，以后他不肯到那家送报了。这是一个小城，于是老板向林肯提起这件小事。林肯说："算了吧！我能忍她十多年。这小孩子偶然挨骂一两顿，算什么？"这是林肯的解嘲。

  中国有句老话，叫做"塞翁失马，焉知非福"。林肯以后成为总统，据他小城的律师同事赫恩顿(Herndon)写的传记，说是应归功于这位太太。赫恩顿书中说，林肯怪可怜的。每星期六半夜，大家由酒吧要回家时，独林肯一人不大愿意回家。所以林肯那副出人头地，简练机警，应对如流的口才，全是在酒吧中学来的。又苏格拉底也是家里不得安静看书，因此成一习惯，天天到市场去，站在街上谈空说理。因此乃开始"游行派的哲学家"(Peripatetic School)的风气。他们讲学，不在书院，就在街头逢人问难驳诘。这一派哲学家的养成，也应归功于苏婆。

  关于这类的故事很多，尤其关于几个名人临终时的雅谑。这种修炼功夫，常人学不来的。苏格拉底之死，由柏拉图写来是最动人的故事。市政府说他巧辩惑众，贻误青年子弟，赐他服毒自尽。那夜他慷慨服毒，门人忍痛陪着，苏氏却从容阐发真理。最后他的名言是："想起来，我欠某人一只雄鸡未还。"叫他门人送去，不可忘记。这是他断气以前最后的一句话。金圣叹判死刑，狱中发出的信，也是这一派。"花生米与豆腐干同嚼，大有火腿滋味"(大约如此)。历史上从容就义的人很多，不必列举。

  西班牙有一传说：一个守礼甚谨的伯爵将死，一位朋友去看他。伯爵已经气喘不过来，但是那位访客还是刺刺不休[1]长谈下去。伯爵只好忍着静听，到了最后关头，伯爵不耐烦地对来客说："对不起，求先生原谅，让我此刻断气。"他翻身朝壁，就此善终。

我尝读耶稣最后一夜对他门徒的长谈,觉得这段动人的议论,尤胜过苏氏临终之言。而耶稣在十字架上临死之言:"上帝啊,宽恕他们,因为他们所为,出于不知。"这是耶稣的伟大,出于人情所不能及。这与他一贯的作风相同:"施之者比受之者有福。"可惜我们常人能知不能行,常做不到。

【注释】

[1] 刺刺不休:形容说话絮叨,没完没了。刺刺:形容说话多。

【提示】

林语堂提倡幽默、闲适、性灵,主张"以自我为中心,以闲适为笔调",采取与政治保持距离的自由主义立场。林语堂的散文创作体现出非常突出的幽默特征,这与其早期的散文主张有密切关系。林语堂早期极推崇散文的幽默化,并形成一定的理论特点。林语堂散文幽默特征还可在中国散文发展史上找到深刻的文化历史原因。林语堂散文不仅受到中外小品文的双重影响,还与其政治信仰、文学主张相投合。这种幽默散文观,不仅包含了他人格与文格、生活与艺术相融合而形成的带有中庸文化色彩的本质,而且对言志派散文批评理论的构建,做出了重要贡献。

起初他只是把"幽默"当作一种语言风格来看待,后来他则把"幽默"理解成"一种心理状态,进而言之,是一种观点,一种对人生的看法"。林语堂的所谓"幽默",不是粗鄙显露的笑话,而是幽默中有睿智,洒脱中显凝重。林语堂的散文往往以一种超脱与悠闲的心境来旁观世情,这样便形成一种庄谐并用如"私房娓语"式的"闲适笔调"。林语堂散文的语言兼收并蓄,各色兼用,像旧时公文的程式用语,时下流行的政治口号等,都可以在他散文中看到。这实际上是体现了林语堂先生的文学语言观念。他主张文学语言可以将文言、白话及方言俗语融为一体,从而形成一种所谓"白话的文言"式的特殊语言。

【思考与练习】

1. 本文的主题是什么?
2. 作者认为林肯、苏格拉底等人的成功是归功于他们的妻子吗?
3. "'施之者比受之者有福。'可惜我们常人能知不能行,常做不到。"这句话是什么意思?
4. 这篇文章没有过多的议论,却反映了作者创作的一贯风格,它的特色是什么?

殊 途 同 归[1]

尤 今

【作者简介】

尤今(1950—),原名谭幼今,生于马来西亚怡保。在父母的熏陶下,自小养成了良好的阅读习惯。八岁时,举家南迁至新加坡。1972年毕业于南洋大学中文系。曾做图书管理员、记者,现任职于教育界。1991年,尤今获得新加坡文协举办的首届"新华文学奖"。

第三单元　散文常识与欣赏

尤今的创作体裁分四类：小品文、小说、游记及散文。至今已出版小说、散文、小品、游记、报告文学等 135 部图书。其中 62 部在新加坡出版，73 部在中国大陆、中国台湾、中国香港等地出版。尤今还是新加坡、马来西亚以及中国大陆、中国台湾等地多家报刊的专栏作家，她的作品散见于中国大陆、中国台湾、中国香港等地，以及美国、泰国和欧洲等地的报纸杂志上。尤今以写游记小说见长，作品风格细腻，真实地反映了现实生活里的人和事。与三毛不同的是，她更关注现实人生。梁羽生先生曾评价其作品："古人说王维的诗是'诗中有画'，我似乎也可以说尤今的小说是'小说中有游记'。"

在一次聚餐会上，远亲珊蒂带来了她刚学走路的女儿。

长得好似洋娃娃，一步一跌，满头一圈一圈软绵绵的鬈发一晃一晃的，煞是可爱。

珊蒂在女儿后面，一步一步地跟，一声一声地喊累。

在喊累的这一刻，她根本没有想到：母女俩能够步伐一致地朝着同一个方向走，实际上是一种很圆、很满、很大的幸福。

这个时期，女儿唯母亲"马首是瞻"，母亲是她的天、她的地、她的一切。她不会质疑、不会反抗，她全心全意地模仿、百分之百地服从。母亲的脚跟着她走，她的心跟着母亲走；母亲说一，她不会说二。

她驯良如绵羊，可爱如天使。

身为母亲的，心里充满了甜蜜的矛盾，一方面希望她一分一分、一寸一寸慢慢慢慢地成长，好充分地享受她成长期间各种逗人的憨态与童趣；另一方面，却又希望她一尺一尺、一丈一丈快快快快地成长，长成个明白事理的好姑娘，好让母女并肩而坐，掏心地说着悄悄话。

欢喜也好，担忧也罢，孩子"我行我素"地长着、长着，终于，来到了一个成长过程无法避免的岔路口。

在岔路口处，孩子会在一连串的磨擦[2]和冲突中继续挣扎着成长，母亲呢，则得在一连串的磨擦和冲突中寻求适应，为自我的角色寻找新的定位。这是一个双方都极感痛苦的时期——母亲明明白白地看到孩子可能因犯错而跌跤、因跌跤而受苦，所以，想为她放个安全的垫子，可是，她却嫌母亲多事，怨母亲剥夺自由，因而刻意把垫子抽掉、丢掉；母亲当然生气，比生气更甚的，是担心。于是，便与孩子没完没了地掀起了无休无止的大战和小战。至为矛盾的是：战火的起因是"爱"，双方却又被这熊熊燃烧着的战火烧得遍体鳞伤、声声呼痛。

尽管母亲在前方使出九牛二虎之力拉孩子，可是，叛逆的孩子却总有办法挣脱母亲的手，自行开路，就算另一条路满是荆棘、满是尖石，就算她会被荆棘刺得鲜血淋漓或被石头绊得一跌再跌，然而，只要她能享有"不被母亲牵着鼻子走"的自由，纵使吃再多的苦，她也心甘情愿。

倔强如牛犊，可恶如魔鬼。

双方在不同的道路上走啊走的，走了一长段路后，却在另一个新的路口不期而然地相遇，孩子这才恍然发现：自己绕道走了那么一大段"冤枉路"，原来与父母的人生道路是"殊途同归"的！

161

这时，双方在对视的目光里，便找到了过去不曾有的谅解与理解、宽容与包容。

事实上，孩子在成长期间的叛逆，就像麻疹和水痘，到了时间，便会蓬蓬勃勃、兴兴旺旺地发作，压也压不了，挡也挡不住。

由它去。

在跌跤中成长的孩子，懂得在摔倒后迅速地爬起来，抹干眼泪，拭去鲜血，寻找新的方向。

永远有着保护垫的孩子，不知道疼痛的滋味；有一天，当守护天使不在时，只要跌一跤，便永远站不起来了。

这么说来，母女俩能在不同的方向走，对母亲而言，实际上也是一种很圆、很满、很大的幸福。

此刻，听到亦步亦趋地跟在女儿后面的珊蒂抱怨道："哟，累死啦！"那声音，竟是满满地蕴含着笑意的。

【注释】

[1] 本文摘自《读者》2007年第5期。

[2] 磨擦现在的规范词形为"摩擦"。

【提示】

尤今是一位有艺术良知和社会责任心的作家，她的创作虽不一定有明确的功利主义，但她"为人生"而创作的目的是不含糊的。她说她要"把人生的光明面传达给读者，让人们从中得到生活的勇气和力量"，"我清清楚楚地知道，我在作品中，不是刻意要塑造一个什么形象，而是很自然地把握人生信念，把它表达出来，通过作品，对读者精神生活能够起一些积极的作用。"(《快乐的泥塑人·序》)尤今散文作品的格调与她的生活环境和文化生态环境密切相关。新加坡是一个岛国，长期以来社会较为平和安定，自然环境优美，人们生活富足，有自足感，这便在很大程度上影响了作家的创作。

尤今的小品文短小精悍，一篇七八百字左右，所选取的题材内容是日常生活中不被人注意的琐细事物，她的笔触所至，几乎无所不包，从草木鱼虫到饮食男女，从亲情友情到奇观奇遇。她抒写人生的真谛，张扬美好的人性，所写虽是身边琐事，但寓大于小，寓远于近，给人以丰厚充实的感觉。但作者不是为写琐细事物而写琐细事物，或对琐细事物特别感兴趣，而是托物言志，通过对琐细事物的描绘，抒发对生活的感悟，阐述人生的哲理。尤今的高明之处就在于她选取的这些琐细事物是人们司空见惯的、习以为常的，但却能从中发现深藏的意蕴，并将其挖掘出来，给人深深的启迪。作品中的爱、友情和仁心浸润于字里行间。看她的作品，世界的每一个角落仿佛都弥漫着一种和谐的温馨气氛，整个大地充满着快乐。在结构上，也有作者的个人特色，即她的"志"，常用精练的、富有诗意的语言在文末显现出来，就是通常所说的"卒章显其志"。这种结构犹如逛公园，走走看看，迂回曲折，最后豁然开朗，看到了整个园林最有价值的部分。(中山大学 王剑丛《散文评论》)

【思考与练习】

1. 童年、青少年、成年时孩子对母亲的不同态度分别是什么？为什么？
2. "想为她放个安全的垫子"表达了母亲怎样的感情？
3. 本文在行文上用了很多重叠词，分析它们的表达效果。
4. 针对朝同一个方向走，还是朝不同方向走，对母亲而言，实际上都"是一种很圆、很满、很大的幸福"，谈谈你的理解。
5. 结合实际谈谈如何看待父母目前的教育方法。

柳侯祠

余秋雨

【作者简介】

余秋雨(1946—)，浙江余姚人。1968年毕业于上海戏剧学院戏剧文学系。历任上海戏剧学院院长、教授，上海剧协副主席。1962年开始发表作品。1991年加入中国作家协会。著有系列散文集《文化苦旅》《山居笔记》《千年一叹》《行者无疆》《借我一生》等，专著《戏剧理论史稿》《戏剧审美心理学》《中国戏剧文化史述》《艺术创造工程》等。《戏剧理论史稿》获全国首届戏剧理论著作奖，《戏剧审美心理学》获1986年上海哲学社会科学著作奖。他还是国际知名的学者和作家。其文化散文集，在20世纪90年代至21世纪初的中国大陆最畅销书籍中占据了非常重要的地位，在台湾、香港等地也有很大影响。现任《书城》杂志荣誉主编。

余秋雨的散文语言宏大，取材广泛，写法自由，文情并茂。《文化苦旅》共有36篇，以《都江堰》最短，但也有三千五百余字，而压卷之作《江南小镇》有五千余字。长篇散文能吞吐古今，驰骋中外，具有黄钟大吕的磅礴气势，读起来令人荡气回肠。描写、记叙、抒情与议论水乳交融，充满睿智与情趣，富含哲理。余秋雨散文的核心表达方式是议论，但又多与抒情相结合。在余秋雨的散文中，最具特色和魅力的地方正是来自这种用抒情笔法进行理性思考的议论。

余秋雨的通俗体散文和央视《百家讲坛》一脉相通，甚至是《百家讲坛》的先声。其贡献在于播撒了中国传统文化，将中国文化推向世界。

一

客寓柳州，住舍离柳侯祠仅一箭之遥。夜半失眠，迷迷顿顿，听风声雨声，床边似长出齐膝荒草，柳宗元跨过千年飘然孑立，青衫灰黯，神色孤伤。第二天一早，我便向祠中走去。

挡眼有石塑一尊，近似昨夜见到神貌。石塑底座镌《荔子碑》《剑铭碑》，皆先生手迹。石塑背后不远处是罗池，罗池东侧有柑香亭，西侧乃柳侯祠。祠北有衣冠墓。这名目，只要粗知宗元行迹，皆耳熟能详。

祠为粉墙灰瓦，回廊构架。中庭植松柏，东厢是碑廊。所立石碑，皆刻后人凭吊纪念文字，但康熙前的碑文，都已漫漶[1]不可辨识。由此想到，宗元离去确已很远，连通向他的祭祀甬道，也已截截枯朽。时值清晨，祠中寥无一人，只能静听自己的脚步声，在回廊间回响，从漫漶走向清晰，又从清晰走向漫漶。

二

柳宗元到此地，是公元815年夏天。当时这里是远未开化的南荒之地，朝廷贬放罪人的所在，一听地名就叫人惊栗，就像后来俄国的西伯利亚。西伯利亚还有那份开阔和银亮，这里却整个被原始野林笼罩着，潮湿蒸郁，暗无天日，人烟稀少，瘴疫猖獗[2]。去西伯利亚的罪人，还能让雪橇划下两道长长的生命曲线，这里没有，投下多少具文人的躯体，也消蚀得无影无踪。面南而坐的帝王时不时阴惨一笑，御笔一划，笔尖遥指这座宏大无比的天然监狱。

柳宗元是赶了长路来到这里的。他的被贬，还在10年之前，贬放地是湖南永州。他在永州待了10年，日子过得孤寂而荒凉。亲族朋友不来理睬，地方官员时时监视。灾难使他十分狼狈，一度蓬头垢面，丧魂落魄。但是，灾难也给了他一份宁静，使他有足够的时间与自然相晤，与自我对话。于是，他进入了最佳写作状态，中国文化史拥有了《永州八记》和其他篇什，华夏文学又一次凝聚出了高峰性的构建。

照理，他可以心满意足，不再顾虑仕途枯荣[3]。但是，他是中国人，他是中国文人，他是封建时代的中国文人。他已实现了自己的价值，却又迷惘着自己的价值。永州归还给他一颗比较完整的灵魂，但灵魂的薄壳外还隐伏着无数诱惑。这年年初，一纸诏书命他返回长安，他还是按捺不住，欣喜万状，急急赶去。

当然会经过汨罗江，屈原的形貌立即与自己交叠起来。他随口吟道：

南来不做楚臣悲，重入修门自有期。
为报春风汨罗道，莫将波浪枉明时。

（《汨罗遇风》）

这样的诗句出自一位文化大师之手，读着总让人不舒服。他提到了屈原，有意无意地写成了"楚臣"，倒也没有大错。同是汨罗江畔，当年悲悲戚戚的屈原与今天喜气洋洋的柳宗元，心境不同，心态相仿。

个人是没有意义的，只有王朝宠之贬之的臣吏，只有父亲的儿子或儿子的父亲，只有朋友间亲疏网络中的一点，只有颤栗在众口交铄下的疲软肉体[4]，只有上下左右排行第几的坐标，只有社会洪波中的一星波光，只有种种伦理观念的组合和会聚。不应有生命实体，不应有个体灵魂。

到得长安，兜头一盆冷水，朝廷厉声宣告，他被贬到了更为边远的柳州。

朝廷像在给他做游戏，在大一统的版图上挪来移去。不能让你在一处滞留太久，以免对应着稳定的山水构建起独立的人格。多让你在长途上颠颠簸簸吧，让你记住：你不是你。

第三单元 散文常识与欣赏

柳宗元凄楚南回,同路有刘禹锡。刘禹锡被贬到广东连州,不能让这两个文人待在一起。到衡阳应该分手了,两位文豪牵衣拱手,流了很多眼泪。宗元赠别禹锡的诗句是:"今朝不用临河别,垂泪千行便濯缨。"到柳州时,泪迹未干。

嘴角也绽出一丝笑容,那是在嘲谑[5]自己:"十年憔悴到秦京,谁料翻为岭外行。"悲剧,上升到滑稽。

这年他四十三岁,正当盛年。但他预料,这个陌生的柳州会是他的丧葬之地。他四处打量,终于发现了这个罗池,池边还有一座破损不堪的罗池庙。

他无法预料的是,这个罗池庙,将成为他的祠,被供奉千年。

不为什么,就为他破旧箱箧[6]里那一札皱巴巴的诗文。

三

屈原自没于汨罗江,而柳宗元则走过汨罗江回来了。幸好回来,柳州、永州无所谓,总比在长安强,什么也不怕,就怕文化人格的失落。中国,太寂寞。

在柳州的柳宗元,宛若一个鲁滨逊。他有一个小小的贬谪官职,利用着,挖了井,办了学,种了树,修了寺庙,放了奴婢。毕竟劳累,在四十七岁上死去。

柳宗元晚年所干的这些事,一般被称为政绩。当然也对,但他的政绩有点特别,每件事,都按着一个正直文人的心意,依照所遇所见的实情作出,并不考据何种政治规范;作了,又花笔墨加以阐释,疏浚[7]理义,文采斐然,成了一种文化现象。在这里,他已不是朝廷棋盘中一枚无生命的棋子,而是凭着自己的文化人格,营筑着一个可人的小天地。在当时的中国,这种有着浓郁文化气息的小天地,如果多一些,该多好。

时间增益了柳宗元的魅力。他死后,一代又一代,许多文人带着崇敬和疑问仰望着这位客死南荒的文豪,重蹈他的覆辙的贬官,在南下的路途中,一想到柳宗元,心情就会平适一点。柳州的历代官吏,也会因他而重新检点自己的行止。这些都可以从柳侯祠碑廊中看到。柳宗元成了一个独特的形象,使无数文官或多或少地强化了文人意识,询问自己存在的意义。如今柑香亭畔还有一石碑,为光绪十八年(1892 年)间柳州府事蒋兆奎立,这位长沙籍官员写了洋洋洒洒一大篇碑文,说他从柳宗元身上看到了学识文章、自然游观与政事的统一。"夫文章政事,不判两途。侯固以文章而能政事者,而又以游观为为政之具,俾[8]乱虑滞志,无所容入,然后理达而事成,故其惠化至今。"为此,他下决心重修柑香亭,没有钱,就想方设法,精打细算,在碑文中报了一笔筹款明细账。亭建成后,他便常来这里思念柳宗元,所谓"每于公退之暇,登斯亭也,江山如是,蕉荔依然,见实闻花,宛如当日",不能不说,这府事的文化意识和文化人格,因柳宗元而有所上升。

更多的是疑问。重重石碑发出了重重感叹、重重疑问,柳宗元不断地引发着后人苦苦思索:

文字由来重李唐,
如何万里竟投荒?

池枯犹滴投荒泪,

邈古难传去国神……

自昔才名天所扼，
文章公独耀南荒……

旧泽尚能传柳郡，
新亭谁为续柑香？

这些感叹和疑问，始终也没有一个澄明的归结。旧石碑模糊了，新石碑又续上去。最新的石碑竖在衣冠墓前，郭沫若题，时间是1974年12月。当时，柳宗元变成了"法家"，衣冠墓修得很漂亮。

倒是现任柳州市副市长的几句话使我听了眼睛一亮。他说："这两年柳州的开放和崛起，还得感谢柳宗元和其他南下贬官。他们从根子上使柳州开通。"这位副市长年岁尚轻，大学毕业，也是个文人。

四

我在排排石碑间踽踽独行。中国文人的命运，在这里裸裎。

但是，日近中天了，这里还是那样宁静。游人看是一个祠堂，不大愿意进来。几个少年抬起头看了一会儿石碑，他们读不懂那些碑文。石碑固执地怆然[9]肃立，少年们放轻脚步，离它们而去。

静一点也好，从柳宗元开始，这里历来宁静。京都太嘈杂了，面壁十年的九州学子，都曾向往过这种嘈杂。结果，满腹经纶被车轮马蹄捣碎，脆亮的吆喝填满了疏朗的胸襟。唯有在这里，文采华章才从朝报奏折中抽出，重新凝入心灵，并蔚成方圆。它们突然变得清醒，浑然构成张力，生气勃勃，与殿阙对峙，与史官争辩，为普天皇土留下一脉异音。世代文人，由此而增添一成傲气，三分自信。华夏文明，才不至全然黯暗[10]。朝廷万万未曾想到，正是发配南荒的御批，点化了民族的精灵。

好吧，你们就这么固执地肃立着吧。明天，或许后天，会有一些游人，一些少年，指指点点，来破读这些碑文。

【注释】

[1] 漫漶(màn huàn)：书版、石刻等因年代久远遭磨损而模糊不清。

[2] 瘴疫猖獗(zhàng yì chāng jué)：瘴气是热带或亚热带山林中的湿热空气，从前认为是瘴疠的病源。猖獗：凶猛而放肆。而瘴疫猖獗是说这个地方瘴气很重，人们很容易因此得病。

[3] 仕途枯荣：形容仕途沉浮。

[4] 众口交铄：众口铄金，铄：熔化。形容舆论力量大，连金属都能熔化。比喻众口一词可以混淆是非。疲软肉体当指"脆弱的生命"。

[5] 嘲谑(cháo xuè)：调笑戏谑。

[6] 箱箧(xiāng qiè)：箱子。

[7] 疏浚(shū jùn)：清除淤塞或挖深河槽使水流通畅。此指"使通畅"。

[8] 俾(bǐ)：使。

[9] 怆然(chuàng rán)：悲伤的样子。

[10] 黯喑(àn yīn)：昏暗而缄默。

【提示】

学者陈剑晖说："散文的文化本体性要求散文作家不仅要以独到的眼光对历史文化进行重新审视描绘，并在这种审视描绘中创造性地构建民族文化性格。"余秋雨正是以这种高度来度量历史和古人，体现美学震撼力。他摒弃了"杨朔传统式"的散文，其"文化散文""历史散文""学者散文"给中国新时代的散文注入新的新鲜"血液"。余秋雨笔下那浓郁的行者无疆的气魄，那抚今追昔的深度感怀，那中国传统文化和文人的独特视角，无不像一片巨大的磁场吸引着我们走近这位大名家。中华民族几千年积淀下的文化值得我们反思与借鉴。《柳侯祠》是余秋雨文化反思散文中著名的一篇，作者以自己游访柳侯祠为切入点，进而用洋洋洒洒的文字再现了柳宗元人生际遇的变迁，表达对中国传统知识分子的人生价值和当时历史使命的思考，批判封建专制机制对知识分子的压迫、禁锢。

《柳侯祠》通过游览柳州柳侯祠古迹，抒写了作者对中国贬官文化和贬官文人命运的感慨和反思。全文以柳侯祠为话题，回顾了柳宗元这一唐代伟大文学家被权势差遣，两遭贬谪流放、四处飘零的命运，展现了中国文人在远离政治中心和偏废世俗物欲后用自己的文化人格"把偌大一个世界的生僻角落变成人人心中的故乡"的精神价值。此文看似游柳侯祠，但作家的笔触更多地触击了历史与现实，触击了历代文人内心深处的苦痛。从屈原到柳宗元、刘禹锡，再到苏东坡，历代文人有太多不为朝廷理解甚至为朝廷戕害的典型。他们的宏图大志在理想中破灭，面对被贬，他们表现出苦闷或豁达。苦闷者渴望能有那么一天统治者的一道诏书从天而降，豁达者则往往是因返京无门而表现出一种豁然的心境。文人的命运往往是返京无门，最终客死于荒凉凄清的他乡。

《柳侯祠》具有文化散文大气恢宏的气魄，作家用精湛优美的笔墨道出了柳侯祠承前启后的深刻意义，正是千千万万个柳宗元式的文人书写着中国的历史。因此柳侯祠不应仅仅是用来观赏的旅游景点。"几个少年抬起头看了一会儿石碑，他们读不懂那些碑文。石碑固执地怆然肃立，少年们放轻脚步，离它们而去。"这是作家留给我们青年人的思考。我们必须认识到柳侯祠对我们现代人的深刻意义。

作者有意识地将他的散文与小说以最好的形式结合起来，追求一种小说化的艺术效果。有利于不同层次、不同趣味的人读懂、接受、喜欢。这篇散文的小说化艺术形态主要表现在以下两个方面：一是完整生动的故事情节，注重故事情节的构建；二是历史现场还原式的虚拟和丰富的艺术想象。余秋雨并不局限于传统的散文创作规范，他采用了虚拟性的小说手法，发挥了合理的想象，对抽象概念的历史材料进行了生动形象的艺术再现。

【思考与练习】

1. 作者将柳州与西伯利亚进行对比的目的是什么？
2. 根据语境理解下列句中画线词的含义。

(1) 永州归还给他一颗比较完整的<u>灵魂</u>，但灵魂的薄壳外还隐伏着无数诱惑。

(2) 在这里，他已不是朝廷棋盘中一枚无生命的<u>棋子</u>。

3．文中第二部分"实现了自己的价值"是指什么？"迷惘着自己的价值"又是指什么？请结合课文内容谈谈你的理解。

4．文中说"灾难也给了他一份宁静，使他有足够的时间与自然相晤，与自我对话"，灾难在给人们带来艰辛的同时也带来收获。你对灾难是如何理解的呢？请结合实际谈谈你的体验和感受。

5．文章结尾两段集中赞美了柳宗元的人格，表达了作者对他的景仰，他政治失意，但文化人格没有失落，中国封建社会中不乏这样拥有"一成傲气，三分自信"的文人，请结合他们的作品或事迹作简要分析。

论　嫉　妒

培　根

【作者简介】

弗兰西斯·培根(Francis Bacon，1561—1626 年)，英国哲学家和科学家。中世纪英国著名的唯物主义哲学创始者。他竭力倡导"读史使人明智，读诗使人聪慧，演算使人精密，哲理使人深刻，伦理学使人有修养，逻辑修辞使人善辩"。他推崇科学、发展科学的进步思想和崇尚知识的进步口号，一直推动着社会的进步。这位一生追求真理的思想家，被马克思称为"英国唯物主义和整个现代实验科学的真正始祖"。他在逻辑学、美学、教育学方面也提出了许多思想，著有《新工具》《论说随笔文集》等。后者收入 58 篇随笔，从各个角度论述广泛的人生问题，精妙、有哲理，拥有很多读者。培根尖锐地批判了中世纪经院哲学，认为经院哲学和神学严重地阻碍了科学的进步，主张要全面改造人类的知识，使整个学术文化从经院哲学中解放出来，实现伟大的复兴。

在人类的各种情欲中，有两种最为惑人心智，这就是爱情与嫉妒。这两种感情都能激发出强烈的欲望，创造出虚幻的意象，并且足以蛊惑人的心灵——如果真有巫蛊这种事的话。

所以，我们知道在《圣经》中把"嫉妒"叫作一种"凶眼"，而占星术士则把它称作一颗"灾星"。这就是说，嫉妒能把凶险和灾难投射到它的眼光所注目的地方。不仅如此，还有人认为，嫉妒之毒眼伤人最狠之时，正是那被嫉妒之人最为春风得意之时。这一方面是由于这种情况促使嫉妒之心更加锐利；另一方面是由于在这种情况下，被嫉妒者最容易受到打击。

让我们来分析一下哪些人容易嫉妒，哪些人容易招来嫉妒，以及哪种嫉妒属于公妒，公妒与私妒有何不同。

无德者必会嫉妒有道德的人。因为人的心灵如若不能从自身的优点中取得养料，就必定要找别人的缺点作为养料。而嫉妒者往往是自己既没有优点，又看不到别人的优点的，因此他只能用败坏别人幸福的办法来安慰自己。当一个人自身缺乏某种美德的时候，他就一定贬低别人的这种美德，以求实现两者的平衡。

嫉妒者必须是好打听闲话的。他们之所以特别关心别人，并非因为事情与他们的切身利害有关，而是为了通过发现别人的不愉快，来使自己得到一种赏心悦目的愉快。

其实每一个埋头深入自己事业的人，是没有工夫去嫉妒别人的。因为嫉妒是一种四处游荡的情欲，能享有他的只能是闲人。所以古话说："多管别人闲事必定没安好心。"

一个后起之秀是招人嫉妒的，尤其要受那些贵族元老的嫉妒，因为他们之间的距离改变了。别人的上升足以造成一种错觉，使人觉得自己仿佛被降低了。

有某种难以克服的缺陷的人——如残疾人、宦官、老年人或私生子，是容易嫉妒别人的。由于自己的缺陷无法补偿，因此需要损伤别人来求得补偿。只有当这种缺陷是落在一个具有伟大品格的人身上时才不会如此。那种品格能够让一种缺陷转化为光荣。负着残疾的耻辱，去完成一件大事业，使人们更加为之惊叹。像历史上的纳西斯、阿盖西劳斯和铁木尔就曾如此[1]。

经历过巨大的灾祸和磨难的人，也容易产生嫉妒。因为这种人乐于把别人的失败，看作对自己过去所历痛苦的抵偿。

虚荣心甚强的人，假如他看到别人在一件事业中总是强过了他，他也会为此产生嫉妒的。所以自己很喜爱艺术的阿提安皇帝[2]，就非常嫉妒诗人、画家和艺术家，因为他们在这些方面超过了他。

最后，在同事之间当有人被提升的时候，也容易引起嫉妒。因为如果别人由于某种优越表现而得到提升，就等于映衬出了其他人在这些方面的无能，从而刺伤了他们。同时，彼此越了解，这种嫉妒心就越强。人可以允许一个陌生人的发迹，却不能原谅一个身边人的上升。所以该隐只是由于嫉妒就杀死了他的亲兄弟亚伯[3]。

我们再来讨论一下哪些人能够避免嫉妒。

我们已懂得，嫉妒总是来自自我与别人的比较，如果没有比较就没有嫉妒。所以皇帝通常是不被人嫉妒的，除非对方也是皇帝。一个有崇高美德的人，他的美德愈多，别人对他的嫉妒将愈少。因为他们的幸福来自他们的苦功。它是应得的。

所以出身于微贱的人一旦升腾必会受人嫉妒。直到人们习惯了他的这种新地位为止。而富家的一个公子也将招人嫉妒。因为他并没有付出血汗，却能坐享其成。

反之，世袭贵胄的称号却不容易被嫉妒。因为他们优越的谱系已被世人承认。同样，一个循序渐进地高升的人，也不会招来嫉妒。因为这种人的提升被看作自然的。

那种在饱经艰难之后才获得的幸福是不太招人嫉妒的。因为人们看到这种幸福来之不易，甚至产生了同情——而同情心总是医治嫉妒的一味良药。所以老谋深算的政治家，当他们处于高高在上的地位时，总是在向人诉苦，吟唱着一首"正在活受罪"的咏叹调。其实他们未必真的如此受苦，这只是钝化别人嫉妒锋芒的一种策略。

但是，只有当这种人的负担不是自己招揽上身时，这种诉苦才会真被人同情。否则，没有比一个出于往上爬的野心，而四外招揽事做的人更招人嫉妒的了。

此外，对于一个大人物来说，如果他能利用自己的优越地位，来保护他的下属们的利益，那么这也等于是筑起了一座防止嫉妒的有效堤防。

应当注意的是，那种骄傲自大的人物是最易招来嫉妒的。这种人总想在一切方面来显示自己的优越：或者大肆铺张地炫耀，或者力图压倒一切竞争者。其实真正的聪明人倒宁可给人类的嫉妒心留下点儿余地，有意让别人在无关紧要的事情占了自己的上风。

然而另一方面也要看到，对于享有某种优越地位的人来说，与其狡诈地掩饰，莫如坦率诚恳地放开（只是千万不要表现出骄矜与浮夸），这样招来的嫉妒会小一些；因为对于前一种人，似乎更显示出他是没有价值因而不配享受那种幸福的，他们的作假简直就是在教唆别人来嫉妒自己了。

让我们归纳一下已经说过的吧。我们在开始时说过，嫉妒有点接近于巫术，是蛊惑人心的。那么要防止嫉妒，也就不妨采用点巫术，就是把那容易招来嫉妒的妖气转嫁到别人身上。正是由于懂得这一点，所以有许多明智的大人物，凡有抛头露面出风头的事情，都推出别人作为替身去登台表演，而自己则宁愿躲在幕后。这样一来，群众的嫉妒就落在别人身上了。事实上，愿意扮演这种替人出风头角色的傻瓜天生是不会少的。

我们再来谈谈什么是公妒。

公众的嫉妒比个人的嫉妒多少有点价值。公妒对于大人物，正如古希腊时代的流放惩罚一样，是强迫他们收敛与节制的一种办法。

所谓"公妒"，其实也是一种公愤。对于一个国家是具有严重危险性的一种疾病。人民一旦对他们的执政者产生了这种公愤，那么就连最好的政策也将被视为恶臭，受到唾弃。所以丧失了民心的统治者即使在办好事，也不会得到群众的拥护。因为人民将把这更看作一种怯懦，一种对公愤的畏惧——其结果是，你越怕它，它就越要找上门来。

这种公妒或公愤，有时只是针对某位执政人，而不是针对一种政治体制。但是请记住这样一条定律：如果这种民众的公愤已扩展到几乎所有的大臣身上，那么这个国家体制就必定将面临倾覆了。

最后再做一点总结吧。在人类的一切情欲中，嫉妒之情恐怕要算作最顽强、最持久的。所以古人曾说过："嫉妒是不懂休息的。"同时还有人观察过，与其他感情相比，只有爱情与嫉妒是最能令人消瘦的。这是因为没有什么能比爱与妒更具有持久的消耗力。但嫉妒毕竟是一种卑劣下贱的情欲，因此它乃是一种属于恶魔的素质。《圣经》曾告诉我们，魔鬼所以要趁着黑夜到麦地里去种上稗子[4]，就是因为他嫉妒别人丰收呵！的确，犹如毁掉麦子一样，嫉妒这恶魔总是在暗地里，悄悄地去毁掉人间的好东西！

【注释】

[1] 纳西斯(Narses，472—568年)：东罗马帝国的将领。铁木尔：成吉思汗的儿子，蒙古名将。

[2] 阿提安(117—138年)：古罗马皇帝。

[3] 该隐与亚伯的故事出于《圣经》。他们是兄弟俩，由于该隐嫉妒亚伯，遂杀其弟。

[4] 出自《马太福音》第13章第25节。

【提示】

培根的哲学思想是与其社会思想密不可分的。他是资产阶级上升时期的代表，主张发

展生产,渴望探索自然,要求发展科学。他认为是经院哲学阻碍了当代科学的发展。因此,他极力批判经院哲学和神学权威。他还进一步揭露了人类认识产生谬误的根源,提出了著名的"四假象说"。他说这是人心普遍发生的一种病理状态,而非在某情况下产生的迷惑与疑难。第一种是"种族的假象",是由于人的天性引起的认识错误;第二种是"洞穴的假象",是个人由于性格、爱好、教育、环境产生的认识中片面性的错误;第三种是"市场的假象",即由于人们交往时语言概念的不确定产生的思维混乱;第四种是"剧场的假象",是指由于盲目迷信权威和传统造成的错误认识。培根指出,经院哲学家就是利用四种假象来抹杀真理,制造谬误,从而给予了经院哲学沉重的打击。但是培根的"四假象说"渗透了培根哲学的经验主义倾向,未能对理智的本性与唯心主义的虚妄加以严格区别。

培根的散文小品涉及了生活的各个方面,无论是友谊、爱情、婚姻、财富、高位,还是死亡、野心、嫉妒、怒气、谣言……都是他论述的对象。在这些深刻而隽永的文章里,他品评人生,分析人性,每每给我们耳目一新的感受。就像这篇文章,可谓一针见血,对人们常见的嫉妒心理进行了鞭辟入里的剖析,分析了人们嫉妒的原因,指出了嫉妒的巨大危害,警示人们警惕这个"恶魔"。这对我们同样具有启发意义。

【思考与练习】

1. 结合本文谈谈嫉妒心如何产生的?其危害是什么?
2. 公妒和私妒的区别是什么?
3. 请你谈谈在生活中如何避免被嫉妒?如何避免嫉妒他人?

寂　寞

梭　罗

【作者介绍】

亨利·戴维·梭罗(Henry David Thoreau,1817—1862年),出生于马萨诸塞州的康科德城,美国19世纪著名进步作家、哲学家,著有散文集《瓦尔登湖》和论文《论公民的不服从权利》(又译为《消极抵抗》或《论公民的不服从》)。1837年毕业于哈佛大学。回家乡执教两年(1838—1840年)。然后他住到了大作家、思想家拉尔夫·沃尔多·爱默生家里(1841—1843年),在其家里当门徒及助手,并开始尝试写作。

1849年,他完成了一本叫作《在康科德河和梅里马克河上的一周》的书。差不多同时,他发表了一篇名为《消极反抗》(*On Civil Disobedience*)的著名的论文,影响了托尔斯泰和"圣雄"甘地。在不同时期,梭罗靠教书与务工生活。他曾经在他家办的铅笔厂工作,还发明了一种可以简化生产、降低费用的机器。

梭罗除了被一些人尊称为"第一个环境保护主义者"外,还是一位关注人类生存状况的有影响的哲学家。梭罗是拉尔夫·沃尔多·爱默生的学生和朋友,受爱默生的影响,梭罗也是一位先验主义者。一位朋友曾称梭罗为"诗人和博物学家",并非过誉。他的生活知识是丰富而且渊博的。梭罗一生都反对蓄奴制度，支持奴隶解放运动。

在其人生的最后两年里，他平静地整理日记手稿，从中选出一些段落来写成文章，发表在《大西洋月刊》上。他平静安详地结束了他的一生，死于 1862 年 5 月 6 日，未满 45 岁。

这是一个愉快的傍晚，全身只有一个感觉，每一个毛孔中都浸润着喜悦。我在大自然里以奇异的自由姿态来去，成了她自己的一部分。我只穿衬衫，沿着硬石的湖岸走，天气虽然寒冷，多云又多风，也没有特别分心的事，那时天气对我异常地合适。牛蛙鸣叫，邀来黑夜，夜鹰的乐音乘着吹起涟漪的风从湖上传来。摇曳的赤杨和白杨，激起我的情感，使我几乎不能呼吸了；然而像湖水一样，我的宁静只有涟漪而没有激荡。和如镜的湖面一样，晚风吹起来的微波是谈不上什么风暴的。虽然天色黑了，风还在森林中吹着，咆哮着，波浪还在拍岸，某一些动物还在用它们的乐音催眠着另外的那些，宁静不可能是绝对的。最凶狠的野兽并没有宁静，现在正找寻它们的牺牲品；狐狸，臭鼬，兔子，也正漫游在原野上，在森林中，它们却没有恐惧，它们是大自然的看守者，——是连接一个个生气勃勃的白昼的链环。

等我回到家里，发现已有访客来过，他们还留下了名片呢，不是一束花，便是一个常春树的花环，或用铅笔写在黄色的胡桃叶或者木片上的一个名字。不常进入森林的人常把森林中的小玩意儿一路上拿在手里玩，有时故意，有时偶然，把它们留下了。有一位剥下了柳树皮，做成一个戒指，丢在我桌上。在我出门时有没有客人来过，我总能知道，不是树枝或青草弯倒，便是有了鞋印，一般说，从他们留下的微小痕迹里我还可以猜出他们的年龄、性别和性格；有的掉下了花朵，有的抓来一把草，又扔掉，甚至还有一直带到半英里外的铁路边才扔下的呢；有时，雪茄烟或烟斗味道还残留不散。常常我还能从烟斗的香味注意到六十杆之外公路上行经的一个旅行者。

我们周围的空间该说是很大的了。我们不能一探手就触及地平线。蓊郁的森林或湖沼并不就在我的门口，中间总还有着一块我们熟悉而且由我们使用的空地，多少整理过了，还围了点篱笆，它仿佛是从大自然的手里被夺取来的。为了什么理由，我要有这么大的范围和规模，好多平方英里的没有人迹的森林，遭人类遗弃而为我所私有了呢？最接近我的邻居在一英里外，看不到什么房子，除非登上那半里之外的小山山顶去瞭望，才能望见一点儿房屋。我的地平线全给森林包围起来，专供我自己享受，极目远望只能望见那在湖的一端经过的铁路和在湖的另一端沿着山林的公路边上的篱笆。大体说来，我居住的地方，寂寞得跟生活在大草原上一样。在这里离新英格兰也像离亚洲和非洲一样遥远。可以说，我有我自己的太阳、月亮和星星，我有一个完全属于我自己的小世界。从没有一个人在晚上经过我的屋子，或叩我的门，我仿佛是人类中的第一个人或最后一个人，除非在春天里，隔了很长久的时候，有人从村里来钓鳘鱼，——在瓦尔登湖中，很显然他们能钓到的只是他们自己的多种多样的性格，而钩子只能钩到黑夜而已——他们立刻都撤走了，常常是鱼篓很轻地撤退的，又把"世界留给黑夜和我"，而黑夜的核心是从没有被任何人类的邻舍污染过的。我相信，人们通常还都有点儿害怕黑暗，虽然妖巫都给吊死了，基督教和蜡烛火也都已经介绍过来。

然而我有时经历到，在任何大自然的事物中，都能找出最甜蜜温柔，最天真和鼓舞人的伴侣，即使是对于愤世嫉俗的可怜人和最最忧悒的人也一样。只要生活在大自然之间而还有五官的话，便不可能有很阴郁的忧虑。对于健全而无邪的耳朵，暴风雨还只是伊奥勒斯[1]的音乐呢。什么也不能正当地迫使单纯而勇敢的人产生庸俗的伤感。当我享受着四季的友爱时，我相信，任什么也不能使生活成为我沉重的负担。今天佳雨洒在我的豆子上，使我在屋里待了一整天，这雨既不使我沮丧，也不使我抑郁，对于我可还是好的呢。虽然它使我不能够锄地，但比我锄地更有价值。如果雨下得太久，使地里的种子，低地的土豆烂掉，它对高地的草还是有好处的，既然它对高地的草很好，它对我也是很好的了。有时，我把自己和别人作比较，好像我比别人更得诸神的爱，比我应得的似乎还多呢；好像我有一张证书和保单在他们手上，别人却没有，因此我受到了特别的引导和保护。我并没有自称自赞，可是如果可能的话，倒是他们称赞了我。我从不觉得寂寞，也一点不受寂寞之感的压迫，只有一次，在我进了森林数星期后，我怀疑了一小时，不知宁静而健康的生活是否应当有些近邻，独处似乎不很愉快。同时，我却觉得我的情绪有些失常了，但我似乎也预知我会恢复到正常的。当这些思想占据我的时候，温和的雨丝飘洒下来，我突然感觉到能跟大自然做伴是如此甜蜜如此受惠，就在这滴答滴答的雨声中，我屋子周围的每一个声音和景象都有着无穷尽无边际的友爱，一下子这个支持我的气氛把我想象中的有邻居方便一点的思潮压下去了，从此之后，我就没有再想到过邻居这回事。每一支小小松针都富于同情心地胀大起来，成了我的朋友。我明显地感到这里存在着我的同类，虽然我是在一般所谓凄惨荒凉的处境中，然则那最接近于我的血统，并最富于人性的却并不是一个人或一个村民，从今后再也不会有什么地方会使我觉得陌生的了。

"不合宜的哀恸消蚀悲哀；
在生者的大地上，他们的日子很短，
托斯卡尔的美丽的女儿[2]啊。"

我的最愉快的若干时光在于春秋两季的长时间暴风雨当中，这弄得我上午、下午都被禁闭在室内，只有不停止的大雨和咆哮安慰着我；我从微明的早起就进入了漫长的黄昏，其间有许多思想扎下了根，并发展了它们自己。在那种来自东北的倾盆大雨中，村中那些房屋都受到了考验，女佣人都已经拎了水桶和拖把，在大门口阻止洪水侵入，我坐在我小屋子的门后，只有这一道门，却很欣赏它给予我的保护。在一次雷阵雨中，曾有一道闪电击中湖对岸的一株苍松，从上到下，划出一个一英寸，或者不止一英寸深，四五英寸宽，很明显的螺旋形的深槽，就好像你在一根手杖上刻的槽一样。那天我又经过了它，一抬头看到这一个痕迹，真是惊叹不已，那是八年以前，一个可怕的、不可抗拒的雷霆留下的痕迹，现在却比以前更为清晰。人们常常对我说，"我想你在那儿住着，一定很寂寞，总是想要跟人们接近一下的吧，特别在下雨、下雪的日子和夜晚"。我喉咙痒痒地直想这样回答，——我们居住的整个地球，在宇宙之中不过是一个小点。那边一颗星星，我们的天文仪器还无法测量出它有多大呢，你想想它上面的两个相距最远的居民又能有多远的距离呢？我怎么会觉得寂寞？我们的地球难道不在银河之中？在我看来，你提出的似乎是最不重要的问题。怎样一种空间才能把人和人群隔开而使人感到寂寞呢？我已经发现了，无论两条腿怎样努力也不能使两颗心灵更加接近。我们最愿意和谁紧邻而居呢？人并不是都喜欢车站哪，邮局哪，酒吧间哪，会场哪，学校哪，杂货店哪，烽火山哪，五点区[3]哪，虽然在那里人们常常相聚，人们倒是更愿意接近那生命的不竭之源泉的大自然，在我们的经验中，我们时常感到有这样一个需要，好像水边的杨柳，一定向有水的方向伸展它的根。人的性格不同，所以需要也很不相同，可是一个聪明人必须在不竭之源泉的大自然那里挖掘他的地窖……有一天晚上在走向瓦尔登湖的路上，我赶上了一个市民同胞，他已经积蓄了所谓的"一笔很可观的产业"，虽然我从没有好好地看到过它，那天晚上他赶着一对牛上市场去，他问我，我是怎么想出来的，宁肯抛弃这么多人生的乐趣？我回答说，我确信我很喜欢我这样的生活；我不是开玩笑。便这样，我回家，上床睡了，让他在黑夜泥泞之中走路走到布赖顿去——或者说，走到光亮城[4]里去——大概要到天亮的时候才能走到那里。

对一个死者说来，任何觉醒的，或者复活的景象，都使一切时间与地点变得无足轻重。可能发生这种情形的地方都是一样的，对我们的感官是有不可言喻的欢乐的。可是我们大部分人只让外表上的、很短暂的事情成为我们所从事的工作。事实上，这些是使我们分心的原因。首先最接近万物的乃是创造一切的一股力量。其次靠近我们的宇宙法则在不停地发生作用。最后靠近我们的，不是我们雇用的匠人，虽然我们欢喜和他们谈谈说说，而是那个大匠，我们自己就是他创造的作品。

"神鬼之为德，其盛矣乎。"

"视之而弗见，听之而弗闻，体物而不可遗。"

"使天下之人，斋明盛服，以承祭祀，洋洋乎，如在其上，如在其左右。"

我们是一个实验的材料，但我对这个实验很感兴趣。在这样的情况下，难道我们不能够有一会儿离开我们的充满了是非的社会，——只让我们自己的思想来鼓舞我们？孔子说得好，"德不孤，必有邻"。

有了思想，我们可以在清醒的状态下，欢喜若狂。只要我们的心灵有意识地努力，我们就可以高高地超乎任何行为及其后果之上；一切好事、坏事，就像急流一样，从我们身边经过。我们并不是完全都被纠缠在大自然之内的。我可以是急流中的一片浮木，也可以是从空中望着下面的因陀罗[5]。看戏很可能感动了我；而另一方面，和我生命更加攸关的事件却可能不感动我。我只知道我自己是作为一个人而存在的；可以说我是反映我思想感情的一个舞台面，我多少有着双重人格，因此我能够远远地看自己犹如看别人一样。不论我有如何强烈的经验，我总能意识到我的一部分在从旁批评我，好像它不是我的一部分，只是一个旁观者，并不分担我的经验，而是注意到它：正如他并不是你，他也不能是我。等到人生的戏演完，很可能是出悲剧，观众就各自走了。关于这第二重人格，这自然是虚构的，只是想象力的创造。但有时这双重人格很容易使别人难以和我们做邻居，交朋友了。

第三单元　散文常识与欣赏

　　大部分时间内,我觉得寂寞是有益于健康的。有了伴儿,即使是最好的伴儿,不久也要厌倦,弄得很糟糕。我爱孤独。我没有碰到比寂寞更好的同伴了。到国外去厕身于人群之中,大概比独处室内,格外寂寞。一个在思想着在工作着的人总是单独的,让他爱在哪儿就在哪儿吧,寂寞不能以一个人离开他的同伴的里数来计算。真正勤学的学生,在剑桥学院最拥挤的蜂房内,寂寞得像沙漠上的一个托钵僧一样。农夫可以一整天,独个儿地在田地上、在森林中工作,耕地或砍伐,却不觉得寂寞,因为他有工作;可是到晚上,他回到家里,却不能独自在室内沉思,而必须到"看得见他的家里人"的地方去消遣一下,用他的想法,是用以补偿他一天的寂寞;因此他很奇怪,为什么学生们能整日整夜坐在室内不觉得无聊与"忧郁";可是他不明白虽然学生在室内,却与在他的田地上工作,在他的森林中采伐,像农夫在田地或森林中一样,过后学生也要找消遣,也要社交,尽管那形式可能更加凝练些。

　　社交往往廉价。相聚的时间之短促,来不及使彼此获得任何新的有价值的东西。我们在每日三餐的时间里相见,大家重新尝尝我们这种陈腐乳酪的味道。我们都必须同意若干条规则,那就是所谓的礼节和礼貌,使得这种经常的聚首能相安无事,避免公开争吵,以致面红耳赤。我们相会于邮局,于社交场所,每晚在炉火边;我们生活得太拥挤,互相干扰,彼此牵绊,因此我想,彼此已缺乏敬意了。当然,所有重要而热忱的聚会,次数少一点也够了。试想工厂中的女工,——永远不能独自生活,甚至做梦也难于孤独。如果一英里只住一个人,像我这儿,那要好得多。人的价值并不在他的皮肤上,所以我们不必要去碰皮肤。

　　我曾听说过,有人迷路在森林里,倒在一棵树下,饿得慌,又累得要命,由于体力不济,病态的想象力让他看到了周围有许多奇怪的幻象,他以为它们都是真的。同样,在身体和灵魂都很健康有力的时候,我们可以不断地从类似的,但更正常、更自然的社会得到鼓舞,从而发现我们是不寂寞的。

　　我在我的房屋中有许多伴侣,特别在早上还没有人来访问我的时候。让我来举几个比喻,或能传达出我的某些状况。我并不比湖中高声大笑的潜水鸟更孤独,我并不比瓦尔登湖更寂寞。我倒要问问这孤独的湖有谁做伴?然而在它的蔚蓝的水波上,却有着不是蓝色的魔鬼,而是蓝色的天使呢。太阳是寂寞的,除非乌云满天,有时候就好像有两个太阳,但那一个是假的。上帝是孤独的,——可是魔鬼就绝不孤独,他看到许多伙伴,他是要结成帮的。我并不比一朵毛蕊花或牧场上的一朵蒲公英寂寞,我不比一张豆叶,一枝酢酱草,或一只马蝇,或一只大黄蜂更孤独。我不比密尔溪,或一只风信鸡,或北极星,或南风更寂寞,我不比四月的雨或正月的融雪,或新屋中的第一只蜘蛛更孤独。

　　在冬天的长夜里,雪狂飘,风在森林中号叫的时候,一个老年的移民,原先的主人,不时来拜访我,据说瓦尔登湖还是他挖了出来,铺了石子,沿湖种了松树的;他告诉我旧时的和新近的永恒的故事;我们俩这样过了一个愉快的夜晚,充满了交际的喜悦,交换了对事物的惬意的意见,虽然没有苹果或苹果酒,——这个最聪明而幽默的朋友啊,我真喜欢他,他比谷菲或华莱[6]知道更多的秘密;虽然人家说他已经死了,却没有人指出过他的坟墓在哪里。还有一个老太太,也住在我的附近,大部分人根本看不见她,我却有时候很高兴到她的芳香的百草园中去散步，采集药草，又倾听她的寓言；因为她有无比丰富的创造力，她的记忆一直追溯到神话以前的时代，她可以把每一个寓言的起源告诉我，哪一个寓言是根据哪一个事实而来的，因为这些事实都发生在她年轻的时候。一个红润的、精壮的老太太，不论什么天气什么季节她都兴致勃勃，看样子要比她的孩子活得还长久。

太阳，风雨，夏天，冬天，——大自然的不可描写的纯洁和恩惠，他们永远提供这么多的健康，这么多的欢乐！对我们人类这样地同情，如果有人为了正当的原因悲痛，那大自然也会受到感动，太阳黯淡了，风像活人一样悲叹，云端里落下泪雨，树木到仲夏脱下叶子，披上丧服。难道我不该与土地息息相通吗？我自己不也是一部分绿叶与青菜的泥土吗？

是什么药使我们健全、宁静、满足的呢？不是你我的曾祖父的，而是我们的大自然曾祖母的，全宇宙的蔬菜和植物的补品，她自己也靠它而永远年轻，活得比汤麦斯·派尔[7]还更长久，用他们的衰败的脂肪更增添了她的健康。不是那种江湖医生配方的用冥河水和死海海水混合的药水，装在有时我们看到过装瓶子用的那种浅长形黑色船状车子上的药瓶子里，那不是我的万灵妙药；还是让我来喝一口纯净的黎明空气。黎明的空气啊！如果人们不愿意在每日之源喝这泉水，那么，啊，我们必须把它们装在瓶子内；放在店里，卖给世上那些失去黎明预订券的人们。可是记着，它能冷藏在地窖下，一直保持到正午，但要在那以前很久就打开瓶塞，跟随曙光的脚步西行。我并不崇拜那司健康之女神，她是爱斯库拉彼斯[8]这古老的草药医师的女儿，在纪念碑上，她一只手拿了一条蛇，另一只手拿了一个杯子，而蛇时常喝杯中的水；我宁可崇拜古罗马神话中的大神朱庇特的执杯者希勃，这青春的女神，为诸神司酒行觞，她是朱诺[9]和野生莴苣的女儿，能使神仙和人返老还童。她也许是地球上出现过的最健康、最强壮、身体最好的少女，无论她到哪里，哪里便成了春天。

【注释】

[1] 伊奥勒斯：希腊神话中的风神。

[2] 托斯卡尔的美丽的女儿：引自英国诗人汤麦斯·格雷(1716—1771年)的《写于乡村教堂的哀歌》。

[3] 烽火山：波士顿的高级区域。五点区：以前纽约曼哈顿的一个低级的危险区。

[4] 光亮城：布赖顿原文为 Brighton，bright 意思是"光亮"，所以这里说"光亮城"。

[5] 因陀罗：吠陀神话中的大神，用雷电和雨战胜敌人。

[6] 谷菲或华莱：威廉·谷菲和爱德华·华莱在17世纪的英国大革命中谋害了英国查理一世后逃亡到了美国。

[7] 汤麦斯·派尔：英国人，据说活了152岁。

[8] 爱斯库拉彼斯：罗马神话中的医神。

[9] 朱诺：罗马神话中的天后，主神朱庇特的妻子。

【提示】

本文选自《瓦尔登湖》。梭罗在这本书中表达了对独居生活状态的认识。梭罗并不是传统意义上离群索居的隐士，他是把生活当作一个实验的对象，试图通过生活方式的改变

来探求其精髓，去除习俗与社会的积弊，使心灵获得自由。以"寂寞"为题的散文多如牛毛，然而很少有作者能像梭罗这样，同时从宇宙、文明、人与社会等不同的维度来贯穿这个主题。他的思想绵密，文字澄澈优美，层出不穷的见解仿佛是来自生命活泼的源头，给人以宁静新鲜的启示。

1845年7月4日那一天恰好是独立日，美国的国庆日，梭罗开始了一项为期两年的实验，他移居到离家乡康科德城不远，优美的瓦尔登湖畔的次生林里，尝试过一种简单的隐居生活。用他自己的话来说："1845年3月尾，我借来一柄斧头，走到瓦尔登湖边的森林里，到达我预备造房子的地方，开始砍伐一些箭矢似的，高耸入云而还年幼的白松，来做我的建筑材料……那是愉快的春日，人们感到难过的冬天正跟冻土一样地消融，而蛰居的生命开始舒伸了。"他阅读、写作，与大自然为伴，自称是"风雪和风雨的观察员"。他于1847年9月6日离开瓦尔登湖，重新和住在康科德城的他的朋友兼导师拉尔夫·沃尔多·爱默生一家生活在一起。1854年他出版了散文集《瓦尔登湖》，详细记载了他在瓦尔登湖湖畔两年又两个月的生活和感受。

【思考与练习】

1. 阅读全文，思考并回答下列问题。

(1) 对于这种"独处"的生活，作者是怎样认为的，情感有变化吗？

(2) 过独处的生活而不觉寂寞，是因为大自然的缘故，如果说文中表达了对大自然的赞美热爱之情，你同意吗？从哪些地方可以看出？

(3) 梭罗认为："人的价值并不在他的皮肤上，所以我们不必要去碰皮肤。"怎么理解这句话？

2. 根据下列问题，结合现实阐述你的观点。

(1) 梭罗在文中写道："我们是一个实验的材料，但我对这个实验很感兴趣。在这样的情况下，难道我们不能够有一会儿离开我们的充满了是非的社会，——只让我们自己的思想来鼓舞我们？孔子说得好，'德不孤，必有邻'。"如何理解这段话？

(2) 梭罗认为："大部分时间内，我觉得寂寞是有益于健康的。有了伴儿，即使是最好的伴儿，不久也要厌倦，弄得很糟糕。我爱孤独。我没有碰到比寂寞更好的同伴了。"这与中国儒家的观点"智者孤独"有联系吗？

第四单元　小说常识与欣赏

小说的写作常识

小说按篇幅长短可分为长篇小说、中篇小说、短篇小说和微型小说。在写作上，这四类小说各有不同的要求。比如短篇小说，它的篇幅和容量比较短小，一般在 2000 字以上 20000 字以下；人物集中，故事单纯，结构紧凑；往往截取生活中富有典型性的某一侧面或片断加以集中描绘，以提示社会生活的意义，"它往往只有一个主人公，一条线索；往往只写几个小时或几天之内集中发生的事，但却使读者读了以后可以联想到更远更多的事。"(茅盾)由于它借一斑而窥全貌，以一目尽传精神，鲁迅把它譬之为"大伽蓝"中的"一雕栏一画础"。如他的《狂人日记》《风波》《祝福》等。再如微型小说，它的篇幅更短，几十个字、几百个字至一千多字；情节单一，人物很少；多取材于日常生活中的一件小事，寓有褒贬或哲理。如日本现代作家星新一的《宝子姑娘》和我国当代一些作家的微型小说作品。小说家沙汀说："我以为小说之分为长篇、中篇和短篇，主要的差异并不在于字数，而在于表现方法。"这个说法对初学写作者来说，很有指导意义，要进行不同类别的小说写作，就不能不仔细研究并熟练地掌握它们不同的表现方法。

一、刻画人物，塑造典型

人物的刻画和典型的塑造，是小说写作中最重要的工作。茅盾指出："典型性格的刻画，永远是艺术创造的中心问题。"

那么，怎样才能刻画出典型的人物形象呢？我们要充分运用叙述、描写、议论和抒情等表达方式，采用比喻、夸张、拟人等修辞手法，使人物生动、形象、活灵活现、栩栩如生。但是，仅仅这样还是很不够的，小说写作与一般记叙文写作一个重要的不同之处，就在于小说要进行艺术概括，运用虚构、想象的典型化方法刻画人物性格，从而创造出既具有个性又体现时代精神、社会特征的典型形象。为此，就"必须使现象典型化。应该把微小而有代表性的事物写成重大的和典型的事物——这就是文学的任务"。(高尔基《和青年作家们的谈话》)

典型化的基本规律就是个性和共性的高度统一，使"每个人都是典型，但同时又是一定的单个人"。这就要求我们努力实现恩格斯提出的要求："现实主义的意思是，除了细节的真实外，还要真实地再现典型环境中的典型人物。"

所谓典型环境，一般指一定的自然环境和社会环境即现实环境，其实，它更应该包括特定的种族环境、地域环境、历史文化环境等各种稳态的及动态的大环境要素。一个具有永恒意义的艺术典型，正是诸种直接的现实环境及全部的民族、历史、文化等深度环境和综合环境所共同培育而成的。所谓典型性格，指的是人物必须是充分的共性和鲜明的个性

的高度统一体。人物的共性要从人物的个性中体现出来。"人们常说,近年来的小说创作故事情节的枝干上并没有结了多少人物之果,即是指作品重在把握围绕'事件'所交织起来的复杂的社会现实,但缺少栩栩如生、呼之欲出的人物形象。这恐怕就与缺少有深度的、富于个性魅力的性格刻画有关。因此,只有在深刻把握现实关系的同时,深刻地把握人物内在灵魂,使'身份'与'性格'有机结合而不能偏废其一,才能达到现实主义创作所要求的典型化高度。"(任玖珊《现实主义话题再热评论界》)

在写作中,小说人物典型化的具体方法有两种。

第一种,以生活中的某一个原型为主,加以概括、想象和虚构,从而创造出典型人物。例如,鲁迅的《狂人日记》中的狂人,原型是他的一个表弟。鲁迅结合平时对黑暗社会的多方见闻,改造了这个疯人形象的内容,赋予人物以深刻的社会意义,从而塑造了狂人这个艺术典型。

第二种,在广泛地集中、概括众多人物的基础上塑造出典型人物。这就是鲁迅说的"杂取种种人,合成一个"的方法。巴尔扎克在谈人物塑造时指出:"为了塑造一个美丽的形象,就取这个模特儿的手,取另一个模特儿的脚,取这个的胸,取那个的骨。艺术家的使命就是把生命灌注到所塑造的人体里去,把描绘变成现实。如果他只是想去临摹一个现实的女人,那么他的作品就不能引起人们的兴趣,读者干脆就会把这未加修饰的真实扔到一边去。"

鲁迅笔下的人物大多是这样的。他说:"所写的事迹,大抵有一点见过或听到过的缘由,但决不全用这事实,只是采取一端,加以改造,或生发开去,到足以几乎完全发表我的意思为止。人物的模特儿也一样,没有专用过一个人,往往嘴在浙江,脸在北京,衣服在山西,是一个拼凑起来的角色。"(《我怎么做起小说来》)

二、构思故事,安排情节

故事是小说的基本面,没有故事就没有小说。这是所有小说都具有的最高要素,小说家的技巧首先在于会说故事。故事是什么呢?"故事是一些按时间顺序排列的事件的叙述,早餐后中餐,星期一后是星期二,死亡后腐烂,等等。就故事在小说中的地位而言,它只有一个优点:使读者想要知道下一步将发生什么。……故事虽是最低下和最简陋的文学肌体,却是小说这种非常复杂肌体中的最高因素。"(爱•摩•福斯特《小说面面观》)

然而,初学写作者必须了解,小说的故事和一般意义上的故事是有很大区别的。小说的故事都是虚构的,但是这种虚构——臆造由于作者充分发挥了想象,并进行了巧妙的组织,读者会觉得比现实生活中的事件还要真实可信。当然,发挥想象构思故事绝对不是毫无根据地胡思乱想、胡编乱造,而是以现实生活中的矛盾冲突作为构成作品情节的基础,从错综复杂的矛盾冲突和形形色色的生活事件中,选取最能展示人物性格的事件,经过提炼加工改造,构成富有表现力的情节。这种提炼加工改造,就是情节典型化的过程。它告诉我们:根据提炼出的主题,从人物性格出发虚构故事情节,这是小说构思的基本原则。学习写作小说必须懂得情节与故事的区别。情节是什么?高尔基认为,"文学的第三个要

素是情节，即人物之间的联系、矛盾、同情、反感和一般的相互关系，——各种不同的性格、典型成长和构成的历史"。(《和青年作家的谈话》)也就是说，情节是围绕着人物性格及人物之间的相互关系而展开的一系列的生活事件。

传统小说的情节一般包括破题、开端、发展、高潮和结局五个环节。当代小说的情节安排已经不受这些环节的限制，如有的没有破题，直接写开端；有的可在高潮中暗示结局。

在写作时，情节通常是由场面和线索构成的。场面，指小说中被处理在某一时间、某一地点的具体的矛盾冲突——人物之间的关系，它是比事件更为具体的生活画面。线索，指把人物活动贯穿起来完成情节发展的事物或事件。短篇小说多为一根情节线索，也有两根的，一是主线，一是次线；一是明线，一是暗线。安排故事和情节需要使用"大纲"。一般来说，"大纲"包括：主要人物表、故事要点、重要场面、作品主题、篇章结构。这样的"备忘录"式的大纲，虽然在实际写作时会有修改，但是它比没有大纲要好得多，尤其对初学写作小说的人更为重要。

三、精于首尾，善于叙述

一篇好的故事包含三个要素：一是必须简单，二是能引起读者广泛的兴趣，三是要有一个好的开头。所谓好的开头，不仅仅是结构的问题，实际上是小说如何截取生活片断、恰当地切入的问题，是小说的总体构思的问题。好的开头必须直截了当，引进人物，展开故事。至于结尾，在短篇小说写作中同样重要。这是因为好的结尾可以提高和深化作品的思想内涵，加强作品的感染力和艺术效果。优秀短篇小说的结尾，或给人以人生哲理的思索，或给人以希望和鼓舞，或使人掩卷深思，等等。而对于整个作品的叙述的技巧——写的技巧，同样要给予足够的重视。

叙述中的时间如何安排是个技巧问题，这是因为："时间是小说的一个重要组成部分。……时间同故事和人物具有同等的重要的价值。"(伊丽莎白·鲍温《小说家的技巧》)

(一)"小说家的时钟"

讲故事的要则之一是能同时天南海北、无所不知地讲，不但精通历史、通晓当今，还能洞察未来可能发生的事情。在作者的叙述中，所有已知的和预期的时间都集中在即刻发生的事件上。在这个过程中，"小说家的时钟"同时报出不同的时间。这种时间说明，无论故事起初是怎样构思的，叙述总是像花筒似的把各个时间连在一起。最简单的叙述就是将各种感觉、回忆和推测的过程混为一体。小说作者安排故事的方法之一就是调整各事件所占的时间比例。一个重要的事件可以写得比它实际发生的过程更长一些，而漫长的历史用一段文字就可以概括叙述出来。这种叙述的灵活性正是小说作者使用的主要手段之一：用时间比例来表明每一事件的相对重要性。从某个角度上看，小说家在写作时可以像一把扇子似的把时间打开或者聚拢。既然每一篇故事根据轻重缓急都需要一种特殊的计算时间的方法，那么，作者如何计算时间就是非常重要的。

(二)时间生活和价值生活

在叙述中,小说作者为了表达的需要有时把时钟调快,有时把时钟调慢,有时把指针倒回或拨前,但是,没有一个作者能全然不顾时间的顺序。英国小说家福斯特在《小说面面观》中说:"在小说中,对时间的忠诚极为必要,没有任何小说可以摆脱它。"这是因为,"日常生活同样地充满了时间性……不管什么样的日常生活,实际上都是由两种生活合成的——时间生活和价值生活——而我们的行为也显示出一种双重的忠诚。'我只看了她五分钟,但那是值得的。'这个简单的句子里就含有这种双重的忠诚。故事是叙述时间生活的,但在小说中——如果是好小说——则必须包含价值生活。"福斯特实际上在这里提出了一个重要的小说美学原则:小说不应只是仅仅停留在对"时间"流失的关注、描写上,而应以更大的兴趣和精力关注、抒写最能体现表征人类"价值生活"的诸如人的爱欲、感情、心理、情绪……这些属于"人性深度"的内容,以此扩大、丰富小说艺术世界,最大限度地创造并实现文学的价值。所以,叙述故事不能忽略自然的时间生活,但是更要注意社会的价值生活,必须匠心经营,写好价值生活。

(三)微观叙述和宏观叙述

小说的叙述应使读者有历史感。为此,小说作者在把自己的故事安排在一个特定的时间范围内的同时,他就应对历史负起责任。这就是说,小说场景的每一个细节,对话中的每一个片段,以及书中人物的每一个行为都必须合乎小说发生的时代背景。这样,在小说写作中就有了微观叙述和宏观叙述。所谓微观叙述,是指"按时序组织起来的一连串事件";所谓宏观叙述,是指"历史的一个片段"。这两种叙述使得作者能够正确处理"小说范畴里的时间安排和小说结构与历史前景间的关系"。(乔纳森·雷班《现代小说写作技巧》)

(四)三项基本选择

在对待时间的安排上,作者通常有三项基本选择。一是按"时间一致"的原则来叙述,使小说里的事件在前后顺序上同阅读的顺序大致一样。二是用缩短或概述时间的办法去叙述,在故事的开端或结局之间略去若干年月。这样,读者的阅读时间和小说人物的行动时间是不一致的。三是用时序颠倒的方法进行叙述,阅读时间和行动时间有时一致,有时不一致。

(五)叙述时间的距离

时间在小说里除了起"导演"的作用之外,还发挥着引起"悬念"的作用。鲍温说:"在一本我们称为严肃的小说中,我们同样也感到,或者应该感到时钟一小时又一小时地在轰响,日历一页又一页地掀过去。此外,时间还把读者牢牢地系在宏大的'现在'——如果你愿意的话,叫它场景也未尝不可,而这些'现在'是由一些中间性的情节联系起来的。我们可以在时间上前后移动,但是现在这一时刻必须牢牢地抓住我们。"

四、小说中的场景描写

恰当而巧妙的场景描写，是小说中一道亮丽的风景线。其主要作用有以下四个。

(一)点明时代背景

小说中的人物是生活在特定的历史背景和特定的生活环境中的，人物的思想感情总要打上时代的烙印，留下环境的痕迹。例如都德的《最后一课》，在情节开端部分有一处场景描写："画眉在树林边婉转地唱歌，锯木厂后边草地上，普鲁士士兵正在操练。"前一句对自然景物写得轻松明快，让读者从中品味"国破山河在，城春草木深"的沉重；后一句对社会环境的描写，真实而简洁地指出了林绿鸟鸣、绿草如茵的法兰西国土已被普鲁士军队占领践踏。作家匠心独运，仅用两句，就勾勒出一幅殖民地生活的典型图画，点明了《最后一课》的具体时间和时代背景。

(二)渲染环境气氛

有的场景刻意渲染气氛，或喜悦、恬静，或悲怆、紧张，让人物在一定环境中真实地展开活动。比如《孔乙己》第十一段开头："中秋过后。秋风是一天凉比一天，看看将近初冬；我整天的靠着火，也须穿上棉袄了。"当孔乙己被丁举人打折腿后在众人"许是死了"的冷漠中出现在咸亨酒店时，描绘晚秋的寒冷由景入情，情景交融，给孔乙己的末路增加一种悲凉的气氛。"我整天的靠着火，也须穿上棉袄了"反衬出孔乙己只穿一件破夹袄的凄凉。这里的场景描写，渲染了小说的悲剧气氛。

(三)烘托人物情感

有的场景描写渲染一种特定的氛围，烘托人物的情感、心境，表现人物的心理。例如《故乡》，作者用对比的手法描写记忆中的故乡和现实的故乡。记忆中的故乡，景物色彩明快、艳丽，是一幅"神奇的图画"；现实的故乡荒凉、沉重、窒息，"远近横着几个萧索的荒村，没有一些活气"。这样描写景象，突出了现实的故乡每况愈下的悲哀，反映了在帝国主义和封建主义的残酷蹂躏下，日趋凋敝的旧中国农村的社会现实，渲染了沉寂、荒凉的气氛，烘托出"我"的悲凉心情。

(四)突出文章主题

有的场景着意突出主题，或明示，或暗点，让人物在活动中完成自己的使命，将作者的倾向在具体的场景中自然流露出来。比如杜鹏程的《夜走灵官峡》中主要有三处场景描写：第一处，第1段，写风雪中的灵官峡，突出雪大、山高、谷深、风狂的恶劣条件，工人冒着风雪劳动，表现了大自然的神威，突出了筑路工人不畏艰险的革命精神；第二处，第22段，写开山工(其中有成渝的爸爸)在风雪中贴着绝壁打炮眼；第三处，第32段，写

成渝的妈妈在风雪中不畏艰苦、忘我劳动的情景。这三处场景的描写，突出了小说的主题思想。

短篇小说的写作

高尔基在《和青年作家谈话》中指出："一开始就写大部头的长篇小说，是一个非常笨拙的办法，……学习写作应该从短篇小说入手，西欧和我国所有最杰出的作家几乎都是这样的，因为短篇小说用字精练，材料容易合理安排，情节清楚，主题明确。"那么，究竟怎样写作短篇小说呢？

一、充分准备，打好基础

写作短篇小说与写作中篇、长篇小说一样，在写作前必须进行充分的准备。首先，在执笔写小说之前，必须具有一定的思想修养和生活积累。其次，读过较多的文艺作品，喜爱文学创作，有一定的文艺修养和文艺理论的基础常识。茅盾在《创作的准备》开头就指出："世界文学史上的巨人们留遗给我们的不朽的著作，以及他们毕生的文学事业的经历，就是这题目——'创作的准备'的最完美的解答。理论家们从这些文学巨人们的业绩研究分析解释，写了很多论文，数十万言一厚册，也就是给这题目作注脚。"最后，在写作小说之前，进行过表达方法的基本练习，也进行过一般散文尤其是速写的写作练习。"一个初学写作者最好多做些基本练习，不要急于写通常所谓小说，不要急于成篇。所谓基本练习，现在通行的'速写'这一文体，是可以用的。不过我觉得现今通行的'速写'还嫌太注重了形式上的完整，俨然已是成篇的东西，而不是练习的草样了。作为初学写作者的基本练习的速写，不妨只有半个面孔，或者一双手，一对眼。这应当是学习者观察中恍有所得时勾下来的草样，是将来的精制品所必需的原料。许多草样结合起来，融和起来，提炼起来，然后是成篇的小说。"(茅盾《创作的准备》)所以，我们要学习写作小说，必须从思想、生活、技巧各个方面下苦功，打下坚实的基础。当然，对这个问题的认识不能绝对化。这并不是说，我们要等思想、生活、技巧三关都完全过了再进行创作。不少青年作者的经验说明，初学写作者就是要勇于创作实践，写是最好的基本训练。不要怕失败，失败是成功之母。小说创作和其他文体的写作一样，没有什么捷径，小说的技巧只有自己从多次实践中逐步摸索出来。别人的技巧，只能作借鉴，创作还是要靠自己。

二、认识生活，熟悉人物

创作需要生活，对生活不熟悉、不理解，就无法反映和表现生活。社会生活是文学艺术的源泉，人是社会关系的总和，只有熟悉、理解社会生活，才能熟悉、理解各类人物。不熟悉、不理解各类人物，就无法进行以塑造人物形象为中心的小说写作。茅盾在谈他怎样开始小说创作时说："我是真实地去生活，经验了动乱中国的最复杂的人生的一幕，终

于感得了幻灭的悲哀，人生的矛盾，在消沉的心情下，孤寂的生活中，而尚受生活执着的支配，想要以我的生命力的余烬从别的方面在这迷乱灰色的人生内发一星微光，于是我开始创作了。我不是为的要做小说，然后去经验人生。"他还说，"好管闲事是我们做小说的人最要紧的事，你要去听，要去问。"(《创作的准备》)因此，一个小说作者应像阿·托尔斯泰说的那样："他溶化在生活洪流之中，溶化在集体之中，他是一个参加者。"小说写作需要的生活不是指日常生活、饮食男女之类，能成为小说素材的"生活"，至少应该有三个条件，即具有较鲜明、生动的形象，具有独特性，具有一定的思想内涵。因此，当我们在观察生活的时候，无论对人物、故事，还是环境，都应从上述三点出发，勇敢地扬弃那些琐屑的、纷纷扰扰的"流水账"，抓住真正有用的写作素材，渗透我们的思想、感情，使生活素材逐渐变成自己的东西。

三、严格选材，深入开掘

1931年，沙汀和艾芜写信给鲁迅，请教短篇小说的题材问题。鲁迅回信说："只要所写的是可以成为艺术品的东西，那就无论他所描写的是什么事情，所使用的是什么材料，对于现代以及将来一定是有贡献的意义的。""两位是可以各就自己现在能写的题材，动手来写的。不过选材要严，开掘要深，不可将一点琐屑的没有意思的事故，便填成一篇，以创作丰富自乐。"高尔基也说过："在短篇小说中，正如在机器上一样，不应该有一个多余的螺丝钉，尤其是不应该有多余的零件。"这就告诉我们，写作短篇小说必须严格选材，深入开掘。那么，短篇小说怎样进行材料的选择和主题的开掘呢？

1. 撷新去陈，根据时代需要选材

短篇小说的素材是没有什么限制的，凡是人类涉足的领域、发生的事件，都可以通过选择作为作品的素材。但是，从美学价值和社会意义来考虑，我们就必须撷新去陈，尽量选择我们这个时代、这个社会所需要的素材来写。

2. 以小见大，根据体裁特点选材

短篇小说这种体裁的形式特点，要求作者不能像写长篇小说那样写人生的纵剖面，而必须写人生的横断面。就像是横着锯断一棵树，察看年轮可以知道树龄一样，通过短篇小说描写的人生中的一角、一段，也就可以窥见整个人生。鲁迅、茅盾、巴金等作家为了在短篇小说中反映他们所处的时代，在写作短篇小说时，都是选取主人公人生道路上的某一段经历作为素材的。因此，有经验的小说家在谈创作经验时就指出，创作短篇小说必须善于"截取""选择"。如王蒙就说过，短篇小说的构思就是要从广阔的、浩如烟海的生活事件里，选定你要下手的部位。它可能是一个精彩的故事，可能是一个给人留下深刻印象的人物，可能是一个美好的画面，也可能是深深埋在你心底的一点回忆、一点情绪、一点印象，而且你自己还一时说不清楚。这个过程叫作从大到小，从面到点，你必须选择这样一个"小"，否则，你就无从构思、无从下笔，就会不知道自己要写什么。

3. 扬长避短，根据自己的生活选材

一般来说，作者应该写自己熟悉的内容，因为这些内容是在自己的生活中积累的大量素材的基础上提炼出来的，写起来容易驾驭，而且能写得生动、深刻。当代小说家中的佼佼者大多是从写自己生活中的人和事开始走上小说创作道路的。选材是短篇小说写作中的第一个重要的环节。选材的目的在于从大量的素材中选取可以写入小说中的内容——生活中有典型意义的片段。要达到这个目的，我们必须具有从多彩生活中"捕捉"素材的能力。这种"捕捉"生活中有典型意义的片段的能力，对于小说创作极为重要。茅盾指出："在横的方面，如果对于社会生活的各样环节茫然无知；在纵的方面，如果对于社会生活的发展方向看不清，那么，你就很少可能在繁复的社会现象中，恰好地选取了最有代表性、即具有深刻的思想的一事一物，作为短篇小说的题材。"所以，短篇小说在选材时，不能只着眼于事件的故事性和吸引力，还要着眼于把生活的侧面、片断放到整个时代的背景中去考察，要把握社会的"纵"的和"横"的两个方面，善于从平凡的日常生活现象中捕捉不平凡的东西，从而由时代和社会的一角反映出时代和社会的全貌，使读者从生活海洋中的一朵浪花看出奔腾澎湃的大海。

4. 写的技巧

对于整个作品的叙述的技巧——写的技巧，同样要给予足够的重视。王蒙指出："构思得差不多了，靠写。写，不仅仅是把想好的东西记录下来，固定下来，写，是创造的最重要的阶段。正是在写的过程中，你的思维活动、感情活动、内心活动才空前活跃起来。"那么，怎样来叙写？可以像写章回体小说那样去叙写，也可以像写书信那样去叙写；可以连贯地叙写，也可以间断地叙写……应该知道，短篇小说的叙写是十分自由的。

微型小说的写作

微型小说又名小小说、超短篇小说、一分钟小说。过去它作为短篇小说的一个品种而存在，后来的发展使它成为一种独立的文学样式，其性质被界定为"介于边缘短篇小说和散文之间的一种边缘性的现代新兴文学体裁"。阿·托尔斯泰认为："小小说是训练作家最好的学校。"

日本作家星新一指出："很久以前就存在着类似超短篇小说的作品。……但是，'超短篇小说'这个名字的正式出现，是源于美国。"多数人推崇美国作家欧·亨利是创始人。他的近三百篇作品，情节生动，笔调幽默。其中《麦琪的礼物》脍炙人口。可以这么说，超短篇小说具有立意新颖、情节严谨、结局新奇三要素。要在 1500 字以内，概括出普通小说应具有的一切。也可以说，微型小说，从一个点、一个画面、一个对比、一声赞叹、一瞬间，捕捉住小说，从而表现一种智慧、一种美、一个耐人寻味的场景、一种新鲜的思想。

一、微型小说的特点

微型小说具有四大特点：微、新、密、奇。

(一)微

微型小说篇幅微小，不超过 1500 字。因此，构思和行文时必须注意字句的凝练，不允许作品有赘词冗句。如马克·吐温的《丈夫支出账本中的一页》，虽然全文只有 7 行字，却具有长篇小说的全部情节。

(二)新

微型小说要立意新颖、风格清新。星新一写作一分钟小说，就极力追求"新"。他写道："有些评论家把我的小说与美国的超短篇小说混为一谈，这是不妥当的。我是受了美国超短篇小说的影响。但是没有完全依靠，而是发挥了自己独特的风格和技巧。我的小说强调一个'新'字，给读者以新题材、新知识，甚至让他们感到惊讶！"为此，他常常借助童话、寓言、科幻、推理等手法，通过非现实的题材或现实题材的非现实笔法，反映他在现实生活中的独特感觉，表现清新的主题，如他的《保修》。当然，微型小说的立意和其他形式的小说作品一样，有时并不是一眼就能看出的，有时主题并非一个，而是多元化的，这都是可以的。例如，美国著名科幻作家弗里蒂克·布朗写的一篇被称为世界上最短的科学幻想小说："地球上最后一个人独自坐在房间里，这时忽然响起了敲门声……"就写得十分别致而耐人寻味。

(三)密

微型小说结构要严密。微型小说的作者在结构上，应力求时间、场所、人物都尽可能地压缩、集中，使作品结构简练、精巧，如同微雕工艺品那样。因此，特别要在选材、剪裁和布局上下功夫。

(四)奇

微型小说的结尾要新奇巧妙，出人意料。微型小说的特点多半在一个"奇"字上。中外作家的许多优秀作品就常在结尾处使人拍案叫绝，如邵宝健的《永远的门》的结尾就出人意料。

二、微型小说的写作模式

关于微型小说的特点及技巧，一是要弄通掌握，争取在理论指导下站在较高起点上进行实践；二是要灵活运用，甚至不去联想，让它们在潜意识中随时起到作用。另外，还可以模仿，照搬形式、技巧，吸取精华，受到感应，并力求创新。上述特点，特别是"博采众长"中已经具备了微型小说的一些结构要求。以下再列出一种模式，供微型小说写作初学者学习。

(一)开头

要使人"一见钟情"，方式有三种。第一，造成悬念，引起兴趣。比如《那团云雾》，开头就写"不知怎地没了游兴，连山顶上也罩上一团云雾"。第二，开门见山，进入情节。往往开头就是人物对话。第三，含蓄蕴藉，曲径通幽。往往描写景物，烘托铺垫并有照应和伏笔。

(二)中间

中间的结构主要有两种基本类型。

1. 曲折生致式

曲折生致式的写作技巧及结构特点有以下几种。第一，单线曲折，一波三折。比如王任叔的《河豚子》，写一农民在二三十年代的社会背景中，因穷困而自杀的过程：弄回毒鱼，却看到孩子们兴高采烈；怕见惨象而外出，回来后却见妻儿欢笑等待；吃后等死，却因鱼失去毒性，死不成仍要受苦。第二，双线交叉，内在联系。一人两事，或两人一事；可以是两条明线，也可一明一暗，互为陪衬。比如《小星的暑假日记》，写父亲编造假材料，儿子编写假日记。父亲打骂儿子后，再要写材料时只好苦笑。第三，反复回环，同中见异。比如《奇妙的循环不等式》，写车上只有一个空位，售票员不让老太太坐，却让"首长"坐。司机上车后赶开"首长"请经理坐，经理的丈母娘正是老太太。又如《他们都是瞎子》，写一对青年热恋、结婚、离婚时都看见一对瞎子相搀相扶。第四，前后对比，双峰对峙。比如《变化》，写一个业余作者先后发表两篇稿件后，单位领导不同的态度。第五，欲扬先抑，欲抑先扬。前者，"扬"是主体，却先在"抑"上着笔，突然一转归于"扬"；后者相反。这样，产生了情节发展的意外性，加强了相反相成的艺术效果。

2. 重旨复意式

微型小说应以小暗示大，达到意义的升华；要讲象外之旨、言外之意，引起读者想象。方法主要有以下几种。第一，象征。用具体物象寓示概念或另一形象，但只起结构作用，不是像在诗歌中着力描写的中心形象那样。比如《枪口》，写一官复原职的领导用别人送的枪打下猎物时，得知走后门的"枪口"也对准了他。第二，双关。比如《向不通》，写大学生向不通十年勤恳工作反不如工作差的升得上去，因而"想不通"。第三，比喻。比如《"炮"炸宴席》，写小孙子在酒宴上放炮仗捣乱，又在爷爷对新经理只有四十来岁年纪轻表示不满时放"炮"："你不是十八岁就当县长！爸爸三十出头就当厂长了！"第四，省略。这是一种具象化的空白。比如《落果》，写老门卫退休后，门口枣树上果子不熟就被打光，他写信给厂长：连几十张馋嘴都管不住，还管厂，接着省略了厂长感奋、整顿厂风的情节，而写第二年老门卫收到一包红枣。

除此之外，还可采用其他文体和艺术体裁的特长。

(三)结尾

结尾宜巧,要"回眸一笑"。结尾主要有三种形式。第一,画龙点睛,首尾呼应。比如《那团云雾》,开头败了游兴,峰顶似乎有团云雾,结尾那团云雾也不见了。第二,戛然而止,含蓄隽永。比如二百来字的《书法家》,局长在书法展览会上应邀不过写了两个拿手的好字是"同意",面对惊叹和要求只好无奈地说:"能写好的数这两个字……"这样结尾,韵味无穷,艺术容量很大。以上两种结尾形式只能引起读者短暂的激动,最佳结尾是第三种,出人意料,扣人心弦,也叫"欧·亨利式结尾",其特点是"巧"。整个布局为结尾服务,读者以为情节东向演进,结果却西向而行,抖包袱,亮底牌。这种结尾,打破了情节发展惯用的结构定式,给人以新奇感,深化了主题,增加了容量。大家熟知的《麦琪的礼物》就是这样,一对穷困夫妻为在节日时互送礼物而煞费苦心,最后礼物拿出来却没用:一个卖掉金表为妻子买了梳子,一个剪掉长发为丈夫买了根表链。又如澳大利亚作家泰格特的《窗》,靠窗的病人每天为角落病人描述窗外美景,为苍白的生活增光添彩。但是当靠窗的病人在生死挣扎时,角落病人却见死不救,图谋到了靠窗的好位置,抬头望见窗外只是一堵高墙。

小说的欣赏

小说是文学体裁四分法中的一大种类。它是通过塑造人物、叙述故事、描写环境来反映生活、表达思想的一种文字体裁。人物、情节、环境三要素构成完整的小说构造,是小说内容的基本特点。

与其他文学体裁相比,抒情诗、抒情散文不需要人物、情节和环境;叙事诗、叙事散文和戏剧文学,尽管具备这三要素,但不易构成完整的"世界",也许只有小说才称得上一个"世界",因为它容量大,能够多方面、细致地刻画人物的思想、性格,展现人物关系和命运变化,能够更为完整地表现错综复杂的生活事件和矛盾冲突,能够更加全面地反映社会生活。

一、丰富而细致的人物刻画

小说偏重于对客观生活的描述。生活是丰富多彩的。现实的人是丰富的统一体,七情六欲并具,感情复杂微妙,不仅有神态、语言和行为的外在表现,也有思维、意识和心理的内在活动。另外,人是一切社会关系的总和,在实际生活中,人必定会与不同性格、不同命运和不同思想、不同地位的人形成各种关系。小说的特点之一,就是作家能对丰富而统一的人物作多方面的细致的描写。

小说不受时间和空间的限制。为了表现人物的性格和命运的变化,作家既可以写人物过去的经历,也可以写人物现在的处境;既可以写特定场所中的人物行为,也可以写非特定情境中的人物活动。短则几小时,长达几十年;静则居室冥想,动则驰骋千里。无须受时空的限制,只要符合一般生活的逻辑,如莫泊桑的《米龙老爹》,从时间上看,始于和

平时期，倒叙战争年代的故事：由米龙老爹受伤被捕开始，追叙他一个月来杀敌的经过，且在叙述第一次暗杀成功后，又回笔描写审判现场，然后再叙述暗杀其余 15 人的经历。几十年、一个月、白天、黑夜，时间跨度或长或短，时间顺序颠倒往还；从空间上看，开端由远景诺曼底省的田庄，转至近景米龙家门前的葡萄树，然后从米龙家的马房，写到庄前临时的审判场，而在米龙老爹杀敌的经历中，仓后壕沟、石灰窟地道、庄前大道、路边矮树丛，场所迅速变动，频繁转换。如此时空迭次变换，描写人物的活动和关系，对剧本来说，通常是难以表现的。即便是荒诞剧，时空变换的频率，也远远不及小说。

在文学作品中，唯独小说能够多角度、全方位地刻画人物。它可以凭借各种艺术手段，从各个角度对人物进行肖像描写、心理描写、语言描写、动作描写，以及对环境进行描写。既能展现人物声音相貌、言谈举止和衣着服饰等外在形态，也能呈现人物心理和思想感情等内在活动，还能完整展现人物与环境相互作用的关系。从物质生活到精神领域，从个人性情到社会关系，作家都可以按照需要进行具体细致的刻画。

二、完整而多变的情节铺叙

与其他叙事文学相比，小说的情节更为完整，更具复杂性和连贯性，尤其是长篇小说，往往头绪纷繁，线索众多，错综复杂，跌宕回环。

小说自身的发展，使其情节特点更为鲜明。古代小说比较注重故事的完整性。情节一般按照开端、发展、高潮和结局来编排。作品依据人物的经历，依次展开情节，铺叙一个一个事件，构成完整的故事。为了使故事生动，作者还可安插一些有趣的奇闻。然而 19 世纪以来的小说，已不同于古代小说的故事体而更注重情节的完整。故事与情节不同，故事既可以是全部情节，也可以是情节的基础。故事是按时间顺序排列的事件的叙述。情节虽然也是事件的叙述，且保持了时间顺序，但重点是在因果关系上并且常常为事件因果关系的描写而打破表面的时间顺序。近现代小说的样式和情节不同于其他叙事文学的特点，恰恰表现在此，如鲁迅的《风波》，以七斤剪了辫子而引起的风波为基本情节，但作品并不注重剪辫子故事的叙述，而且九斤老太反复唠叨一代不如一代的事件，很难纳入剪辫子的故事，读者显然觉得作品的故事性不强。然而，这却是一篇情节相当完整的小说。作品围绕剪辫子产生的风波安排情节，始述七斤的烦恼，继写七斤夫妇如何恐慌，尔后描写一切复归原状；同时则又始终隐约贯穿九斤老太感叹的情节，说明她对风波未闻未见，无动于衷，毫不关心。作品情节的两个方面，天衣无缝地交融一体，展示了风波乍起复平与九斤老太感叹的因果关系，从而一方面反映了张勋复辟只是一场闹剧，昙花一现；另一方面则揭示了辛亥革命后中国的腐败现状和农民的愚昧落后依然如故。

近现代小说，情节不但完整，而且多变，这突出表现在打破故事情节的顺序结构，摒弃作品叙述人完整描述故事的单一方法，而通过不同角度，运用各种技巧描写，体现情节的完整。情节并非叙述人从头至尾的描述，而是由人物对话、口供和叙述人的补叙所组成。尽管情节没有按照时间顺序编排，但各种技巧的运用，却使作品体现了时序的连贯性和情节的完整性。甚或当代一些借鉴意识流手法创作的小说，表面上时空颠颠倒倒，过去、现在、未来交杂无序,时代氛围、人物场所、具体环境空插映叠,但根据小说人物的意识流向和事件的因果关系,可以发现情节在变化中仍然是完整一体的。

三、具体而独特的环境描绘

人在一定的环境中生存、活动,事件也总是在一定的环境里发生、发展。所以,小说通常通过典型环境的具体描写来展开情节、刻画人物。一般来说,典型环境包括了人物所处的时代氛围、人与人之间复杂关系形成的社会环境和活动场所、自然景物等生活环境。

任何一部小说都脱离不了对时代氛围的描写,因为现实主义小说描写的人物事件,必须在某一时代的具体背景下展开。一定的时代,规定了活跃于其间的人物和发生于其间的事件的特定性质,人物、事件绝不可远离或超越它,如《水浒传》在北宋末年的背景中,绝不可能塑造出曹操、刘备、孙权之类的形象;而《儒林外史》里范进、周进之类的人物,则绝不可能在三国纷争的时代背景中产生。小说艺术世界的时代氛围,首先是由背景描写体现的。当然,光有时代背景描写是不够的,小说必然还要展现人物所处的社会环境,这是刻画人物不可或缺的要素,如曹雪芹笔下的贾宝玉、林黛玉、薛宝钗等人物的塑造,与大观园的具体环境和贾府上上下下人物的描写有着不可分割的联系,没有后者,前者则无从凸显。环境描写的另一方面,是人物生存、活动的特定背景的展现。生活中,一个人的气质、品质,不仅是在语言和行为中体现,人物生活的具体环境也可以显示人物的身份、情致和品格,小说常常通过展示人物的独特环境,来表现人物的个性和精神面貌。然而一个人并非只在固定的环境中活动,在人与人之间的社会交往和在一定的矛盾运动中,人总会走出固定的环境。因此,小说又很注重描写人物行动的特定环境,及时衬托、显现人物的思想感情,加深人物的性格特征。

时代氛围、社会环境和人物活动的特定环境,三者往往水乳交融,密不可分,它们共同构成小说的又一特点:具体而独特的环境描绘,再现真实的生活氛围。例如,孙犁的《嘱咐》,描写八年不见的平原景色:铁路边拆毁的炮楼、破墙上的鸟粪、烧毁后的村庄、被砍伐的堤柳,点明了故事发生的时代背景——抗战刚刚结束,内战又已拉开序幕。作品又借水生的眼睛,展现家乡的风景,辽阔的平原、熟悉的村庄、醉人的袅袅炊烟,以及街道的废墟、荒凉的坟地,既表现了水生对家乡的热爱,又透露出他对敌人的仇恨,而水生家屋内外的场景,八年分离、一朝相逢的家庭温馨气氛,送别时白洋淀景色的描写、渲染,则衬托出了水生夫妇爱家、爱家乡、爱祖国的思想品质和心心相印、息息相通的恩爱感情。人物刻画与环境描写达到了高度的统一。

丰富而细致的人物刻画,必须借助情节的充分展开;具体而独特的环境描写,则给人物活动、情节铺叙创造了特定的氛围,三者紧密联系,构成了小说世界。正因为如此,欣赏小说也就应该根据小说的基本特点,去把握作品的思想内容和艺术特色。

首先,应该把握环境与人物的关系。阅读一部小说,无论长篇还是中短篇,必须要先把握故事发生的时代背景、具体环境和人物生存的社会环境,使自己进入小说世界的规定情境。只有这样,在欣赏的过程中,才能理解作品描写的生活、风俗和习惯,理解人物的

第四单元 小说常识与欣赏

行为、思想和事件的性质,并在读完作品后,能够判断作品描写的生活、人物是否真实可信,作品的思想内容在当时是否具有进步意义。假如,欣赏者不能进入小说世界的规定情境,那就容易误解作品,作出不正确的判断。譬如欧·亨利的《麦琪的礼物》,故事的背景是在 20 世纪初美国垄断资本势力急速发展的时期,资本家对工人残酷压榨,造成了贫富差别日益悬殊。故事发生于这一背景下的圣诞节前夕,在一对贫穷的恩爱夫妻之间展开。欣赏者只有把握了这一点,才能理解人物拮据窘迫的境况,才能理解人物心地善良、感情纯洁、能够自我牺牲的品质,从而明白作品的思想意义;否则,就会感到小说人物的可笑,而不能体会到作品内在的悲和愤。

其次,应该把握情节与人物的关系。欣赏小说,读者很容易被故事情节牵引,以致忘了人物。其实,除了部分推理小说、科幻小说着重于表现情节和事件外,近现代绝大多数小说都以塑造人物为主。因此,欣赏小说不能满足于对故事情节的一般了解。情节是展示人物性格的重要方面,欣赏小说要时常提醒自己注意人物在故事情节发展中的各种表现,各种人物在情节发展各个环节的主次地位,以及情节跌宕起伏与人物的关系。若未认识到这一点,读情节性强的作品,或许尚有故事可得;而读情节弱的作品,则会一无所获。譬如老舍的《断魂枪》中王三胜与孙老者比武的情节,光读故事,容易停留在比武经过的欣赏上,最多对两人的不同性格有所了解。如果能思考作品全部情节的发生并归结人物的关系,那便能深一层地认识到,这段情节还为刻画沙子龙的形象起到了不可或缺的铺垫作用。又如契诃夫的《苦恼》,全部情节展开过程,几乎没有故事性,但若欣赏者注意情节与人物的关系,便能理解,前三段马夫对人倾诉的情节与后文对马倾诉的情节相对照,对于刻画马夫的心态和反映社会的冷漠非常重要。

再次,应该把握人物与人物的关系。小说是个世界,喻之于精湛的长篇小说尤为贴切。优秀的长篇小说总会展现具有典型意义的社会关系的缩图,三教九流、芸芸众生,活跃其间,主要人物、次要人物互相联系、互相牵制、互相作用,形成复杂的人物关系。因此,欣赏小说应该注意从重大事件里人物各种表现的描写中,发现人物与人物之间的微妙关系,进而认识各色人物的不同性格和思想特征,从而理解故事情节的深层含义。比如在宝玉挨打的事件中,贾府上到贾母、贾政,下及焙茗、聋婆,主次人物先后登场:打的、挨打的、凶的、恶的、哭的、闹的、气的、急的、慌的、骂的、喊的、怕的、恨的、叹的、怜的、先硬后软的、先劝后怨的、先诬后悔的、先骂后哭的等等,各人各姿,声口毕现。欣赏者能在各人迥异的话语、态度、举止表现的描写中,窥得不同人物的身份、地位和个性特点,发现不同人物对贾宝玉挨打一事的反应,认识各人不同的思想感情立场,从而理解这一事件具有的思想意义和对刻画人物、推动情节、表现作品主题所起的重要作用。

最后,欣赏小说还可从各种角度品味小说刻画人物、铺叙情节和布局结构的各种艺术技巧,诸如肖像勾勒、心理摹绘、细节点睛、对话妙语、伏笔技巧和构思匠心等,都具有不同程度的审美效果。

韩凭夫妇

干 宝

【作者简介】

干宝(？—336年)，字令升，祖籍河南新蔡。东晋文学家、史学家。明天启《海盐县图经》云："父莹，仕吴，任立节都尉，南迁定居海盐，干宝遂为海盐人。"据史料记载，自西晋永嘉元年(307年)，干宝初仕盐官州别驾(刺史的佐官)，后因刘聪、石勒之乱，西晋亡，东晋立，南北对峙，干宝举家迁至灵泉乡(今浙江北部海宁黄湾五丰村与海盐澉浦六忠村的交界处)。永嘉四年(310年)，父卒，葬澉浦青山之阳，干宝为父守孝。至三世时，迁至梅园(今海盐通元)，自此，海盐成为干氏子孙繁衍的居住地。干宝博学多才，好阴阳术数。曾任著作郎、始安太守、散骑常侍等官，著有《晋纪》20卷，时称"良史"。

宋康王舍人[1]韩凭，娶妻何氏，美，康王夺之。凭怨，王囚之，论为城旦[2]。妻密遗[3]凭书，缪其辞曰[4]："其雨淫淫[5]，河大水深，日出当心[6]。"既[7]而王得其书，以示左右；左右莫解其意。臣苏贺对曰："其雨淫淫，言愁且思也；河大水深，不得往来也；日出当心，心有死志也。"俄[8]而凭乃自杀。

其妻乃阴腐其衣[9]。王与之登台，妻遂自投台[10]；左右揽之[11]，衣不中手[12]而死。遗书于带曰："王利其生，妾利其死[13]。愿以尸骨，赐凭合葬。"

王怒，弗听，使里人[14]埋之，冢相望[15]也。王曰："尔夫妇相爱不已，若能使冢合，则吾弗阻也。"宿昔之间[16]，便有大梓木生于二冢之端[17]，旬日而大盈抱，屈体相就[18]，根交于下，枝错[19]于上。又有鸳鸯雌雄各一，恒栖树上，晨夕不去，交颈悲鸣，音声感人。宋人哀之，遂号其木曰"相思树"。相思之名，起于此也。南人谓此禽即韩凭夫妇之精魂。

今睢阳[20]有韩凭城。其歌谣[21]至今犹存。

【注释】

[1] 宋康王：战国后期宋国君主，名偃，逐其兄而自立，沉溺于酒色，残暴成性，诸侯称其为"桀宋"。公元前286年齐灭宋，被杀(见《史记·宋世家》)。舍人：官职名，战国及汉初，王公贵官皆有舍人，类似门客。

[2] 论：判罪。城旦：一种苦刑，受刑者白天防御敌寇，夜间筑城。

[3] 遗(wèi)：送，给。

[4] 缪(liáo)其辞：使文辞含义曲折隐晦。缪：同"缭"，缭绕曲折的意思。

[5] 其雨淫淫：雨下得过多过久。这句比喻愁思深长。

[6] 日出当心：太阳正照着我的心。这句意思是，上天可鉴，我心坦白，对你的爱情誓死不变。

[7] 既：不久之后。

[8] 俄：不久。

[9] 阴：暗中。腐其衣：腐烂她的衣服。

[10] 投台：从台上跳下自杀。

[11] 揽之：拉拉她。

[12] 不中(zhòng)手：经不住手拉。

[13] "王利"二句：意思是说，大王你活你的，我还是死了好。

[14] 里人：指地方上的人。

[15] 相望：相对。

[16] 宿昔之间：指很短的时间。宿昔：犹早晚。

[17] 梓(zǐ)：落叶乔木，高两丈左右，花淡黄色。端：顶。

[18] 就：靠近。

[19] 错：交错。

[20] 睢(suī)阳：战国时宋都，故址在今河南省商丘市南。

[21] 其歌谣：可能是指《肜管集》所载何氏所作之《乌雀歌》，歌曰："南山有鸟，北山张罗，鸟自高飞，罗自奈何！""乌鹊双飞，不乐凤凰。妾是庶人，不乐宋王！"

【提示】

　　《搜神记》是干宝搜集古今鬼神怪异的传闻而编成的一部故事集。原有 30 卷，都已散佚，现在流行的不同版本都是后人辑录的。这部小说集具有浓厚的文学色彩，其中有许多篇章情节曲折生动，描写细致传神，其特点主要有以下三个：一是飞扬灵动的想象；二是曲折奇异的情节；三是优美空灵的意境。它是六朝志怪小说的代表作，在中国小说发展史上占有极重要的地位。

　　鲁迅说："其书于神祇、灵异、人物变化之外，颇言神仙五行，又偶有释氏说。"(《中国小说史略》)作者写作此书意在宣扬迷信，即所谓"发明神道之不诬"(《自序》)，这是必须剔除的糟粕。但书中也保存了一些优秀的神话故事和民间传说，在一定程度上反映了当时的社会现实和人民的思想感情；加之有些篇章情节曲折、结构完整，并能通过细节的描绘展示人物性格，因此本书被认为是六朝志怪小说的代表作品，对后世影响很大。

　　本篇写的是宋康王霸占人妻所造成的一个爱情悲剧故事。作品按照时间顺序叙事，比较鲜明地刻画了宋康王的荒淫、暴虐、残忍，以及韩凭之妻忠于爱情、宁死不屈、从容有智的形象。小说后半部分，以浪漫主义的想象，强化、升华了韩凭夫妇真挚的感情和他们的反抗精神，也表现了人民群众的美好愿望和对他们的同情。

【思考与练习】

　　1. 这篇小说作者是不是在宣扬封建迷信？今天看来有着怎样的积极意义？

　　2. 本文的艺术特色是什么？

霍小玉传.doc

小　　翠

蒲松龄

【作者简介】

蒲松龄(1640—1715 年),字留仙,又字剑臣,别号柳泉居士,世称"聊斋先生",清代杰出文学家,山东省淄川县(现淄博市淄川区洪山镇蒲家庄)人,出身于一个逐渐败落的地主家庭。19 岁应童子试,以县、府、道三考皆第一而闻名籍里,补博士弟子员。但后来却屡应省试不第,直至 71 岁时才成岁贡生。为生活所迫,他除了应同邑人宝应县知县孙蕙之请,为其做幕宾数年之外,主要是在本县西铺村毕际友家做塾师,舌耕笔耘,几近 40 年,直至71 岁时方撤帐归家。1715 年(清康熙五十四年)正月病逝。旧志称其"性厚朴,笃交游,重名义,而孤介峭直,尤不能与时相俯仰"。所著文言小说《聊斋志异》脍炙人口,广为流传,饮誉海内外。

除《聊斋志异》外,蒲松龄还有大量诗文、戏剧、俚曲以及有关农业、医药方面的著述存世。计有文集 13 卷(400 余篇)、诗集 6 卷(1000 余首)、词 1 卷(100 余阕)、戏本 3 出、俚曲 14 种,以及《农桑经》《日用俗字》等多种杂著,总近 200 万字。

王太常,越人[1]。总角[2]时,昼卧榻上。忽阴晦,巨霆暴作。一物大于猫,来伏身下,展转不离。移时晴霁,物即径出。视之,非猫,始怖,隔房呼兄。兄闻喜曰:"弟必大贵,此狐来避雷霆劫也。"后果少年登进士,以县令入为侍御[3]。生一子名元丰,绝痴,十六岁不能知牝牡[4],因而乡党无与为婚。王忧之。适有妇人率少女登门,自请为妇。视其女,嫣然展笑,真仙品也。喜问姓名。自言:"虞氏。女小翠,年二八矣。"与议聘金。曰:"是从我糠麸[5]不得饱,一旦置身广厦,役婢仆,厌[6]膏粱,彼意适,我愿慰矣,岂卖菜也而索直乎!"夫人大悦,优厚之。妇即命女拜王及夫人,嘱曰:"此尔翁姑,奉侍宜谨。我大忙,且去,三数日当复来。"王命仆马送之,妇言:"里巷不远,无烦多事。"遂出门去。小翠殊不悲恋,便即奁[7]中翻取花样。夫人亦爱乐之。数日,妇不至。以居里问女,女亦憨然不能言其道路。遂治[8]别院,使夫妇成礼。诸戚闻拾得贫家儿作新妇,共笑姗[9]之;见女皆惊,群议始息。女又甚慧,能窥翁姑喜怒。王公夫妇,宠惜过于常情,然惕惕焉惟恐其憎子痴;而女殊欢笑,不为嫌。第[10]善谑,刺布作圆,蹴蹴为笑。着小皮靴,蹴去数十步,绐[11]公子奔拾之,公子及婢恒流汗相属。

一日,王偶过,圆訇然[12]来,直中面目。女与婢俱敛迹去,公子犹踊跃奔逐之。王怒,投之以石,始伏而啼。王以告夫人,夫人往责女,女俛首微笑,以手刓[13]床。既退,憨跳如故,以脂粉涂公子作花面如鬼。夫人见之,怒甚,呼女诟骂。女倚几弄带,不惧,亦不言。夫人无奈之,因杖其子。元丰大号,女始色变,屈膝乞宥。夫人怒顿解,释杖去。女笑拉公子入室,代扑衣上尘,拭眼泪,摩挲杖痕,饵以枣栗。公子乃收涕以忻。女阖庭户,复装公子作霸王,作沙漠人[14];已乃艳服,束细腰,婆娑作帐下舞;或髻插雉尾,拨琵琶,丁丁缕缕然,喧笑一室,日以为常。王公以子痴,不忍过责妇;即微闻焉,

亦若置之。

同巷有王给谏[15]者，相隔十余户，然素不相能[16]。时值三年大计吏[17]，忌公握河南道篆[18]，思中伤之。公知其谋，忧虑无所为计。一夕，早寝，女冠带，饰冢宰[19]状，剪素丝作浓髭，又以青衣饰两婢为虞候[20]，窃跨厩马而出，戏云："将谒王先生。"驰至给谏之门，即又鞭挞从人，大言曰："我谒侍御王，宁谒给谏王耶！"回辔而归。比至家门，门者误以为真，奔白王公。公急起承迎，方知为子妇之戏。怒甚，谓夫人曰："人方蹈我之瑕[21]，反以闺阁之丑登门而告之，余祸不远矣！"夫人怒，奔女室，诟让[22]之。女惟憨笑，并不一置词。挞之，不忍；出之，则无家。夫妻懊怨，终夜不寝。时冢宰某公赫甚，其仪采服从，与女伪装无少殊别，王给谏亦误为真。屡侦公门，中夜而客未出，疑冢宰与公有阴谋。次日早朝，见而问曰："夜相公至君家耶？"公疑其相讥，惭颜唯唯，不甚响答。给谏愈疑，谋遂寝，由此益交欢公。公探知其情，窃喜，而阴嘱夫人，劝女改行，女笑应之。逾岁，首相免，适有以私函致公者，误投给谏。给谏大喜，先托善公者往假[23]万金，公拒之。给谏自诣公所。公觅巾袍，并不可得；给谏伺候久，怒公慢，愤将行。忽见公子衮衣旒冕[24]，有女子自门内推之以出。大骇；已而笑抚之，脱其服冕而去。公急出，则客去远。闻其故，惊颜如土，大哭曰："此祸水[25]也！指日赤吾族[26]矣！"与夫人操杖往。女已知之，阖扉任其诟厉。公怒，斧其门。女在内含笑而告之曰："翁无烦怒！有新妇在，刀锯斧钺，妇自受之，必不令贻害双亲。翁若此，是欲杀妇以灭口耶？"公乃止。给谏归，果抗疏[27]揭王不轨，衮冕作据。上惊验之，其旒冕乃梁秸心所制，袍则败布黄袱也。上怒其诬。又召元丰至，见其憨状可掬，笑曰："此可以作天子耶？"乃下之法司[28]。给谏又讼公家有妖人，法司严诘臧获[29]，并言无他，惟颠妇痴儿，日事戏笑，邻里亦无异词。案乃定，以给谏充云南军。

王由是奇女。又以母久不至，意其非人。使夫人探诘之，女但笑不言。再复穷问，则掩口曰："儿玉皇女，母不知耶？"无何，公擢京卿[30]。五十余，每患无孙。女居三年，夜夜与公子异寝，似未尝有所私。夫人舁[31]榻去，嘱公子与妇同寝。过数日，公子告母曰："借榻去，悍不还！小翠夜夜以足股加腹上，喘气不得，又惯掐人股里。"婢妪无不粲然[32]。夫人呵拍令去。

一日，女浴于室，公子见之，欲与偕，女笑止之，谕使姑待。既出，乃更泻热汤于瓮，解其袍裤，与婢扶入之。公子觉蒸闷，大呼欲出。女不听，以衾蒙之。少时，无声，启视，已绝。女坦笑不惊，曳置床上，拭体干洁，加复被焉。夫人闻之，哭而入，骂曰："狂婢何杀吾儿！"女辴然[33]曰："如此痴儿，不如勿有。"夫人益恚，以首触女，婢辈争曳劝之。方纷嚣间，一婢告曰："公子呻矣！"辍涕抚之，则气息休休，而大汗浸淫[34]，沾浃裀褥。食顷，汗已，忽开目四顾，遍视家人，似不相识，曰："我今回忆往昔，都如梦寐，何也？"夫人以其言语不痴，大异之。携参其父，屡试之，果不痴。大喜，如获异宝。至晚，还榻故处，更设衾枕以觇之。公子入室，尽遣婢去。早窥之，则榻虚设。自此痴颠皆不复作，而琴瑟静好，如形影焉。

年余，公为给谏之党奏劾免官，小有罣误[35]。旧有广西中丞所赠玉瓶，价累千金，将出以贿当路。女爱而把玩之，失手堕碎，惭而自投[36]。公夫妇方以免官不快，闻之，怒，

交口呵骂。女奋而出，谓公子曰："我在汝家，所保全者不止一瓶，何遂不少存面目？实与君言：我非人也。以母遭雷霆之劫，深受而翁庇翼；又以我两人有五年夙分[37]，故以我来报曩恩、了夙愿耳。身受唾骂，擢发[38]不足以数，所以不即行者，五年之爱未盈，今何可以暂止乎！"盛气而出，追之已杳。公爽然[39]自失，而悔无及矣。公子入室，睹其剩粉遗钩，恸哭欲死；寝食不甘，日就羸悴。公大忧，急为胶续以解之，而公子不乐。惟求良工画翠小像，日夜浇祷[40]其下，几二年。

偶以故自他里归，明月已皎，村外有公家亭园，骑马墙外过，闻笑语声，停辔，使厮卒[41]捉鞚[42]，登鞍一望，则二女郎游戏其中。云月昏蒙，不甚可辨。但闻一翠衣者曰："婢子当逐出门！"一红衣者曰："汝在吾家园亭，反逐阿谁？"翠衣人曰："婢子不羞！不能作妇，被人驱遣，犹冒认物产[43]也？"红衣者曰："索胜老大婢无主顾者！"听其音，酷类小翠，疾呼之。翠衣人去曰："姑不与若争，汝汉子来矣。"既而红衣人来，果小翠。喜极。女令登垣，承接而下之，曰："二年不见，骨瘦一把矣！"公子握手泣下，具道相思。女言："妾亦知之，但无颜复见家人。今与大姊游戏，又相邂逅，足知前因不可逃也。"请与同归，不可；请止园中，许之。公子遣仆奔白夫人。夫人惊起，驾肩舆[44]而往，启钥入亭。女即趋下迎拜；夫人捉臂流涕，力白前过，几不自容，曰："若不少记榛梗[45]，请偕归，慰我迟暮[46]。"女峻辞不可。夫人虑野亭荒寂，谋以多人服役。女曰："我诸人悉不愿见，惟前两婢朝夕相从，不能无眷注耳，外惟一老仆应门，余都无所复须。"夫人悉如其言。托公子养疴园中，日供食用而已。女每劝公子别婚，公子不从。后年余，女眉目音声，渐与曩[47]异，出像质[48]之，迥若两人。大怪之。女曰："视妾今日，何如畴昔美？"公子曰："今日美则美，然较昔则似不如。"女曰："意妾老矣！"公子曰："二十余岁，何得速老。"女笑而焚图，救之已烬。一日，谓公子曰："昔在家时，阿翁谓妾抵死不作茧[49]。今亲老君孤，妾实不能产，恐误君宗嗣。请娶妇于家，旦晚侍奉翁姑，君往来于两间，亦无所不便。"公子然之，纳币于锺太史之家。吉期将近，女为新人制衣履，赍[50]送母所。及新人入门，则言貌举止，与小翠无毫发之异，大奇之。往至园亭，则女亦不知所在。问婢，婢出红巾曰："娘子暂归宁[51]，留此贻公子。"展巾，则结玉玦一枚，心知其不返，遂携婢俱归。虽顷刻不忘小翠，幸而对新人如觌[52]旧好焉。始悟锺氏之姻，女预知之，故先化其貌，以慰他日之思云。

异史氏曰："一狐也，以无心之德，而犹思所报；而身受再造之福者，顾失声于破甑[53]，何其鄙哉！月缺重圆，从容而去，始知仙人之情，亦更深于流俗也！"

【注释】

[1] 越人：今浙江一带。

[2] 总角：古时未成年人把头发扎成角状发髻，借为幼年代称。

[3] 以县令入为侍御：从宫外的县令入宫任侍御。侍御：宫中高层。

[4] 牝(pìn)牡：雌雄。鸟兽雌性称牝，雄性称牡，此处代指人的性别。

[5] 糠覈(hé)：粗饭。覈：米的粗渣。

[6] 厌：同"餍"，吃饱，满足。

第四单元 小说常识与欣赏

[7] 奁：原指梳妆盒，此处指闺中箱匣等。

[8] 治：安顿。

[9] 笑姗：嘲笑讥讽。

[10] 第：但。

[11] 绐(dài)：哄，欺骗。

[12] 訇(hōng)然：形容大声的样子。

[13] 俛(fǔ)："俯"的异体字。俛首：低着头。刓(wán)：削、刻。

[14] 沙漠人：在沙漠里生活的人，此处指匈奴王。此句说两人扮演戏剧《昭君出塞》中的男、女角色。

[15] 给谏：官名。清朝隶属都察院，负责检举，查处弊案。

[16] 素不相能：向来不相容。

[17] 三年大计吏：每三年对官吏考绩一次。

[18] 忌公握河南道篆：怕王公掌管河南道监察御史大印。

[19] 冢宰：官名，吏部尚书，掌管全国官吏的任免考选，是吏部的最高长官。唐末是正三品，明代是正二品，清代为从一品。通常称为天官、冢宰、太宰。

[20] 虞候：宫中禁卫官，掌侦察、巡逻。后指富贵人家雇用的侍从。

[21] 蹈我之瑕：找我的毛病，挑我的刺儿。

[22] 诟让：责备。

[23] 假：借。

[24] 衮(gǔn)衣旒(liú)冕：穿戴帝王冠服。衮衣：皇帝穿的衮龙袍。旒冕：帝王戴的帽子。旒：前后悬垂玉串。

[25] 祸水：指败坏国家的女人。

[26] 赤吾族：杀我全家。赤族：全家族被杀。

[27] 抗疏：上疏直陈。

[28] 下之法司：交由下面的司法部门处置。

[29] 臧获：奴婢。

[30] 擢京卿：提升为京卿，指王公从侍御提升为太常寺卿。卿：清代对三品或四品京官的尊称，或称"京堂"。

[31] 舁(yú)：抬。

[32] 粲(càn)然：笑的样子。

[33] 赧(chǎn)然：笑的样子。

[34] 大汗浸淫：大汗淋漓。

[35] 罣(guà)误：官吏因公事受谴责。罣：挂。

[36] 自投：自己主动去认错。

[37] 夙分：缘分。

[38] 擢(zhuó)发：拔下头发。

[39] 爽然：惭愧。

[40] 浇祷：醇酒祈祷。醇酒指把酒洒在地上祭奠。

[41] 厩卒：马夫。

[42] 鞚(kòng)：马笼头。

[43] 冒认物产：冒充好人。

[44] 肩舆：轿。舆：车子。放到肩膀上抬的车子，自然就是轿子。

[45] 榛梗：草木丛生，阻塞不通，比喻前嫌，以往的怨恨。

[46] 迟暮：黄昏之后，指人的晚年。

[47] 曩(nǎng)：从前。

[48] 质：本为对质。对质是对证的意思。由此引申为对照，对比。

[49] 不作茧：以蚕不作茧来比喻不生育。

[50] 赉(jī)：把东西送给别人。

[51] 归宁：回娘家看望父母。

[52] 觌(dí)：见面。

[53] 甑(zèng)：古代厨具，这里指古瓶之类的艺术品。

【提示】

　　蒲松龄毕一生精力完成《聊斋志异》8卷，491篇，四十余万字。内容丰富多彩，故事多采自民间传说和野史逸闻，将花妖狐魅和幽冥世界的事物人格化、社会化，充分表达了作者的爱憎感情和美好理想。《聊斋志异》包含两种不同性质的作品：一类篇幅短小而不具有故事情节，属于各类奇异传闻的简单记录；另一类才是真正意义上的小说，多为神鬼、狐妖、花木精灵的奇异故事。其中，大部分作品的思想内容表现了对不合理的社会现实的批判(科举弊端、官场黑暗)，并通过在幻想的境界中描写狐鬼的形象时，表现对美好人生的向往。但也有少部分作品宣扬陈腐的礼教，体现了对某些野蛮、阴暗现象的兴趣。

　　《小翠》这篇小说主要描写狐女小翠为报答王侍御救其母之恩，煞费苦心，呕心沥血，为了王家的安宁和幸福，运筹帷幄，循序渐进的报恩故事。作者在刻画人物方面，描写的不多，却能将人物的性格以及神韵表现得栩栩如生。小翠进行报恩有两个情节，一是彻底揭露政敌王给谏对王侍御的危险，二是治愈丈夫王元丰的痴傻。作品情节幻异曲折，跌宕多变，文笔简练，叙次井然，蒲松龄以丰富的幻想，把这些幽冥世界的非现实事物写到现实中来，借以抨击统治阶级的腐败、暴虐，揭露、嘲讽贪官污吏，表现了恶霸豪绅贪婪狠毒的嘴脸，从而充分表达了作者的爱憎感情和美好的理想。《聊斋志异》中的大多数小说都颇具浪漫情调，塑造了许多容貌美好、心灵纯洁的女狐形象。小翠的纯洁善良同那些自私、怯弱、愚蠢的达官贵人形成鲜明的对比。故事生动活泼，文章波澜起伏，语言摇曳多姿，阐释了许多伦理道德的真实寓意，让读者也切身感受到当时社会的真实状况。

　　《聊斋志异》在中国小说史上有着独特的地位。它结合了志怪和传奇两类文言小说的传统，并吸收了白话小说的长处，由此形成了独特的简洁而优雅的文言风格，被认为是我

国古代文言短篇小说中成就最高的作品集。鲁迅先生在《中国小说史略》中说此书是"专集之最有名者"。郭沫若先生为蒲氏故居题联,赞蒲氏著作"写鬼写妖高人一等,刺贪刺虐入骨三分"。

【思考与练习】

1. 这篇小说体现了怎样的民族文化?
2. 《小翠》表达了哪些人性美。
3. 作者想通过《聊斋志异》表现怎样的社会背景?
4. 我们可以从《小翠》的故事里获得什么启发?
5. 《聊斋志异》和其他的文学名著有什么不同?
6. 古时的人性美和现代的人性美有何异同?

痴情女情重愈斟情[1]

曹雪芹

【作者简介】

曹雪芹(1715—1763年),清代小说家。名霑(zhān),字梦阮,号雪芹、芹圃、芹溪,先世本来是汉人,后来成为满洲正白旗"包衣"。康熙年间,自曾祖父曹玺起,三代四人世袭江宁织造60年,成了煊赫一时的贵族世家。后因清官内部斗争激烈,其父被牵连,获罪削官,家产被抄,家道日渐衰落。曹雪芹一生恰值曹家由盛极而衰的时期。曹雪芹晚年移居北京西郊,生活更加贫困。1762年他的小儿子夭亡,曹雪芹悲痛欲绝,一病不起。1763年2月12日终因贫病无医而去世(也有说1764年去世的)。曹雪芹是一位诗人,其诗立意新奇,风格近于唐代诗人李贺。他又是一位画家,喜绘突兀奇峭的石头。可惜,他的诗画留存下来的不多。曹雪芹最大的贡献是创作了文学巨著——《红楼梦》。

且说宝玉因见林黛玉又病了,心里放不下,饭也懒去吃,不时来问。林黛玉又怕他有个好歹,因说道:"你只管看你的戏去,在家里作什么?"宝玉因昨日张道士提亲,心中大不受用,今听见林黛玉如此说,心里因想道:"别人不知道我的心还可恕,连他也奚落起我来。"因此心中更比往日的烦恼加了百倍。若是别人跟前,断不能动这肝火,只是林黛玉说了这话,倒比往日别人说这话不同,由不得立刻沉下脸来,说道:"我白认得了你。罢了,罢了!"林黛玉听说,便冷笑了两声道:"我也知道白认得了我,那里像人家有什么配的上呢。"宝玉听了,便向前来直问到脸上:"你这么说,是安心咒我天诛地灭?"林黛玉一时解不过这个话来。宝玉又道:"昨儿还为这个赌了几回咒,今儿你到底又准我一句。我便天诛地灭,你又有什么益处?"林黛玉一闻此言,方想起上日的话来。今日原是自己说错了,又是着急,又是羞愧,便颤颤兢兢的说道:"我要安心咒你,我也天诛地灭。何苦来!我知道,昨日张道士说亲,你怕阻了你的好姻缘,你心里生气,来拿我煞性子。"

　　原来那宝玉自幼生成有一种下流痴病，况从幼时和黛玉耳鬓厮磨，心情相对；及如今稍明时事，又看了那些邪书僻传，凡远亲近友之家所见的那些闺英闱秀，皆未有稍及林黛玉者，所以早存了一段心事，只不好说出来，故每每或喜或怒，变尽法子暗中试探。那林黛玉偏生也是个有些痴病的，也每用假情试探。因你也将真心真意瞒了起来，只用假意，我也将真心真意瞒了起来，只用假意。如此两假相逢，终有一真。其间琐琐碎碎，难保不有口角之争。即如此刻，宝玉的心内想的是："别人不知我的心，还有可恕，难道你就不想我心里眼里只有你！你不能为我烦恼，反来以这话奚落堵我。可见我心里一时一刻白有你，你竟心里没我。"心里这意思，只是口里说不出来。那林黛玉心里想着："你心里自然有我，虽有'金玉相对'之说，你岂是重这邪说不重我的。我便时常提这'金玉'，你只管了然自若无闻的，方见得是待我重，而毫无此心了。如何我只一提'金玉'的事，你就着急，可知你心里时时有'金玉'，见我一提，你又怕我多心，故意着急，安心哄我。"

　　看来两个人原本是一个心，但都多生了枝叶，反弄成两个心了。那宝玉心中又想着："我不管怎么样都好，只要你随意，我便立刻因你死了也情愿。你知也罢，不知也罢，只由我的心，可见你方和我近，不和我远。"那林黛玉心里又想着："你只管你，你好我自好，你何必为我而自失。殊不知你失我自失。可见是你不叫我近你，有意叫我远你了。"如此看来，却都是求近之心，反弄成疏远之意。如此之话，皆他二人素习所存私心，也难备述。

　　如今只述他们外面的形容。那宝玉又听见他说"好姻缘"三个字，越发逆了己意，心里干噎，口里说不出话来，便赌气向颈上抓下通灵宝玉，咬牙恨命往地下一摔，道："什么捞什骨子，我砸了你完事！"偏生那玉坚硬非常，摔了一下，竟文风没动。宝玉见没摔碎，便回身找东西来砸。林黛玉见他如此，早已哭起来，说道："何苦来，你摔砸那哑吧物件。有砸他的，不如来砸我。"二人闹着，紫鹃雪雁等忙来解劝。后来见宝玉下死力砸玉，忙上来夺，又夺不下来，见比往日闹的大了，少不得去叫袭人。袭人忙赶了来，才夺了下来。宝玉冷笑道："我砸我的东西，与你们什么相干！"

　　袭人见他脸都气黄了，眼眉也变了，从来没气的这样，便拉着他的手，笑道："你同妹妹拌嘴，不犯着砸他；倘或砸坏了，叫他心里脸上怎么过的去？"林黛玉一行哭着，一行听了这话说到自己心坎儿上来，可见宝玉连袭人不如，越发伤心大哭起来。心里一烦恼，方才吃的香薷饮[2]解暑汤便承受不住，"哇"的一声都吐了出来。紫鹃忙上来用手帕子接住，登时一口一口的把一块手帕子吐湿。雪雁忙上来捶。紫鹃道："虽然生气，姑娘到底也该保重着些。才吃了药好些，这会子因和宝二爷拌嘴，又吐出来。倘或犯了病，宝二爷怎么过的去呢？"宝玉听了这话说到自己心坎儿上来，可见黛玉不如一紫鹃。又见林黛玉脸红头胀，一行啼哭，一行气凑，一行是泪，一行是汗，不胜怯弱。宝玉见了这般，又自己后悔方才不该同他较证[3]，这会子他这样光景，我又替不了他。心里想着，也由不的滴下泪来。袭人见他两个哭，由不得守着宝玉也心酸起来，又摸着宝玉的手冰凉，待要劝宝玉不哭罢，一则又恐宝玉有什么委曲闷在心里，二则又恐薄了林黛玉。不如大家一哭，就丢开手了，因此也流下泪来。紫鹃一面收拾了吐的药，一面拿扇子替林黛玉轻轻的扇着，见三个人都鸦雀无声，各人哭各人的，也由不得伤心起来，也拿手帕子擦

第四单元　小说常识与欣赏

泪。四个人都无言对泣。

一时，袭人勉强笑向宝玉道："你不看别的，你看看这玉上穿的穗子，也不该同林姑娘拌嘴。"林黛玉听了，也不顾病，赶来夺过去，顺手抓起一把剪子来要剪。袭人紫鹃刚要夺，已经剪了几段。林黛玉哭道："我也是白效力。他也不希罕，自有别人替他再穿好的去。"袭人忙接了玉道："何苦来，这是我才多嘴的不是了。"宝玉向林黛玉道："你只管剪，我横竖不带他，也没什么。"

只顾里头闹，谁知那些老婆子们见林黛玉大哭大吐，宝玉又砸玉，不知道要闹到什么田地，倘或连累了他们，便一齐往前头回贾母王夫人知道，好不干连了他们。那贾母王夫人见他们忙忙的作一件正经事来告诉，也都不知有了什么大祸，便一齐进园来瞧他兄妹。急的袭人抱怨紫鹃为什么惊动了老太太、太太；紫鹃又只当是袭人去告诉的，也抱怨袭人。那贾母、王夫人进来，见宝玉也无言，林黛玉也无话，问起来又没为什么事，便将这祸移到袭人紫鹃两个人身上，说"为什么你们不小心伏侍，这会子闹起来都不管了！"因此将他二人连骂带说教训了一顿。二人都没话，只得听着。还是贾母带出宝玉去了，方才平服。

过了一日，至初三日，乃是薛蟠生日，家里摆酒唱戏，来请贾府诸人。宝玉因得罪了林黛玉，二人总未见面，心中正自后悔，无精打采的，那里还有心肠去看戏，因而推病不去。林黛玉不过前日中了些暑溽之气，本无甚大病，听见他不去，心里想："他是好吃酒看戏的，今日反不去，自然是因为昨儿气着了。再不然，他见我不去，他也没心肠去。只是昨儿千不该万不该剪了那玉上的穗子。管定他再不带了，还得我穿了他才带。"因而心中十分后悔。

那贾母见他两个都生了气，只说趁今儿那边看戏，他两个见了也就完了，不想又都不去。老人家急的抱怨说："我这老冤家是那世里的孽障，偏生遇见了这么两个不省事的小冤家，没有一天不叫我操心。真是俗语说的，'不是冤家不聚头'。几时我闭了这眼，断了这口气，凭着这两个冤家闹上天去，我眼不见心不烦，也就罢了。偏又不咽这口气。"自己抱怨着也哭了。这话传入宝林二人耳内。原来他二人竟是从未听见过"不是冤家不聚头"的这句俗语，如今忽然得了这句话，好似参禅的一般，都低头细嚼这句话的滋味，都不觉潸然泣下。虽不曾会面，然一个在潇湘馆临风洒泪，一个在怡红院对月长吁，却不是人居两地，情发一心！

袭人因劝宝玉道："千万不是，都是你的不是，往日家里小厮们和他们的姊妹拌嘴，或是两口子分争，你听见了，你还骂小厮们蠢，不能体贴女孩儿们的心。今儿你也这么着了。明儿初五，大节下，你们两个再这们仇人似的，老太太越发要生气，一定弄的大家不安生。依我劝，你正经下个气，陪个不是，大家还是照常一样，这么也好，那么也好。"那宝玉听见了不知依与不依，要知端详，且听下回分解。

【注释】

[1] 本篇选自《红楼梦》第二十九回"享福人福深还祷福　痴情女情重愈斟情"。

[2] 香薷饮：香薷是植物名，叶茎可入药。香薷饮是由香薷、厚朴、扁豆制成的一种药剂，治疗伤风感冒。

[3] 较证：辩驳是非。

【提示】

《红楼梦》原名《石头记》，基本定稿八十回，曾以手抄本流传。1791年，程伟元、高鹗第一次以活字版印刷出版，全书一百二十回，书名改为《红楼梦》。《红楼梦》内容丰富，思想深刻，艺术精湛，把中国古典小说创作推向最高峰，在世界文学发展史上占有十分重要的地位。《红楼梦》是曹雪芹"披阅十载，增删五次"，"字字看来皆是血，十年辛苦不寻常"的产物。今传《红楼梦》八十回以后他已写完，但由于种种原因没有流传下来。今流行本一百二十回，后四十回一般认为是由高鹗(或只是修订者)所续。

小说写贾宝玉、林黛玉、薛宝钗之间的爱情悲剧，从中表现了贾、王、史、薛四大家族的兴衰，揭示了封建社会末期渐趋崩溃的社会真实内幕，反映了那个时代对个性解放和人权平等的要求以及初步的民主主义精神。《红楼梦》运用现实主义创作手法，自然、逼真地叙述和描写了丰富的现实社会生活，塑造了一大批典型人物。作者善于在日常生活矛盾中根据人物身份、地位刻画人物，又善于以艺术氛围烘托人物内心情绪。他笔下的人物，如多情而又富有叛逆精神的贾宝玉、孤芳自赏、多愁善感的林黛玉，贤淑善良又巧于迎合的薛宝钗，泼辣、狠毒的王熙凤，逆来顺受的尤二姐，刚烈不屈的尤三姐等无一不栩栩如生。在事件和人物的刻画上，作者采用对比的方法，将美与丑、虚与实、统治与被统治的描写相互补充，创造出一个含蓄深沉、博大精深的艺术世界。《红楼梦》语言简洁纯净，准确传神而多彩，达到了炉火纯青的境界。书中诗词歌赋的运用，对人物塑造、情节展开起了很好的作用。《红楼梦》的光辉成就达到了中国古典小说的顶峰，对后世家庭社会小说有极大影响。

本文选自第二十九回，"痴情女"是指黛玉。她对宝玉一往情深，是叫"情重"。"斟情"是不断加重感情的意思。感情好比美酒，要时时喝，时时斟，否则会浅下去的。她明知道宝玉对自己也情重，为了验证自己的这个判断，她用假话试探宝玉的心。她说宝玉爱宝钗，是希望宝玉对她发誓不爱宝钗，只爱她黛玉一个人。而宝玉听了这话却误认为黛玉不信任自己，便大生气把玉也砸了。这回写宝黛式的爱情逻辑：为了爱得更深(斟情)而不断试探，不断吵架，不断后悔，不断落泪，不断赔错，不断痛苦，不断和好……直到最后的和好后，却又一举毁灭。砸玉，是为砸金玉之论。与宝黛初会时砸玉作比，当时"奇怪"举动——或说天性——已然成为明白宣示。数条线索，在贾宝玉这个主人公的思想性格发展上向前延伸，包括他之前的读书论、之后的忠义论，歌颂地主阶级中具有叛逆精神的青年和某些奴仆的反抗行为，广泛反映了当时的社会矛盾和阶级斗争，对封建礼教等地主阶级传统思想进行了批判，但也反映了作者为封建制度"补天"的幻想和某些虚无主义思想，作品写作规模宏大，结构严谨。该书具有高度的思想性和卓越的艺术成就，是我国古代长篇小说中现实主义的代表作。

【思考与练习】

1. 如何看待贾宝玉的"下流痴病"？
2. 本文中宝、黛二人的主要矛盾是什么？

3. 分析作品，说明作品是如何通过内心活动揭示人物性格的？
4. 如何看待林黛玉的爱情？

在酒楼上

鲁 迅

【作者简介】

　　鲁迅(1881—1936 年)，浙江绍兴人，原名周树人，字豫山、豫亭，后改为豫才。伟大的无产阶级文学家、思想家、革命家，是中国文化革命的主将，也被人民称为"民族魂"。他出身于破落封建家庭。1902 年去日本留学，原在仙台医学院学医，后从事文艺工作，希望用以改变国民精神。1905—1907 年，参加革命党人的活动，发表了《摩罗诗力说》《文化偏至论》等论文。其间曾回国奉母命结婚，夫人朱安。1908 年，与其弟周作人一起合译《域外小说集》，介绍外国文学。1909 年回国，先后在杭州、绍兴任教。

　　辛亥革命后，曾任南京临时政府和北京政府教育部部员、佥事等职，兼在北京大学、女子师范大学等校授课。1918 年 5 月，首次使用"鲁迅"的笔名，发表中国现代文学史上第一篇白话小说——《狂人日记》，奠定了新文学运动的基石。五四运动前后，参加《新青年》杂志工作，成为五四新文化运动的主将。

　　1918—1926 年，陆续创作出版了小说集《呐喊》《彷徨》，论文集《坟》，散文诗集《野草》，散文集《朝花夕拾》，杂文集《热风》《华盖集》《华盖集续编》等。其中，1921 年 12 月发表的中篇小说《阿 Q 正传》，是中国现代文学史上的不朽杰作。

　　我从北地向东南旅行，绕道访了我的家乡，就到 S 城。这城离我的故乡不过三十里，坐了小船，小半天可到，我曾在这里的学校里当过一年的教员。深冬雪后，风景凄清，懒散和怀旧的心绪联结起来，我竟暂寓在 S 城的洛思旅馆里了；这旅馆是先前所没有的。城圈本不大，寻访了几个以为可以会见的旧同事，一个也不在，早不知散到那里去了，经过学校的门口，也改换了名称和模样，于我很生疏。不到两个时辰，我的意兴早已索然，颇悔此来为多事了。

　　我所住的旅馆是租房不卖饭的，饭菜必须另外叫来，但又无味，入口如嚼泥土。窗外只有渍痕斑驳的墙壁，帖着枯死的莓苔；上面是铅色的天，白皑皑的绝无精采，而且微雪又飞舞起来了。我午餐本没有饱，又没有可以消遣的事情，便很自然的想到先前有一家很熟识的小酒楼，叫一石居的，算来离旅馆并不远。我于是立即锁了房门，出街向那酒楼去。其实也无非想姑且逃避客中的无聊，并不专为买醉[1]。一石居是在的，狭小阴湿的店面和破旧的招牌都依旧；但从掌柜以至堂倌却已没有一个熟人，我在这一石居中也完全成了生客。然而我终于跨上那走熟的屋角的扶梯去了，由此径到小楼上。上面也依然是五张小板桌[2]；独有原是木棂的后窗却换嵌了玻璃。

　　"一斤绍酒。——菜？十个油豆腐，辣酱要多！"

　　我一面说给跟我上来的堂倌听，一面向后窗走，就在靠窗的一张桌旁坐下了。楼上

"空空如也"，任我拣得最好的座位：可以眺望楼下的废园。这园大概是不属于酒家的，我先前也曾眺望过许多回，有时也在雪天里。但现在从惯于北方的眼睛看来，却很值得惊异了：几株老梅竟斗雪开着满树的繁花，仿佛毫不以深冬为意；倒塌的亭子边还有一株山茶树，从暗绿的密叶里显出十几朵红花来，赫赫的在雪中明得如火，愤怒而且傲慢，如蔑视游人的甘心于远行。我这时又忽地想到这里积雪的滋润，著物不去，晶莹有光，不比朔雪的粉一般干，大风一吹，便飞得满空如烟雾。……

"客人，酒。……"

堂倌懒懒的说着，放下杯、筷、酒壶和碗碟，酒到了。我转脸向了板桌，排好器具，斟出酒来。觉得北方固不是我的旧乡[3]，但南来又只能算一个客子，无论那边的干雪怎样纷飞，这里的柔雪又怎样的依恋，于我都没有什么关系了。我略带些哀愁，然而很舒服的呷一口酒。酒味很纯正；油豆腐也煮得十分好；可惜辣酱太淡薄，本来 S 城人是不懂得吃辣的。

大概是因为正在下午的缘故罢，这会说是酒楼，却毫无酒楼气，我已经喝下三杯酒去了，而我以外还是四张空板桌。我看着废园，渐渐的感到孤独，但又不愿有别的酒客上来。偶然听得楼梯上脚步响，便不由得有些懊恼，待到看见是堂倌，才又安心了，这样的又喝了两杯酒。

我想，这回定是酒客了，因为听得那脚步声比堂倌的要缓得多。约略料他走完了楼梯的时候，我便害怕似的抬头去看这无干的同伴，同时也就吃惊的站起来。我竟不料在这里意外的遇见朋友了，——假如他现在还许我称他为朋友。那上来的分明是我的旧同窗，也是做教员时代的旧同事，面貌虽然颇有些改变，但一见也就认识，独有行动却变得格外迂缓，很不像当年敏捷精悍的吕纬甫了。

"阿，——纬甫，是你么？我万想不到会在这里遇见你。"

"阿阿，是你？我也万想不到……"

我就邀他同坐，但他似乎略略踌蹰之后，方才坐下来。我起先很以为奇，接着便有些悲伤，而且不快了。细看他相貌，也还是乱蓬蓬的须发；苍白的长方脸，然而衰瘦了。精神很沉静，或者却是颓唐；又浓又黑的眉毛底下的眼睛也失了精采，但当他缓缓的四顾的时候，却对废园忽地闪出我在学校时代常常看见的射人的光来。

"我们，"我高兴的，然而颇不自然的说，"我们这一别，怕有十年了罢。我早知道你在济南，可是实在懒得太难，终于没有写一封信。……"

"彼此都一样。可是现在我在太原了，已经两年多，和我的母亲。我回来接她的时候，知道你早搬走了，搬得很干净。"

"你在太原做什么呢？"我问。

"教书，在一个同乡的家里。"

"这以前呢？"

"这以前么？"他从衣袋里掏出一支烟卷来，点了火衔在嘴里，看着喷出的烟雾，沉思似的说："无非做了些无聊的事情，等于什么也没有做。"

他也问我别后的景况；我一面告诉他一个大概，一面叫堂倌先取杯筷来，使他先喝着我的酒,然后再去添二斤。其间还点菜,我们先前原是毫不客气的,但此刻却推让起来了,终于说不清那一样是谁点的,就从堂倌的口头报告上指定了四样菜:茴香豆,冻肉,油豆腐,青鱼干。

"我一回来,就想到我可笑。"他一手擎着烟卷,一只手扶着酒杯,似笑非笑的向我说。"我在少年时,看见蜂子或蝇子停在一个地方,给什么来一吓,即刻飞去了,但是飞了一个小圈子,便又回来停在原地点,便以为这实在很可笑,也可怜。可不料现在我自己也飞回来了,不过绕了一点小圈子。又不料你也回来了。你不能飞得更远些么?"

"这难说,大约也不外乎绕点小圈子罢。"我也似笑非笑的说。"但是你为什么飞回来的呢?"

"也还是为了无聊的事。"他一口喝干了一杯酒,吸几口烟,眼睛略为张大了。"无聊的。——但是我们就谈谈罢。"

堂倌搬上新添的酒菜来,排满了一桌,楼上又添了烟气和油豆腐的热气,仿佛热闹起来了;楼外的雪也越加纷纷的下。

"你也许本来知道,"他接着说,"我曾经有一个小兄弟,是三岁上死掉的,就葬在这乡下。我连他的模样都记不清楚了,但听母亲说,是一个很可爱的孩子,和我也很相投,至今她提起来还似乎要下泪。今年春天,一个堂兄就来了一封信,说他的坟边已经渐渐的浸了水,不久怕要陷入河里去了,须得赶紧去设法。母亲一知道就很着急,几乎几夜睡不着,——她又自己能看信的。然而我能有什么法子呢?没有钱,没有工夫:当时什么法也没有。

"一直挨到现在,趁着年假的闲空,我才得回南给他来迁葬。"他又喝干一杯酒,看着窗外,说,"这在那边那里能如此呢?积雪里会有花,雪地下会不冻。就在前天,我在城里买了一口小棺材,——因为我豫料那地下的应该早已朽烂了,——带着棉絮和被褥,雇了四个土工,下乡迁葬去。我当时忽而很高兴,愿意掘一回坟,愿意一见我那曾经和我很亲睦的小兄弟的骨殖:这些事我生平都没有经历过。到得坟地,果然,河水只是咬进来,离坟已不到二尺远。可怜的坟,两年没有培土,也平下去了。我站在雪中,决然的指着他对土工说,'掘开来!'我实在是一个庸人,我这时觉得我的声音有些希奇,这命令也是一个在我一生中最为伟大的命令。但土工们却毫不骇怪,就动手掘下去了。待到掘着圹穴,我便过去看,果然,棺木已经快要烂尽了,只剩下一堆木丝和小木片。我的心颤动着,自去拨开这些,很小心的,要看一看我的小兄弟,然而出乎意外!被褥,衣服,骨骼,什么也没有。我想,这些都消尽了,向来听说最难烂的是头发,也许还有罢。我便伏下去,在该是枕头所在的泥土里仔仔细细的看,也没有。踪影全无!"

我忽而看见他眼圈微红了,但立即知道是有了酒意。他总不很吃菜,单是把酒不停的喝,早喝了一斤多,神情和举动都活泼起来,渐近于先前所见的吕纬甫了,我叫堂倌再添二斤酒,然后回转身,也拿着酒杯,正对面默默的听着。

"其实,这本已可以不必再迁,只要平了土,卖掉棺材;就此完事了的。我去卖棺材虽然有些离奇,但只要价钱极便宜,原铺子就许要,至少总可以捞回几文酒钱来。但我不这样,我仍然铺好被褥,用棉花裹了些他先前身体所在的地方的泥土,包起来,装在新棺材里，运到我父亲埋着的坟地上，在他坟旁埋掉了。因为外面用砖墩，昨天又忙了我大半天：监工。但这样总算完结了一件事，足够去骗骗我的母亲，使她安心些。——阿阿，你这样的看我，你怪我何以和先前太不相同了么？是的，我也还记得我们同到城隍庙里去拔掉神像的胡子的时候，连日议论些改革中国的方法以至于打起来的时候。但我现在就是这样子，敷敷衍衍，模模胡胡。我有时自己也想到，倘若先前的朋友看见我，怕会不认我做朋友了。——然而我现在就是这样。"

他又掏出一支烟卷来，衔在嘴里，点了火。

"看你的神情，你似乎还有些期望我，——我现在自然麻木得多了，但是有些事也还看得出。这使我很感激，然而也使我很不安：怕我终于辜负了至今还对我怀着好意的老朋友。……"他忽而停住了，吸几口烟，才又慢慢的说，"正在今天，刚在我到这一石居来之前，也就做了一件无聊事，然而也是我自己愿意做的。我先前的东边的邻居叫长富，是一个船户。他有一个女儿叫阿顺，你那时到我家里来，也许见过的，但你一定没有留心，因为那时她还小。后来她也长得并不好看，不过是平常的瘦瘦的瓜子脸，黄脸皮；独有眼睛非常大，睫毛也很长，眼白又青得如夜的晴天，而且是北方的无风的晴天，这里的就没有那么明净了。她很能干，十多岁没了母亲，招呼两个小弟妹都靠她，又得服侍父亲，事事都周到；也经济，家计倒渐渐的稳当起来了。邻居几乎没有一个不夸奖她，连长富也时常说些感激的话。这一次我动身回来的时候，我的母亲又记得她了，老年人记性真长久。她说她曾经知道顺姑因为看见谁的头上戴着红的剪绒花，自己也想有一朵，弄不到，哭了，哭了小半夜，就挨了她父亲的一顿打，后来眼眶还红肿了两三天。这种剪绒花是外省的东西，S城里尚且买不出，她那里想得到手呢？趁我这一次回南的便，便叫我买两朵去送她。

"我对于这差使倒并不以为烦厌，反而很喜欢；为阿顺，我实在还有些愿意出力的意思的。前年，我回来接我母亲的时候，有一天，长富正在家，不知怎的我和他闲谈起来了。他便要请我吃点心，荞麦粉，并且告诉我所加的是白糖。你想，家里能有白糖的船户，可见决不是一个穷船户了，所以他也吃得很阔绰。我被劝不过，答应了，但要求只要用小碗。他也很识世故，便嘱咐阿顺说，'他们文人，是不会吃东西的。你就用小碗，多加糖！'然而等到调好端来的时候，仍然使我吃一吓，是一大碗，足够我吃一天。但是和长富吃的一碗比起来，我的也确乎算小碗。我生平没有吃过荞麦粉，这回一尝，实在不可口，却是非常甜。我漫然的吃了几口，就想不吃了，然而无意中，忽然间看见阿顺远远的站在屋角里，就使我立刻消失了放下碗筷的勇气。我看她的神情，是害怕而且希望，大约怕自己调得不好，愿我们吃得有味，我知道如果剩下大半碗来，一定要使她很失望，而且很抱歉。我于是同时决心，放开喉咙灌下去了，几乎吃得和长富一样快。我由此才知道硬吃的苦痛，我只记得还做孩子时候的吃尽一碗拌着驱除蛔虫药粉的沙糖才有这样难。然而我毫不抱怨，因为她过来收拾空碗时候的忍着的得意的笑容，已尽够赔偿我的苦痛而有余了。所以我这一夜虽然饱胀得睡不稳，又做了一大串恶梦，也还是祝赞她一生幸福，愿世界为她变好。然而这些意思也不过是我的那些旧日的梦的痕迹，即刻就自笑，接着也就忘却了。

第四单元 小说常识与欣赏

"我先前并不知道她曾经为了一朵剪绒花挨打，但因为母亲一说起，便也记得了荞麦粉的事，意外的勤快起来了。我先在太原城里搜求了一遍，都没有；一直到济南……"

窗外沙沙的一阵声响，许多积雪从被他压弯了的一枝山茶树上滑下去了，树枝笔挺的伸直，更显出乌油油的肥叶和血红的花来。天空的铅色来得更浓，小鸟雀啾唧的叫着，大概黄昏将近，地面又全罩了雪，寻不出什么食粮，都赶早回巢来休息了。

"一直到了济南，"他向窗外看了一回，转身喝干一杯酒，又吸几口烟，接着说。"我才买到剪绒花。我也不知道使她挨打的是不是这一种，总之是绒做的罢了。我也不知道她喜欢深色还是浅色，就买了一朵大红的，一朵粉红的，都带到这里来。

"就是今天午后，我一吃完饭，便去看长富，我为此特地耽搁了一天。他的家倒还在，只是看去很有些晦气色了，但这恐怕不过是我自己的感觉。他的儿子和第二个女儿——阿昭，都站在门口，大了。阿昭长得全不像她姊姊，简直像一个鬼，但是看见我走向她家，便飞奔的逃进屋里去。我就问那小子，知道长富不在家。'你的大姊呢？'他立刻瞪起眼睛，连声问我寻她什么事，而且恶狠狠的似乎就要扑过来，咬我。我支吾着退走了，我现在是敷敷衍衍……

"你不知道，我可是比先前更怕去访人了。因为我已经深知道自己之讨厌，连自己也讨厌，又何必明知故犯的去使人暗暗地不快呢？然而这回的差使是不能不办妥的，所以想了一想，终于回到就在斜对门的柴店里。店主的母亲，老发奶奶，倒也还在，而且也还认识我，居然将我邀进店里坐去了。我们寒暄几句之后，我就说明了回到 S 城和寻长富的缘故。不料她叹息说：

"'可惜顺姑没有福气戴这剪绒花了。'"

"她于是详细的告诉我，说是'大约从去年春天以来，她就见得黄瘦，后来忽而常常下泪了，问她缘故又不说；有时还整夜的哭，哭得长富也忍不住生气，骂她年纪大了，发了疯。可是一到秋初，起先不过小伤风，终于躺倒了，从此就起不来。直到咽气的前几天，才肯对长富说，她早就像她母亲一样，不时的吐红和流夜汗。但是瞒着，怕他因此要担心，有一夜，她的伯伯长庚又来硬借钱，——这是常有的事，——她不给，长庚就冷笑着说：你不要骄气，你的男人比我还不如！她从此就发了愁，又怕羞，不好问，只好哭。长富赶紧将她的男人怎样的争气的话说给她听，那里还来得及？况且她也不信，反而说：好在我已经这样，什么也不要紧了。'

"她还说，'如果她的男人真比长庚不如，那就真可怕呵！比不上一个偷鸡贼，那是什么东西呢？然而他来送殓的时候，我是亲眼看见他的，衣服很干净，人也体面；还眼泪汪汪的说，自己撑了半世小船，苦熬苦省的积起钱来聘了一个女人，偏偏又死掉了。可见他实在是一个好人，长庚说的全是诳。只可惜顺姑竟会相信那样的贼骨头的诳话，白送了性命。——但这也不能去怪谁，只能怪顺姑自己没有这一份好福气。'

"那倒也罢，我的事情又完了。但是带在身边的两朵剪绒花怎么办呢？好，我就托她送了阿昭。这阿昭一见我就飞跑，大约将我当作一只狼或是什么，我实在不愿意去送她。——但是我也就送她了，对母亲只要说阿顺见了喜欢的了不得就是。这些无聊的事算什么？只要模模胡胡。模模胡胡的过了新年，仍旧教我的'子曰诗云'去。"

"你教的是'子曰诗云'么？"我觉得奇异，便问。

"自然。你还以为教的是 ABCD 么？我先是两个学生，一个读《诗经》，一个读《孟子》。新近又添了一个，女的，读《女儿经》。连算学也不教，不是我不教，他们不要教。"

"我实在料不到你倒去教这类的书，……"

"他们的老子要他们读这些，我是别人，无乎不可的。这些无聊的事算什么？只要随随便便，……"

他满脸已经通红，似乎很有些醉，但眼光却又消沉下去了。我微微的叹息，一时没有话可说。楼梯上一阵乱响，拥上几个酒客来：当头的是矮子，拥肿[4]的圆脸；第二个是长的，在脸上很惹眼的显出一个红鼻子；此后还有人，一迭连的走得小楼都发抖。我转眼去看吕纬甫，他也正转眼来看我，我就叫堂倌算酒账。

"你借此还可以支持生活么？"我一面准备走，一面问。

"是的。——我每月有二十元，也不大能够敷衍。"

"那么，你以后豫备怎么办呢？"

"以后？——我不知道。你看我们那时豫想的事可有一件如意？我现在什么也不知道，连明天怎样也不知道，连后一分……"

堂倌送上账来，交给我；他也不像初到时候的谦虚了，只向我看了一眼，便吸烟，听凭我付了账。

我们一同走出店门，他所住的旅馆和我的方向正相反，就在门口分别了。我独自向着自己的旅馆走，寒风和雪片扑在脸上，倒觉得很爽快。见天色已是黄昏，和屋宇和街道都织在密雪的纯白而不定的罗网里。

一九二四年二月一六日

【注释】

[1] 买醉：谓沽酒痛饮。

[2] 板桌：只有板面而无抽屉的桌子。

[3] 旧乡：故乡。

[4] 拥肿：现在的规范词形为"臃肿"。

【提示】

《在酒楼上》收录在小说集《彷徨》中，是鲁迅先生的一篇重要作品，被誉为"最富鲁迅气氛"，是辛亥革命后中国知识分子精神面貌的写照。本文通过发掘小说中的细节，探讨、分析了当时社会上新型知识分子的心态及形象。鲁迅自觉借鉴西方小说的形式，通过自己的转化、发挥，以及个人的独立创造，建立起中国现代小说的新形式。

"五四"时期，以知识分子生活为题材的小说甚多，其中尤以描写他们因婚恋不能自主的痛苦者为众，也有不少是反映他们失学、失业及在社会上处处碰壁和苦闷的。鲁迅关于知识分子题材的小说，着眼于知识分子和封建制度的关系，包蕴着对知识分子的历史作用的深邃思考，在以初具民主主义思想意识的知识分子为描写对象的那些篇章中，这个特点尤为鲜明、突出。读《在酒楼上》《孤独者》和《伤逝》等作品,我们都能强烈地感受到鲁迅是多么热情地肯定了知识分子在反封建斗争中的勇敢精神,而对他们的妥协、消沉、落荒则深为惋惜、感叹,并进行了严肃的针砭。吕纬甫就是一个在辛亥革命时期曾有过革命热情,现在却变得意志消沉的文人。

这篇小说的艺术魅力在很大程度上得力于它动人地展示了主人公吕纬甫的感情世界。它的主要内容与情节是在"我"与吕纬甫的对话中展开的。这样的艺术构思,便于表现人物之间的感情交流。由于叙事中夹带着抒情意味浓重的议论,感情也就袒露得更为分明。

《在酒楼上》有较多的景物描写。"我"来到"一石居"时,正值严寒季节,然而从窗口看废园,那里"几株老梅竟斗雪开着满树的繁花,仿佛毫不以深冬为意;倒塌的亭子边还有一株山茶树,从暗绿的密叶里显出十几朵红花来,赫赫的在雪中明得如火,愤怒而且傲慢……",这正是"我"高洁的情怀和坚贞不屈的意志的象征性写照。在吕纬甫叙述自己故事的间隙,小说又穿插了一段生动的废园景色描绘:"窗外沙沙的一阵声响,许多积雪从被他压弯了的一枝山茶树上滑下去了,树枝笔挺的伸直,更显出乌油油的肥叶和血红的花来。"在这里,隐隐地透出了"我"的一种希冀,"我"是多么希望老友重新像这株山茶树那样挺立起来啊!这些生动的景物描写,并非仅仅作为人物活动的背景而存在,这是一些融情入景的画面,含蓄地展示着"我"的感情世界,有助于深化小说的题旨。

鲁迅探索将主体渗入小说的形式。《在酒楼上》的叙述者"我"与吕纬甫是自我的两个不同侧面或内心矛盾的两个侧面的外化,全篇小说具有自我灵魂的对话与相互驳难的性质。

【思考与练习】

1. "几株老梅竟斗雪开着满树的繁花,仿佛毫不以深冬为意;倒塌的亭子边还有一株山茶树,从暗绿的密叶里显出十几朵红花来,赫赫的在雪中明得如火,愤怒而且傲慢,如蔑视游人的甘心于远行。"有何象征意义?
2. 为什么说"这命令也是一个在我一生中最为伟大的命令"?
3. 分析蔓延在文章里的凄楚氛围的实质。
4. 在这篇小说凄楚无奈的气氛中,作者在表现浓烈的中国文化的同时,是否也有对人类主题的影射?

菉竹山房[1]

吴组缃

【作者简介】

吴组缃(1908—1994年),20世纪著名作家,1929年秋进入清华大学经济系,一年后转入中文系。1932年创作小说《官官的补品》,获得成功。1934年创作《一千八百担》,作品借宋氏家族的一次宗族集会,具体而微地表现了20世纪30年代中国农村社会经济的破产和宗教制度的分崩离析。吴组缃的创作朴素细致,结构严谨,尤其擅长描摹人物的语言和心态，有浓厚的地方特色，堪为写皖南农村风俗场景的第一人。抗战时期创作长篇小说《鸭嘴涝》，是抗战文艺园地中的一朵奇葩。1952年任北京大学教授，潜心于古典文学尤其是明清小说的研究，任《红楼梦》研究会会长。

  阴历五月初十日和阿圆到家，正是家乡所谓"火梅"天气[2]：太阳和淫雨[3]交替迫人，那苦况非身受的不能想象。母亲说，前些日子二姑姑托人传了口信来，问我们到家没有；说："我做姑姑的命不好，连侄儿侄媳也冷淡我。"意思之间，是要我和阿圆到她老人家村上去住些时候。

  二姑姑家我只于年小时去过一次，至今十多年了。我连年羁留外乡，过的是电灯电影洋装书籍柏油马路的另一世界的生活。每当想起家乡，就如记忆一个年远的传说一样。我脑中的二姑姑家，到现在更是模糊得如云如烟。那座阴森敞大的三进大屋[4]，那间摊乱着雨蚀虫蛀的古书的学房[5]，以及后园中的池塘竹木，想起来都如依稀的梦境。

  二姑姑的故事好似一个旧传奇的仿本[6]。她的红颜时代[7]我自然没有见过，但从后来我所见到的她的风度上看来：修长的身材，清癯白皙的脸庞，狭长而凄清的眼睛，以及沉默少言笑的阴暗调子，都和她的故事十分相称。

  故事在这里不必说得太多。其实，我所知道的也就有限；因为家人长者都讳谈它。我所知道的一点点，都是日长月远，家人谈话中偶然流露出来，由零碎摭拾起来的。

  多年以前，叔祖的学塾中有个聪明年少的门生[8]，是个三代孤子。因为看见叔祖房里的幛幔[9]，笔套，与一幅大云锦上的刺绣，绣的都是各种姿态的美丽蝴蝶，心里对这绣蝴蝶的人起了羡慕之情；而这绣蝴蝶的姑娘因为听叔祖常常夸说这人，心里自然也早就有了这人。这故事中的主人以后是乘一个怎样的机缘相见相识，我不知道，长辈们恐怕也少知道。在我所摭拾的零碎资料中，这以后便是这悲惨故事的顶峰：一个三春天气的午间，冷清的后园的太湖石洞[10]中，祖母因看牡丹花，拿住了一对仓皇失措的系裤带的顽皮孩子。

  这幕才子佳人的喜剧闹了出来，人人夸说的绣蝴蝶的小姐一时连丫头也要加以鄙夷。放佚风流的叔祖虽从中尽力撮合周旋，但当时究未成功。若干年后，扬子江中八月大潮，风浪陡作[11]，少年赴南京应考，船翻身亡。绣蝴蝶的小姐那时才十九岁，闻耗后，在桂花树下自缢[12]，为园丁所见，救活了，没死。少年家觉得这小姐尚有稍些可风之处[13]，商得了女家同意，大吹大擂接小姐过去迎了灵柩[14]；麻衣红绣鞋[15]，抱着灵牌参拜家堂祖庙[16]，做了新娘。

  这故事要不是二姑姑的，并不多么有趣；二姑姑要没这故事，我们这次也就不致急于要去。

  母亲自然怂恿[17]我们去。说我们是新结婚，也难得回家一次。二姑姑家孤寂了一辈子，如今如此想念我们，这点子人情是不能不尽的。但是阿圆却有点怕我们家乡的老太太。这些老太太——举个例，就如我的大伯娘，她老人家就最喜欢搂阿圆在膝上喊宝宝，亲她的脸，咬她的肉，摩挲她的臂膊；又要我和她接吻给她老人家看。一得闲空，就托支水烟袋坐到我们房里来，盯着眼看守着我们作迷迷笑脸，满口反复地说些叫人红脸不好意思的夸羡的话。这种种啰唆[18]，我倒不大在意；可是阿圆就老被窘得脸红耳赤，不知该往哪里躲。——因此，阿圆不愿去。

第四单元　小说常识与欣赏

　　我知道弊病之所在，告诉阿圆：二姑姑不是这种善于表现的快乐天真的老太太。而且我会投年轻姑娘之所好，照二姑姑原来的故事又编上了许多的动人的穿插，说得阿圆感动得红了眼睛叹长气。听说二姑姑决不会给她那种啰唣，她的不愿去的心就完全消除；再听了二姑姑的故事，有趣得如从线装书中看下来的一样；又想到借此可以暂时躲避家下的老太太；而且又知道金燕村中风景好，菉竹山房的屋舍阴凉宽畅：于是阿圆不愿去的心，变成急于要去了。

　　我说金燕村，就是二姑姑的村；菉竹山房就是二姑姑的家宅。沿着荆溪的石堤走，走的七八里地，回环合抱的山峦渐渐拥挤，两岸葱翠古老的槐柳渐密，溪中暗赭色的大石渐多，哗哗的水激石块声越听越近。这段溪，渐不叫荆溪，而是叫响潭。响潭的两岸，槐树柳树榆树更多更老更葱茏，两面缝合，荫罩着乱喷白色水沫的河面，一缕太阳光也晒不下来。沿着响潭两岸的树林中，疏疏落落点缀着二十多座白垩瓦屋[19]。西岸上，紧临着响潭，那座白屋分外大；梅花窗的围墙上面探露着一丛竹子；竹子一半是绿色的，一半已开了花，变成槁色。——这座村子便是金燕村，这座大屋便是二姑姑的家宅菉竹山房。

　　阿圆是外乡生长的，从前只在中国山水画上见过的景子，一朝忽然身历其境，欣跃之情自然难言。我一时回想起平日见惯的西式房子，柏油马路，烟囱，工厂等等，也觉得是重入梦境，作了许多缥缈之想[20]。

　　二姑姑多年不见，显见得老迈了。

　　"昨天夜里结了三颗大灯花，今朝喜鹊在屋脊上叫了三四次，我知道要来人[21]。"

　　那张苍白皱褶的脸没多少表情。说话的语气，走路的步法，和她老人家的脸庞同一调子：阴暗，凄苦，迟钝。她引我们进到内屋里，自己珊珊颤颤[22]地到房里去张罗果盘，吩咐丫头为我们打脸水。——这丫头叫兰花，本是我家的丫头，三十多岁了。二姑姑陪嫁丫头[23]死去后，祖父便拨了身边的这丫头来服侍姑姑，和姑姑作伴。她陪姑姑住守这所大屋子已二十多年，跟姑姑念诗念经，学姑姑绣蝴蝶，她自己说不要成家的。

　　二姑姑说没指望我们来得如此快，房子都没打扫。领我们参观全宅，顺便叫我们自己拣一间合意的住。四个人分作三排走，姑姑在前，我俩在次，兰花在最后。阿圆蹈着姑姑的步子走，显见得拘束不自在，不时昂头顾我，作有趣的会意之笑。我们都无话说。

　　屋子高大，阴森，也是和姑姑的人相谐调的。石阶，地砖，柱础，甚至板壁上，都染涂着一层深深浅浅的暗绿，是苔尘[24]。一种与陈腐的土木之气混合的霉气扑满鼻官。每一进屋的梁上都吊有淡黄色的燕子窝，有的已剥落，只留着痕迹；有的正孵着雏儿，叫得分外响。

　　我们每走到一进房子，由兰花先上前开锁；因为除姑姑住的一头两间的正屋而外，其余每一间房，每一道门都是上了锁的。看完了正屋，由侧门一条巷子走到花园中。邻着花园有座雅致的房，门额上写着"邀月"两个八分字[25]。百叶窗，古瓶式的门，门上也有明瓦纸的册叶小窗。我爱这地方近花园，较别处明朗清新得多，和姑姑说，我们就住这间房。姑姑叫兰花开了锁，两扇门一推开，就噗噗落下三只东西来：两只是壁虎，一只是蝙蝠。我们都怔了一怔。壁虎是悠悠地爬走了；兰花拾起那只大蝙蝠，轻轻放到墙隅[26]里，呓语着似地念了一套怪话：

"福公公,你让让房,有贵客要在这里住[27]。"

阿圆惊惶不安的样子,牵一牵我的衣角,意思大约是对着这些情景,不敢在这间屋里住。二姑姑年老还不失其敏感,不知怎样她老人家就窥知[28]了阿圆的心事:

"不要紧。——这些房子,每年你姑爹回家时都打扫一次[29]。停会,叫兰花再好好来收拾。福公公虎爷爷都会让出去的。"

又说:

"这间避月庐是你姑爹最喜欢的地方;去年你姑爹回来,叫我把它修葺[30]一下。你看看,里面全是新崭崭的。"

我探身进去张看,兜了一脸蜘蛛网。里面果然是新崭崭的。墙上字画,桌上陈设,都很整齐。只是蒙上一层薄薄的尘灰罢了。

我们看兰花扎了竹叶把,拿了扫帚来打扫。二姑姑自回前进去了。阿圆用一个小孩子的神秘惊奇的表情问我说:

"怎么说姑爹?……"

兰花放下竹叶把,瞪着两只阴沉的眼睛低幽地告诉阿圆说:

"爷爷灵验得很啦!三朝两天来给奶奶托梦。我也常看见的,公子帽,宝蓝衫,常在这园里走。"

阿圆扭着我的袖口,只是向着兰花的两只眼睛瞪看。兰花打扫好屋子,又忙着抱被褥毯子席子为我们安排床铺。里墙边原有一张檀木榻,榻几上面摆着一套围棋子,一盘瓷制的大蟠桃。把棋子蟠桃连同榻几拿去,铺上被席,便是我们的床了。二姑姑蹒跚颤颤地走来,拿着一顶蚊帐给我们看,说这是姑爹用的帐,是玻璃纱制的;问我们怕不怕招凉。我自然愿意要这顶凉快帐子;但是阿圆却望我瞪着眼,好像连这顶美丽的帐子也有可怕之处。

这屋子的陈设是非常美致的,只看墙上的点缀就知道。东墙上挂着四幅大锦屏[31],上面绣着"菉竹山房唱和诗[32]",边沿上密密齐齐地绣着各色的小蝴蝶,一眼看上去就觉得很灿烂。西墙上挂着一幅彩色的《钟馗捉鬼图》[33],两边有洪北江[34]的"梅雪松风清几榻,天光云影护琴书"的对子。床榻对面的南墙上有百叶窗子可以看花园,窗下一书桌,桌上一个朱砂古瓶[35],瓶里插着马尾云拂[36]。

我觉得这地方好。陈设既古色古香,而窗外一丛半绿半黄的修竹,和墙外隐约可听的响潭之水,越衬托得闲适恬静。

不久吃晚饭,我们都默然无话。我和阿圆是不知在姑姑面前该说些什么好;姑姑自己呢,是不肯多说话的。偌大屋子如一大座古墓,没一丝人声;只有堂厅里的燕子啾啾地叫。

兰花向天井檐上张一张,自言自语地说:

"青姑娘还不回来呢!"

二姑姑也不答话,点点头。阿圆偷眼看看我。——其实我自己也正在纳罕着的。吃了饭,正洗脸,一只燕子由天井飞来,在屋里绕了一道,就钻进檐下的窝里去了。兰花停了碗,把筷子放在嘴沿上,低低地说:

"青姑娘,你到这时才回来。"悠悠地长叹一口气。

我释然,向阿圆笑笑;阿圆却不曾笑,只瞪着眼看兰花。

第四单元　小说常识与欣赏

我说邀月庐清新明朗，那是指日间而言。谁知这天晚上，大雨复作，一盏三支灯草的豆油檠[37]摇晃不定，远远正屋里二姑姑和兰花低幽地念着晚经，听来简直是"秋坟鬼唱鲍家诗[38]"；加以外面雨声虫声风弄竹声合奏起一支凄庚的交响曲，显得这周遭的确鬼气殊多。也不知是循着怎样的一个线索，很自然地便和阿圆谈起《聊斋》的故事来。谈一回，她越靠紧我一些，两眼只瞪着西墙上的《钟馗捉鬼图》，额上鼻上渐渐全渍着汗珠。钟馗手下按着的那个鬼，披着发，撕开血盆口，露出两支大獠牙，栩栩欲活。我偶然瞥一眼，也不由得一惊。这时觉得那钟馗，那恶鬼，姑姑和兰花，连同我们自己俩，都成了鬼故事中的人物了。

阿圆瑟缩[39]地说："我想睡。"

她紧紧靠住我，我走一步，她走一步。睡到床上，自然很难睡着。不知辗转了多少时候，雨声渐止，月光透过百叶窗，映照得满屋凄幽。一阵飒飒的风摇竹声后，忽然听得窗外有脚步之声。声音虽然轻微，但是入耳十分清楚。

"你……听见了……没有？"阿圆把头钻在我的腋下，喘息地低声问。

我也不禁毛骨悚然。

那声音渐听渐近，没有了；换上的是低沉的戚戚声，如鬼低诉。阿圆已浑身汗濡。我咳了一声，那声音突然寂止；听见这突然寂止，想起兰花日间所说的话，我也不由得不怕了。

半晌没有声息，紧张的心绪稍稍平缓，但是两人的神经都过分紧张，要想到梦乡去躲身，究竟不能办到。为要解除阿圆的恐怖，我找了些快乐高兴的话和她谈说。阿圆也就渐渐敢由我的腋下伸出头来了。我说：

"你想不想你的家？"

"想。"

"怕不怕了？"

"还有点怕。"

正答着话，她突然尖起嗓子大叫一声，搂住我，嚎啕，震抖，迫不成声：

"你……看……门上！……"

我看门上——门上那个册叶小窗露着一个鬼脸，向我们张望；月光斜映，隔着玻璃纱帐看得分外明晰。说时迟，那时快。那个鬼脸一晃，就沉下去不见了。我不知从那里涌上一股勇气，推开阿圆，三步跳去，拉开门。

门外是两个女鬼！

一个由通正屋的小巷窜远了；一个则因逃避不及，正在我的面前蹲着。

"是姑姑吗？"

"唔——"幽沉的一口气。

我抹着额上的冷汗，不禁轻松地笑了。我说：

"阿圆，莫怕了，是姑姑。"

一九三二年十一月二十六日

【注释】

[1] 此文作于 1932 年 11 月 26 日，发表于 1933 年 1 月 14 日出版的《清华周刊》第 38 卷 12 期，后编入《中国新文学大系》的《小说二集》。菉竹山房是主人公二姑姑的家宅。

[2] "火梅"天气：梅子黄熟时初夏江淮流域的连阴天气。

[3] 淫雨：雨水过多的时期。

[4] 三进大屋：旧式宅院大的可包括几排屋，一排称一进。这是一座建有三排房子的大屋。

[5] 学房：当地对书房的称呼。

[6] 旧传奇的仿本：意谓她的故事很像古代传奇小说的一个仿照本。

[7] 红颜时代：女子青春年少最美的时代。

[8] 叔祖：称呼祖父的弟弟为叔祖。学塾：私人自办的读书点，旧称"私塾"。

[9] 幛幔(zhàng màn)：挂在屋内作为礼品的整幅绸布和帐幕。

[10] 太湖石洞：用太湖石堆成的洞。

[11] 风浪陡作：风浪突然发作。

[12] 自缢(yì)：上吊自杀。

[13] 尚有稍些可风之处：还有一点值得影响别人的地方。

[14] 灵柩(jiù)：装有尸体的棺材。

[15] 麻衣红绣鞋：麻衣是旧时麻制的重丧用服。红绣鞋：新娘举行婚礼时穿的红色绣花鞋。丧事和喜事同办，故麻衣和红绣鞋也同用。

[16] 灵牌：灵牌是给死者竖立的长方形木板牌位。家堂：每户人家为自家人灵牌设计安放以供祭祀的地方。祖庙：同一本家亲族设立的祠堂，也称宗祀。

[17] 怂恿(sǒng yǒng)：鼓动别人去做。

[18] 啰唣(luó zào)：说话办事，烦琐不得要领，不干净利落。

[19] 白垩(è)瓦屋：用白色涂料粉饰过的瓦房。

[20] 缥缈之想：难于确说的某种虚幻迷茫的思想。

[21] 旧时有些人以为灯上结了三颗大灯花，喜鹊在屋脊上连叫三四次，就会有客人来到。

[22] 跚跚(shān shān)颤颤：走路缓慢还有点颤动的样子。

[23] 陪嫁丫头：旧社会用钱买来穷家小姑娘，成为主人可以随意差使、支配的奴仆，如作为给予女儿的陪嫁物，随着女儿一道去夫家当女儿的丫头，称陪嫁丫头。

[24] 苔尘：在阴暗潮湿处长出的绿苔及积下的尘土。

[25] 八分字：书体之一，即汉代流行的隶书的别名。

[26] 墙隅：墙角。

[27] 呓语：含混不清的梦话般的语言。福公公：这里是对蝙蝠的尊称。

[28] 窥知：意谓心里好像确已看见一般知道了对方的心理。

[29] "每年你姑爹回家"句：姑爹，指姑丈。姑爹早已死去，这里是指他每年回来一次的灵魂，还把死人当成活的在期盼，自慰。

[30] 修葺：修补。

[31] 大锦屏：用锦缎之类制成的屏条、条幅。

[32] 和诗：别人照着自己所写诗的韵脚送来表示应和的诗，称和诗。

[33] 钟馗(kuí)：古代传说中能捉鬼的人物，过去民间流行这种图，以为可以避邪。

[34] 洪北江：清代学者洪亮吉，字君直，号北江，江苏阳湖人。

[35] 朱砂古瓶：红色瓷质的古瓶，以朱砂为成分涂在瓶面，会出现红色。

[36] 马尾云拂：用马尾毛做成的除尘的掸帚。

[37] 豆油檠(qíng)：用豆油做燃料的老式油灯。

[38] 秋坟鬼唱鲍家诗：这是唐代诗人李贺《秋来》诗中的一句，鲍：指南朝宋代的诗人鲍照。此处渲染凄惨可怖的环境气氛。

[39] 瑟缩：身体蜷缩、抖动。

【提示】

虽然已经过了辛亥革命、五四运动，20世纪30年代的中国，除了一些大城市稍有变化之外，广大的农村一切如故。封建礼教、封建意识依然十分沉重地压制着人民群众。作者出生于安徽农村，自小耳闻目睹了旧传统吞噬活生生的青年男女的许多故事。到北京读书后，尽管"过的是电灯电影洋装书籍柏油马路的另一世界的生活"，但想起以往落后、闭塞的乡下，作者更是感慨万千。

作品通过二姑姑年青时期的恋爱、婚姻悲剧，深沉地表达了对封建礼教、封建婚姻制度的控诉。一个"聪明年少的门生"，一个擅长女红的青年姑娘，从相互"羡慕"而有了恋情。可是，当时的环境竟无法容忍他们的相爱而从此受尽鄙夷。少年"船翻身亡"，姑娘才得以"麻衣红绣鞋，抱着灵牌参拜家堂祖庙，做了新娘"。其深刻性就在于：二姑姑的恋爱失败，却又以"迎了灵柩"成婚并了此一生。这是一幅多么残忍的图画！这是一个恋爱、婚姻悲剧。封建社会是容不得男女自由恋爱的，更不要说少男少女一时冲动野合于后花园，那是人人鄙夷的。在那个社会里，让女子抱着死去男人的灵牌做新娘这种扼杀人性的荒唐之举反而会得到嘉许。从此，二姑姑在枯寂阴暗的老宅中销蚀尽青春年华。这是封建社会和封建礼教造成的悲剧。它控诉了封建礼教、封建婚姻制度对人性的摧残与迫害。

并未年老的二姑姑，空守偌大的菉竹山房，整日与"福公公"(蝙蝠)、"虎爷爷"(壁虎)喃喃自语，再就是梦幻"姑爹回来"。终于，性格变态，去窥视新婚夫妇。漫长的岁月、阴森的山房，简直就是遥遥无期的牢狱生涯。封建礼教、封建婚姻制度对人性的摧残、压迫可见一斑。"窥房"将小说前文渲染的令人毛骨悚然的森森鬼气推到了极致，同时，又突然逆转，窥房的竟是二姑姑主仆二人。这一结局，在艺术上出奇制胜，在思想上发人深省。"窥房"使鬼气转化为人气，使两个生活在非现实境界中的女人，表现出最为世俗的欲望，"鬼脸"一晃，晃出了人性的微光，晃出被封建礼教牢笼禁锢成鬼的躯壳中的一颗灼热的充满人欲的心灵。自然，这一晃，使读者在小说喜剧性的结尾中，无论如何也轻松不起来。(付金艳《菉竹山房》教案 有删节)

【思考与练习】

1. 分析作品以环境气氛的渲染烘托表现主题的艺术特色。
2. 二姑姑的悲剧人生同封建社会制度有哪些关系。

3. 文中的景物描写起了怎样的作用？
4. 两个女鬼在夜间出现，来向"我们"张望，这样描写的意图是什么？效果如何？

丈　夫

沈从文

【作者简介】

沈从文(1902—1988 年)，原名沈岳焕，笔名休芸芸、甲辰、上官碧、璇若等，乳名茂林，字崇文，湖南凤凰县人，苗族。沈从文是现代著名作家、历史文物研究者、京派小说代表人物。14 岁时，他投身行伍，浪迹湘川黔交界地区，1924 年开始进行文学创作，1931—1933 年在山东大学任教，抗战爆发后到西南联大任教，1946 年回到北京大学任教。新中国成立后在中国历史博物馆和中国社会科学院历史研究所工作，主要从事中国古代历史与文物的研究。1988 年病逝于北京。

沈从文先生的文学作品《边城》《湘西》《从文自传》等，在国内外有重大的影响。他的作品被译成日本、美国、英国、苏联等四十多个国家的文字出版，并被美国、日本、韩国、英国等十多个国家或地区选进大学课本，两度被提名为诺贝尔文学奖候选人。

落了春雨，一共有七天，河水涨大了。

河中涨了水，平常时节泊在河滩的烟船妓船，离岸极近，船皆系在吊脚楼下的支柱上。

在四海春茶馆楼上喝茶的闲汉子，伏身在临河一面窗口，可以望到对河的宝塔"烟雨红桃"好景致，也可以知道船上妇人陪客烧烟的情形。因为那么近，上下都方便，有喊熟人的声音，从上面或从下面喊叫，到后是互相见到了，谈话了，取了亲昵样子，骂着野话粗话，于是楼上人会了茶钱，从湿而发臭的甬道走去，从那些肮脏地方走到船上了。

上了船，花钱半元到五块，随心所欲吃烟睡觉，同妇人毫无拘束的放肆取乐，这些在船上生活的大臀肥身年青乡下女人，就用一个妇人的好处，热忱而切实的服侍男子过夜。

船上人，把这件事也像其余地方一样称呼，这叫做"生意"。她们都是做生意而来的。在名分上，那名称与别的工作同样，既不与道德相冲突，也并不违反健康。她们从乡下来，从那些种田挖园的人家，离了乡村，离了石磨同小牛，离了那年青而强健的丈夫，跟随了一个同乡熟人，就来到这船上做生意了。做了生意，慢慢的变成为城市里人，慢慢的与乡村离远，慢慢的学会了一些只有城市里才需要的恶德，于是这妇人就毁了。但那毁是慢慢的，因为很需要一些日子，所以谁也不去注意。而且也仍然不缺少在任何情形下还依然会好好的保留着那乡村纯朴气质的妇人，所以在市上的小河妓船上，决不会缺少年青女子的来路。

事情非常简单，一个不亟亟[1]于生养孩子的妇人，到了城市，能够每月把从城市里两个晚上所得的钱，送给那留在乡下诚实耐劳种田为生的丈夫，在那方面就可以过了好日子，名分不失，利益存在，所以许多年青的丈夫，在娶媳妇以后，把她送出来，自己留在家中耕田种地，安分过日子，也竟是极其平常的事情。

第四单元　小说常识与欣赏

这种丈夫，到什么时候，想及那在船上做生意的年青的媳妇，或逢年过节，照规矩要见见媳妇的面了，自己便换了一身浆洗干净的衣服，腰带上挂了那个工作时常不离口的短烟袋，背了整箩整篓的红薯、糍粑之类，赶到市上来，像访远亲一样，从码头第一号船上问起，一直到认出自己女人所在的船上为止。问明白后，到了船上，小心的把一双布鞋放到舱外护板上，把带来的东西交给了女人，一面便用着吃惊的眼睛，搜索女人的全身。这时节，女人在丈夫眼下自然已完全不同了。

大而油光的发髻，用小镊子扯成的细细眉毛，脸上的白粉同绯红胭脂，以及那城市里人神气派头，城市里人的衣裳，都一定使从乡下来的丈夫感到极大的惊讶，有点手足无措。那呆相是女人很容易清楚的。女人到后开了口，或者问："那次五块钱得了么？"或者问："我们那对猪养儿子了没有？"女人说话时口音自然也完全不同了，变成像城市里做太太的大方自由，完全不是在乡下做媳妇的羞涩畏缩神气了。

听女人问起钱，问起家乡豢养的猪，这做丈夫的看出自己做主人的身份，并不在这船上失去，看出这城里奶奶还不完全忘记乡下，胆子大了一点，慢慢的摸出烟管同火镰。第二次惊讶，是烟管忽然被女人夺去，即刻在那粗而厚大的手掌里，塞了一枝[2]哈德门香烟的缘故。吃惊也仍然是暂时的事，于是这做丈夫的，一面吸烟一面谈话，……

到了晚上，吃过晚饭，仍然在吸那有新鲜趣味的香烟。来了客，一个船主或一个商人，穿生牛皮长统靴子，抱兜一角露出粗而发亮的银链，喝过一肚子烧酒，摇摇荡荡的上了船。一上船就大声的嚷要亲嘴要睡觉，那洪大而含胡[3]的声音，那势派，都使这做丈夫的想起了村长同乡绅那些大人物的威风，于是这丈夫不必指点，也就知道往后舱钻去，躲到那后梢舱上去低低的喘气，一面把含在口上那枝卷烟摘下来，毫无目的的眺望河中暮景。夜把河上改变了，岸上河上已经全是灯火，这丈夫到这时节一定要想起家里的鸡同小猪，仿佛那些小小东西才是自己的朋友，仿佛那些才是亲人；如今和妻接近，与家庭却离得很远，淡淡的寂寞袭上了身，他愿意转去了。

当真转去没有？不。三十里路，路上有豺狗，有野猫，有查夜放哨的团丁，全是不好惹的东西，转去自然做不到。船上的大娘自然还得留他上"三元宫"看夜戏，到"四海春"去喝清茶。并且既然到了市上，大街上的灯同城市中的人更不可不去看看。于是留下了，坐在后舱独自看河中景致，等候大娘的空暇。到后要上岸时，就由船边小阳桥攀援篷架到船头；玩过后，仍然由那旧地方转到船上，小心小心使声音放轻，省得留在舱里躺到床上烧烟的客人发怒。

到要睡觉的时候，城里起了更，西梁山上的更鼓冬冬响了一会，悄悄的从板缝里看看客人还不走，丈夫没有什么话可说，就在梢舱上新棉絮里一个人睡了。半夜里，或者已睡着，或者还在胡思乱想，那媳妇抽空爬过了后舱，问是不是想吃一点糖。本来非常欢喜口含片糖的脾气，做媳妇的记得清楚明白，所以即或说已经睡觉，已经吃过，也仍然还是塞了一小片糖在口里。媳妇用着略略抱怨自己那种神气走去了，丈夫把糖含在口里，正像仅仅为了这一点理由，就得原谅媳妇的行为，尽她在前舱陪客，自己也仍然很和平的睡觉了。

这样的丈夫在黄庄多着！那里出强健女子同忠厚男人。地方实在太穷了，一点点收成照例要被上面的人拿去一大半，手足贴地的乡下人，任你如何勤省耐劳的干做，一年中四

分之一时间，即或用红薯叶和糠灰拌和充饥，总还是不容易对付下去。地方虽在山中，离大河码头只二十里，由于习惯，女子出乡讨生活，男人通明白这做生意的一切利益。他懂事，女子名分仍然归他，养得儿子归他，有了钱，也总有一部分归他。

那些船只排列在河下，一个陌生人，数来数去是永远无法数清的。明白这数目，而且明白那秩序，记忆得出每一个船与摇船人样子，是五区一个老水保。

水保是个独眼睛的人。这独眼据说在年青时节因殴斗杀过一个水上恶人，因为杀人，同时也就被人把眼睛抠瞎了。但两只眼睛不能分明的，他一只眼睛却办到了。一个河里都由他管事。他的权力在这些小船上，比一个中国的皇帝、总统在地面上的权力还统一集中。

涨了河水，水保比平时似乎忙多了。由于责任，他得各处去看看。是不是有些船上做父母的上了岸，小孩子在哭奶了。是不是有些船上在吵架，需要排难解纷。是不是有些船因照料无人，有溜去的危险。在今天，这位大爷，并且要到各处去调查一些从岸上发生影响到了水面的事情。岸上这几天来出过三次小抢案，据公安局那方面人说，凡地上小缝小罅都找寻到了，还是毫无痕迹。地上小缝小罅都亏那些体面的在职从公人员找过，于是水保的责任便到了。他得了通知，就是那些说谎话的公安局办事处通知，要他到半夜会同水面武装警察上船去搜索"歹人"。

水保得到这个消息时是上半天。一个整白天他要做许多事。他要先尽一些从平日受人款待好酒好肉而来的义务了，于是沿了河岸，从第一号船起始，每个船上去谈谈话。他得先调查一下，问问这船上是不是留容得有不端正的外乡人。

做水保的人照例是水上一霸，凡是属于水面上的事他无有不知。这人本来就是一个吃水上饭的人，是立于法律同官府对面，按照习惯被官吏来利用，处治这水上一切的。但人一上了年纪，世界成天变，变去变来这人有了钱，成过家，喝点酒，生儿育女，生活安舒，这人慢慢的转成一个和平正直的人了。在职务上帮助官府，在感情上却亲近了船家。在这些情形上面他建设了一个道德的模范。他受人尊敬不下于官，却不让人害怕讨厌。他做了河船上许多妓女的干爹。由于这些社会习惯的联系，他的行为处事是靠在水上人一边的。

他这时正从一个跳板上跃到一只新油漆过的"花船"头，那船位置在较清静的一家莲子铺吊脚楼下。他认得这只船归谁管，一上船就喊"七丫头"。

没有声音。年青的女人不见出来，年老的掌班也不见出来。老年人很懂事情，以为或者是大白天有年青男子上船做呆事，就站在船头眺望，等了一会。

过一阵，他又喊了两声，又喊伯妈，喊五多；五多是船上的小毛头，年纪十二岁，人很瘦，声音尖锐，平时大人上了岸就守船，买东西煮饭，常常挨打，爱哭，过了一会儿又唱起小调来。但是喊过五多后，也仍然得不到结果。因为听到舱里又似乎实在有声音，像人出气，不像全上了岸，也不像全在做梦。水保就偻身窥觑舱口，向暗处询问是谁在里面。

里面还是不敢作答。

水保有点生气了，大声的问："你是哪一个？"

里面一个很生疏的男子声音，又虚又怯回答说："是我。"接着又说："都上岸去了。"

"都上岸了么？"

第四单元　小说常识与欣赏

"上岸了。她们……"

好像单单是这样答应，还深恐开罪了来人，这时觉得有一点义务要尽了，这男子于是从暗处爬出来，在舱口，小心小心扳到篷架，非常拘束的望着来人。

先是望到那一对峨然巍然似乎是用柿油涂过的猪皮靴子，上去一点是一个赭色柔软鹿皮抱兜，再上去是一双回环抱着的毛手，满是青筋黄毛，手上有颗其大无比的黄金戒指，再上去才是一块正四方形像是无数橘子皮拼合而成的脸膛。这男子，明白这是有身分的主顾了，就学着城市里人说话："大爷，您请里面坐坐，她们就回来。"

从那说话的声音，以及干浆衣服的风味上，这水保一望就明白这个人是才从乡下来的种田人。本来女人不在就想走，但年青人忽然使他发生了兴味，他留着了。

"你从甚么地方来的？"他问他，为了不使人拘束，水保取的是做父亲的和平样子，望到这年青人。"我认不得你。"

他想了一下，好像也并不认得客人，就回答："我昨天来的。"

"乡下麦子抽穗了没有？"

"麦子吗？水碾子前我们那麦子，哈，我们那猪，哈，我们那……"

这个人，像是忽然明白了答非所问，记起了自己是同一个有身分的城里人说话，不应当说"我们"，不应当说我们"水碾子"同"猪"，把字眼用错，所以再也接不下去了。

因为不说话，他就怯怯的望到水保微笑，他要人了解他，原谅他——他是一个正派人，并不敢有意张三拿四。

水保是懂这个意思的。且在这对话中，明白这是船上人的亲戚了，他问年青人："老七到什么地方去了，什么时候可以回来？"

这时节，这年青人答语小心了。他仍然说，"是昨天来的。"他又告水保，他"昨天晚上来的。"末了才说，老七同掌班、五多上岸烧香去了，要他守船。因为守船必得把守船身分说出，他还告给了水保，他是老七的"汉子"。

因为老七平常喊水保都喊干爹，这干爹第一次认识了女婿，不必挽留，再说了几句话，不到一会儿，两人皆爬进舱中了。

舱中有个小小床铺，床上有锦绸同红色印花洋布铺盖，折叠得整整齐齐。来客照规矩应当坐在床沿。光线从舱口来，所以在外面以为舱中极黑，到里面却一切分明。

年青人为客找烟卷，找自来火，毛脚毛手打翻了身边那个贮栗子的小坛子，圆而发乌金光泽的板栗便在薄明的船舱里各处滚去，年青人各处用手去捕捉，仍然放到小坛中去，也不知道应当请客人吃点东西。但客人却毫不客气，从舱板上把栗拾起咬破了吃，且说这风干的栗子真好。

"这个很好，你不欢喜么？"因为水保见到主人并不剥栗子吃。

"我欢喜。这是我屋后栗树上长的。去年结了好多，乖乖的从刺球里爆出来，我欢喜。"他笑了，近于提到自己儿子模样，很高兴说这个话。

"这样大栗子不容易得到。"

"我一个一个选出来的。"

"你选？"

"是的，因为老七欢喜吃这个，我才留下来。"

"你们那里可有猴栗？"

"什么猴栗？"

水保就把故事所说的"猴子在大山上住，被人辱骂时，抛下拳大栗子打人。人想得到这栗子，就故意去山下骂丑话，预备拾栗子。"——说给乡下人听。

因为栗子，正苦无话可说的年青人，得到同情他的人了。他就告水保另外属于栗子的种种事情。他知道的乡下问题可多咧。于是他说到地名"栗坳"的新闻。又说到一种栗木做成的犁柄如何结实合用。这个人太需要说些家常了。昨天来一晚上都有客人吃酒烧烟，把自己关闭在小船后梢，同五多说话，五多睡得成死猪。今天一早上，本来应当有机会同媳妇谈到乡下事情了，女人又说要上岸过七里桥烧香，派他一个人守船。坐船上等了半天，还不见人回，到后梢去看河上景致，一切新奇不同，只给自己发闷。先一时，正睡在舱里，就想这满江大水若到乡下去涨，鱼梁上不知道应当有多少鲤鱼上梁！把鱼捉来时，用柳条穿鳃到太阳下去晒，正计算到那数目，总算不清楚。忽然客人来到船上，似乎一切鱼都争着跳进水中去了。

来了客人，且在神气上看出来人是并不拒绝这些谈话的，所以这年青人，凡是预备到同自己媳妇在枕边诉说的各样事情，这时得到了一个好机会，都拿来同水保谈了。

他告给水保许多乡下情形，说到小猪捣乱的脾气，叫小猪名字是"乖乖"，又说到新由石匠整治过的那副石磨，顺便告给了一个石匠的笑话。又提起一把失去了多久的小镰刀，一把水保梦想不到的小镰刀，他说：

"你瞧，奇怪不奇怪？我赌咒我各处都找到了。我们的床下，门枋上，仓角里，什么不找到？它躲了。躲猫猫一样，不见了。我为这件事骂老七。老七哭过。可还是不见。鬼打岩，蒙蒙眼，原来它躲在屋梁上饭箩里！半年躲在饭箩里！它吃饭！一身锈得像生疮。这东西多坏多狡猾！我说这个你明白我没有？怎么会到饭箩里半年？那是一只做样子的东西，挂到斗窗上。我记起那事了，是我削楔子，手上刮了皮，流了血，生了大气，赌气把刀那么一丢。……到水上磨了半天，还不错，仍然能吃肉，你一不小心，就得流血。我还不曾同老七说起这个，她不会忘记那哭得伤心的一回事。找到了，哈哈，真找到了。"

"找到它就好了。"水保随便那么说着。

"是的，得到了它那是好的。因为我总疑心这东西是老七掉到溪里，不好意思说明。我知道她不骗我了。我明白了。我知道她受了冤屈，因为我说过：'找不出？那我就要打人！'我并不曾动过手。可是生气时也真吓人。她哭了半夜！"

"你不是用得着它割草么？"

"嗨，那里，用处多咧。是小镰刀，那么精巧，你怎么说是割草？那是削一点薯皮，刮刮箫，这些这些用的。小得很，值三百钱，钢火妙极了。我们都应当有这样一把刀，放到身边，不明白么？"

水保说："明白明白，都应当有一把，我懂你这个话。"

他以为水保当真是懂的，因此再说下去，什么也说到了，甚至于希望明年来一个小宝宝，这样只合宜于同自己的媳妇睡到一个枕头上商量的话也说到了。年青人毫无拘束的还

第四单元　小说常识与欣赏

加上许多粗话蠢话。说了半天，水保起身要走了，他才记起问客人贵姓。

"大爷，您贵姓？留一个片子到这里，我好回话。"

"不用不用。你只告她有这么一个大个儿到过船上，穿这样大靴子。告她晚上不要接客，我要来。"

"不要接客，您要来？"

"就是这样说，我一定要来的。我还要请你喝酒。我们是朋友。"

"是朋友，是朋友。"

水保用他那大而肥厚的手掌，拍了一下年青人的肩膊，从船头跃上岸，走到别一个船上去了。

在水保走后，年青人就一面等候，一面猜想这个大汉子是谁。他还是第一次同这样尊贵的人物谈话。他不会忘记这很好的印象的。人家今天不仅是同他谈话，还喊他做朋友，答应请他喝酒！他猜想这人一定是老七的熟客。他猜想老七一定得了这人许多钱。他忽然觉得愉快，感到要唱一个歌了，就轻轻的唱了一首山歌。用四溪人体裁，他唱的是"水涨了，鲤鱼上梁，大的有大草鞋那么大，小的有小草鞋那么小。"

但是等了一会，还不见老七回来，一个鬼也不回来，他又想起那大汉子的丰采言谈了。他记起那一双靴子，闪闪发光，以为不是极好的山柿油涂到上面，是不会如此体面好看的。他记起那黄而发沉的戒指，说不分明那将值多少钱，一点不明白那宝贝为什么如此可爱。他记起那伟人点头同发言，一个督抚的派头，一个省长的身分——这是老七的财神！他于是又唱了一首歌。用杨村人不庄重口吻，唱的是"山坳里团总烧炭，山脚里地保爬灰；爬灰红薯才肥，烧炭脸庞发黑。"

到午时，各处船上都已经有人在烧饭了。湿柴烧不燃，烟子各处窜，使人流泪打嚏，柴烟平铺到水面时如薄绸。听到河街馆子里大师傅用铲子敲打锅边的声音，听到邻船上白菜落锅的声音，老七还不见回来。可是船上烧湿柴的本领年青人还没有学会，小钢灶总是冷冷的不发吼。做了半天还是无结果，只有拿它放下了。

应当吃饭时候不得饭吃，人饿了，坐到小凳上敲打舱板，他仍然得想一点事情。一个不安分的估计在心上滋长了。正似乎为装满了钱钞便极其骄傲模样的抱兜，在他眼下再现时，把原有的和平已失去了。一个用酒糟同红血所捏成的橘皮红色四方脸，也是极其讨厌的神气，保留在印象上。并且，要记忆有什么用？他记忆得到那嘱咐，是当到一个丈夫面前说的！"今晚上不要接客，我要来。"该死的话，是那么不客气的从那吃红薯的大口里说出！为什么要说这个？有什么理由要说这个？……

胡想使他心上增加了愤怒，饥饿重复揪着了这愤怒的心，便有一些原始人不缺少的情绪，在这个年青简单的人情绪中滋长不已。

他不能再唱一首歌了。喉咙为妒嫉所扼，唱不出什么歌。他不能再有什么快乐。按照一个种田人的脾气，他想到明天就要回家。

有了脾气，再来烧火，自然更不行了，于是把所有的柴全丢到河里去了。

"雷打你这柴！要你到洋里海里去！"

但那柴是在两三丈以外，便被别个船上的人捞起了的。那船上人似乎一切都准备好了，正等待一点从河面漂流而来的湿柴，把柴捞上，即刻就见到用废缆一段引火，且即刻满船发烟，火就带着小小爆裂声音燃好了。眼看这一切，新的愤怒使年青人感到羞辱，他想不必等待人回船就要走路。

在街尾却遇到女人同小毛头五多两个人，正牵了手说着笑着走来。五多手上拿得有一把胡琴，崭新的样子，这是做梦也不曾遇到的一件好家伙！

"你走那里去？"

"我——要回去"

"教你看船船也不看，要回去。什么人得罪了你，这样小气？"

"我要回去，你让我回去。"

"回到船上去！"

看看媳妇，样子比说话还硬劲。并且看到那一张胡琴，明知道这是特别买来给他的，所以再不能坚持，摸了摸自己发烧的额角，幽幽的说，"回去也好，回去也好"，就跟了媳妇的身后跑转船上。

掌班大娘也赶来了，原来提了一副猪肺，好像东西只是乘便偷来的，深恐被人追上带到衙门里去。所以跑得颧骨发了红，喘气不止。大娘一上船，女人在舱中就喊：

"大娘，你瞧，我家汉子想走！"

"谁说的，戏都不看就走！"

"我们到街口碰到他，他生气样子，一定是怪我们不早回来。"

"那是我的错；是菩萨的错；是屠户的错。我不该同屠户为一个钱吵闹半天，屠户不该肺里灌这样多水。"

"是我的错。"陪男子在舱里的女人，这样说了一句话，坐下了。对面是男子汉。她于是有意的在把衣服解换时，露出极风情的红绫胸褡。胸褡上绣了"鸳鸯戏荷"，是上月自己亲手新作的。

男子觑着不说话。有说不出的什么东西，在血里窜着涌着。

在后梢，听到大娘同五多谈着柴米。

"怎么我们的柴都被谁偷去了！"

"米是谁淘好的？"

"一定是火烧不燃。……姊夫是乡下人，只会烧松香。"

"我们不是昨天才解散一捆柴么？"

"都完了。"

"去前面搬一捆，不要说了。"

"姊夫只知道淘米！"小五多一面笑一面说。

听到这些话的年青汉子，一句话不说，静静的坐在舱里，望着那一把新买来的胡琴。

女人说："弦早配好了，试拉拉看。"

先是不作声，到后把琴搁在膝上，查看琴筒上的松香。调弦时，生疏的音响从指间流出，拉琴人便快乐的微笑了。

不到一会，满舱是烟，男子被女人喊出，仍然把琴拿到外面去，站在船头调弦。

第四单元　小说常识与欣赏

到吃中饭时，五多说：

"姊夫，你回头拉'孟姜女哭长城'，我唱。"

"我不会拉。"

"我听说你拉得很好，你骗我，谎我。"

"我不骗你。我只会拉'娘送女'流水板。"

大娘说："我听老七说你拉得好，所以到庙里，一见这琴，我想起你，才说就为姊夫买回去吧。真是运气，烂贱就买来了。这到乡里一块钱还恐怕买不到，不是么？"

"是的。佀多少钱？"

"一吊六。他们都说值得！"

五多笑着搭嘴说："谁那么说值得？"

大娘很生气的说："毛丫头，谁说不值得？你知道什么！撕你的嘴！"五多把舌伸伸，表示口不关风说错了话。

原来这琴是从一个卖琴熟人手上拿来，一个钱不花，听到大娘的谎话，五多分辩，大娘就骂五多，老七却笑了。男子以为这是笑大娘不懂事，所以也在一旁干笑。

男子先把饭一骨碌吃完，就动手拉琴，这琴声音又清又亮，五多高兴到得意忘形，放下碗筷唱将起来，被大娘结结实实打了一筷子头，才忙着吃饭、收碗、沈锅子。

到了晚上，前舱盖了篷，男子拉琴，五多唱歌，老七也唱歌。美孚灯罩子有红纸剪成的遮光帽，全舱灯光红红的如过年办喜事，年青人在热闹中心上开了花。可是不多久，有兵士从河街过身，喝得烂醉，听到这声音了。

两个醉鬼跟跟跄跄到了船边，两手全是污泥，像含胡桃那么混混胡胡的嚷叫：

"甚么人唱，报上名来！唱得好，赏一个五百。不听到么？老子赏你五百！"

里面琴声戛然而止，沉静了下来。

醉鬼用脚不住踢船，篷篷篷发出钝而沉闷的声音。且想推篷，搜索不到篷盖接榫处。于是又叫嚷："不要赏么，婊子狗造的！装聋，装哑！甚么人敢在这里作乐？我们军长师长，都是混账王八蛋，是皮蛋鸡蛋，寡了的臭蛋，我才不怕！我怕谁？皇帝我也不怕。大爷，我怕皇帝我不是人！"

另一个喉咙发沙的说道：

"骚婊子，出来拖老子上船！"

并且即刻听到用石头打船篷，大声的辱宗骂祖，一船人都吓慌了。大娘忙把灯扭小一点，走出去推篷。男子听到那汹汹声气，夹了胡琴就往后舱钻去。不一会，醉人已经进到前舱了，两个人一面说着野话，一面还要争夺同老七亲嘴，同大娘、五多亲嘴。且听到有个哑嗓子问：

"是什么人在此唱歌作乐？把拉琴的抓来，再为老子唱一个歌。"

大娘不敢作声，老七也无主意了，两个酒疯子就大声的骂人：

"臭货，喊龟子出来，跟老子拉琴，赏一千！英雄盖世的曹孟德也不会这样大方！我赏一千，一千个红薯。快来，不出来我烧掉你们这只船！听着没有，老东西！赶快，莫让老子们生了气，灯笼子认不得人！"

223

"大爷，这是我们自己家几个人玩玩，不是外人。……"

"不！不！不！老婊子，你不中吃。你老了，皱皮柑！快叫拉琴的来！杂种！我要拉琴，我要自己唱！"一面说一面便站起身来，想向后舱去搜寻。大娘弄慌了，把口张大合不拢去。老七人急生智，拖着那醉鬼的手，安置到自己的大奶上。醉鬼懂得这个意思，又坐下了。"好的，妙的，老子出得起钱。老子今天晚上要到这里睡觉！"

这一个在老七左边躺下去后，另一个不说什么，也在右边躺了下去。

年青人听到前舱仿佛安静了一会，在隔壁轻轻的喊大娘。正感到一种侮辱的大娘，悄悄爬过去，男子还不大分明是什么事情，问大娘："什么事情？"

"营上的副爷，醉了，像猫。等一会儿就得走。"

"要走才行。我忘记告你们了，今天有一个大方脸人来，好像大官，吩咐过我，他晚上要来，不许留客。"

"是脚上穿大皮靴子，说话像打锣么？"

"是的，是的。他手上还有一个大金戒指。"

"那是老七干爹。他今早上来过了么？"

"来过的。他说了半天话才走，吃过些干栗子。"

"他说些什么？"

"他说一定要来，一定莫留客，……还说一定要请我喝酒。"

大娘想想，来做什么？难道是水保自己要来歇夜？难道是老对老，水保注意到……？想不通，一个老鸨虽说一切丑事做成习惯，什么也不至于红脸，但被人说到"不中吃"时，是多少感到一种羞辱的。她悄悄的回到前舱，看前舱的事情不成样子，扁了扁瘪嘴，骂了一声"猪狗"，终归又转到后舱来了。

"怎么？"

"不怎么。"

"怎么，他们走了？"

"不怎么，他们睡了。"

"睡——？"

大娘虽看不清楚这时男子的脸色，但她很懂得这语气，就说："姊夫，你难得上城来，我们可以上岸玩玩去，今夜三元宫夜戏，我请你坐高台子，戏是'秋胡三戏结发妻'。"

男子摇头不语。

兵士胡闹了一阵走去后，五多、大娘、老七都在前舱灯光下说笑，说那兵士的醉态。男子留在后舱不出来。大娘到门边喊过了二次，不答应，不明白这脾气从什么地方发生。大娘回头就来检查那四张票子的花纹，因为她已经认得出票子的真假了。票子倒是真的，她在灯光下指点给老七看那些记号，那些花，且放近鼻子上嗅嗅，说这个一定是清真牛肉馆子里找出来的，因为有牛油味道。

五多第二次又走过去，"姊夫，姊夫，他们走了，我们来把那个唱完，我们还得……"

第四单元 小说常识与欣赏

女人老七像是想到了什么心事，拉着了五多，不许她说话。

一切沉默了。男子在后舱先还是正用手指扣琴弦，作小小声音，这时手也离开那弦索了。

船上四个人都听到从河街上飘来的锣鼓、唢呐声音。河街上一个做生意人办喜事，客来贺喜，大唱堂戏，一定有一整夜的热闹。

过了一会，老七一个人轻脚轻手爬到后舱去，但即刻又回来了。显然是要讲和，交涉办不好。

大娘问："怎么了？"

老七摇摇头，叹了一口气，"牛脾气，让他去。"

先以为水保恐怕不会来的，所以大家仍然睡了觉，大娘、老七、五多三个人在前舱，只把男子放到后面。

查船的在半夜时，由水保领来了，水面鸦雀无声，四个全副武装警察守在船头，水保同巡官晃着手电筒进到前舱。这时大娘已把灯捻明了，她经验多，懂得这不是大事情。老七披了衣坐在床上，喊干爹，喊巡官老爷，要五多倒茶。五多还睡意迷蒙，只想到梦里在乡下摘三月莓。

男子被大娘摇醒揪出来，看到水保，看到一个穿黑制服的大人物，吓得不能说话，不晓得有什么严重事情发生。

那巡官装成很有威风的神气开了口："这是什么人？"

水保代为答应："老七的汉子，才从乡下来走亲戚。"

老七补说道，"老爷，他昨天才来的。"

巡官看了一会儿男子，又看了一会儿女人，仿佛看出水保的话不是谎话，就不再说话了，随意在前舱各处翻翻。待注意到那个贮风干栗子的小坛子时，水保便抓了一大把栗子塞到巡官那件体面制服的大口袋里去，巡官只是笑，也不说什么。

一伙人一会儿就走到另一船上去了。大娘刚要盖篷，一个警察回来传话：

"大娘，大娘，你告老七，巡官要回来过细考察她一下，你懂不懂？"

大娘说，"就来么？"

"查完夜就来。"

"当真吗？"

"我什么时候同你这老娼子说过谎？"

大娘很欢喜的样子，使男子很奇怪，因为他不明白为什么巡官还要回来考察老七。但这时节望到老七睡起的样子，上半晚的气已经没有了，他愿意讲和，愿意同她在床上说点家常私语，商量件事情，就傍床沿坐定不动。

大娘像是明白男子的心事，明白男子的欲望，也明白他不懂事，故只同老七打知会，"巡官就要来的！"

老七咬着嘴唇不作声，半天发痴。

男子一早起来就要走路，沉默的一句话不说，端整了自己的草鞋，找到了自己的烟袋。一切归一了，就坐到那矮床边沿，像是有话说又说不出口。

老七问他，"你不是昨晚上答应过干爹，今天到他家中吃中饭吗？"

"……"摇摇头，不作答。

"人家特意为你办了酒席，四盘四碗一火锅，大面子的事，难道好意思不领情？"

"……"

"戏也不看看么？"

"……"

"'满天红'的荤油包子，到半日才上笼，那是你欢喜的包子。"

"……"

一定要走了，老七很为难，走出船头待了一会，回身从荷包里掏出昨晚上那兵士给的票子来，点了一下数目，一共四张，捏成一把塞到男子左手心里去。男子无话说，老七似乎懂到那意思了，"大娘，你拿那三张也把我。"大娘将钱取出，老七又将这钱点数一下，塞到男子右手心里去。

男子摇摇头，把票子撒到地下去，两只大而粗的手掌捂着脸孔，像小孩子那样莫名其妙的哭了起来。

五多同大娘看情形不好，一齐逃到后舱去了。五多心想这真是怪事，那么大的人会哭，好笑！可是她并不笑。她站在船后梢看见挂在梢舱顶梁上的胡琴，很愿意唱一个歌，可是不知为什么也总唱不出声音来。

水保来船上请远客吃酒，只有大娘同五多在船上。问到时，才明白两夫妇一早都回转乡下去了。

1930 年 4 月作于吴淞

【注释】

[1] 亟亟(jí jí)：急切地。

[2] 一枝：现在一般用"支"作为杆状物的量词，"枝"多用于带枝子的花朵。

[3] 含胡：现在的规范词形为"含糊"。

【提示】

京派是 20 世纪 30 年代一个独特的文学流派，主要成员有周作人、废名、沈从文、李健吾、朱光潜等。称之为"京派"，是因为其作者在当时的京、津两地进行文学活动，作品较多在京津刊物上发表，艺术风格在本质上有较为一致之处。主要刊物有《文学杂志》《文学季刊》《大公报·文艺》。京派的基本特征是关注人生，但和政治斗争保持距离，强调艺术的独特品格。他们的思想是讲求"纯正的文学趣味"所体现出的文学本体观，以"和谐""节制""恰当"为基本原则的审美意识。沈从文是京派作家的第一人。京派作家以表现"乡村中国"为主要内容，作品富有文化意蕴。京派作家多数是现实主义派，对现实主义有所发展变化，发展了抒情小说和讽刺小说，使小说诗化、散文化，既具有现实主义，又带有浪漫主义气息。

沈从文的创作风格趋向浪漫主义，他要求小说的诗意效果，融写实、记梦、象征于一体，语言格调古朴，句式简峭，主干突出，单纯而又厚实，朴讷而又传神，具有浓郁的地

第四单元　小说常识与欣赏

方色彩，凸显乡村人性特有的风韵与神采。整个作品充满了对人生的隐忧和对生命的哲学思考。沈从文创作的小说主要有两种，一种是以湘西生活为题材，另一种是以都市生活为题材。前者通过描写湘西人原始、自然的生命形式，赞美人性美；后者通过都市生活的腐化堕落，揭示都市自然人性的丧失。其笔下的乡村世界是在与都市社会对立互参的总体格局中获得表现的，而都市题材下的上流社会"人性的扭曲"，则是在"人与自然契合"的人生理想的烛照下获得显现，正是这种独特的价值尺度和哲学思辨，架起了沈从文笔下的都市人生与乡村世界的桥梁，也正由于这种对以金钱为核心的"现代文学"的批判，以及对理想浪漫主义的追求，使沈从文写出了《边城》这样的理想生命之歌。

《丈夫》这篇小说的情节很简单，主要的是其中的心理含量，把丈夫的心理变化写得曲折而自然，写这一个丈夫为什么要从水保写起？水保是他从昨天来之后第一个尊重他的人，把他当作朋友，认真听他说话的人。本来应该晚上在枕边给老七说的话，老七因为没有时间听他说这些，所以他只好一股脑儿地都给水保说了，水保还很高兴，打算请他吃饭。丈夫在说这些话的时候也是很高兴的，他找回了做人的自尊。这一节写得很长，有很多有趣的细节。他的心情达到高潮。沈从文是写心理的高手，他把笔墨都集中在了写人物的心理上。有直接写他心中所想的。譬如："大娘很欢喜的样子，使男子很奇怪。因为他不明白为什么巡官还要回来考察老七。但这时节望到老七睡起的样子，上半晚的气已经没有了，他愿意讲和，愿意同她在床上说点家常私语，商量件事情，就傍床沿坐定不动。"这心理写得很有层次：眼睛看到大娘的神态(很欢喜)——心里想不明白为什么大娘很欢喜；还没想明白，接着看到了老七，心里是气没了，想讲和、说家常话、商量事，外在的动作是坐定不动了。把丈夫的心理变化轨迹表现得有章有节：从大娘到妻子，从生气到不生气，从心理到动作，短短的一点文字竟包含了这么丰富的内容。还有通过动作写其心理的。譬如"男子一早起来就要走路，沉默的一句话不说，端整了自己的草鞋，找到了自己的烟袋。一切归一了，就坐到那矮床边沿，像是有话说又说不出口。"这是从妻子的眼睛看到的丈夫的动作，因而也就格外细腻。第一句显然是丈夫一早给妻子说过了的话，丈夫然后就是沉默，一句话都没有，只有一连串的动作：端整草鞋——找烟袋——坐在床边。这些动作却在妻子心里激起了比说话更要难以忍受的心理压力，这些动作里只包含了一个字，就是一个坚决的"走"字，没有商量的余地，也似乎不需要商量，丈夫可能早些时候就说过了要走的话，问题的关键是"像是有话说又说不出口"。后面我们可以看到他要说的这句话就是让老七和自己回去，做丈夫的尊严和威严在这些动作和欲言又止中终于得到了体现。还有通过外在的事物、景物的描写来书写人物的心理的。譬如"到午时，各处船上都已经有人在烧饭了。湿柴烧不燃，烟子各处窜，使人流泪打嚏，柴烟平铺到水面时如薄绸。听到河街馆子里大师傅用铲子敲打锅边的声音，听到邻船上白菜落锅的声音，老七还不见回来。"这是通过丈夫的视角看到的午时船上各家做饭的情景。作者为什么不用别人，而用丈夫的视角来描写这一段？丈夫是第一次到船上来，看外物都是新鲜的，能把平常人都忽略了的东西观察出来。而且此时，丈夫肚子饿了，他会更多地注意到做饭的情景。他想到了妻子，这个此时应该为他做饭的人，这是一个很自然的心理过程。还有"于是这丈夫不必指点，也就知道往后舱钻去，躲到那后梢舱上低低的喘气，一面把含在口上

那枝卷烟摘下来,毫无目的的眺望河中暮景。夜把河上改变了,岸上河上已经全是灯火。"他看到的夜景触发了他的联想,他不能同老婆待在一起的郁闷心情也就得到了释放。　　(徐拯民　有删节)

【思考与练习】

1. 认真阅读作品,了解小说的时代背景,然后分析小说的主题思想。
2. 结合作品,分析小说在艺术上有何特色?
3. 对比柔石的《为奴隶的母亲》,分析这篇小说是如何刻画人物的?
4. 课外阅读沈从文的小说《边城》与《长河》,进一步体会沈从文小说的创作风格。

绳子的故事

莫泊桑

【作者简介】

居伊·德·莫泊桑(1850—1893年),是法国19世纪后半期著名的批判现实主义作家。他出身于诺曼底的一个没落贵族家庭。中学毕业后,普法战争爆发了,他应征入伍,两年的兵营生活使他认识了战争的残酷,祖国的危难启发了他的爱国思想。战争结束后,他到了巴黎,先后在海军部和教育部任小职员,同时开始了文学创作。1880年完成了《羊脂球》的创作,轰动了法国文坛。以后离职从事专门的文学创作,并拜福楼拜为师。10年间他写了300多部短篇小说和6部长篇小说,其中许多作品流传久远,尤其是短篇小说,使他成为一代短篇小说巨匠。代表作品有长篇小说《一生》《漂亮朋友》(《俊友》)等,中短篇小说《菲菲小姐》《项链》《我的叔叔于勒》等。这些作品都不同程度地讽刺和揭露了资本主义的罪恶,尤其是在资产阶级思想腐蚀下的人们精神的堕落。

他的小说在艺术手法上也有很深的造诣,特别是短篇小说。他的作品重视结构的布局,行文波澜起伏,引人入胜,故事情节巧妙真实,结局出人意料,又在情理之中;另一个突出的特点是用洗练的笔墨揭示人物内心世界,塑造了很多鲜明生动的艺术形象。他的短篇小说主题大致可归纳为三个方面:一是讽刺虚荣心和拜金主义,如《项链》《我的叔叔于勒》;二是描写劳动人民的悲惨遭遇,赞颂其正直、纯朴、宽厚的品格,如《归来》;三是描写普法战争,反映法国人民爱国之情,如《羊脂球》。

戈代维尔周围的每一条大路上,都有农民带着妻子朝这个镇走来,因为这一天是赶集的日子。男人们迈着不慌不忙的步伐,长长的罗圈腿跨一步,整个上身就向前探一探。他们的腿之所以会变成畸形是因为劳动很艰苦——扶犁的时候,左肩耸起,同时身子要歪着;割麦的时候,为了要站稳,保持平衡,两膝要分开,总之是因为那些又慢又吃力的田间活儿。他们的蓝布罩衫,浆得又硬又亮,好像上了一层清漆,领口和袖口还用白线绣着花纹,罩在他们瘦骨嶙峋的上半身上鼓得圆圆的,活像一个要飞上天空的气球,只多了露在外面的一个脑袋,两条胳膊和两只脚。

有的人手里牵着一头母牛或者一头牛犊。娘们儿跟在牲口后面,用一根还带着叶子的

第四单元 小说常识与欣赏

树枝抽打牲口的两肋,催牲口快走。她们胳膊上挎着个大篮子,从篮子里这边钻出几个雏鸡的头,那边钻出几个鸭子的脑袋。她们走路,步子比男人们的步子小,但是急促、干瘪的身子挺得笔直,披着一块又窄又小的披肩,用别针别在扁平的胸脯上,头上贴发裹着块白布,上面再戴一顶软便帽。

一辆带长凳的载人大车过去,拉车的那匹小马一颠一蹶地紧跑着,颠得两个并排坐着的男人和一个坐在车后面的女人东倒西歪,那个女人为了减轻猛烈的颠簸,紧紧地抓着车沿。

戈代维尔的广场上,人和牲口混夹在一起,十分拥挤。只见牛的犄角,富裕农民的长毛绒高帽子和乡下女人的便帽在集市上攒动。尖锐刺耳的喊叫声形成一片持续不断的喧哗,在这片喧哗声上偶尔可以听见一个心情快乐的乡下汉从健壮的胸膛里发出的大笑声,或者是拴在一所房子墙脚下的母牛发出的一声长鸣。

这儿的一切都带着牛圈、牛奶、牛粪、干草和汗水的气味,散发着人体和牲口身上,特别是庄稼汉身上冒出来那种难闻的酸臭味儿。

布雷奥戴村的奥士高纳大爷刚刚来到戈代维尔,他正向广场走去,忽然看见地上有一小段细绳子。作为道地的诺曼底人,他十分节俭,认为凡是有用的东西都应该拾起来。他很吃力地弯下腰去,因为他有风湿病。他从地上捡起了那段细绳子,正预备仔细地缠起来,看见马具商马朗丹站在店门口望着他。他们过去曾经为了一根笼头吵过架,两个人都是记仇的人,至今也没有言归于好。偏偏让仇人看见自己在烂泥里捡一根绳子,奥士高纳老爹觉得很丢脸,连忙把捡到的东西藏在罩衫下面,紧跟着又藏进裤子口袋;后来又假装在地下找寻什么东西,找来找去没有找到,就伛偻着害风湿病的腰,脑袋向前冲着,朝市场走去。

一忽儿工夫他就夹在人群里不见了。赶集的人你喊我叫,缓缓移动,因为永无休止的讨价还价而变得十分激动。那些乡下人拿手摸摸母牛,走了以后又回来,三心二意,老是怕受骗上当,一直不敢决定,偷偷地注意卖主的眼神,不断地想要识破卖主的诡计,找出牲口的毛病。

娘儿们把大篮子放在脚边,从篮子里掏出眼神慌张、冠子通红、捆住脚的家禽,搁在地上。

她们不动声色,面无表情,听任顾客还价,不肯松口,或者,突然决定接受顾客还的价钱,向慢慢走开去的顾客叫道:

"昂迪姆大爷,就这样吧,我卖给您了。"

随后,集市上的人群渐渐散去,教堂敲响了午祷的钟声。远道而来的农民纷纷走进镇上的各家客店。

朱尔丹掌柜的店堂,坐满了顾客。大院里也停满了各式各样的车子:双轮马车,双轮轻便篷车,大马车,敞篷双座轻便马车,以及蹩脚[1]的张篷马车。这些车子沾满黄土,东歪西斜,千补百衲。有的车辕翘到天上,像举着两只胳膊;有的车头冲地,车尾朝天。

在店堂的一边,大壁炉里火光熊熊。坐在右排的顾客,脊背被烤得暖洋洋的。三把铁叉在炉上转动着,烤着小鸡、野鸽和羊肉。烤肉的香味,棕色肉皮上流着的油汁的香味,从炉膛里飘出来，闻得顾客们喜上眉梢，馋涎欲滴。

所有种田的老把式都有在朱尔丹掌柜的店里吃饭，他既是客店老板又是马贩子，是个手头宽裕的精明人。

餐肴和黄色的苹果酒端上来，吃光饮尽。各人谈着自己的生意买卖，相互打听收成的前景。天时对青苗生长有利，但对麦子不佳。

突然，客店前面的大院里响起了一阵鼓声。除了少数几个漠不关心的人以外，大家唰地站起身来，嘴里含着食物，手里拿着餐巾，向门口、窗户奔过去。

传达通知的乡丁敲了一阵小鼓之后，拉开嗓门背诵起来，声音断断续续，重音读错，句子读破。

"戈代维尔的居民以及所……有赶集的乡亲们：今天早晨，九、十点钟……之间，有人在勃兹维尔大路上遗失黑皮夹子一只。内装法郎五百，单据若干。请拾到者立即交到……乡政府，或者曼纳维尔村伏图内·乌勒布雷克大爷家。送还者得酬金法郎二十。特此通告。"

乡丁说完便走。远处隐隐约约又传来一次乡丁的击鼓声和叫喊声。

于是大家就这件事议论开来，数说着乌勒布雷克大爷寻找得到或者寻找不到皮夹子的种种可能。

午饭已经用毕。

大家正在喝着最后一点咖啡。这时，宪兵大队长突然出现在店堂门口。他问道：

"布雷奥戴村奥士高纳大爷在这儿吗？"

坐在餐桌尽头的奥士高纳大爷回答说：

"在。"

于是宪兵大队长又说：

"奥士高纳大爷，请跟我到乡政府走一趟。乡长有话要对您说。"

这位农民既感到诧异又觉得不安。他一口喝完了杯子里的咖啡，起身上路，嘴里连连说："在，在。"他每当休息之后，起步特别困难，所以身子比早晨弓得更加厉害。

他跟在大队长后面走了。

乡长坐在手椅里等着他。乡长是当地的公证人，身体肥胖，态度威严，说话浮夸。

"奥士高纳大爷，"他说，"有人看见您今天早上在勃兹维尔大路上捡到了曼纳维尔村乌勒布雷克大爷遗失的皮夹子。"

这位乡下人不知如何回答是好，瞅着乡长，自己也不知为什么，已经被这种对他的怀疑吓呆。

"我，我，我捡到了那只皮夹子？"

"是的，是您亲自捡到的。"

"我以名誉担保，我连皮夹子的影子也没见过。"

"有人看见您啦。"

"有人看见我，我啦？谁看见的？"

"马朗丹先生，马具商。"

第四单元 小说常识与欣赏

这时老人想起来了,明白了,气得满脸通红。

"啊!他看见啦,这个乡巴佬!他看见我捡起的是这根绳子。乡长先生,您瞧!"

他在口袋里摸了摸,掏出了那一小段绳子。但是乡长摇摇脑袋,不肯相信。

"奥士高纳大爷,马朗丹先生是个值得依赖的人,我不会相信他把这根绳子错当成了皮夹子。"

这位老农气呼呼地举起手来。向身边吐了一口唾沫,表示以名誉起誓,再次说:

"老天有眼,这可是千真万确,丝毫不假的啊,乡长先生。我再说一遍,这件事,我可以用我的良心和生命担保。"

乡长又说:

"您捡起皮夹子之后,甚至还在地上找了很久,看看是否有张把票子从皮夹子里漏出来。"

老人又气又怕,连话都说不上来了。

"竟然说得出!……竟然说得出……这种假话来糟蹋老实人!竟然说得出!……"

他抗议也是白费,别人不相信他。

他和马朗丹先生当面对了质。后者再次一口咬定他是亲眼看见的。他们互相对骂了整整一小时。根据奥士高纳大爷的请求,大家抄了他的身,但什么也没抄着。

最后,乡长不知如何处理是好,便叫他先回去,同时告诉奥士高纳大爷,他将报告检察院,并请求指示。

消息已经传开了。老人一走出乡政府就有人围拢来问长问短。有的人确是出于好奇,有的人则是出于嘲弄癖,但都没有任何愤慨。于是老人讲起绳子的故事来。他讲的,大家听了不信,一味地笑。

他走着走着,凡是碰着的人都拦住他问,他也拦住熟人,不厌其烦地重复他的故事,重复他的抗议,把只只口袋都翻转来给大家看,表明他什么也没有。

有人对他说:

"老滑头,滚开!"

他生气,着急,由于别人不相信他而恼火,痛苦,不知怎么办,总是向别人重复绳子的故事。

天色将晚,该回去了。他和三位村邻一起往回走,把捡到绳头的地方指给他们看,一路上不停地讲他的遭遇。

晚上,他在布雷奥戴村里走了一圈,目的是把他的遭遇讲给大家听,但是没有一个人相信他。

他为此心里难过了整整一夜。

第二天,午后一时左右,依莫尔维尔村的农民布列东大爷的长工马利于斯·博迈勒,把皮夹子和里面的钞票、单据一并送还给了曼纳维尔村的乌勒布雷克大爷。

这位长工声称确是在路上捡着了皮夹子,但是他不识字,所以就带回家去交给了东家。

消息传到了四乡。奥士高纳大爷得到消息后立即四出游说,叙述起他那有了结局的故

231

事来。他胜利了。

"要知道，使我伤心的是，"他说，"根本不是那么回事，而是污蔑。由于污蔑而遭众人非难，这种事是再损人不过的了。"

他整天讲他的遭遇，在路上向过路的人讲，在酒馆里向喝酒的人讲，星期天在教堂门口讲。不相识的人，他也拦住讲给人家听。现在他心里坦然了，不过，他觉得有某种东西使他感到不自在。是什么东西，他说不清楚。人家在听他讲故事时，脸上带着嘲弄的神气。看来人家并不信服。他好像觉得别人在他背后指指戳戳。

下一个星期二，他纯粹出于讲自己遭遇的欲望，又到戈代维尔来赶集。

马朗丹站在家门口，看见他走过，笑了起来。为什么呢？

他朝克里格多村的一位庄稼汉走过去。这位老农民没有让他把话说完，在他胸口推了一把，冲着他大声说："老滑头，滚开！"然后扭转身就走。

奥士高纳大爷目瞪口呆，越来越感到不安。为什么人家叫他"老滑头"呢？

他在朱尔丹的客店里坐下之后，又解释起来。

蒙迪维利埃村的一位马贩子对他大声说：

"好了，好了，老主顾，你那根绳子，我知道了！"

奥士高纳大爷嘀咕道：

"皮夹子既然找到了嘛。"

但那个人接着说：

"老爹，别说了。有个捡着了，又有个人送还了。俗话说，没人见，没人晓，骗你你也不知道。"

奥士高纳气得连话也说不上来。他终于明白了。人家指责他是叫一个同伙，一个同谋，把皮夹子送回去的。

他想抗议。满座的人都笑了起来。

他午饭没能吃完便在一片嘲笑声中走了。

他回到家，又羞又恼。愤怒和羞耻使他痛苦到了极点。他特别感到狼狈，因为，凭他诺曼底人的刁钻，他是做得出别人指责他的事来的，甚至可以自夸手段高明。他门槛精是出名的[2]，所以他模模糊糊意识到他无法证明自己是清白的了。他遭到无端的怀疑，因而伤透了心。

于是，他重新向人讲述自己的遭遇，故事每天都长出一点来，每天都加进些新的理由，更加有力地抗议，更加庄严地发誓。这些都是他一人独处的时候编出来的，准备好的，因为他的心思专门用在绳子的故事上了，他的辩解越是复杂，理由越是多，人家越是不相信他。

有人背后议论说："这都是骗子的歪理。"

别人的议论，他有所感。他闷闷不乐，用尽了力气洗刷自己，还是白费。

他眼看着消瘦下去。

现在，爱开玩笑的人为了逗乐而请他讲讲绳子的故事，就像人家请打过仗的士兵讲他亲身经历的战斗故事一样。他那鼓到顶点的士气垮了下来。

将近年底的时候,他卧病不起。

年初,他含冤死去。临终昏迷的时候,他还在证明自己是清白无辜的,一再说:"一根绳子……一根绳子……乡长先生,您瞧,绳子在这儿。"

【注释】

[1] 蹩脚:方言,品质低劣的意思。

[2] 门槛精:为人精明,爱占便宜和不肯吃亏。

【提示】

莫泊桑最擅长的题材是他亲身参加过的普法战争、长达十年的小职员生涯和青少年时代在诺曼底故乡的生活,这三种环境为他的短篇小说提供了极为丰富的素材。这些作品歌颂了人民的爱国主义热情,表现了农村的习俗和世态,真实地反映了小职员的单调、刻板的生活。它们在艺术上各有特色,并不雷同,犹如宝石上的各个面,共同折射出灿烂的光芒。

《绳子的故事》是莫泊桑的一部短篇小说,显示了他作为资本主义社会风俗画家的卓越才能。它描述的是一个诚实的乡下人因受诬陷不能取信于世人以致郁闷而死的不幸遭遇,反映出资本主义社会只相信尔虞我诈的变态心理。文章充分发挥了反衬的作用。事实越证明主人公受诬陷,世人越不相信他的清白,也就越凸显资本主义社会道德的荒唐和丑恶。置奥士高纳于死地的有三种力量:一是马具商的诬告;二是乡政府的审问;三是周围群众的奚落。这三股力量汇聚在一起,形成一种无形的罗网,而其核心又是荒唐的道德偏见。莫泊桑以艺术的形式展示了谣言的产生、发展、流传、流变的全过程,揭示了谣言滋生、流传和流变的社会和心理原因,揭露了谣言给社会和个人带来的极大杀伤力,还颇具匠心地以巧妙的结构安排来呼唤和警策人们建立良好的人文环境,建立正常、畅通的信息传播渠道,发挥正面舆论的作用,以此清除谣言滋生的土壤,消除谣言。

【思考与练习】

1. 小说开头勾画出戈代维尔集市的背景,然后是主人公奥士高纳出场,如此写法在艺术上有什么效果?作者是否暗示了什么深意?
2. 造成奥士高纳人生悲剧的根源是什么?小说表现了怎样的主题思想?
3. 奥士高纳为什么要让别人相信他的故事?
4. 根据小说情节的发展和心理描写的语句,简述奥士高纳在整个事件中心理活动的过程,并归纳出主人公的基本性格特征。

最后一片藤叶

欧·亨利

【作者简介】

欧·亨利(O. Henry,1862—1910年),原名威廉·西德尼·波特,出生于美国北卡罗来纳州格林斯波罗镇一个医师家庭。美国著名批判现实主义作家,世界三大短篇小说大师之一。他的一生富于传奇性，当过药房学徒、牧牛人、会计员、土地局办事员、新闻记者、银行出纳员。他的创作紧随莫泊桑和契诃夫之后，而又独树一帜。他曾被评论界誉为"曼哈顿桂冠散文作家"和"美国现代短篇小说之父"。他的作品有"美国生活的百科全书"之誉。

他创作第一部作品的起因是给女儿买圣诞礼物，但基于犯人的身份不敢使用真名，乃用一部法国药典的编者的名字作为笔名。1902年迁居纽约，专门从事写作。欧·亨利善于描写美国社会尤其是纽约百姓的生活。他的作品构思新颖，语言诙谐，结局总使人"既在情理之中，又在意料之外"；又因描写了众多的人物，富于生活情趣，被誉为"美国生活的幽默百科全书"。代表作有小说集《白菜与国王》《四百万》《命运之路》等。其中一些名篇《爱的牺牲》《警察与赞美诗》《麦琪的礼物》《带家具出租的房间》《最后一片藤叶》等使他获得了世界声誉。美国自1918年起设"欧·亨利纪念奖"，以奖励每年度的最佳短篇小说。

在华盛顿广场西边的一个小区里，街道都横七竖八地伸展开去，又分裂成一小条一小条的"胡同"。这些"胡同"稀奇古怪地拐着弯子。一条街有时自己本身就交叉了不止一次。有一回一个画家发现这条街有一种优越性：要是有个收账的跑到这条街上，来催要颜料、纸张和画布的钱，他就会突然发现自己两手空空，原路返回，一文钱的账也没有要到！

所以，不久之后不少画家就摸索到这个古色古香的老格林尼治村来，寻求朝北的窗户、18世纪的尖顶山墙、荷兰式的阁楼，以及低廉的房租。然后，他们又从第六街买来一些蜡酒杯和一两只火锅，这里便成了"艺术区"。

苏和琼西的画室设在一所又宽又矮的三层楼砖房的顶楼上。"琼西"是琼娜的爱称。她俩一个来自缅因州，一个是加利福尼亚州人。她们是在第八街的"台尔蒙尼歌之家"吃份饭时碰到的，她们发现彼此对艺术、生菜色拉和时装的爱好非常一致，便合租了那间画室。那是5月里的事。到了11月，一个冷酷的、肉眼看不见的、医生们叫作"肺炎"的不速之客，在艺术区里悄悄地游荡，用他冰冷的手指头这里碰一下那里碰一下。在广场东头，这个破坏者明目张胆地踏着大步，一下子就击倒几十个受害者，可是在迷宫一样、狭窄而铺满青苔的"胡同"里，他的步伐就慢了下来。

肺炎先生不是一个你们心目中行侠仗义的老绅士。一个身子单薄，被加利福尼亚州的西风刮得没有血色的弱女子，本来不应该是这个有着红拳头的、呼吸急促的老家伙打击的对象。然而，琼西却遭到了打击；她躺在一张油漆过的铁床上，一动也不动，凝望着小小的荷兰式玻璃窗外对面砖房的空墙。

一天早晨，那个忙碌的医生扬了扬他那毛茸茸的灰白色眉毛，把苏叫到外边的走廊上。"我看，她的病只有十分之一的恢复希望，"他一面把体温表里的水银柱甩下去，一面说，"这一分希望就是她想要活下去的念头。有些人好像不愿意活下去，喜欢照顾殡仪馆的生意，简直让整个医药界都无能为力。你的朋友断定自己是不会痊愈的了。她是不是有什么心事呢？"

"她——她希望有一天能够去画那不勒斯的海湾。"苏说。

"画画？——真是瞎扯！她脑子里有没有什么值得她想了又想的事——比如说，一个

第四单元 小说常识与欣赏

男人？"

"男人？"苏像吹口琴似的扯着嗓子说，"男人难道值得——不，医生，没有这样的事。"

"我会用能达到的全部力量去治疗她。可要是我的病人开始算计会有多少辆马车送她出丧，我就得把治疗的效果减掉百分之五十。只要你能想法让她对冬季大衣袖子的时新式样感到兴趣而提出一两个问题，那我可以向你保证把医好她的机会从十分之一提高到五分之一。"医生走后，苏走进工作室里，把一条日本餐巾哭成一团湿。后来她手里拿着画板，装作精神抖擞的样子走进琼西的屋子，嘴里吹着爵士音乐调子。

琼西躺着，脸朝着窗口，被子底下的身体纹丝不动。苏以为她睡着了，赶忙停止吹口哨。她架好画板，开始给杂志里的故事画一张钢笔插图。年轻的画家为了铺平通向艺术的道路，不得不给杂志里的故事画插图，而这些故事又是年轻的作家为了铺平通向文学的道路而不得不写的。

苏正在给故事主人公，一个爱达荷州牧人的身上，画上一条马匹展览会穿的时髦马裤和一片单眼镜时，忽然听到一个重复了几次的低微的声音。她快步走到床边。

琼西的眼睛睁得很大。她望着窗外，数着……倒过来数。

"12"她数道，歇了一会儿又说，"11"然后是"10"和"9"，接着几乎同时数着"8"和"7"。

苏关切地看了看窗外。那儿有什么可数的呢？只见一个空荡阴暗的院子，20英尺以外还有一所砖房的空墙。一棵老极了的常春藤，枯萎的根纠结在一块，枝干攀在砖墙的半腰上。秋天的寒风把藤上的叶子差不多全都吹掉了，几乎只有光秃的枝条还缠附在剥落的砖块上。"什么呀，亲爱的？"苏问道。

"6"，琼西几乎用耳语低声说道，"它们现在越落越快了。三天前还有差不多一百片。我数得头都疼了。但是现在好数了。又掉了一片。只剩下五片了。"

"五片什么呀，亲爱的。告诉你的苏娣吧。"

"叶子。常春藤上的。等到最后一片叶子掉下来，我也就该去了。这件事我三天前就知道了。难道医生没有告诉你？"

"哼，我从来没听过这种傻话，"苏十分不以为然地说，"那些破常春藤叶子和你的病好不好有什么关系？你以前不是很喜欢这棵树吗？你这个淘气孩子。不要说傻话了。瞧，医生今天早晨还告诉我，说你迅速痊愈的机会是，让我一字不改地照他的话说吧——他说有九成把握。噢，那简直和我们在纽约坐电车或者走过一座新楼房的把握一样大。喝点汤吧，让苏娣去画她的画，好把它卖给编辑先生，换了钱来给她的病孩子买点红葡萄酒，再给她自己买点猪排解解馋。"

"你不用买酒了，"琼西的眼睛直盯着窗外说道，"又落了一片。不，我不想喝汤。只剩下四片了。我想在天黑以前等着看那最后一片叶子掉下去。然后我也要去了。"

"琼西，亲爱的，"苏俯着身子对她说，"你答应我闭上眼睛，不要瞧窗外，等我画完，行吗？明天我非得交出这些插图。我需要光线，否则我就拉下窗帘了。"

"你不能到那间屋子里去画吗？"琼西冷冷地问道。

235

"我愿意待在你跟前，"苏说，"再说，我也不想让你老看着那些讨厌的常春藤叶子。"

"你一画完就叫我，"琼西说着，便闭上了眼睛。她脸色苍白，一动不动地躺在床上，就像座横倒在地上的雕像。"因为我想看那最后一片叶子掉下来，我等得不耐烦了，也想得不耐烦了。我想摆脱一切，飘下去，飘下去，像一片可怜的疲倦了的叶子那样。"

"你睡一会儿吧，"苏说道，"我得下楼把贝尔曼叫上来，给我当那个隐居的老矿工的模特儿。我一会儿就回来的。不要动，等我回来。"

老贝尔曼是住在她们这座楼房底层的一个画家。他年过六十，有一把像米开朗琪罗的摩西雕像那样的大胡子，这胡子长在一个像半人半兽的森林之神的头颅上，又鬈曲地飘拂在小鬼似的身躯上。贝尔曼是个失败的画家。他操了四十年的画笔，还远没有摸着艺术女神的衣裙。他老是说就要画他的那幅杰作了，可是直到现在他还没有动笔。几年来，他除了偶尔画点商业广告之类的玩意儿以外，什么也没有画过。他给艺术区里穷得雇不起职业模特儿的年轻画家们当模特儿，挣一点钱。他喝酒毫无节制，还时常提起他要画的那幅杰作。除此以外，他是一个火气十足的小老头子，十分瞧不起别人的温情，却认为自己是专门保护楼上画室里那两个年轻女画家的一只看家狗。

苏在楼下他那间光线黯淡的斗室里找到了嘴里酒气扑鼻的贝尔曼。一幅空白的画布绷在个画架上，摆在屋角里，等待那幅杰作已经 25 年了，可是连一根线条还没等着。苏把琼西的胡思乱想告诉了他，还说她害怕琼西瘦小柔弱得像一片叶子一样，对这个世界的留恋越来越微弱，恐怕真会离世飘走了。

老贝尔曼两只发红的眼睛显然在迎风流泪，他十分轻蔑地嗤笑这种傻呆的胡思乱想。

"什么，"他喊道，"世界上真会有人蠢到因为那些该死的常春藤叶子落掉就想死？我从来没有听说过这种怪事。不，我才不给你那隐居的矿工糊涂虫当模特儿呢。你干吗让她胡思乱想？唉，可怜的琼西小姐。"

"她病得很厉害很虚弱，"苏说，"发高烧发得她神经昏乱，满脑子都是古怪想法。好，贝尔曼先生，你不愿意给我当模特儿，就拉倒，我看你是个讨厌的老——老啰唆鬼。"

"你简直太婆婆妈妈了！"贝尔曼喊道，"谁说我不愿意当模特儿？走，我和你一块去。我不是讲了半天愿意给你当模特儿吗？老天爷，琼西小姐这么好的姑娘真不应该躺在这种地方生病。总有一天我要画一幅杰作，我们就可以都搬出去了。

"一定的！"

他们上楼以后，琼西正睡着觉。苏把窗帘拉下，一直遮住窗台，做手势叫贝尔曼到隔壁屋子里去。他们在那里提心吊胆地瞅着窗外那棵常春藤。后来他们默默无言，彼此对望了一会儿。寒冷的雨夹杂着雪花不停地下着。贝尔曼穿着他的旧的蓝衬衣，坐在一把翻过来充当岩石的铁壶上，扮作隐居的矿工。

第二天早晨，苏只睡了一个小时的觉，醒来了。她看见琼西无神的眼睛睁得大大地注视拉下的绿窗帘。

"把窗帘拉起来，我要看看。"她低声地命令道。

苏疲倦地照办了。

第四单元 小说常识与欣赏

然而，看呀！经过了漫长一夜的风吹雨打，在砖墙上还挂着一片藤叶。它是常春藤上最后的一片叶子。靠近茎部仍然是深绿色，可是锯齿形的叶子边缘已经枯萎发黄，它傲然挂在一根离地二十多英尺的藤枝上。

"这是最后一片叶子。"琼西说道，"我以为它昨晚一定会落掉的。我听见风声的。今天它一定会落掉，我也会死的。"

"哎呀，哎呀，"苏把疲乏的脸庞挨近枕头边上对她说，"你不肯为自己着想，也得为我想想啊。我可怎么办呢？"

可是琼西不回答。当一个灵魂正在准备走上那神秘的、遥远的死亡之途时，她是世界上最寂寞的人了。那些把她和友谊极大地联结起来的关系逐渐消失以后，她那个狂想越来越强烈了。

白天总算过去了，甚至在暮色中她们还能看见那片孤零零的藤叶仍紧紧地依附在靠墙的枝上。后来，夜的来临带来了呼啸的北风，雨点不停地拍打着窗子，雨水从低垂的荷兰式屋檐上流泻下来。

天刚蒙蒙亮，琼西就毫不留情地吩咐拉起窗帘来。

那片藤叶仍然在那里。

琼西躺着对它看了许久。然后她招呼正在煤气炉上给她煮鸡汤的苏。

"我是一个坏女孩子，苏娣，"琼西说，"天意让那片最后的藤叶留在那里，证明我是多么坏。想死是有罪过的。你现在就给我拿点鸡汤来，再拿点掺葡萄酒的牛奶来，再——不，先给我一面小镜子，再把枕头垫垫高，我要坐起来看你做饭。"

过了一个钟头，她说道："苏娣，我希望有一天能去画那不勒斯的海湾。"

下午医生来了，他走的时候，苏找了个借口跑到走廊上。

"有五成希望。"医生一面说，一面把苏细瘦的颤抖的手握在自己的手里，"好好护理，你会成功的。现在我得去看楼下另一个病人。他的名字叫贝尔曼——听说也是个画家，也是肺炎。他年纪太大，身体又弱，病势很重。他是治不好的了；今天要把他送到医院里，让他更舒服一点。"

第二天，医生对苏说："她已经脱离危险，你成功了。现在只剩下营养和护理了。"

下午苏跑到琼西的床前，琼西正躺着，安详地编织着一条毫无用处的深蓝色毛线披肩。苏用一只胳臂连枕头带人一把抱住了她。

"我有件事要告诉你，小家伙，"她说，"贝尔曼先生今天在医院里患肺炎去世了。他只病了两天。头一天早晨，门房发现他在楼下自己那间房里痛得动弹不了。他的鞋子和衣服全都湿透了，冰凉冰凉的。他们搞不清楚在那个凄风苦雨的夜晚，他究竟到哪里去了。后来他们发现了一盏没有熄灭的灯笼，一把挪动过地方的梯子，几支扔得满地的画笔，还有一块调色板，上面涂抹着绿色和黄色的颜料，还有——亲爱的，瞧瞧窗子外面，瞧瞧墙上那最后一片藤叶。难道你没有想过，为什么风刮得那样厉害，它却从来不摇一摇、动一动呢？唉，亲爱的，这片叶子才是贝尔曼的杰作——就是在最后一片叶子掉下来的晚上，他把它画在那里的。"

【提示】

从题材的性质来看,欧·亨利的作品大致可分为三类:第一类以描写美国西部生活为主;第二类写的是美国一些大城市的生活;第三类则以拉丁美洲生活为对象。这些不同的题材,显然与作者一生中几个主要生活时期的不同经历有着密切的关系。而三类作品当中,无疑又以描写城市生活的作品数量最多,意义最大。

欧·亨利思想的矛盾和他作品的弱点,与他的创作环境有极大关系。即使在他已经成名,受到读者广泛欢迎的时候,他的生活也依然经常处于拮据状态。他曾经直言不讳地说:"我是为面包而写作的。"

欧·亨利是一个穷苦的人,因此他的文章的主人公大多是一些贫穷的劳动人民,文章中充满了对劳动人民的同情。他的小说,我们往往猜不出结果是什么,而真正的结果会让我们难以置信,这也说明了他丰富的想象力。欧·亨利的小说语言很生动而且很精练,他的短篇小说一开始就抓住了人们的兴趣和注意力,小说中除了文字的幽默诙谐之外,总有一些费人猜测的地方,他常常让我们以为以逻辑思维就可以猜到的结局,却往往笔锋一转,使故事的结尾变得出人意料却又合情合理,从而造成独特的艺术魅力,因此被誉为"欧·亨利式结尾",这也是欧·亨利最为出名的一个方面。

他的文字生动活泼,善于利用双关语、讹音、谐音和旧典新意,妙趣横生,被喻为"含泪的微笑"。他还以准确的细节描写,制造与再现气氛,特别是大都会夜生活的气氛。

描写小人物是欧·亨利的短篇小说最引人瞩目的内容,其中包含了深厚的人道主义精神。欧·亨利长期生活在社会底层,深谙下层人民的苦难生活,同时也切身感受过统治阶层制定的法律对穷人是如何无情。因此,他对穷人寄予了无限的同情。在他的笔下,穷人有着纯洁美好的心灵,仁慈善良的品格,真挚深沉的爱情。但是他们命运多舛,弱小可怜,孤立无援,食不果腹,身无居所,苟延残喘,往往被社会无情地吞噬。这种不公平的现象与繁华鼎盛的社会景象相映照,显得格外刺目,其中隐含了作者的愤愤不平。

【思考与练习】

1. "最后一片藤叶"与琼西有什么关系?与贝尔曼又有什么关系?
2. 本文中贝尔曼怎样看待情谊?
3. 《最后一片藤叶》怎样刻画人物形象?
4. 《最后一片藤叶》的结尾有什么特点?

第五单元 戏剧常识与欣赏

戏剧的常识

一、戏剧的特征

戏剧是一种舞台表演艺术，是文学、美术、音乐和舞蹈等多种艺术的综合体。综合性是戏剧的显著特征。戏剧的主题是通过演员扮演人物角色来表现的，它不同于单纯的文学作品，文学作品通过文字唤起读者的经验和联想，使作品中的形象在读者的脑海中复活起来，达到感染教育读者的目的；戏剧要把形象呈现在观众面前，让形象自己去行动，它给观众的感受是直接的。戏剧是由演员在舞台上表演来展现的，因而受舞台的制约。这就决定了它的一些基本特征。

一是人物故事场景要求高度集中。欧洲古典戏剧理论中的"三一律"原则(剧情须围绕一件事展开，在一地一日内完成)，充分体现了戏剧情节高度集中的特点。

二是要有紧张、激烈的戏剧冲突。戏剧要在有限的时间内表现丰富的社会生活，就需要抓住生活事件中的主要矛盾斗争，加以典型化，形成紧张、激烈的戏剧冲突，这样才能吸引观众。所以说，没有冲突就没有戏剧的生命。

三是要求语言口语化、个性化。戏剧文学主要靠人物的语言来塑造形象，说明人物关系，展示故事情节的发展。观众看戏，听与看是并重的。所以，戏剧语言更要求口语化。同时，戏剧人物都是通过自己的语言表现性格特征的，所以，个性化的语言对戏剧来说更为重要。

二、戏剧的种类

戏剧的种类有多种划分方法，下面进行概要或总结。

按艺术形式和表现手法的不同可划分为：话剧、歌剧、舞剧、诗剧、歌舞剧、哑剧、相声剧。

按剧情的繁简和结构的不同可划分为：多幕剧、独幕剧。

按题材反映的时代的不同可划分为：历史剧、现代剧、神话剧等。

按矛盾冲突的性质和表现手法的不同可划分为：悲剧、喜剧、正剧(悲喜剧)。

按地域色彩的不同可划分为：中国有京剧(北京)、沪剧(上海)、豫剧(河南)、吕剧(山东)、昆剧(江苏)、越剧(浙江)、川剧、汉剧(湖北)、楚剧(湖北)、赣剧(江西)、晋剧(山西)、黄梅戏(安徽)等；外国有西方戏剧、俄国戏剧、印度戏剧、韩国戏剧等。

按演出形式的不同可划分为：舞台剧、广播剧、电影、电视剧等。

三、戏剧的发展

西方戏剧与中国戏剧有着不同的发展道路，下面分别加以介绍。

(一)西方戏剧

西方文明史上第一个伟大的戏剧时代是公元前 5 世纪的希腊戏剧时代。正是在古希腊，第一次由演员在专门的厅堂里或场地上演出悲剧和喜剧。在这个时期，古希腊戏剧逐渐进入繁荣期和成熟期。其中，埃斯库罗斯、索福克勒斯和欧里庇得斯是最为著名的三大悲剧家。埃斯库罗斯(公元前 525—公元前 456 年)，被誉为"悲剧之父"，是希腊悲剧的创始人。埃斯库罗斯写了约 90 部悲剧和"萨堤洛斯剧"(一种笑剧)，而完整流传下来的，只有 7 部悲剧。其中《被缚的普罗米修斯》是埃斯库罗斯悲剧中最杰出、最富于美学意义和教育意义的一部。索福克勒斯(公元前 496—公元前 406 年)，写了 130 部悲剧和"萨堤洛斯剧"，悲剧《俄狄浦斯王》是他流传至今的作品中最有代表性的一部，被亚里士多德尊为悲剧典范。欧里庇得斯(公元前 484—公元前 406 年)，是奴隶主民主制衰落时期的悲剧诗人，他出身于贵族家庭，深受智者学派影响，有"舞台上的哲学家"的美称。他的悲剧《美狄亚》提出了"妇女地位"的社会问题，是欧洲最早的"社会问题剧"之一。而在把悲剧创作推向前进的同时，也产生了阿里斯托芬的喜剧。阿里斯托芬共创作了约 40 部喜剧剧本，被称为"喜剧之父"，代表作是《鸟》。

文艺复兴时期是继古希腊戏剧时代后戏剧的又一个繁荣期。这是一个个性解放、人性复归的伟大变革时期，孕育出一大批天才的作家和诗人。其中，代表戏剧最高成就的无疑是莎士比亚(1564—1616 年)，马克思称他是"人类最伟大的戏剧天才"，本·琼生称他是"时代的灵魂"，说他"不属于一个时代而属于所有的世纪"。莎士比亚流传至今的戏剧有 37 部，可分为历史剧、喜剧、悲剧、悲喜剧和传奇剧等。其中《亨利四世》《罗密欧与朱丽叶》《仲夏夜之梦》《威尼斯商人》《温莎的风流娘儿们》《皆大欢喜》《哈姆雷特》《李尔王》《奥赛罗》等是最有代表性的剧目。1601—1607 年是莎士比亚创作的高峰期，也是悲剧创作时期，先前那种轻松愉快的色彩被悲愤抑郁的情调代替，批判的力量明显加强。他的悲剧主要写理想与现实的矛盾和理想的破灭，其中以《哈姆雷特》《奥赛罗》《李尔王》《麦克白》最为著名。《哈姆雷特》是最能代表莎士比亚悲剧的作品，该剧通过丹麦王子哈姆雷特为父复仇的故事，真实描绘了文艺复兴晚期英国和欧洲社会的真实面貌，表现了作者对文艺复兴运动的深刻反思以及对人的命运与前途的深切关注。

古典主义是 17 世纪欧洲文学的主要思潮。在政治思想上，它主张国家统一，反对封建割据，宣扬理性，要求克制个人情欲；在抨击贵族的奢侈淫逸、腐化堕落的同时，它也批判资产阶级的附庸风雅；在艺术特征上，古典主义大多从古希腊、古罗马文学中汲取艺术素材，有一套严格的艺术规范和标准。17 世纪的法国，产生了伟大的悲剧家皮埃尔·高乃依和让·拉辛，喜剧家莫里哀。高乃依(1606—1684 年)，是古典主义悲剧的创始人，《熙德》是他戏剧创作的最高成就，具有诗一般雄辩的美。拉辛(1639—1699 年)，代表作

是《安德罗玛克》和《淮德拉》，他以其鲜明的现实主义手法，着重揭露了封建统治阶级的黑暗和罪恶。莫里哀的最高成就是《伪君子》，塑造了答尔丢夫这个两面派骗子人物形象。当时，"答尔丢夫"这个名字不仅在法国、欧洲，甚至在全世界都已经成了"伪善"的同义词。莫里哀的喜剧结构严谨，矛盾冲突尖锐，层次分明，人物语言个性化，代表了古典主义喜剧的最高成就。

18世纪的欧洲处在"启蒙运动"的思想变革中。歌德的诗体悲剧《浮士德》是这一时期戏剧方面的代表作。

浪漫主义文学产生于18世纪末，繁荣于19世纪上半叶，它强调创作的绝对自由，反对古典主义的清规戒律。维克多·雨果(1802—1885年)，是新一代浪漫派的领袖。1830年雨果的《欧那尼》的上演标志着浪漫主义战胜了古典主义。

现实主义是19世纪30年代首先在西欧的法国、英国等地出现的文学思潮，后波及俄国、北欧和美国等地，成为19世纪欧美文学的主流，也造就了欧美文学的高峰。挪威杰出的剧作家易卜生是北欧现实主义文学最重要的人物。他的"社会问题剧"不仅在欧洲引起了巨大反响，而且大大推动了欧洲戏剧的革新和发展。其代表作是《玩偶之家》。契诃夫是19世纪末俄国最为杰出的小说家和剧作家。他的剧作《海鸥》《樱桃园》和《三姐妹》等不仅具有19世纪现实主义文学的特征，而且被认为是20世纪现代戏剧的开端。萧伯纳的喜剧对英国戏剧的复兴也发挥了重要作用，《伤心之家》《华伦夫人的职业》《巴巴拉少校》从不同的侧面批判了资产阶级金钱文明的丑恶与罪行。最能体现20世纪上半期时代特色的是德国的布莱希特，他的史诗剧《伽利略》《公社的日子》和《大胆妈妈和她的孩子们》是世界戏剧界瞩目的艺术精品。

两次世界大战摧毁了人们的信仰，空虚与无依靠成了作家关注的话题。在这种历史背景下，现代派戏剧应运而生。其主要流派有表现主义、存在主义、荒诞派等。表现主义是一个具有广泛影响的现代主义文学流派，它善于通过事物的外层表象来展示其内在的本质，从人的外部行为来揭示其内在的灵魂。尤金·奥尼尔(1888—1953年)，是美国现代著名作家、现代戏剧的奠基人，表现主义戏剧的代表作家，《毛猿》是其代表作。让·保尔·萨特(1905—1980年)，是法国著名文学家、哲学家和社会活动家，也是二战后西方存在主义的主要代表。他的存在主义戏剧代表作《禁闭》于1947年获得美国"最佳外国戏剧奖"，并被法国剧坛作为经典剧目保留下来。法国的欧仁·尤奈斯库(1909—1994年)是荒诞派戏剧的奠基人、荒诞派的经典作家，《秃头歌女》是他的成名作。1962年获诺贝尔文学奖的赛缪尔·贝克特(1906—1989年)，是荒诞派戏剧的集大成者，他的《等待戈多》《剧中》和《美好的日子》是西方现代戏剧的经典之作。

(二)中国戏剧

中国古典戏曲从萌芽到形成、发展经历了一个漫长的历史时期。曾先后出现宋元南戏、元代杂剧、明清传奇、清代花部等形式。

北宋的讲唱艺人，首创了一种以唱为主的讲唱艺术的高级形态——诸宫调，奠定了中国戏剧的最初格局。最著名的是董解元根据唐代元稹的《莺莺传》改编的《西厢记诸宫调》，它对后来王实甫的《西厢记》产生了直接影响。

产生于温州一带的南戏的出现标志着我国戏剧走向成熟。南戏植根于民间，从一产生就带有浓厚的南方地方色彩，用江南方言、南方曲调，轻柔婉转，细腻妩媚。它综合了歌唱、念白和动作科范等表现手段，去表演一个完整的故事，故事的叙说在剧作中占有重要地位，且总要有头有尾，因果分明。根据内容的需要，结构可以自由伸缩，有长有短，这为戏剧反映广阔复杂的社会生活提供了方便。因为形成地点在永嘉(温州)，也被称作戏文、南曲戏文、温州杂剧、永嘉杂剧或永嘉戏曲。较早的南戏有《赵贞女》《王魁》和《张协状元》等剧目，许多剧本已失传。南戏在艺术上虽然较为粗糙，但它奠定了中国戏曲的基本格局。

我国戏剧在13世纪进入成熟期。元代杂剧以其独特的艺术魅力，在中国的历史上留下了不朽的一页。它融合了宋金以来的音乐、说唱、舞蹈等艺术形式，并承袭了唐宋以来词曲和讲唱文学的传统风格，形成了韵文和散文相结合、结构完整、形式固定的融诗、词、文赋为一体的文学剧本。元代杂剧最初以大都(今北京)为中心，流行于北方。元灭南宋后，发展成全国性的剧种。元代的剧坛，群星璀璨，名作如云。元代杂剧的兴盛，不仅奠定了我国戏曲艺术的基础，标志着中国戏剧的真正成熟，而且使俗文学获得了同诗词歌赋等雅文学同等的地位，在文学史上有着划时代的意义。

杂剧剧本的典型结构为一本四折一楔子。其发展可分为三个时期。发展前期是元代杂剧成为独立的艺术形式并走向繁荣的时期。在这一时期，元代工杂剧从宋金杂剧、诸宫调中分离出来，既涌现出诸如关汉卿、白朴、高文秀、石君宝、马致远等剧作家，也涌现出《窦娥冤》《梧桐雨》《赵氏孤儿》《汉宫秋》等代表作品，这些作品成为中国文学史上具有深厚的悲剧精神的代表作。关汉卿是元代剧坛杰出的代表之一。他的杂剧创作更是中国戏剧走向成熟的标志。王国维所云"一空依傍，自铸伟词"，"曲尽人情，字字本色"，是对关汉卿戏剧艺术的最确切的评价。关汉卿不仅是中国伟大的戏剧家，而且在世界戏剧史上也堪称巨匠，可与莎士比亚比肩。创作数量之大，题材范围之广，称得上元代剧作家之首。

元代杂剧的中期，作品风格上以文词纤丽、用语隽秀替代了前期占主导地位的朴实自然的特征。这一时期的作家基本上属文采派，主要代表作家有王实甫、郑光祖、乔吉、宫天挺等。

当杂剧作为元代主流文化兴盛于南北戏苑时，兴起于南宋的南戏仍活跃在南方民间，并与北曲杂剧交相辉映，成为广大民众的精神食粮。元代南戏中的《荆钗记》《白兔记》《拜月亭记》和《杀狗记》被合称为"四大传奇"。高明的《琵琶记》是南戏艺术的代表之作，有着"南戏之祖"的美誉。

明清之际，出现了汤显祖、王骥德、李渔等著名剧作家和戏曲理论家，出现了千古绝唱的《牡丹亭》等不朽杰作。

明代戏剧在南戏的基础上发展演变为传奇，它保持了南戏原有的一些基本体制和格律，同时又有了新的发展和提高。由于传奇这种戏剧样式一直延续至清代，故又被人习惯地称作明清传奇。明代中叶到明末清初是传奇发展的黄金时期，在这一时期里，传奇作家

和作品大量涌现，出现了像《宝剑记》《鸣凤记》《浣纱记》这样具有现实主义内容的传奇作品，还有以汤显祖的《牡丹亭》为杰出代表的具有反封建内容的作品等，形成了具有不同的艺术风格的戏曲流派。清代中叶以后传奇逐渐走向衰落，虽也出现以"南洪北孔"为标志的最后一个创作高峰，但传奇自明初以来在曲坛上所取得的霸主地位，终为新兴的花部诸腔戏代替。

从1928年洪深提议用"话剧"一词统一当时戏剧的称谓，到曹禺的《雷雨》和《日出》，可以说在20世纪30年代无论是从作家作品、戏剧理论还是演出形式等方面衡量，中国现代话剧都已经成熟。20世纪40年代抗战前后夏衍的《上海屋檐下》，曹禺的《北京人》《家》，郭沫若的《屈原》，阿英的"南明史剧"系列掀起了中国现代戏剧创作的高潮。新中国成立以来，中国当代话剧创作虽几经曲折，但总体上呈现一个逐步发展、不断探索、不断繁荣的过程。其中，老舍的《龙须沟》《茶馆》，郭沫若的《蔡文姬》，田汉的《关汉卿》，曹禺的《胆剑篇》，沈西蒙、漠雁、吕兴臣的《霓虹灯下的哨兵》等，代表了从新中国成立初到20世纪60年代的创作成果。

戏剧的欣赏

戏剧是一种在舞台上表演的综合艺术。它借助文学、音乐、舞蹈、美术等艺术手段来塑造人物形象，揭示社会矛盾，反映社会生活。在西方，戏剧即话剧。在中国，戏剧是戏曲、话剧、歌剧等的总称，也常专指话剧。它们的起源可以追溯到古代的祭祀性歌舞，这种歌舞后来逐渐演变为集表演、导演、文学、音乐、绘画、雕塑、建筑、舞蹈于一体的艺术，是一种"综合艺术"，也有人称为"第七艺术"。同时，每一种艺术因素在整体中都起着不同的、不对等的作用，其中演员的表演艺术居于主导的地位，它是戏剧艺术的主体。

与小说、诗歌、散文并列的戏剧文学，指的是供舞台表演使用的剧本。剧本是文学作品的一种体裁，是戏剧艺术创作的基础，主要由人物对话(唱词)和舞台提示组成。经过导演处理，用于演出的剧本，通称脚本或演出本(台本)。这里说的戏剧欣赏，主要指的就是对剧本的欣赏。

欣赏戏剧，首先要了解戏剧所展示的戏剧冲突，从而完整地把握其情节。尽管各种戏剧形式表现手段各不相同，但它们有一个共同特征，那就是必须得有戏剧冲突。所谓戏剧冲突，是指戏剧中人物与人物之间、人物与环境之间、人物自身的矛盾和斗争，是社会生活矛盾在戏剧艺术中的概括反映。

戏剧冲突在作品中的表现方式是多种多样的，可能表现为某一人物与其他人物之间的冲突，有人把这种方式称为外部冲突；也可能表现为人物自身的内心冲突，有人把它称为内部冲突。戏剧冲突的这两种方式，有时各自单独展开，有时则交错在一起，相互作用，互为因果。另外，戏剧冲突还可能表现为人与自然环境或社会环境之间的冲突，这种冲突也需要戏剧化。有些剧本在表现主人公同社会环境的冲突时，往往把环境"人化"，即把它戏剧化为主人公与其他人物之间的冲突。如《哈姆雷特》中主人公面对的社会环境是一座"牢狱",而克劳狄斯及其周围的朝臣恰恰是社会环境的"人化"。另外,在有些剧作中,社会环境往往成为对人物发生影响的背景,给主人公造成一种外在的压迫感,像奥尼尔的《琼斯皇帝》中准备造反的土人群众。在荒诞派戏剧中,有时又把社会环境"物化",即化为具有象征性的道具,造成"场面直喻"的效果,像尤奈斯库的《椅子》中堆满舞台的椅子,《阿麦迪或脱身术》中那具无限膨胀的尸体等。这些冲突既是社会矛盾的反映,也是人物性格发展的必然。

欣赏戏剧,其次要把握戏剧语言。戏剧的语言包括两部分:一是人物的台词;二是作者的舞台提示。二者当中自然以台词为主,所以我们通常所说的戏剧语言就是指台词。戏剧语言(主要指台词)是戏剧艺术的主要表现形式。戏剧不能和小说那样将场面、情节、心理活动等要素由作者叙述出来,而往往是通过人物的台词来表现。把握戏剧语言就要品味个性化的人物语言,品味富有动作性的人物语言,品味人物语言中蕴含的丰富的潜台词。比如《雷雨》中,鲁侍萍听周朴园沉吟"无锡是个好地方"的时候,鲁侍萍虽然顺着周的话语说"哦,好地方",但是它包含着丰富的潜台词。戏剧台词具有以下特点。

一是戏剧的台词必须通俗易懂,简短明快。

二是戏剧台词所担负的对人物进行刻画的任务比小说中的对话要重得多。小说刻画人物可以由作者叙述,也可以通过肖像、心理、对话、动作等来描绘,而这一切,在戏剧中,只有靠台词来表达。除此以外,场面的描绘、情节的叙述等也主要由台词来担当。

三是戏剧语言要有行动性。

欣赏戏剧,最后还要学会欣赏戏剧人物形象。一是要抓住人物的主要特征。二是要注意人物的语言。三是要随着剧情的发展,弄清人物性格的发展变化。

影视欣赏.doc

惊梦(节选)

汤显祖

【作者简介】

汤显祖(1550—1616 年),字义仍,号海若,又号若士,晚年号茧翁,自署清远道人。江西临川人,是明代首屈一指的伟大戏剧家,晚明时代最进步的思想家之一,在文学理论和戏曲理论方面也颇有建树。万历十一年(1583 年),34 岁的他考中进士,次年任南京太常寺博士。万历十七年(1589 年),由南京詹事府主簿改任南京礼部祠祭司主事。万历十九年(1591 年),因上疏抨击朝中当政大臣,被贬到雷州半岛的徐闻县做典史。万历二十一年(1593 年),调任浙江遂昌知县,五年后,弃官回到家乡临川,这时他 49 岁。从这时起直到去世的 18 年,他在家乡过着读书写作、养亲教子的生活。汤显祖留存于世的全部诗、文、戏曲作品,1962 年汇编为《汤显祖集》出版。

汤显祖一共写了五部传奇剧本,按创作时间先后排列是《紫箫记》《紫钗记》《还魂

记》(《牡丹亭》)、《南柯记》和《邯郸记》。除《紫箫记》外的四部，因剧中均有梦境构想，被并称"临川四梦"，又称"玉茗堂四梦"。

剧中人物：

杜丽娘(旦)

春香(贴旦)

[绕池游](旦上)梦回莺啭，乱煞年光遍[1]。人立小庭深院。(贴)炷尽沉烟，抛残绣线，恁今春关情似去年[2]？

[乌夜啼]"(旦)晓来望断梅关[3]，宿妆[4]残。(贴)你侧著宜春髻子[5]，恰凭栏。(旦)翦不断，理还乱[6]，闷无端。(贴)已吩咐催花莺燕借春看。"春香，可曾叫人扫除花径？(贴)吩咐了。(旦)取镜台衣服来。(贴取镜台衣服上)"云髻罢梳还对镜，罗衣欲换更添香"[7]。镜台衣服在此。

[步步娇](旦)袅晴丝[8]，吹来闲庭院，摇漾春如线。停半晌，整花钿，没揣菱花[9]，偷人半面，迤逗的彩云偏[10]。(行介)步香闺怎便把全身现！

(贴)今日穿插得好。

[醉扶归](旦)你道翠生生出落的裙衫儿茜[11]，艳晶晶花簪八宝填[12]，可知我常一生儿爱好是天然[13]。恰三春好处[14]无人见。不提防沉鱼落雁[15]鸟惊喧，则怕的羞花闭月花愁颤。

(贴)早茶时了，请行。(行介)你看："画廊金粉半零星，池馆苍苔一片青。踏草怕泥[16]新绣袜，惜花疼煞小金铃[17]。"(旦)不到园林，怎知春色如许？

[皂罗袍]原来姹紫嫣红[18]开遍，似这般都付与断井颓垣。良辰美景奈何天，赏心乐事谁家院[19]！恁般景致，我老爷和奶奶，再不提起。(合)朝飞暮卷[20]，云霞翠轩；雨丝风片，烟波画船。锦屏人[21]忒看的这韶光贱！

(贴)是[22]花都放了，那牡丹还早。

[好姐姐](旦)遍青山啼红了杜鹃[23]，荼蘼[24]外烟丝醉软。春香呵，牡丹虽好，他春归怎占得先[25]！(贴)成对儿莺燕呵！(合)闲凝眄，生生燕语明如翦，呖呖莺歌溜的圆。

(旦)去罢。(贴)这园子委是观之不足[26]也。(旦)提他怎的！(行介)

[隔尾]观之不足由他缱[27]，便赏遍了十二亭台是枉然。到不如兴尽回家闲过遣。

(作到介)(贴)开我西阁门，展我东阁床[28]。瓶插映山紫[29]，炉添沉水香。小姐，你歇息片时，俺瞧老夫人去也。(下)

(旦叹介)"默地游春转，小试宜春面[30]。"春呵，得和你两留连，春去如何遣。咳，恁般天气，好困人也。春香那里？(作左右瞧介)(又低道沉吟介)天呵，春色恼人，信有之乎！常观诗词乐府，古之女子，因春感情，遇秋成恨，诚不谬矣。吾今年已二八，未逢折桂之夫；忽慕春情，怎得蟾宫之客？昔韩夫人得遇于郎[31]，张生偶逢崔氏[32]，曾有《题红记》《崔徽传》二书。此佳人才子，前以密约偷期[33]，后皆得成秦晋[34]。(长叹介)吾生于宦族，长在名门。年已及笄[35]，不得早成佳配，诚为虚度青春，光阴如过隙耳。(泪介)可惜妾身颜色如花，岂料命如一叶乎[36]！

【注释】

[1] 乱煞年光遍：使人眼花缭乱的春光到处都是。

[2] 贴：贴旦的简称，是指扮演次要女角。此指丫环春香。炷：焚烧。沉烟：借指名贵的熏用香料沉香。恁(nèn)：为什么。此句意思是：为什么今年的春情比去年的浓呢？

[3] 梅关：今江西大庾岭，宋代起在此设梅关。在本剧故事发生地点江西省南安府(大庾，现为大余)的南面。

[4] 宿妆：隔夜的残妆。

[5] 侧：歪。宜春髻子：古时立春日，妇女剪纸为燕形，上贴"宜春"二字戴头上。此指一种发髻式样。

[6] 翦不断，理还乱：南唐后主李煜《相见欢》中的两句。

[7] "云髻罢梳"二句引自唐代薛逢《宫词》，见《全唐诗》卷548。

[8] 袅(niǎo)晴丝：细长柔软的游丝在晴空中飘荡。袅：飘忽不定。晴丝：游丝、飞丝，也即后文所说的烟丝，虫类所吐的丝缕，常在空中飘游，在春天晴朗的日子最易看见。

[9] 花钿：古代妇女鬓发边的饰物。没揣：不料，不在意。菱花：镜子。古时用铜镜，背面所铸花纹一般为菱花，因此称菱花镜，或用菱花作镜子的代称。

[10] 迤逗的彩云偏：想不到镜子(拟人化)偷偷地照见了她，害得(迤逗的)她羞答答地把发髻也弄歪了。迤逗的：引惹，挑逗。彩云：美丽的发髻的代称。这几句写出一个少女含情脉脉的微妙心理，她是连看见镜子里的自己的影子也有些不好意思的。迤逗：元曲中或作拖逗。

[11] 翠生生出落的裙衫儿茜：翠生生：极言彩色鲜艳。苏轼诗："一朵妖红翠欲流。"用法正同。见《苏诗编注集成》卷十一《和述古冬日牡丹》四首。《老学庵笔记》卷八："鲜翠，犹言鲜明也。"出落的：显出，衬托出。茜：茜红色。

[12] 艳晶晶花簪八宝填：镶嵌着多种宝石的簪子。

[13] 天然：天性使然。上文爱好，犹言爱美。《紫箫记》十一出《懒画眉》："道你绿鬓乌纱映画罗。"系丫环赞李十郎词，下接十郎云："小生从来带一种爱好的性子"。用法正同。现在浙江还有这样的方言。

[14] 三春好处：比喻自己的青春美貌。

[15] 沉鱼落雁：小说戏文中用来形容女人的美貌。同下文羞花闭月。

[16] 泥：玷污，这里作动词用。

[17] 惜花疼煞小金铃：见《开元天宝遗事》："天宝初，宁王……于后园中纫红丝为绳，密缀金铃，系于花梢之上。每有鸟鹊翔集，则令园吏挈铃索以惊之。盖惜花之故也。"疼：为惜花常常挈铃，连小金铃都被拉得疼煞了。这是夸大的描写。

[18] 姹紫嫣红：花色鲜艳的样子。

[19] 谁家：哪一家。一说作"甚么"解，见张相《诗词曲语辞汇释·谁家条》。全句本谢灵运《拟魏太子邺中集诗序》："天下良辰美景、赏心乐事，四者难并。"

[20] 朝飞暮卷：见唐王勃《滕王阁诗》："画栋朝飞南浦云，珠帘暮卷西山雨。"

[21] 锦屏人：深闺中人，包括自己在游园前。

[22] 是：凡是、所有的。

[23] 啼红了杜鹃：开遍了红色的杜鹃花。此句是从杜鹃(鸟)泣血联想起来的。

[24] 荼蘼：花名，晚春时开放。

[25] 牡丹虽好，他春归怎占得先：牡丹当春尽才开花，故有此反问。此句意思是：牡丹虽好，但它开花太迟了，怎能占春花中的第一呢？这里有杜丽娘对美丽的青春被耽误的伤感。

[26] 观之不足：看不厌。

[27] 缱：留恋不舍。

[28] 开我西阁门，展我东阁床：见《木兰诗》："开我东阁门，坐我西阁床。"

[29] 映山紫：映山红(杜鹃红)的一种。

[30] 宜春面：指新妆。参看注[5]。

[31] 韩夫人得遇于郎：此为唐人传奇故事：唐僖宗时，宫女韩氏以红叶题诗，从御沟中流出，被于佑拾到。于佑也以红叶题诗，投入上流，寄给韩氏。后来两人结为夫妇。见《青琐高议》前集卷五《流红记》。汤显祖的同时代人王骥德曾以这个故事写成戏曲《题红记》，见王骥德《曲律·杂论》第三十九下。

[32] 张生偶逢崔氏：张生和崔莺莺的爱情故事，见唐元稹《会真记》，后来《西厢记》演的就是这个故事。下文说的《崔徽传》是另外一个故事，见《丽情集》：妓女崔徽和裴敬中相爱，分别之后不再相见。崔徽请画工画了一幅像，托人带给敬中说："崔徽一旦不及卷中人，徽且为郎死矣！"这里《崔徽传》疑是《西厢记》的笔误。

[33] 偷期：幽会。

[34] 得成秦晋：得成夫妇。春秋时代，秦、晋两国世代联姻，后世称联姻为秦晋。

[35] 及笄：古代女子 15 岁开始以笄(簪)束发，叫及笄，见《礼记·内训》。及笄：意指女子已成年，到了婚配的年龄。

[36] 岂料命如一叶乎：活用元好问《鹧鸪天·薄命妾》词中的"颜色如花画不成，命如叶薄可怜生"。

【提示】

《牡丹亭》又名《还魂记》，是明代著名剧作家汤显祖的代表作，也是他最为中意的作品："一生'四梦'，得意处唯在'牡丹'。"时人谓"《牡丹亭》一出，家传户诵，几令《西厢》减价"。日本学者青木正儿在《中国近世戏曲史》中，盛赞汤显祖的杰出成就，将之誉为"东方的莎士比亚"。

《牡丹亭》题材的最初蓝本为明代话本小说《杜丽娘慕色还魂》，但又在此基础上"更而演之"，补充了许多新的内容。全剧共五十五出，写南宋初年福建南安太守杜宝之女杜丽娘长期幽居闺中，一日在丫环春香的带引下踏进后花园，春色盎然的自然景象强化了她的思春之情，并因此生梦，在梦中与书生柳梦梅幽会。此后杜丽娘忧思成疾，伤情而亡。三年后，柳梦梅赴试途中经杜丽娘的墓地，与丽娘鬼魂相遇，并掘墓开棺，丽娘起死回生，二人结为夫妻。

在《牡丹亭》这部作品中，汤显祖高度弘扬了"情"，以强烈追求个性解放的进步思想，鲜明地体现了反礼教、反理学的进步倾向，在"情"与"理"的冲突中成功塑造了具有叛逆色彩的杜丽娘形象。其中《惊梦》是《牡丹亭》最精彩的一折,低回婉转的唱词,描摹出杜丽娘"纵有万种风情,更与何人说"的那种自伤自怜的情绪。

杜丽娘是南安太守杜宝的独女,正值青春年少,但父母却一心要将她培养为符合当时社会规范的大家闺秀,"手不许把秋千索拿,脚不许把花园路踏",杜丽娘在官衙住了几年,连后花园都没有到过。在这样严格的封建家庭教育下成长的杜丽娘,生长环境单一,精神生活空乏,使这位青春少女倍感苦闷、乏味。于是,她在丫环春香的鼓动下,准备到自家后花园赏玩,《惊梦》一折便从这里开始了。

当杜丽娘走出深闺,看到一个美丽的新天地,"不到园林,怎知春色如许?""原来姹紫嫣红开遍",但又夹杂着对美景无人欣赏的叹惋与忧伤:"似这般都付与断井颓垣"。既是慨叹美景无人欣赏,又由此联想到自己,悲从中来,一种自怜的情绪油然而生。在《惊梦》一折中,杜丽娘的感情起伏非常大,先是青春意识觉醒带来烦闷,接着又对爱情产生朦胧的渴望,以及这种渴望无法成为现实的无奈;先是赞春,继而伤春,又伤感于自己的个人命运无法把握,在游园的过程中得到了细腻的展现。从这一折中,可以看到封建社会女性内心的痛苦和对自由的向往。

《牡丹亭·惊梦》无论从主题、曲词还是唱腔,在当时的社会乃至今日,都引起了巨大的反响,成为昆剧最具代表性的剧目,被人们长期叹赏与吟唱。

【思考与练习】

1. 《牡丹亭》的曲辞华美,文采飞扬,历来为人们传诵,试以《惊梦》分析之。
2. 《牡丹亭》的浪漫精神体现在哪些方面?
3. 杜丽娘的宾白和唱词中,表现了她的什么情感?

蔡文姬(节选)

郭沫若

【作者简介】

郭沫若(1892—1978 年),现代诗人、剧作家、历史学家、古文字学家。原名开贞,笔名郭鼎堂、麦克昂等。四川乐山人。在中小学期间,广泛阅读了中外文学作品,参加反帝爱国运动。1914 年初到日本学医,接触到泰戈尔、海涅、歌德、斯宾诺莎等人的著作,1919 年开始发表新诗和小说。1920 年出版了与田汉、宗白华通信合集《三叶集》。1921 年出版诗集《女神》,以强烈的革命精神,鲜明的时代色彩,浪漫主义的艺术风格,豪放的自由诗,开创了"一代诗风"。同年夏,与成仿吾、郁达夫等发起组织创造社。回国后,频繁接触共产党,受到毛泽东、周恩来、林伯渠等人的影响,参加了"八一"南昌起义。出版有诗集《星空》《瓶》《前茅》《恢复》,并写有历史剧、历史小说、文学论文等作品。从 1928 年起,郭沫若流亡日本达 10 年,其间运用历史唯物主义观点研究中国古代历史和古文字学,著有《中国古代社会研究》《甲骨文字研究》等著作,成绩卓著,开辟了史学研究的新天地。抗日战争爆发后写了《棠棣之花》《屈原》等 6 部充分显示浪漫主义特色的历史剧,这是他创作的又一重大成就。这些剧作借古喻今,紧密配合了现实的斗争。1944年,写了《甲申三百年祭》,总结了李自成农民起义的历史经验和教训。

中华人民共和国成立后,郭沫若曾任政务院副总理、中国科学院院长、中国科技大学校长、中国科学院哲学社会科学部主任、全国人大常委会副委员长等职,主要致力于政治社会活动和文化的组织领导工作以及世界和平、对外友好与交流等事业。同时,继续进行文艺创作,著有历史剧《蔡文姬》《武则天》,诗集《新华颂》《百花齐放》《骆驼集》,文艺论著《读〈随园诗话〉札记》《李白与杜甫》等。郭沫若一生写下了诗歌、散文、小说、历史剧、传记文学、评论等大量著作,另有许多史论、考古论文和译作,对中国的科学文化事业做出了多方面的重大贡献。他是继鲁迅之后,中国文化战线上又一面光辉的旗帜。其著作结集为《沫若文集》17卷本(1957—1963年),新编《郭沫若全集》分文学(20卷)、历史、考古三编,1982年起陆续出版发行。许多作品已被译成日、俄、英、德、意、法等多种文字。

(第四幕第三场)[1]

[丞相府后园中的松涛馆,有苍松古柏甚为畅茂,花坛中芍药盛开。同日辰时。

曹操在馆中席地坐在正面,右贤王去卑与周近并坐在右翼。在曹操的左侧,曹丕坐在左翼,与周近相对。]

曹操:(对右贤王)谢谢你和呼厨泉单于,你们送了那么多礼物来。

去卑:对中原来说,我们匈奴的骆驼恐怕比较稀奇得一点,所以呼厨泉单于特别贡献二十头,以表示诚意。

曹操:真是多谢你们。右贤王,我想请问你。左贤王和你是不是亲弟兄?

去卑:不,他是我伯父的儿子。呼厨泉单于和我才是亲弟兄。

曹操:你们还和睦吗?

去卑:(迟疑了一会儿)不那么太好。

曹操:为什么呢?

去卑:左贤王豪强得很,他一心想学我们的祖先冒顿(墨毒)单于[2],他自己也就取名为冒顿。我们照着汉字的音,背地里喊他是"矛盾"。

曹操:哈,我也听人这样说过。

去卑:他对于汉朝是不心服的!这一次送回蔡文姬夫人与他实在是万分勉强,他认为是把他的家庭破坏了。我们真怕他会闹出什么乱子呢!

曹操:可他和董都尉很要好,不是吗?

去卑:是的,那倒是件稀奇的事。起初倒也并不那么好,在我们临走的那一天,他请董都尉去和蔡文姬见面,不到几刻工夫,不知道怎的,他们竟成为"生死之交",相互以刀剑相赠了。

曹操:唔,董都尉在途中对于你们的态度还好吗?

去卑:人倒是满和气的,就只是文姬夫人沿途总是在夜里弹琴唱歌,董都尉有时在深更半夜里陪着她,弄得我们好些人都睡不好觉。

[此时侍者由左翼隅上场，向曹操跪禀。]

侍者：禀报丞相，蔡文姬夫人来了，恳求拜见丞相。

曹操：(迟疑)她来了？请夫人接见她吧。

曹丕：(插话)父亲，何不就请文姬夫人到这儿来，当着周司马的面，把她和董祀的情形再弄清楚一下？

曹操：(略加思索后)也好。(向侍者)你去请她进来。

[侍者下。]

去卑：(向曹操行礼)耽误丞相的时间太久，我告辞了。

曹操：好，我们以后还会见面的，希望你多住几天。(向曹丕)子桓[3]，你陪送右贤王出园。你关照他们，要以藩王礼接待右贤王，不得怠慢。

曹丕：是。(领右贤王下场。不一会儿，复入场，归还原位。)

曹操：(向周近)周司马，你可以多留一会儿。把这闷葫芦打开，也可以使文姬心服，使董祀死而无憾。

周近：(鞠躬)这是小官的万幸。

[侍琴和侍书扶文姬入场，立在阶下。文姬披发跣足[4]，憔悴不堪，曹操见之，不胜诧异。]

文姬立阶下向曹操敬礼。

文姬：蔡文姬拜见丞相，我感激丞相把我赎回来了。可我今天来，是来向丞相请罪的。我是有罪之人，不敢整饬仪容，特来请求处分。

曹操：我不曾说你有罪呵，文姬？

文姬：丞相，我听说你已经饬令屯田都尉董祀在华阴服罪自裁[5]，罪名是"暗通关节，行为不端"，而且和我有关。既是董祀之罪当死，那么文姬之罪也就不容宽恕。因此，我不召而来，请求处分。但请丞相把罪情明白宣布，文姬不辞一死，死了也会感恩怀德的。

曹操：(考虑了一下)好，把事情说清楚也有好处的。我先说明董祀的"行为不端"。我听说董祀在归途中，对于夫人缺乏尊重，不能以礼自守。他同夫人每每深夜相会，弹琴唱歌，致使同行的人不能安眠。这是真的吗？

文姬：丞相，除此之外，还有什么其他不端的行为？

曹操：这已经足以构成死罪了，你请先说，这总不是冤枉他吧？

文姬：丞相，如果没有其他的罪行，那"行为不端"的罪名实在是冤枉呵！

曹操：怎么？你如果能够解释，就请你解释吧。

文姬：(一面陈述，一面作适当的行动)沿途我在夜里爱弹琴唱歌，这是我的不是。我这次回来留下了我的一双幼儿幼女，这悲哀总使我不能忘怀。我在到长安以前，日日夜夜都是沉沦在悲哀里面。我寝不安席，食不甘味，在夜里就只好弹琴唱歌，以排解自己的悲哀。我弹的不是靡靡之音，我唱的也不是桑间濮上[6]之辞，我所弹的唱的就是我自己做的《胡笳十八拍》，是诉述自己的悲哀。这歌辞，我听说董都尉已经抄呈丞相，丞相可以复按[7]。

曹操：是的，你的《胡笳十八拍》，我已经拜读了。

文姬：就因为我沉沦于自己的悲哀，董都尉倒经常对我劝告。我不否认，他对我有深切的关怀；丞相知道，我们是亲戚，从幼小时就是一道长大。我们是同学同乡，如姐如弟。但我们是相互尊重的，并不曾"不能以礼自守"。我们在深夜相会就只有过一次。

曹操：是那样的吗？

文姬：那是到了长安，在我父亲的墓上。我夜不能寝，趁着深更夜静，大家都已经睡熟，我独自一人到父亲墓上哭诉。一时晕绝，被侍书、侍琴救醒过来。我因为在天幕里感觉气闷，便留在墓亭上弹琴，也唱出了一两拍《胡笳诗》。现在想起来，我实在太不应该。我以为夜静更深，别人都熟睡了，不会惊醒。这都只是由于我沉沦于自己的悲哀，才没有余暇顾及别人，我真是万分有罪。然而在深夜里弹唱毕竟扰了别人的安眠。董都尉那时也被我扰醒，他走到墓亭下徘徊，最后给予我以深切的劝告。他的话太感人了，使我深铭五内[8]。他责备我太只顾自己，不顾他人。他教我，应该效法曹丞相，"以天下之忧为忧，以天下之乐为乐"。像我这样沉溺在儿女私情里面，毁灭自己，实在辜负了曹丞相对我的期待。他的话太感动人了，可惜我不能够照样说出。董都尉说的那番话，侍书、侍琴都是在场倾听的，我可以质诸天地鬼神，我没有丝毫的虚假之言。

曹操：(有些憬悟)原来是那样的！侍书、侍琴，你们是在场吗？

侍书：是的。

侍琴：自从文姬夫人离开匈奴龙城，我们是朝夕共处的。

曹操：那你们就是很好的证人了。董都尉的话，你们都记得？

侍琴：和文姬夫人所说的差不离。

侍书：只有遗漏，没有增添。我记得，董都尉说过，如今黎民百姓安居乐业，已和十二年前完全改变面貌了。这是天大的喜事，他怪文姬夫人为什么不以天下的快乐为快乐。

曹操：董祀的话是有道理的。文姬夫人，你还有什么话说？

文姬：自从董都尉劝告了我，我的心胸开阔了。我曾经向他发誓：我要控制我自己，要乐以天下，忧以天下。自从离开长安以来，我就不曾在夜里弹琴唱歌了。我觉也能睡了，饭也能吃了。我完全变成了一个新人。但是，我万没有想到，毕竟由于我而致董都尉陷于死罪！这是使我万分不安的。

曹操：(受感动，感到自己有些轻率，误信了片面之辞，意态转和缓)文姬夫人，这一来，看来是把董祀冤枉了。但我听说左贤王是有野心的人，他想恢复冒顿(墨毒)单于的雄图，自名"冒顿"，他也轻视本朝。这些可是事实吗？

文姬：(点头)是事实，全是事实。

曹操：他不肯放你回来，更不肯放你的儿女回来，作了种种的刁难，对于我派遣去的使臣也加以监伺，这些可也是事实吗？

文姬：(点头)是事实，全是事实。

曹操：那就好了。人各爱其妻子、儿女，这在左贤王，我倒认为是不足奇怪的。但奇怪的是屯田都尉董祀啦。听说在你临走的一天，他被左贤王引去和你见面。他们两人便立地成了"生死之交"。左贤王赠刀于董祀，董祀把我给他的玉具剑和朝廷的命服也都赠给了左贤王。这样的奇迹又该怎样解释呢?

　　文姬:这些是不是就是构成"暗通关节"罪状的原因?

　　曹操:是呵,恐怕只好作这样解释吧?

　　文姬:丞相,如果只是这样,那又是冤枉了好人了!

　　曹操:怎么说?文姬!你不好一味袒护。

　　文姬:我决不袒护谁,丞相,请允许我慢慢地说吧。(停一会儿)左贤王是一位倔强的人,我和他做夫妻十二年都没有能够改变他的性格,我很惭愧。但他是一位直心直肠的人,我也能够体谅他。他是不肯放我回来的,但他终于让我回来了。他要我回来遵照丞相的意愿,帮助撰修《续汉书》。他说这比我留在匈奴更有意义。左贤王的改变,这倒要感谢董都尉的一番开诚布公的谈话啦。(略停,调整思索。)

　　曹操:文姬夫人,我们迎接你回家的用意,正是你所说的那样,大家都期待着你能够回来,帮助撰修《续汉书》。你知道,这是你父亲伯喈[9]先生的遗业呵。就和前朝的班昭继承了他父亲班彪的遗业,帮助她的哥哥班固撰修了《前汉书》一样,你也应该继承你父亲的遗业,帮助撰修《续汉书》。这件事,我们改天再从长商议。现在我看你是太疲劳了,你请休息一下吧。(向侍书与侍琴)你们把文姬夫人引下去替她穿戴好了,再服侍上来。

　　文姬:感谢丞相的关切。

　　[侍书与侍琴扶文姬下。]

　　曹操离座步下馆阶,曹丕与周近随下。

　　曹操在园中徘徊,有所思索。

　　曹操:(止步,向周近)周司马,看来事情是有些错综啦。

　　周近:(惶恐地)我可终不能了解,董都尉和左贤王何以会立地成了"生死之交"。要说是奇迹,实在也是一个奇迹。

　　曹操:(向曹丕)我现在感觉着我们有点轻率了。昨天晚上我们如果把侍琴和侍书调来查问一下,不是也可以弄清些眉目吗?

　　曹丕:是呵,我在今天清早才想到。我曾经调侍琴来询问过一下,但因时间仓促,我没有问个仔细。我也认为,她们或许不知道。

　　曹操:古人说:"兼听则明,偏信则暗",看来是一点也不错。我们这回可算得到了一次教训了!

　　[侍琴与侍书扶文姬登场,衣履整饬。发已成髻著冠。文姬向曹操、曹丕、周近等分别敬礼。]

　　曹操:文姬,请你坐下讲吧。(指示一株大树下的天然石)你已经站了好半天啦。

　　[侍琴与侍书扶文姬坐于石上。]

　　文姬:谢谢丞相的关切。请让我继续讲下去吧。我得承认,在我临走的一天,到底是走还是不走,我都还没有决定的。让左贤王引董都尉来和我见面,的确是出于我的请求。我最初也不知道他就是陈留[10]董祀,我只听说是"金师都尉"啦,见了面,我才知道是他。(向周近)周司马,你是不是向左贤王说过:如果不让我回来,曹丞相的大兵一到就要把匈奴荡平?

第五单元　戏剧常识与欣赏

周近：(有些不安，勉强地)是，我是曾经说过。

文姬：你这话，很刺伤了左贤王，也几乎使我改变了回来的念头。左贤王误认为你们都是带兵的人。你们一位是都尉，一位是司马啦。他认为你们一定有大兵随后。在我也认为如果真是这样，那就是师出无名，我也宁肯死在匈奴。因此，我让左贤王把董都尉请来。由我当面问他。我是叫左贤王潜伏着偷听，让我单独和董都尉见面，诱导他说出实话。董都尉是带着侍书和侍琴一同来的。我要感谢丞相，给了我一具焦尾琴和几套衣冠，还派遣贴亲的人侍书和侍琴来陪伴。那时董都尉对我所说的一番话，侍书和侍琴也是在场的。

曹操：(向侍琴和侍书)你们都听到吗？那好，文姬夫人，请你休息一下，你让侍琴讲吧！侍琴，你讲！董都尉到底说了些什么？

侍琴：董都尉人很诚恳，他首先交了丞相带去的礼品，接着他便宣扬了丞相的功德，宣扬了丞相的文治武功。他说，他自己只是屯田都尉，周司马也只是屯田司马，并没有大兵随后。他说，丞相是爱兵如子，视民如伤的。丞相用兵作战是为了平定中原，消弭外患。他说，丞相善用兵，但决不轻易用兵。正因为这样。才成为"王者之师，天下无敌"。他也体谅了左贤王，说他不肯放走儿女是人之常情。他要文姬夫人体贴丞相的大德，丞相所期待的是四海一家。他劝文姬夫人以国事为重，把天下人的儿女作为自己的儿女。他所说的还多，可惜我记不全了。

曹操：(向文姬)文姬夫人，侍琴说的没有错吗？

文姬：她说得很扼要。我要坦白地承认呵，董都尉的话感动了我，但更有力的是感动了在旁偷听着的左贤王。左贤王突然露面，向董都尉行了大礼。十分感动地把自己的佩刀献给董都尉，还对董都尉发誓："从今以后决心与汉朝和好！"

曹操：(深受感动)看来左贤王倒是一位杰出的人物啦。侍琴、侍书，这话你们也确是听到的？

侍书、侍琴：(同时)他确是那样发誓的。

文姬：就在这样的情况下，董都尉也感激地把自己所佩的玉具剑解赠给左贤王，他也声明这是曹丞相赏赐给他的，在他是比自己的生命还要宝贵的物品。

曹操：(已恍然大悟)呵，是那样的！

文姬：再说到赠送衣服的事吧。那是匈奴人的习惯，对于心爱的朋友，要赠送本民族的服装。左贤王照着这种民族习惯又赠送了董都尉一套匈奴服装，而且让他穿戴上了。董都尉也是出于一时的感激，他就把他身上脱下的衣服冠带也留给左贤王，但却没有想到这是以朝廷的命服轻易赠予外人。实在也要怪我，当时我也没有注意到，没有从旁劝止他。……

[在文姬陈述中，在场者表情上须有不同的反应。曹操须表示感动而憬悟，时作考虑之状。周近渐由疑虑而惶恐，以至于失望。曹丕则处之以镇静，不动声色。侍书、侍琴应时时相视，表示对文姬的关心、对周近的怀疑，她们已觉悟到事情是出于周近的中伤离间。]

曹操：(不等文姬再说下去，便插断她的话头)文姬夫人，这一切我都明白了，谢谢你。你今天来得真好，我是轻信了片面之辞，几乎错杀无辜。(向曹丕)子桓，你取出铅椠[11]

来，为我记下一道饬令。

曹丕：(取出铅椠)请父亲口授吧。

曹操："华阴令即转屯田都尉董祀：汝出使南匈奴，宣扬朝廷德惠，迎回蔡琰[12]，招徕远人，克奏肤功[13]，着晋职为长安典农中郎将。伤愈，即行前往视事。毋怠！建安十三年四月二十一日。"

曹丕书毕，晋呈曹操签署。

曹操：(向曹丕)你赶快派人选乘骏马，星夜兼程前往华阴投递，务将前令追回缴消。不得有误。(向周近)周近！你知罪吗？

周近：(叩头)小官万分惶恐，死罪死罪。

曹操：本朝和南匈奴和好，得来不易，险些被葬送在你的手里。

文姬：丞相，周近司马看来也未必出于有心，他是错在片面推测。好在真相已经大白，请丞相从宽发落吧。

曹操：好，我也太不周到。既然文姬讲情，子桓，你把周近带下去，从宽议处。

周近：(再叩头谢恩)感谢丞相的大恩大德！(回头又向文姬敬礼)感谢文姬夫人。

[文姬答礼无言，周近随曹丕下。]

曹操：(十分和蔼地向文姬)文姬，真是辛苦了。让我亲自引你去见见我的夫人，她是很惦念你的。

文姬：谢谢丞相。还有一件事要禀告丞相。

曹操：什么事？

文姬：侍琴和侍书服侍我将近两个月，我感谢她们，我也感谢丞相。现在我的生活自己可以照管了，请丞相允许她们立即回丞相府服务。

曹操：啊，这是小事情。你也不能没有人照顾啦，我看就把侍琴留在你身边，让侍书回来好了。我们进后堂去吧，慢慢商量，慢慢商量。

[曹操先行，二婢扶蔡文姬随下。]

——幕徐闭

【注释】

[1] 选自1978年人民文学出版社《沫若剧作选》，剧本作于1959年5月。

[2] 冒顿(墨毒)单于：汉初匈奴领袖，曾打败汉高祖刘邦，并侮谩吕后。墨毒是冒顿的读音。单于：匈奴最高领袖的称号。

[3] 子桓：曹丕字子桓。

[4] 跣足：赤脚。

[5] 自裁：自刎。裁：刎颈。

[6] 桑间濮上：桑间在濮水之上，古卫国地。旧时文人多用指男女幽会之地。

[7] 复按：进一步审察。

[8] 五内：五脏。

[9] 伯喈：东汉文学家、书法家蔡邕，字伯喈。

第五单元　戏剧常识与欣赏

[10] 陈留：今河南陈留县。

[11] 铅椠(qiàn)：古代用铅条和木片作为文书。

[12] 蔡琰：蔡文姬名。

[13] 克奏肤功：很快地见效。

【提示】

　　大型历史剧《蔡文姬》作于 1959 年，写的是曹操遣使赎回蔡文姬的故事。作者说："我写《蔡文姬》的主要目的是替曹操翻案。曹操对于我们民族的发展、文化的发展，确实是有过贡献的人。在封建时代，他是一位了不起的历史人物。"剧本通过"文姬归汉"，从一个侧面歌颂了曹操的文治武功，为曹操翻了案。郭沫若同志对蔡文姬在外族流落 12 年后离别儿女毅然返回朝廷从事笔政这段史实有着一种特殊的兴趣和浓厚的感情。抗战初，郭老曾"别妇抛雏断藕丝"，回国"投笔请缨"，与蔡文姬有着"类似的经历"和"相似的感情"。郭老曾极坦率地说："蔡文姬就是我！——是照着我写的。"剧本从史实出发恢复了历史人物的本来面貌，铸造了新的艺术典型，张扬了历史上先进人物的精神。它贯穿着作者充沛磅礴的热情、雄浑豪纵的气势和诗情醇郁的意境，体现了郭沫若历史剧独具的艺术风格。郭老写历史剧总是为新的现实服务的。剧本歌颂了经过十余年战乱以后祖国一派繁华美好的景象，歌颂了民族团结的思想，突出了民族不分大小都要互相尊重，反对以强凌弱的大民族主义。剧本在写作和演出过程中曾得到了周总理的亲切关怀和热情指导。

　　自宋以来，许多文人从封建正统观念出发把曹操歪曲成为弑君盗国的乱臣贼子，尤其从《三国演义》风行后，一直把曹操"当成一个粉脸的奸臣"。郭老在剧本中大胆地扫除了在曹操身上沉积的污垢，使这位杰出的英雄再现动人的光辉。在剧中，曹操是一位卓越的政治家的形象。作者在写他的雄才大略和文治武功的同时又着力表现他平易近人、朴素俭约，广开言路，察纳雅言，勇于改正错误等性格特征。他平时谈笑风生，诙谐洒脱，但在豪放朴实之中也蕴含着威严的风姿："他的那一双眼睛炯炯有神，你如果立在他的面前，就好像自己的心肝五脏都被他看透了的一样。"剧中通过蔡文姬的内心变化的描写突出了曹操的"精神感召"作用，表现了这位政治家"要在文治上做一番大事业"的雄心壮志。在剧中，作者对曹操的形象进行了多方面的艺术勾勒，无论是写文姬、董祀，还是写周近、单于、左贤王等，束束光柱都凝聚在曹操身上，使这位政治家兼文学家的形象在舞台上光彩照人。

　　蔡文姬的形象也是塑造得十分丰满而感人的。她的一生坎坷不幸，早年在战乱中离乡丧父，中年流落匈奴，后又尝遍离情别绪的种种痛苦。她是一个感情丰富的慈母，也是一位才华横溢的诗人。她用自己的血泪和生命写出了感人的《胡笳十八拍》。但文姬不只是深情的，更是坚强的。在曹操的精神感召下，经过董祀的劝导，她终于从凄楚哀思的罗网中挣脱出来，毅然诀别丈夫儿女，决心继承父业，为祖国的文化事业做出自己的贡献。在见董祀蒙难时，她不避风险，见义勇为，挺身而出，表现了她的正直、无私、机智、勇敢。剧本中的一些次要人物如贤淑温良的卞后、庸陋卑琐的周近、刚直豪爽的左贤王、忠

255

诚仁厚的董祀等也都写得十分成功。

全剧以文姬归汉为主线，贯穿着文姬由悲到喜的情绪变化，写得波翻浪涌、扣人心弦。郭老的剧作，不仅善于通过精心的安排戏剧结构来显示人物的性格特征和表现复杂的人物关系，而且能用鲜明的语言来凸显人物的个性特征。作为一个语言艺术家，郭老在剧中运笔敷彩，气韵畅达，从内心思想感情到眉目四角，都能传神地勾画出这两个主要人物的风貌神姿，塑造了令人难忘的两位旷世文人的形象。

一只马蜂.doc

【思考与练习】

1. 分析曹操和蔡文姬的语言，把握二者的性格特点。
2. 阅读全剧，谈谈蔡文姬的人物形象。

哈姆雷特(节选)

莎士比亚(英国)

【作者简介】

威廉·莎士比亚(1564—1616 年)，文艺复兴时期英国以及欧洲最重要的作家。他出生于英格兰中部斯特拉福镇的一个商人家庭。后因家道中落，辍学谋生。莎士比亚幼年时，常有闻名剧团来乡间巡回演出，培养了他对戏剧的兴趣。1585 年前后，他离开家乡去伦敦，先在剧院打杂，后来当上一名演员，进而改编和编写剧本。莎士比亚除了参加演出和编剧外，还广泛接触社会，经常随剧团出入宫廷或来到乡间。这些经历扩大了他的视野，为他的创作打下了基础。

1590 年到 1600 年是莎士比亚创作的早期，又称为创作历史剧、喜剧时期。这一时期莎士比亚人文主义思想和艺术风格逐渐形成。当时的英国正处于伊丽莎白女王统治的鼎盛时期，王权稳固统一，经济繁荣。莎士比亚对在现实社会中实现人文主义理想充满信心，作品洋溢着乐观明朗的色彩。这一时期，他写的历史剧包括《理查三世》《亨利四世》(上下集)和《亨利五世》等 9 部。剧本的主题基本上是拥护中心王权，谴责封建暴君和歌颂开明君主。这一时期创作的喜剧包括诗意盎然的《仲夏夜之梦》、扬善惩恶的《威尼斯商人》、反映市民生活风俗的《温莎的风流娘儿们》、传扬贞洁爱情的《无事生非》和歌颂爱情又探讨人性的《第十二夜》等 10 部。这些剧本主题基本上是爱情、婚姻和情谊，带有浓郁的抒情色彩，表现了莎士比亚的人文主义生活理想。与此同时，他还写了《罗密欧与朱丽叶》等悲剧 3 部，作品虽然有哀怨的一面，但是基本精神与喜剧同。莎士比亚还写有长诗《维纳斯和阿多尼斯》《鲁克丽丝受辱记》和 154 首十四行诗。

17 世纪初，伊丽莎白女王与詹姆士一世政权交替，英国社会矛盾激化，社会丑恶日益暴露。这一时期，莎士比亚的思想和艺术走向成熟，人文主义理想同社会现实发生激烈碰撞。他痛感理想难以实现，创作由早期的赞美人文主义理想转变为对社会黑暗的揭露和批判。莎士比亚创作第二时期(1601—1608 年)，又称悲剧时期。他在这一时期写出了《哈姆

第五单元　戏剧常识与欣赏

雷特》《奥赛罗》《李尔王》《麦克白》和《雅典的泰门》等著名悲剧。总体而言，这些悲剧对封建贵族的腐朽衰败、利己主义的骇人听闻、金钱关系的罪恶和劳动人民的疾苦，作了深刻的揭露。风格上，浪漫欢乐的气氛减少，忧郁悲愤的情调增加，形象更丰满，语言更熟练。

1609 年以后，莎士比亚进入创作的最后一个时期。这时的莎士比亚已看到人文主义的理想在现实社会中无法实现，他的作品往往通过神话式的幻想，借助超自然的力量来解决理想与现实之间的矛盾，作品贯穿着宽恕、和解的精神，没有前期的欢乐，也没有中期的阴郁，而是布满漂亮的生活幻想，浪漫情调浓郁。因此，这一时期又称莎士比亚的传奇剧时期。《暴风雨》最能代表这一时期的风格，被称为"用诗歌写的遗嘱"。此外，他还写有《辛白林》和《冬天的故事》等 3 部传奇剧以及历史剧《亨利八世》。

莎士比亚的作品从生活真实出发，深刻地反映了时代风貌和社会本质。他认为，戏剧"仿佛要给自然照一面镜子：给德行看一看自己的面貌，给荒唐看一看自己的姿态，给时代和社会看一看自己的形象和印记"。马克思、恩格斯将莎士比亚推崇为现实主义的经典作家，提出戏剧创作应该更加"莎士比亚化"。这是对戏剧创作中存在的"把个人变成时代精神的单纯的传声筒"的缺点而提出的创作原则。所谓"莎士比亚化"，就是要求作家像莎士比亚那样，善于从生活真实出发，展示广阔的社会背景，给作品中的人物和事件提供富有时代特点的典型环境，作品的情节应该生动、丰富，人物应该有鲜明个性，同时具有典型意义，作品中现实主义的刻画和浪漫主义的氛围要巧妙结合，语言要丰富，富有表现力，作家的倾向要在情节和人物的描述中隐蔽而自然地流露出来。

第三幕
第一场　城堡中一室

［国王、王后、波洛涅斯、奥菲利娅、罗森格兰兹及吉尔登斯吞上。］

国王：你们不能用迂回婉转的方法，探出他为什么这样神魂颠倒，让紊乱而危险的疯狂困扰他的安静的生活吗？

罗森格兰兹：他承认他自己有些神经迷惘，可是绝口不肯说为了什么缘故。

吉尔登斯吞：他也不肯虚心接受我们的探问，当我们想要引导他吐露他自己的一些真相的时候，他总是用假作痴呆的神气故意回避。

王后：他对待你们还客气吗？

罗森格兰兹：很有礼貌。

吉尔登斯吞：可是不大自然。

罗森格兰兹：他很吝惜自己的话，可是我们问他话的时候，他回答起来却是毫无拘束。

王后：你们有没有劝诱他找些什么消遣？

罗森格兰兹：娘娘，我们来的时候，刚巧有一班戏子也要到这儿来，给我们赶过了，我们把这消息告诉了他，他听了好像很高兴。现在他们已经到了宫里，我想他已经吩咐他们今晚为他演出了。

波洛涅斯：一点不错，他还叫我来请两位陛下同去看看他们演得怎样哩。

国王：那好极了，我非常高兴听见他在这方面感到兴趣。请你们两位还要更进一步鼓起他的兴味，把他的心思移转到这种娱乐上面。

　　罗森格兰兹：是，陛下。(罗森格兰兹、吉尔登斯吞同下。)

　　国王：亲爱的乔特鲁德，你也暂时离开我们，因为我们已经暗中差人去唤哈姆雷特到这儿来，让他和奥菲利娅见见面，就像他们偶然相遇一般。她的父亲跟我两人将要权充一下密探，躲在可以看见他们，却不能被他们看见的地方，注意他们会面的情形，从他的行为上判断他的疯病究竟是不是因为恋爱上的苦闷。

　　王后：我愿意服从您的意旨。奥菲利娅，但愿你的美貌果然是哈姆雷特疯狂的原因，更愿你的美德能够帮助他恢复原状，使你们两人都能安享尊荣。

　　奥菲利娅：娘娘，但愿如此。(王后下。)

　　波洛涅斯：奥菲利娅，你在这儿走走。陛下，我们就去躲起来吧。(向奥菲利娅)你拿这本书去读，他看见你这样用功，就不会疑心你为什么一个人在这儿了。人们往往用至诚的外表和虔敬的行动，掩饰一颗魔鬼般的内心，这样的例子是太多了。

　　国王：(旁白)啊，这句话是太真实了！它在我的良心上抽了多么重的一鞭！涂脂抹粉的娼妇的脸，还不及掩藏在虚伪的言辞后面的我的行为更丑恶。难堪的重负啊！

　　波洛涅斯：我听见他来了，我们退下去吧，陛下。(国王及波洛涅斯下。)

　　[哈姆雷特上。]

　　哈姆雷特：生存还是毁灭，这是一个值得考虑的问题。默然忍受命运的暴虐的毒箭，或是挺身反抗人世的无涯的苦难，通过斗争把它们扫清，这两种行为，哪一种更高贵？死了；睡着了；什么都完了；要是在这一种睡眠之中，我们心头的创痛，以及其他无数血肉之躯所不能避免的打击，都可以从此消失，那正是我们求之不得的结局。死了；睡着了；睡着了也许还会做梦；嗯，阻碍就在这儿：因为当我们摆脱了这一具朽腐的皮囊以后，在那死的睡眠里，究竟将要做些什么梦，那不能不使我们踌躇顾虑。人们甘心久困于患难之中，也就是为了这个缘故；谁愿意忍受人世的鞭挞和讥嘲、压迫者的凌辱、傲慢者的冷眼、被轻蔑的爱情的惨痛、法律的迁延、官吏的横暴和费尽辛勤所换来的小人的鄙视，要是他只要用一柄小小的刀子，就可以清算他自己的一生？谁愿意负着这样的重担，在烦劳的生命的压迫下呻吟流汗，倘不是因为惧怕不可知的死后，惧怕那从来不曾有一个旅人回来过的神秘之国，是它迷惑了我们的意志，使我们宁愿忍受目前的磨折，不敢向我们所不知道的痛苦飞去？这样，重重的顾虑使我们全变成了懦夫，决心的赤热的光彩，被审慎的思维盖上了一层灰色，伟大的事业在这一种考虑之下，也会逆流而退，失去了行动的意义。且慢！美丽的奥菲利娅！——女神，在你的祈祷之中，不要忘记替我忏悔我的罪孽。

　　奥菲利娅：我的好殿下，您这许多天来贵体安好吗？

　　哈姆雷特：谢谢你，很好，很好，很好。

　　奥菲利娅：殿下，我有几件您送给我的纪念品，我早就想把它们还给您；请您现在收回去吧。

　　哈姆雷特：不，我不要；我从来没有给你什么东西。

　　奥菲利娅：殿下，我记得很清楚您把它们送给了我，那时候您还向我说了许多甜言蜜语，使这些东西格外显得贵重；现在它们的芳香已经消散，请您拿回去吧，因为在有骨气

第五单元　戏剧常识与欣赏

的人看来，送礼的人要是变了心，礼物虽贵，也会失去了价值。拿去吧，殿下。

哈姆雷特：哈哈！你贞洁吗？

奥菲利娅：殿下！

哈姆雷特：你美丽吗？

奥菲利娅：殿下是什么意思？

哈姆雷特：要是你既贞洁又美丽，那么你的贞洁应该断绝跟你的美丽来往。

奥菲利娅：殿下，难道美丽除了贞洁以外，还有什么更好的伴侣吗？

哈姆雷特：嗯，真的。因为美丽可以使贞洁变成淫荡，贞洁却未必能使美丽受它自己的感化。这句话从前像是怪诞之谈，可是现在时间已经把它证实了。我的确曾经爱过你。

奥菲利娅：真的，殿下，您曾经使我相信您爱我。

哈姆雷特：你当初就不应该相信我，因为美德不能熏陶我们罪恶的本性；我没有爱过你。

奥菲利娅：那么我真是受了骗了。

哈姆雷特：出家去吧。为什么你要生一群罪人出来呢？我自己还不算是一个顶坏的人；可是我可以指出我的许多过失，一个人有了那些过失，他的母亲还是不要生下他来的好。我很骄傲，有仇必报，富于野心，我的罪恶是那么多，连我的思想也容纳不下，我的想象也不能给它们形象，甚至于我都没有充分的时间可以把它们实行出来。像我这样的家伙，匍匐于天地之间，有什么用处呢？我们都是些十足的坏人，一个也不要相信我们。出家去吧。你的父亲呢？

奥菲利娅：在家里，殿下。

哈姆雷特：把他关起来，让他只好在家里发发傻劲。再会！

奥菲利娅：哎哟，天哪！救救他！

哈姆雷特：要是你一定要嫁人，我就把这一个咒诅送给你做嫁奁：尽管你像冰一样坚贞，像雪一样纯洁，你还是逃不过谗人的诽谤。出家去吧，去；再会！或者要是你必须嫁人的话，就嫁给一个傻瓜吧；因为聪明人都明白你们会叫他们变成怎样的怪物。出家去吧，去，越快越好。再会！

奥菲利娅：天上的神明啊，让他清醒过来吧！

哈姆雷特：我也知道你们会怎样涂脂抹粉；上帝给了你们一张脸，你们又替自己另外造了一张。你们烟视媚行，淫声浪气，替上帝造下的生物乱取名字，卖弄你们不懂事的风骚。算了吧，我再也不敢领教了；它已经使我发了狂。我说，我们以后再不要结什么婚了；已经结过婚的，除了一个人以外，都可以让他们活下去；没有结婚的不准再结婚，出家去吧，去。(下)

奥菲利娅：啊，一颗多么高贵的心是这样陨落了！朝臣的眼睛、学者的辩舌、军人的利剑、国家所瞩望的一朵娇花；时流的明镜、人伦的雅范、举世瞩目的中心，这样无可挽回地陨落了！我是一切妇女中间最伤心而不幸的，我曾经从他音乐一般的盟誓中吮吸芬芳的甘蜜，现在却眼看着他的高贵无上的理智，像一串美妙的银铃失去了谐和的音调，无比的青春美貌，在疯狂中凋谢！啊！我好苦，谁料过去的繁华，变作今朝的泥土！

[国王及波洛涅斯重上。]

国王：恋爱！他的精神错乱不像是为了恋爱；他说的话虽然有些颠倒，也不像是疯狂。他有些什么心事盘踞在他的灵魂里，我怕它也许会产生危险的结果。为了防止万一，我已经当机立断，决定了一个办法：他必须立刻到英国去，向他们追索延宕未纳的贡物；也许他到海外各国游历一趟以后，时时变换的环境，可以替他排解去这一桩使他神思恍惚的心事。你看怎么样？

波洛涅斯：那很好；可是我相信他的烦闷的根本原因，还是为了恋爱上的失意。啊，奥菲利娅！你不用告诉我们哈姆雷特殿下说些什么话，我们全都听见了。陛下，照您的意思办吧，可是您要是认为可以的话，不妨在戏剧终场以后，让他的母后独自一人跟他在一起，恳求他向她吐露他的心事。她必须很坦白地跟他谈谈，我就找一个所在听他们说些什么。要是她也探听不出他的秘密来，您就叫他到英国去，或者凭着您的高见，把他关禁在一个适当的地方。

国王：就这样吧，大人物的疯狂是不能听其自然的。(同下。)

【提示】

《哈姆雷特》是莎士比亚悲剧创作中最著名的作品，被许多莎学专家视为莎士比亚全部创作乃至英国文艺复兴时期文学创作的顶峰，它突出地反映了作者的人文主义思想。莎士比亚说过，他的作品就是"给自然照一面镜子：给德行看一看自己的面目，给荒唐看一看自己的姿态，给时代和社会看一看自己的形象和印记"。《哈姆雷特》正是一个时代的缩影。

哈姆雷特是文艺复兴时期人文主义者的理想人物。他是王子，按照传统，是王权的当然继承者。但是，他的美好前途被颠倒了的时代颠倒了。戏剧一开头，就展现出一幅丑恶的社会画面：国家发生宫廷政变，国王被害，阴谋家窃取了王位，王后改嫁，满朝臣子趋炎附势等，世界仿佛到了末日。于是这个王子喊出了"时代整个儿脱节了"的吼声。人们强烈地感受到这是"时代的灵魂"本身在呼喊。哈姆雷特本是个正直、乐观、有理想的青年，在正常的环境下，他可以成为一位贤明君主，但是现实社会迫使他不得不装疯卖傻，进行复仇。他是英国特定的动荡不安时代的产物。

在《哈姆雷特》这部戏剧中，处处可以看出作者着意把自己心目中的典型人物塑造成一个英雄形象的匠心。哈姆雷特很有心计，在敌强我弱的恶劣情况下，他敢于针锋相对地进行斗争，他击破了奸王设下的一个个圈套：先是戳穿了波洛涅斯和罗森格兰兹等人进行刺探和监视的把戏，又使王后发现天良，接着采用"调包计"除掉了奸王的两个走卒，把奸王"借刀杀人"的阴谋击得粉碎，最后"以其人之道还治其人之身"，把双重陷阱——毒剑和毒酒还给了奸王。在每一回合的斗争中，哈姆雷特都显得形象高大。所以有评论说，《哈姆雷特》是一出"巨人型"的悲剧，此话不无道理。

但哈姆雷特绝非完人。他虽然善于思索，却优柔寡断；他虽然受到人民的爱戴，却并不相信人民。他说："时代变得越发不像样子，一个农民的脚趾竟然这么靠近一个朝臣的脚后跟，擦伤了后者的冻疮。"可见哈姆雷特的社会改革与农民所要求的变革相距甚远。

第五单元 戏剧常识与欣赏

尽管哈姆雷特有令人钦佩的才能,竭力想除旧布新,但他总是郁郁不乐,迟疑不决,他始终是孤立的。同时,迷惘、焦虑、惶惶不安的情绪和心态笼罩在哈姆雷特复仇的过程中,于是也就有了他行动上的犹豫和延宕,使他成了"思想的巨人""行动的矮子"。这就注定了他与丑恶同归于尽的悲惨命运。

出于展示人物心灵世界和刻画人物性格的需要,莎士比亚十分善于运用内心独白这一艺术手段,《哈姆雷特》在这方面历来受人称道。内心独白可以把隐藏在人物内心的思想、情感和欲望等多层次地展示出来。哈姆雷特的多次独白,就表达出他对社会与人生、生与死、爱与恨、理想与现实等方面的哲学探索,披露出他内心的矛盾、苦闷、困惑、迷惘和恐惧等多方面的心理内容,有效地刻画了人物性格,也推动了剧情的发展。他关于"生存还是毁灭"的著名独白,十分准确地传达了他此时的矛盾心理,是他犹豫延宕性格的一个典型例证。这样的独白哲理性强,富有艺术感染力,向来为人们反复吟诵。

魂断蓝桥(节选)

罗勃特·E.舍伍德

【作者简介】

罗勃特·E.舍伍德(Robert E. Sherwood,1896—1955 年),美国剧作家,其作品反映了对社会和政治问题的关切。1940 年任陆军部长特别助理,1941—1944 年任陆军部情报局海外分局局长,1945 年任海军部长特别助理,他战时在罗斯福身边工作,掌握了大量材料,写出《罗斯福与霍普金斯》,最终成为罗斯福总统的讲稿起草人和顾问,由于他的努力使受雇为政界名流代写文章的工作成为受人尊敬的职业。1946 年,《我们生活中的黄金岁月》获得学院奖。1949 年,他写了《罗斯福与霍普金斯》并因此获普利策奖。他一连写的 3 部剧本,即《白痴的欢乐》《亚伯-林肯在伊利诺斯》和《不会有夜晚》都获得了普利策奖。舍伍德撰写的剧本还有茂文·勒罗依导演的《魂断蓝桥》(*Waterloo Bridge*)、阿尔弗雷德·希区柯克执导的影片《蝴蝶梦》(*Rebecca*)以及威廉·惠勒执导的《黄金时代》(*The Best Years of Our Lives*)等。

(地铁车站)

[人们挤成一团。玛拉和罗依在地铁站内的人群中。他们身边一个男人在说话。他们看着他。]

男1:喂,别推我。

男2:不推?要是你的后腿还在外面,你肯定会没命地推。

男1:我总是四处跑动,正像我们家老爷子说的,活动的靶子不好打。

男1:你说是吗?

男2:当然。

男1:哎,"特国人"打得可准了,是吗?

男3:"特国人"?

男4：是的，"特国人"就是德国人。

[人群一阵大笑。]

[罗依被挤到玛拉的身上，他向后靠。]

罗依：噢，对，对不起，这股推劲儿还真不小呢！

[玛拉对爆炸声和灯光的突然暗淡作出反应。]

玛拉：是爆炸声，对吗？嗯，这次离得还挺近！

[罗依向左挤过人群。]

罗依：我们在这儿很安全。(四下看看)靠墙那边可能还有些空。我们挤过去，好吗？

玛拉：好的。

罗依：请原谅。

罗依：好些了吗？

玛拉：是的，谢谢。好多了。

罗依：找你的朋友？

玛拉：是的，也许她们从别的门进来了。

罗依(掏出香烟)：反对吗？

玛拉：啊，不，不！

罗依：我要不要给你一支？

玛拉：哦，不要，谢谢！

罗依：你不在上学，是吧？

[玛拉笑起来。]

罗依：怎么啦？我这样可笑吗？

玛拉：噢，你瞧，这就是我们学校。(示意罗依看墙上的广告)笛洛娃夫人的国际芭蕾舞剧团。

罗依：国际芭蕾舞剧团？

玛拉：嗯哼。

罗依：嘿，听着，你该不是说你是舞蹈演员吧？

玛拉：是的。

罗依：是专业舞蹈演员？

玛拉：有时候是吧。

罗依：你是说你会转圈什么的？

玛拉(自豪地)：噢，那当然啦。我还能一次跳腾空打击六下哪！

罗依(不解地)：你说什么？

玛拉：我能够跳起在空中击脚六次。里琴斯基能连续做十次，不过这可是百年不遇的奇才。

罗依：这对肌肉一定……对肌肉一定有好处。我想，舞蹈演员们的肌肉大概像强壮的男人的一样发达吧。

玛拉：不是，不完全是，否则就太糟糕了。我们努力使苗条与力量结合起来。你看，

第五单元　戏剧常识与欣赏

我十二岁开始跳舞至今，但我并不觉得肌肉过于发达。

罗依：不，不，你另当别论。

玛拉(解释地)：当然，我们必须像运动员一样训练，大人的纪律非常严格。

罗依：你们今天晚上还要去剧院吗？

玛拉：当然。我们十点钟才开演。

罗依：我真希望能够去看看。

玛拉：为什么不？

罗依：不行，真可惜，今晚上校那里有个宴会，不参加上校的晚宴那可得有点胆子。

玛拉：你是回来度假的？

罗依：嗯，就到期了。我家在苏格兰。

玛拉：那就是说，你现在必须回去，去……我的意思是……去法国。

罗依：明天走。

玛拉：噢，太遗憾了。这该死的战争！

罗依：是呀，我也认为这战争该死。不过，怎么说呢——战争也有激动人心的地方。每分每秒都有令人惊喜的意外，就像我们此时此刻所面对的一样。

[人们对远处的哨声作出反应。]

玛拉：可是，和平时期我们也会遇到意外的。

罗依：你是个现实主义者，是不是？

玛拉：是的。你很浪漫，对吗？

(画外音)：警报解除了！警报解除了！

罗依：好啦，行啦！看样子空袭过去了。空袭从来没有使我这样开心过。我们现在就走，还是等下一次空袭？

玛拉：噢，真不想离开这儿，但我们还是走为好。

罗依(指一指玛拉手中的包)：需要我替你拿吗？

玛拉：不，不必。我只在紧急情况下才丢东西。

罗依：那好，我希望下次发生紧急情况时我正好在场。

玛拉：这不大可能，你说呢？你返回法国，而我……

罗依：你怎么样？

玛拉：我们可能去美国。

罗依：哦，这样一来就真的不可能了。真遗憾。

玛拉：我也觉得遗憾。

[人群从地铁站涌出来，向左右散去。]

(烛光俱乐部)

罗依：你们舞蹈演员吃什么？

玛拉：哦，舞蹈演员吃——有营养的、脂肪少的。

罗依：啊，今晚例外。你这有什么特别的菜吗？要高脂肪、难消化的……

侍者：松鸡不错，先生！

玛拉：嗯。

侍者：还有酒。

罗依：稍微喝点淡酒不违反你们舞蹈演员的规矩吧？

玛拉：哦，今晚上……

罗依：那好，来两杯40号吧！

侍者：好的长官，40号。(侍者退出。)

罗依：你的舞跳得很美。

玛拉：夫人可不这么看。

罗依：啊，内行不懂，只有外行懂，我给你说跳得很美。

玛拉：这说明你确实是外行。

罗依：很高兴再见到我吗？

玛拉：是的。

罗依：我感到你有保留。

玛拉：我想是有的。

罗依：那是什么？为什么？

玛拉：高兴又有什么用呢？

罗依：你是个奇怪的女孩，是不是？有什么好？对生活什么是好的？

玛拉：这也是个问题。

罗依：不，等一下。我不会让你那么想。生活中美好的事就是会发生这种事情。在空袭的阴影下我遇见了你，这比和平时代到处闲逛，视生命为理所当然要好得多，觉得更充实。我仍不明白。

玛拉：什么？

罗依：你的脸真年轻，真美。

玛拉：你仍不明白什么？

罗依：今天下午我离开你时，我记不起你的长相，这辈子也不会记得。我想，她美吗？她丑吗？她长得什么样？我不记得。甚至非得到剧院去看你的长相。

玛拉：你觉得现在记住了吗？

罗依：我想是的。一辈子记住。

玛拉：你到底有什么不明白的呢？

(男人报幕：各位，现在是今晚的最后一曲。希望你们享受这个告别的华尔兹。)

罗依：待会儿告诉你，我们跳舞吧。

玛拉：这些烛光是什么意思？

罗依：你会明白的。

[友谊地久天长的音乐声响起]

(雨中在玛拉宿舍的院子里——车子上)

玛拉：你好！

罗依：你好！

玛拉：你来看我太好了！

罗依：别这么说！

玛拉：你……你没走？

罗依：海峡有水雷，放假48小时！

玛拉：这真太好了！

罗依：是的，有整整两天。你知道我一夜都在想你，睡也睡不着！

玛拉：你终于学会记住我了！

罗依：呵呵，是啊，刚刚学会。玛拉，今天我们干什么？

玛拉：我……我……我……

罗依：现在由不得你这样了！

玛拉：这样？

罗依：这样犹豫，你不能再犹豫了！

玛拉：不能？

罗依：不能！

玛拉：那我们应该怎样呢？

罗依：去跟我结婚！

玛拉：哦，罗依，你疯了吧！

罗依：疯狂是美好的感觉！

玛拉：我不要你这样！

罗依：我才不呢！

玛拉：可你还不了解我！

罗依：会了解的，用我一生来了解！

玛拉：罗依，你现在在打仗，因为你快要离开这了，因为你觉得必须在两天内度过你整个的一生！

罗依：我们去结婚吧，除了你，别的人我都不要！

玛拉：你怎么可以这样肯定？

罗依：别再支支吾吾了，别再问了，别再犹豫了，就这样定了，知道吗？这样肯定了，知道吗？这样决定了，知道吗？去跟我结婚吧，知道吗？

玛拉：是，亲爱的！

(汽车上)

玛拉：怎么回事，亲爱的，我们去哪？

罗依：去宣布订婚！回兵营去。啊，玛拉，你听我说，目前我们会陷于什么样的麻烦？

玛拉：好的。

罗依：我要你知道某些情况，首先我亲爱的年轻小姐，我是兰德歇步兵团的上尉，挺唬人吧？

玛拉：挺唬人。

罗依：一个兰德歇步兵团的上尉是不能草率结婚的，要得备很多手续和仪式。

玛拉：我知道。

罗依：这有点繁文缛节！

玛拉：是吗？

罗依：嗯，比如一个兰德歇步兵团的上尉要结婚必须得到他的上校的同意。

玛拉：这很困难吗？

罗依：啊，也许困难也许不！

玛拉：我看不那么容易！

罗依：啊，那得看怎么恳求了，看恳求的魅力，看他的热情和口才。玛拉，看着我！

玛拉：是，上尉。

罗依：怎么？你怀疑吗？

玛拉：你太自信了，上尉！你简直疯狂了，上尉！你又莽撞又固执又——我爱你！上尉。

【提示】

《魂断蓝桥》当年获得两项奥斯卡奖提名，最佳摄影(约瑟夫·卢坦堡，Joseph Ruttenberg)和最佳原创音乐(赫勃·史都赫特，Herbert Stothart)。《魂断蓝桥》于1940年在美国首映。同年11月，该片登陆中国，反响异常热烈，远远胜过它在本土所得到的追捧，很快掀起了一股《魂断蓝桥》的潮流。当时国内的电影院在报纸上给这部电影大做广告，打出了这样的广告标语："山盟海誓玉人憔悴，月缺花残终天长恨！"仅仅数月之后，在上海舞台上先是出现了越剧版的"魂断蓝桥"，不久沪剧版的"魂断蓝桥"也相继上演，随后中国版的电影《魂断蓝桥》也搬上了银幕。迄今为止，这部在美国并不算是经典的影片，在中国却能感动两三代数以亿万计的电影观众，以至学者惊叹和好奇这种现象。在中国国内学者的研究中，有人认为片中玛拉和罗依是典型的佳人与才子的组合，而玛拉对于贞洁的理解以及西方社会中的门第观念，都在一定程度上与中国观众的观念和价值取向不谋而合。

在自己出演的影片中，费雯丽曾经宣称最喜欢的就是《魂断蓝桥》，特别是片中的插曲，她曾希望在她的葬礼上弹奏这支曲子。这部影片也是罗伯特·泰勒最喜欢的一部自己出演的电影。

影片自始至终紧扣爱情主题，罗依和玛拉相爱，爱得炽烈奔放，爱得无我忘我。玛拉可以不顾自己的舞蹈事业，为了见罗依而误场；罗依对玛拉一见钟情，在没有同家人商量的情况下，马上决定同她结婚。然而事与愿违，战争把他们分开，战争使得玛拉改变命运，虽有婆婆的原谅和叔叔的信任，可玛拉总是自惭形秽，抹不去的等级阴影使得她不能原谅自己，最后为了维护罗依和他的家族的荣誉，她结束了自己年轻的生命⋯⋯影片通过男女主人公的相遇、相爱、相分、相聚和永别，把炽烈的爱情、恼人的离情、难以启齿的隐情和无限惋惜的伤情共冶一炉，因为战争而堕入红尘的玛拉经过了费雯丽的演绎，其善良、美丽、柔弱、无辜表露无遗。可就是这样一个让人没有理由不去怜爱的女孩子，最终被战争逼上了绝路，用死亡结束屈辱，她在滑铁卢桥上平静地走向死亡时面容上所闪现出的凄美让人心痛无比。

影片的表现手法之简练也是少见的。玛拉被迫沦落街头卖身,她的行为是丑陋的;玛拉因自卑而自杀,其后果是难看的。然而,不可否认,从本质上讲,玛拉是纯洁的、羞怯的、美好的,为了保全她的完美形象,影片只拍摄了她在滑铁卢桥上独倚栏杆对着陌生人的勉强一笑及卡车过后地上散落的手提包和吉祥符两个镜头,来暗寓她的沦落和生命的消逝,而对她曾经的卖身生涯和自杀后血肉模糊的惨状都简单带过。

【思考与练习】

1. 分析罗依和玛拉的语言,把握二者的性格特点。
2. 《魂断蓝桥》是电影史上三大凄美不朽的爱情片之一,表达了"拒绝战争"的主旨,谈谈影片是如何体现的。

士兵突击(节选).doc

附录　中国文学史概述.pdf

参 考 文 献

[1] 刘衍文．中国古代文学．上海：上海教育出版社，1987．
[2] 于夯译注．诗经．呼和浩特：远方出版社，2004．
[3] 萧涤非等．唐诗鉴赏词典．上海：上海辞书出版社，1983．
[4] 周汝昌等．唐宋词鉴赏辞典．上海：上海辞书出版社，1988．
[5] 饶东原，曾炽海．中国文学史．武汉：华中师范大学出版社，1987．
[6] 徐中玉．大学语文(专科)．武汉：华中师范大学出版社，1999．
[7] 徐中玉，钱谷融．大学语文(本科)．武汉：华中师范大学出版社，1999．
[8] 郭锡良等．古代汉语．北京：北京出版社，1983．
[9] 郝志伦等．新编大学语文．汕头：汕头大学出版社，2006．
[10] 鲁非，凡尼．闻一多作品欣赏．桂林：广西人民出版社，1982．
[11] 郁林选编．徐志摩爱眉书简．北京：华夏出版社，1989．
[12] 席慕蓉．无怨的青春．北京：中国友谊出版社(现中国友谊出版公司)，1989．
[13] 朱维之．外国文学史．天津：南开大学出版社，2004．
[14] 潘桂云．大学语文．北京：北京交通大学出版社，2006．
[15] 徐中玉．大学语文．北京：高等教育出版社，2000．
[16] 吴满珍等．大学语文(高职高专公共课教材)．北京：清华大学出版社，2007．
[17] 茅盾．茅盾论创作．上海：上海文艺出版社，1980．
[18] 茅盾．创作的准备．上海：三联书店，1951．
[19] 余秋雨．文化苦旅．上海：东方出版中心，1992．
[20] 陕西人民出版社编．中国古代文学作品选(第二分册)．西安：陕西人民出版社，1980．
[21] 黎照．鲁迅梁实秋论战实录．北京：华龄出版社，1997．
[22] 傅璇琮．中国古典诗歌基础文库．杭州：浙江文艺出版社，1996．
[23] 陈伶编译．史记全译．西安：三秦出版社，2007．
[24] 曹文轩．20世纪末中国文学作品选(四卷)．北京：北京大学出版社，2001．
[25] 温儒敏等．中国现当代文学学科概要．北京：北京大学出版社，2005．
[26] 温儒敏，姜涛．北大文学讲堂．北京：中央编译出版社，2005．
[27] 洪子诚．当代文学概说．桂林：广西教育出版社，2000．
[28] 洪子诚．问题与方法：中国当代文学史研究讲稿．北京：生活·读书·新知三联书店，2002．
[29] 曹文轩．小说门．北京：作家出版社，2002．
[30] 曹文轩．二十世纪末中国文学现象研究．北京：北京大学出版社，2003．
[31] 谢冕，张颐武．大转型——后新时期文化研究．哈尔滨：黑龙江教育出版社，1995．
[32] 张颐武．思想的踪迹——一个批评者的跨文化观察．北京：北京大学出版社，2002．
[33] 张颐武．在言语的旅途上．昆明：云南人民出版社，2002．
[34] 陈晓明．现代性与中国当代文学转型．昆明：云南人民出版社，2003．
[35] 陈晓明．结构主义与后结构主义在中国．北京：首都师范大学出版社，2003．
[36] 陈晓明．表意的焦虑——历史祛魅与当代文学变革．北京：中央编译出版社，2002．
[37] 樊星．高等院校中文专业创新性学习系列教材·中国当代文学．北京：北京大学出版社，2010．